清代珠江デルタ図甲制の研究

片山 剛 著

大阪大学出版会

目次

凡例　3

序章　5

第一節　本研究の位置　5
第二節　「清代珠江デルタ図甲制」の外在的環境　時代としての清代　10
第三節　里甲制研究と図甲制研究の有機的連関　12
1　税糧運搬に要する付随的経費の調達　12
2　課税台帳と「過戸推収」　14
3　課税台帳上の「戸」　16
第四節　先行研究等について　16
第五節　本書の構成と各章の課題　18

第一章　清末の図甲表とそれをめぐる諸問題　25
はじめに　25
第一節　図甲表について　27
第二節　図甲表をめぐる諸現象　29
第三節　総戸の戸名について　37
第四節　図甲制と総戸　42
第五節　総戸と丁　46
むすびにかえて　53
第二章　清代図甲制の構造　77
はじめに　77
第一節　〝戸名不変〟の現象と〝過戸推収せず〟　78
第二節　図甲制の分析　総戸と同族　89
むすびにかえて　103
付　明初における軍戸籍の承継について　106

第三章　清末、図甲制の諸矛盾とその改革（南海県仏山堡）　123
はじめに　123
第一節　乾隆四年　124
第二節　乾隆四二年　126
1　殷丁について　131
2　胥吏と差役の「陋規」　133
3　另戸の詭寄　135
第三節　同治年間　144
むすびにかえて　153
第四章　清末、図甲制の諸矛盾とその改革（香山県）　173
はじめに　173
第一節　里長・図差の職務内容の歴史的変遷　176
1　清初の里長と道光期の総催　176
2　清初の図差と道光期の図差　178

第二節　道光期における図甲制の実態　179
1　図差による総催代行　179
2　図差による大当銀の訛索　180
3　図甲内部の諸問題　183
第三節　改革をめぐる諸問題　185
1　道光二四年の改革　185
2　改革の目的　188
3　九月以降、改革プランの再考　190
むすびにかえて　清末広東省における香山県図甲制の位置　192

第五章　市場経営と図甲・紳士（順徳県龍山堡）　231

はじめに　231
第一節　龍山堡および大岡墟概観　234
1　概観　234
2　龍山堡大岡墟　239
3　龍江堡龍江大墟　241

第二節　万暦一七年の整備　243
第三節　嘉慶二〇年の訴訟と調停　245
第四節　大岡墟の構造と管理・運営　253
第五節　紳士と里長戸　258
第六節　紳士と都市性　260
第七節　図甲制の改革と紳士の参与　265
1　光緒四年以前の状況　270
2　胥吏・差役の弊害除去　271
3　税糧の徴収・納入方法　272
4　官への納入責任の所在と紳士・耆老　272
おわりに　276
第六章　図甲経営と地域社会（順徳県龍江堡）　299
はじめに　299
第一節　第二十五図の開設とその経営　302

1　乾隆七年、図の開設　302
2　嘉慶七年、九如堂の創設　306
3　道光元年、九如堂聯会の結成　307
4　経営体としての九如堂　310
第二節　第二十五図と四図との関係　312
1　乾隆一〇年、金順侯廟前市の創設　312
2　道光九年、河澎囲の修理　319
3　光緒一五年、河岸の改修　322
第三節　光緒期の税糧・役銀の徴収と納入　323
第四節　売契からみる第二十五図の過戸推収　328
おわりに　337

第七章　清末民国期の立戸・税契・過戸推収

『許舒博士所輯　廣東宗族契據彙錄』所収史料を用いて　369

はじめに　369
第一節　立戸・推収文書の種類と役割　372

第二節　立戸・税契・推収の連関性　378

終章　結論と展望　405

第一節　結論　405
第二節　展望　409

使用史料一覧　413
参考文献一覧　417
あとがき　427
索引　439

図表一覧

図一覧

図一―1　図甲表の具体例　28
図一―2　順徳県羅氏略系図　48
図二―1　〞過戸推収せず〟の概念モデル　98／99
図二―2　香山小欖何氏家系図　107
図三―1　官・総戸・子戸と丁との関係　143
図五―1　一九世紀初、龍山堡の埠と大岡墟　237
図五―2　「大岡墟圖」　238
図五―3　武廟（関帝廟）の碑額　241
図六―1　『九如堂國課記畧』封面　303
図六―2　一九世紀初、龍江堡の坊と市場　313
図六―3　「廟前舗舍圖」　317
図六―4　九如堂保有「売契」　333

表一覧

表一―1　清末民国期の各種図甲表等　27
表一―2　『南海學正黄氏家譜』所載図甲表　28
表一―3　総戸名の比較対照（一）　順徳県北門羅氏　38
表一―4　総戸名の比較対照（二）　南海県仏山堡　39
表一―5　総戸名の比較対照（三）　南海県孔氏　40
表一―6　本原堂嘗産売却側関係事項　47
表二―1　族譜所載の子戸　90
表二―2　仏山堡における同族と総戸　102
表二―3　香山小欖何氏賦役黄冊関連記事一覧　106
表四―1　香山県の大当銀負担　182
表六―1　龍江堡第二十五図と九如堂の構成・運営　304
表六―2　九如堂保有不動産　310
表六―3　乾隆一〇年（一七四五）龍江堡金順侯廟前市の創設　316
表六―4　龍江堡九如堂購入・受贈物件の契約書　329
表七―1　『許舒博士所輯　廣東宗族契據彙錄』所収の立戸・推収関係文書　374
表七―2　案件⑦　黎炳華の梁包遠等からの土地購入関係文書　379
表七―3　案件⑧　黎桂英の黄明楽堂からの土地購入関係文書　382

清代珠江デルタ図甲制の研究

凡例

本書を通じての凡例を以下に記す。

・地の文における年時表記は中国の年号を基本とし、（　）内に西暦を示す。ただし月・日については西暦に換算したものは示さない。

・参考文献は、章ごとに章末に示すとともに、巻末に参考文献一覧を掲載した。刊行年は西暦で示し、同一著者に同一年の複数の文献がある場合には、刊行年のあとにa、b等を付けて区別した。

・論文がのちに書籍に収録されている場合には、できるかぎり両方を記した。

・註ではなく、行論中に参考文献をあげる場合は、［　］内に、著者名、刊行年、該当頁数の順で記す。たとえば［片山一九八二、頁一～一〇］のごとくである。

・使用した史料と史料集については、各章の章末に個別に示さず、巻末にまとめて一覧を掲載した。

・漢籍史料の原文は、基本的に原文どおりに転写している。正字が使われていることが多いが、なかには俗字や略字が書かれている場合、そのまま俗字・略字を転写した。ただし俗字・略字を転写できない場合には、正字で置き換えた。なお、第四章の「林謙文選」は、原文をみる機会がなかった。利用したテキストは、原文を簡体字で転写しているので、元の漢字が正字・俗字・略字等のいずれであるかを確認できないため、基本的には正字で転写した。

・漢籍史料中の「壹・壱、貳・弍、參、…」等の大字の漢数字については、史料を転写したり、書き下し文や和訳を施したりするにあたり、とくに大字で転写する意義があるものを除き、「一、二、…」等の表記に書き改めた。

・漢籍の葉数（ページ数）については、たとえば、第一葉表を〈一a〉、第十葉裏を〈一〇b〉と表記する。

・本書には、清代珠江デルタに存在していた図甲組織が多数登場する。それらはすべて序数によって区別されている。たとえば「第百八十一圖第十甲」などである。この場合、地の文で〈第一八一図第一〇甲〉と書くと、史料原文との視覚上の同定が困難になるので、図甲については地の文でもそのまま、〈第百八十一図第十甲〉と記す。

・書き下し文・和訳を示す場合は、いずれも日本語であるので、常用漢字を用いる。

・書き下し文・和訳における（　）は引用者による原文の説明を、［　］内は引用者による原文の補足を示す。

本書の大部分は、一九八二年から二〇〇二年までに発表した旧稿を加筆・修正してまとめたものである。旧稿は、二〇年間のあいだにそれぞれ別々に執筆したものであり、旧稿そのものに書式の不統一や、原載誌の求めに応じた分量の多寡がある。たとえば、原史料をほとんど載せない場合もあれば、稀少史料を存分に紹介できたものもある。本書にまとめるにあたり、用語、字体、表記等の書式についてはできるかぎり統一をはかったが、不完全であることをまぬかれない。内容については発表当時のものを大きく変更していないが、ただし旧稿発表以降に、他の研究者からのご教示、あるいは筆者自身の再考にもとづいて修正した箇所もある。字句レベルの細かな修正についてはいちいちことわらないが、指示しておくべき箇所にはその旨を註で記した。なお旧稿の発表当時は、漢籍史料に和訳をほどこすことが通例とはなっていなかったので、本文中に長文の漢籍史料をそのまま掲載することも多かった。今回、できるかぎり和訳を提示するように努力したが、史料篇では、全訳ではなく、〈概要〉として要訳で済ませたり、和訳ではなく、書き下し文で代替したり、さらに史料原文を載せているだけの場合もある。この点、ご容赦願いたい。

なお近世日本では、領主が耕地・屋敷地に対してもつ権利は「領知」、百姓のそれは「所持」と呼ばれており、近世日本史研究でも、「近代的土地所有」と区別するために、「所有」の語を用いずに叙述されることが多い。清代中国においても、「近代的土地所有」は確立していないので、「所有」の語を無媒介に用いるのは本来的には避けるべきであるが、それに代わる、しかも学界内で十分に共有されている語もないので、「近代的土地所有」の意味ではないことをおことわりしたうえで、本書では「所有」の語を用いることにしたい。

序章

第一節　本研究の位置

本書のタイトル、「清代珠江デルタ図甲制の研究」は、明初の洪武一四年（一三八一）に全国的に施行されたといわれる里甲制（土地税の徴収・納入と「勾摂公事」の制度）［岩井　一九九四、頁二～四〇］のうち、広東省珠江デルタにおいて清末・民国期に至るまで特殊に存続した、図甲制と称される事例を対象に、その制度的構造とともに、その構造を支えた社会的基盤を解明するものである。そのため、他の地域についての言及は必然的に少なくなる。そこで本節では、本研究の位置を明確にするために、珠江デルタと比較対照することが有意義と考えられる国・地域について記すことにしたい。

比較の対象の第一は、近世（江戸時代）日本の村（藩政村）であり、具体的には、江戸時代における年貢の村請け制度である。名主が村の代表として村全体の年貢米を代官所などに運ぶ、あの制度である。というのも、本書がとり扱う図甲制では〈図請け〉になるが、名主が村の代表として年貢を納める〈村請け〉に類似する制度が、清末民国期まで長期にわたって続いていたからである。本書で考察するのは、清代珠江デルタにおける、土地税である税糧の徴収・納入のあり方であるが、近世日本の〈村請け〉を思い起こしながら読んでいただきたい。

なお、珠江デルタ図甲制において、土地所有者から税糧(土地税)を徴収し、それを官へ納入する役割を担う図甲組織を、近世日本の村と比較対照するうえで、次の点に注意を促しておきたい。図甲組織は、第一章以下で言及されるように、明初に明朝が制定した里甲制の編成原理に則り、一つの図が一〇甲で構成されている。そして一個の図は、該図に所属する土地所有者から税糧を徴収・納入することを、〈図請け〉として義務づけられている。また明末清初から清中葉にかけて、珠江デルタでは図が増設されるが、図の増設には清朝中央(とくに戸部)の批准が必要であった。(1)以上の点に窺えるように、図甲組織は、純粋に下から民間自生的に編成されたものではない。公権力の許可によって設置され、かつ〈図請け〉という共同責任を公権力に対して負っており、その意味で〝行政村〟として性格づけることができる。

それでは、近世日本の村(藩政村)はどうかといえば、村の領域が幕府や藩などの公権力による〈村切り〉で画定されている点、名主・組頭などの村役人が公権力によって任命され、前述の〈村請け〉という共同責任が義務づけられている点などから窺えるように、(2)自生自律の村落共同体そのものではなく、公権力によって編成された第二次的存在であり、図甲組織と同じく、〝行政村〟の性格を有している。(3)すなわち、珠江デルタの〈図請け〉が長期に存続した要因を解明することを通じて、近世中国と近世日本の〝行政村〟のあり方を、さらに農村社会の性格を比較対照することが可能となろう。そこで比較を進めるための準備として、〈村請け〉と〈図請け〉についての簡単な整理をしておきたい。なお、筆者の〈村請け〉に関する知識が十分なものではないことは自覚しており、思わぬ誤解があるかもしれない。この点、大方の識者のご批正をお願いする次第である。

近世日本の〈村請け〉

・検地によって、一筆ごとの耕地・屋敷地の実際の耕作者・居住者を〈名請人〉として検地帳に記載し、その「所持」を公認する。そして一六四三年の田畑永代売買の禁令によって、一筆ごとの耕地・屋敷地は特定の名請人が「所持」するものとして固定される。

・村切りによって村の領域が決められる。また名請人の所属村も固定されるので、ある村の耕地・屋敷地の集合は、当該村に所属する名請人の耕地・屋敷地の総和となる。しかも各筆の耕地・屋敷地は特定の名請人が所持するものとして固定されているので、当該村に帰属する耕地・屋敷地も固定されたものとなる。なお林野は検地されず、特定の名請人の所持とはなっていないので、その帰属についての争論が起こりやすい。

・耕地・屋敷地は、検地で一筆ごとの〈石高〉が決められる。石高は領主へ納める年貢額の基準となる。年貢を納める義務は、本来的には、耕地・屋敷地の所持が認められた名請人にある。ただし、ある村に帰属する耕地・屋敷地は、当該村に所属する名請人が所持する耕地・屋敷地の総和であるので、ある村の石高も固定され、村がまとめて年貢を納めるようになる。

・年貢を領主に納める際に、村は各名請人に〈割り当て〉を行う。基本は石高割りだが、世帯割り、収穫割りなどの基準も加味する。年貢は、本来的には、領主から所持を認められた名請人が納めるもので、その基準となるものは石高である。しかし村の関与によって、石高以外の基準も加味される。

・検地の理念では、年貢は〈領主―個々の名請人〉の直接的関係において、個々の名請人が領主に対して負うものであった。しかし村請けによって、村が関与する機会が増え、〈領主―村―個々の名請人〉の関係のなかで処理される側面が増えていく。

・村に所属する名請人の居住地は相互に近接しており、村は顔見知りの世界である。

清代珠江デルタの図甲（里甲）制

・耕地が売買されると、買主が県衙門で「税契」（土地取得税の納入）、「過割」（課税台帳上における税糧負担者名義の書き換え）を行う。これらは、公権力が買主の土地所有権を公認する手続きである。なお、課税台帳上における税糧負担の単位は「戸」（制度理念では世帯）であり、以後は買主の戸が税糧を納める。当該戸が図甲に編成されていても、上記手続きは行う必要があり、また税糧の負担義務は基本的に当該戸にある。以上は、近世日本における検地の理念（名請人による所持と年貢負担の確定）とほぼ同じである。なお、時に「丈量」（検地）を行って、一筆ごとの耕地の所在・面積（税糧額）・所有者を実地に確定することもある。

・ただし近世日本と異なり、耕地の売買は禁止されていない。買主についての条件も特に設けられていない。

・清代、清朝は公式には「自封投櫃《じふうとうき》」制（後述、参照）を採用したが、珠江デルタでは里甲制に類似する図甲制が行われていた。図の代表である里長は、一〇甲のあいだの輪番制で、各甲から一〇年に一人選出される。公権力に対する図の基本任務は一図分税糧の納入であり、里長がとりまとめて官へ納入する。[4] 一図十甲という構成と代表の輪番制は異なるが、村請けに類似する制度である。

・一つの甲に所属する構成員の居住地はある程度近接している。しかし一〇甲のあいだに地理的近接性があるとはかぎらない（同じ図に所属する甲でも一〇キロ離れている事例がある）。
・図内構成員の土地売買等によって図の管下田土数が変わり、それに伴って図の税糧額も変動する。一個の図としての固定した税糧額はない。図内の各戸が負担すべき税糧額は、その所有田土数（「税畝」額）で決まっており、〈割り当て〉に相当するような図内での調整は基本的に行われない。

ところで、近世・近代の中国社会については、〝散砂のごとき〟の比喩で説明されることが多い。明清史研究者の足立啓二氏は、日中戦争中に行われた〈華北農村慣行調査[5]〉の事例から、華北の村について、「中国の村落には、村落という集団自身の固有の領域がない」、「村落による自己規律能力の欠如」、「村民が村外の人と比べて享受できるような村内優先権も少ない」と断言しており［足立　一九九八、頁五六、五八、六〇］、近世・近代中国の村と近世日本の村との違いが強調されている。しかし、いま紹介したように、〈村請け〉ではないが、それに類似する〈図請け〉が珠江デルタでは存続していた。その意味で、筆者は日中農村の比較を、共通性にも改めて注意を向けて行う必要性を感じている[6]。

比較の対象の第二は、江南デルタである。一九七〇年代までの研究蓄積によれば、宋代以降の中国における経済の最先進地帯たる江南デルタでは、明初に施行された里甲制は清代一八世紀初頭の地丁銀の全国的実施と相前後してほぼ解体したとされている[7]。しかし珠江デルタでは、江南デルタとはまったく対照的に、むしろ一八世紀初頭に図甲（里甲）が増設され、そして清末民国期に至るまで存続していた。この点において、珠江デルタで里甲制が存続した背景・理由を考察することは、江南デルタを筆頭に、中国各地域の歴史や社会の多様性を考えていくうえできわめて示唆的である。

第二節　「清代珠江デルタ図甲制」の外在的環境　時代としての清代

明から清への王朝交替により、統治者層はいわゆる八旗《はっき》に組織されている旗人《きじん》（満人、蒙古人、漢人）に交替した。しかし、チャイナ・プロパー（China proper　かつては「支那本部」という訳語が定着していたが、現在は適当な和訳がない）(8)に住む大多数の漢族を統治するための諸制度について、清朝は明朝以来の諸制度を引き継いだ。

明代であれば、里甲制のような、太祖朱元璋が始めた「祖法」（祖先以来の法令・制度）を変更することは、皇帝にも官僚にも大きな抵抗があった。王朝交替によって前王朝の諸制度を〝一新〟する機会を得た清朝は、里甲制を廃止して新たな制度を始めることも可能であった。しかし清朝は結局、里甲制を明初の原則のまま（明初の原則が清初においてどの程度有効かはさておき）継承した［松本　一九三九b、頁一四二］。引き継がれた里甲制は、明末にすでに矛盾が顕在化し、その改革が求められており、そしてなによりも全国的な一律性にとぼしいものとなっていた。

里甲制を祖法として維持する必要がなくなった清朝治下では、上述のように矛盾が顕在化していた里甲制は、里長の廃止などが行われ、その解体が各地で進んでいく。代わって「自封投櫃」と呼ばれる制度が採用される。これは、里甲制と異なり個々の土地所有者が本人の税糧負担分を個別かつ直接に官に納める制度である。「自封投櫃」が原則上の公式制度となったものの、この制度が全国でどの程度実際に行われていたかといえば、普遍的とはいいがたく、「包攬《ほうらん》」（徴税・納入の請負い）という形で、専門業者が中小の土地所有者に代わって納税する地域もあれば［西村　一九七六、山本　一九七七、山本　一九八〇］、珠江デルタのように図甲制が続いている地域もあった。

しかも、「自封投櫃」が全国一律に強権によって施行されなかっただけでなく、各省、さらにその下の府や県においても、一律的な制度が施行されることはあまりなかった。すなわち、清代における中国各地域の税糧の徴収・納入のあり方は、地域によってさまざまであり、基本形となるものは存在していなかった。本書では図甲制をとりあげるが、そのモデルや基本形として参照できるような制度上の規定が、省・府・県の各レベルにおいて制定されたことを、管見では窺うことができない。これは、筆者が管見した珠江デルタの史料において、図甲制の内部にいる者が規定や制度として参照するのは、ほとんどが明初の里甲制規定、しかも明朝中央が制定した規定であり(9)、省・府レベルはおろか、県レベルの規定すら登場してこないことに反映されている。つまり図甲制は、デファクトの事実として、珠江デルタ農村に存在していた。この点を、明清社会経済史の専門家ではない読者の方々に知っておいていただきたい。

また、珠江デルタの各県の知県から両広総督に至るまでの広東省各級の官僚にとって、図甲制は上述したように、必ずしも維持すべきものではなかった。その意味で、図甲制は上からの、官僚機構による強制で維持されてきたわけではない。この点は、明代の里甲制が、皇帝・官僚機構からの命令で設置・維持された点と大きく異なることを指摘しておきたい。

なお文献史料について一言しておきたい。中国のなかでも、例外的に文献史料が豊富な江南デルタ地域を除き、他の地域でそれなりに書籍が刊行されるようになるのは、清代中期以降である。珠江デルタは広東省内では関連文献が比較的多いが、それでも清代中期以降にならないと多くはならない。そのため清初以前については、現在でも不明な点が数多く残っている。たとえば、本書との関連でいえば、明初の珠江デルタにおいて里甲制はどのように施行されたのか、これを具体的にあとづけてくれる同時代史料は非常に少ない。

第三節　里甲制研究と図甲制研究の有機的連関

図甲制は、特殊な形ではあるが清末民国期まで珠江デルタで存続していた。したがって図甲制が存続した要因を解明することは、里甲制の解明にも貢献できる点がある。ここでは、里甲制の長期存続を支える規定外の〝運用〟について二点をとりあげ、また明清時代、特に明中葉以降における、課税台帳上の税糧負担単位である「戸」についてとりあげる。

1　税糧運搬に要する付随的経費の調達

明初の里甲制については、明朝中央が制定した諸規定によって組織編成などのあらましがわかり、またこれら諸規定を緻密に分析した研究も蓄積されている。しかし意外にも、里甲制を長期に存続させていくうえで不可欠であるにもかかわらず、明示的な規定がなく、史料を用いて解明されていないことがある。その一つとして、岩井茂樹氏がとりあげた、税糧（明初においては現物）の運搬経費の問題がある［岩井　一九九四、頁一四～一六、岩井　一九九七、頁一八四］。すなわち、土地税としての税糧は土地所有者に一律に課されるが、税糧の納入業務は、官の指定した倉庫まで運ばれることで、はじめて業務完了となる。近世日本ならば、名主が村の代表として村全体の年貢米を代官所などに運び、担当役人の検査を受けてやっと年貢米納入が完了するのと同じである。問題は、農村から遠くの倉庫に運ぶのに費やされる時間・運送費・宿泊費など、税糧の本体以外に要する付随的経費が、どのような原則にもとづいて調達・工面されるのか、である。この問題を岩井氏が提起するまでは、「里長」（里の代表者）や「糧長」（複数の里の統括責任者）など、運搬業務に直接に従事する者が自己負担するという説が多かった。しかし岩井氏は、里甲制の正式施行前に太祖朱元璋が出した指示から、朱元璋がどのように想定していたかを提示した。すなわち、土地所有者から税糧を徴収する際に、正規の税額よりも三割増しで徴収し（すなわち、課税面積からの定率供出）、この追加徴収分を倉庫までの運搬経費とするという想定である。そして岩井氏は、かかる工面の仕方が、当時の人々（統治者側であれ、被統治者側であれ）の付随的経費等を処理する際の基本的思考方法を示していると捉え、ここから明代の徭役制度の各々が、統治者側ならびに被統治者側のいかなる想定をふまえて制定・施行されたかの議論を展開していく。かかる研究視角を筆者なりにいい換えるならば、規定されずに空白となっていることについては、当時を生きていた人々の常識的対処法をさぐることを通じて埋めていくことが、里甲制を支えていた社会的基盤を真に解明することになる、となる。また、上記のような調整・工面が行われる社会をはたして〝散砂のごとき〟社会と考えるのは適切か、という疑問もわいてくる。

なお、岩井氏が具体的考察対象とした江南デルタの場合、課税面積からの定率供出（これを筆者は〝通里毎畝均等負担〟の方法と呼ぶ）という慣習は定着せず、あるいは維持できず、里甲制は解体してしまった。

それでは、里甲制が図甲制という名称で特殊に存続していた珠江デルタでは、この税糧本体以外の部分で必要不可欠となる経費（付随的経費）はどのように工面・調達されていたのか。近世日本の村と比較対照するうえでも、また〝散砂のごとき〟イメージがもたれやすい近世・近代中国の実際を知るうえでも、中国の一角を占める珠江デルタで、どのように解決され、そして図甲制を存続させてきたのか、おおいに興味のわくテーマである。本書の第六章は、この問題を、一つの図が残した史料から解析する。そしてそれを通じて〝散砂のごとき〟イメージの妥当性を考えることにしたい。

2 課税台帳と「過戸推収」

珠江デルタの図甲制を考察していくと、第一・二章で言及するように、〈過戸推収せず〉という現象が存在することが判明する。「過戸推収」(たんに過戸、推収、過割ともいう)とは、土地税である税糧を負担する者について、課税台帳(里甲制下では賦役黄冊)上で行う名義変更を指す。土地が売買されると、通常は買主が新しい税糧負担者となり、これを官に報告し、台帳上における税糧負担の名義を変更してもらう。ただし明清時代における税糧の課税台帳は、「戸」が税糧負担の単位となっていた。したがって、課税台帳上では、税糧負担が売主の所属する「戸」から買主の所属する「戸」へ移動することになる。しかし図甲制における〈過戸推収せず〉の現象は、その手続きが行われていないことを意味する。

さて、明代里甲制における賦役黄冊(税糧の課税台帳でもある)は一〇年に一度しか作成されない。作成直後に土地の売買が行われ、土地所有者の移動があっても、それが賦役黄冊に反映されるのは一〇年後になる。これは、課税台帳上において、〈過戸推収せず〉の状態が約一〇年間続くことを、そして土地を売却しても、台帳上の土地所有者＝税糧負担義務者が売主の「戸」のままになっていることを意味する。

では、売主が次の賦役黄冊作成まで、ずっと税糧を負担するのか。二〇一八年の現在でも管見では、これについて明朝が定めた規定は知られていない。そして、そもそもかかる疑問そのものを提起しているのが、管見では、筆者のみである［片山　一九八四、頁二一二〜二一三］。疑問が提起されない理由の一端として、この約一〇年間の〈過戸推収せず〉の状態が、里甲制の運営に大きな支障を与えていないことが推測される。大きな支障があれば史料が残りやすく、研究者も注意を向けるが、支障がなければ、記録に残りにくいからである。すなわち、売主がその後の九年間も負担し続けるような非合理的状況はなかったと思われる。ではどのように合理的に解決されていたのか。

これも、前述の税糧運搬の問題と同じく、規定はなくとも、当時の人々の常識的対処法によって解決されていたと推測される。当時を生きた者ではない筆者がとりあえず考えつくのは、次の黄冊作成まで、①買主が売主の所属する里・甲・戸へ税糧を納入しつづける。(10) ②買主が売主と同じ里に所属するならば、里全体の税糧負担額は変わらないから、売主の所属する甲と買主の所属する甲とのあいだでの調整・精算によって当該の里内で処理される。③買主の所属する里と売主の所属する里とが異なっていても、そのあいだになんらかの精算機能が存在すれば、これも可能であろう。

ただし、売主と買主の当事者（里・甲・戸を含む）のあいだで、税糧本体に関する精算が行われさえすれば事足りる問題であるかについては注意する必要がある。というのは、税糧本体だけでなく、前述の付随的経費がどのように調整・処理されるかの問題も考える必要があるからである。この点を含め、図甲制における〈過戸推収せず〉の仕組みを解明し、それを通じて、里甲制において必然的に生じる、約一〇年間の〈過戸推収せず〉の期間における合理的処理のあり方についても考えることにしたい。

3　課税台帳上の「戸」

里甲制において一〇年に一度作成される賦役黄冊は、清代の康熙七年（一六六八）に編造が停止されたといわれている［松本　一九三九b、頁一四三］。そして清代の珠江デルタでは、県衙門に税糧徴収のための台帳として、「実徴冊《じっちょうさつ》」などと呼ばれる台帳が作成され、毎年の徴税における基本台帳となっていた。それには、県内の図甲に設けられている「戸」を対象に、「戸」ごとの戸名と税糧額が（滞納額も）記されていた。一九七〇年代までの日本の、そして中国を含む諸外国における明清史研究は、「戸」の実体について、明初の里甲制規定にもとづいて、家計単位である世帯（中国語ならば「家庭」）と暗黙のうちに理解していた(11)。はたして清代の「戸」の実体はなにか、また実徴冊は土地所有の実際を反映していたか。土地税である税糧の徴収制度にとって最も根幹となる部分の実際を第一・二章でさぐることにしたい。

第四節　先行研究等について

さて広東、あるいはそのうちの珠江デルタにかぎっても、当該地域に関する歴史研究は、アヘン戦争の発火点、孫文の出身地、中国国民党発祥の地、北伐の起点、さらに一九二〇年代の農民運動等々、近現代政治史の舞台としてとりあげられてきた。しかし近代のみならず前近代を視野に入れ、珠江デルタを含む広東省の社会経済史を対象とする本格的な歴史研究が始まったのは、日本では江南デルタ史研究に比べてかなり遅く、一九八〇年代である。それ以前において、個別論文として単発的に、広東省や珠江デルタを対象とするものもあった。ただし、それら研究には、江南デルタ研究から抽出された諸要素と対照し、それと共通する、あるいは類似する点を指摘し、いずれは江南デルタがたどった道を歩んでいくだろうという姿勢で行われた研究も多かった。明清史まで視野に入れ、複数の視角を連関させながら、珠江デルタの歴史がもつ個性を浮き彫りにする研究は、残念ながら非常に少なかった。

一九八〇年代以降の諸研究のうち、書籍の形でまとめられた日本での研究成果としては、松田吉郎『明清時代華南地域史研究』(汲古書院　二〇〇二年)、西川喜久子『珠江デルタの地域社会—清代を中心として』(私家版二〇一〇年)等がある。

一方、中国でも改革開放以後、香港・マカオに隣接することから、珠江デルタが改革開放の重点地区とされたこととも相俟って、一九八〇年代から珠江デルタ地域の歴史研究に人材・資金が投入されるようになった。その結果、広東在住の研究者によって、羅一星『明清佛山経済発展与社会変遷』(広州、広東人民出版社　一九九四年)、譚棣華『廣東歴史問題論文集』(台北縣、稲禾出版社　一九九三年)、譚棣華『清代珠江三角洲的沙田』(広州、広東人民出版社　一九九三年)、劉志偉『在国家与社会之間—明清広東里甲賦役制度研究』(広州、中山大学出版社　一九九七年)、葉顕恩『珠江三角洲社會經濟史研究』(台北縣、稲鄉出版社　二〇〇一年)、李龍潛『明清經濟探微初編』(台北縣、稲鄉出版社　二〇〇二年)等が公刊されている。

また史料集としては、科大衛　監修、黄永豪　主編、濱下武志・田仲一成　参修『許舒博士所輯　廣東宗族契據彙錄』(上・下)(東京大学東洋文化研究所附属東洋学文献センター　一九八七〜一九八八年)、広東省社会科学院歴史研究所中国古代史研究室等　編『明清佛山碑刻文献経済資料』(広州、広東人民出版社　一九八七

年）、譚棣華・冼劍民　編『廣東土地契約文書（含海南）』（広州、暨南大学出版社　二〇〇〇年）が公刊されている。

以上の研究のうち、西川喜久子氏の研究は清代の珠江デルタ社会を解明するなかで、図甲制に関連する諸課題をも検討しており、その成果には筆者の考察を補完するものが多く、大変裨益を受けている。また劉志偉氏のそれは、珠江デルタにおける里甲制の制度的変遷を正面からとり扱ったものであり、特に明代前半に関する成果からは、大いに裨益を受けている。なお劉氏の研究は広東省全体を対象とする制度史の解明に重点を置いており、筆者がその関心を最終的には珠江デルタ社会の構造の解明に置いている点で異なっている。

第五節　本書の構成と各章の課題

本書は、珠江デルタで特殊に存続した図甲制を、珠江デルタの歴史を特徴づける関鍵として着目し、①その存続の事実そのもの、②明朝の制度規定とは若干異なる、図甲制の制度的内容、③存続を支えた要因としての図甲組織の社会的基盤と特質、④図甲組織内における協同性の具体的内容とその財源、⑤図甲組織の地域社会における位置づけ、以上に焦点を合わせ、若干のフィールド調査の成果もまじえるが、主に文献研究の成果を提示する。

まず第一章では、図甲表など、図甲制に関連する諸現象として着目する必要のあるものを紹介しつつ、それら諸現象によって示唆される問題群を提示して、図甲制の構造を掘り下げて検討していく足がかりとする。次の第二章では、図甲制の基本的構造を解明し、またその社会的基盤として同族結合[12]に着目する。

第三・四章では、清末に珠江デルタ諸地域の図甲制が抱えていた諸矛盾について、ケースごとにその内容を明らかにする。諸矛盾については、図甲の外部からもたらされたものか、それとも図甲内部から生じたものかを大別するとともに、内部から生じているものについては、その原因をより掘り下げて分析する。また諸矛盾への対応のあり方（改革の内容）はケースによって異なり、図甲制がそのまま維持される場合もあれば、図としての協同性・連帯性を放棄する場合もあるので、その違いをもたらした要因も掘り下げて分析する。この諸矛盾の顕現という事態に対して図甲制を従来どおり維持していくか否かの問題は、図甲制の維持を可能としていた要素が何であったかを示唆しており、興味深い。

第五・六章では、図甲組織が地域の市場《いちば》を管理・経営していた事実を掘り起こすとともに、前述した付随的経費を図甲組織が調達・工面する方法を具体的に解明する。また、地域社会における図甲組織の位置・役割についても検討する。このうち第六章は、明初に全国的に施行された里甲制が存続していくための諸条件を考えるうえで示唆を与え、さらには近世日本の〈村請け〉と比較するうえでも興味深い事例である。

第七章では、『許舒博士所輯　廣東宗族契據彙錄』（上・下）に収録されている、清末民国期珠江デルタの土地取引に関連する官方文書を用いて、県衙門で行われる「立戸」（官に対して税糧を負担する戸の新規設置）、「税契」、「過戸推収」の諸手続きの順序と、それら諸手続きのあいだにおける有機的連関性の有無について検討する。これは、第一章で摘出した清代珠江デルタでみられる諸現象が生まれてくる素地を文書手続きの面から確認することになる。

最後の終章「結論と展望」では、第一～七章までの考察を総括するとともに、珠江デルタの図甲制という研究テーマが、たんに税糧の徴収・納入制度という側面にとどまらず、華北や華中の歴史と対比した際に浮き彫りになる、珠江デルタの歴史がもつ〝個性〟を解明していくうえで関鍵となる、きわめて大きな広がりと深い奥行きを具有するテーマであることを指摘する。それは同時に、華北・華中の歴史を再考する際に改めて照明を当てるべき課題を提示することになろう。また近世の日本と中国については、近年は異質性が強調される傾向にあるが、珠江デルタの事例は共通性にも改めて留意する必要があることを指摘する。

註

1 一例として、第六章でとりあげる順徳県龍江堡の第二十五図は、乾隆七年（一七四二）に開設されている。

2 近世日本の〈村請け〉に関する筆者の知見は十分とはいえないが、本章では、煎本増夫、木村礎、深谷克己、渡辺尚志、大塚英二の諸氏の研究を参考にした［煎本　一九七六、頁四二～四五、木村　一九八三、頁二五～四八、一九七～一九九、深谷　一九八八、頁二一六～二一七、渡辺　二〇〇二、頁二四八～二四九、二五二、大塚　二〇〇二、頁二七四～二七六］。

3 図甲組織＝里甲組織と近世日本の藩政村との近似姓については、岩井茂樹氏の指摘［岩井　一九九七、頁一九〇～一九一］から啓発を受けている。

4 里甲制では各甲は一一戸で構成されるので、一図が一一〇戸で編成される。図甲制の甲の場合、戸数についての制限はない。なお、一図を一〇甲で構成し、里長を輪番制とする理念は、解明すべき謎である。

5 〈華北農村慣行調査〉の成果として、中國農村慣行調査刊行會編『中國農村慣行調査』全六冊（岩波書店、一九五二～一九五八年初版、一九八一年再刊）が刊行されている。

6 珠江デルタ地域では、「集団自身の固有の領域」や「村民が村外の人と比べて享受できるような村内優先権」を確認できる村が存在しており［片山　二〇〇九］、筆者は村についても再考する余地があると考えている。

7 この点を総括したものとして、小山正明氏の研究［小山　一九七一、頁三三八］がある。

8 チャイナ・プロパーとは、清代における次の一八省を指す。すなわち、華北として、東から山東・直隷（河北）・河南・山西・陝西・甘粛の六省、華中として、東から江蘇・浙江・安徽・江西・湖北・湖南・四川の七省、華南として、東から福建・広東・広西・貴州・雲南の五省。

9 さしあたり、第三章の史料三―2や、同じく第三章の註2、参照。

10 鈴木博之氏は徽州文書を利用し、明嘉靖三五年（一五五六）の山地売却の事例について、①次の賦役黄冊編造は六年後の嘉靖四一年であるので、この時に税糧負担者の名義を買主に変更する、②嘉靖三五年～嘉靖四一年の七年分の税糧は売主が買主から受領している、以上の条件で売却されたことを紹介している。次の黄冊編造まで黄冊上の名義変更を行うことはできないが、税糧の実際の負担者は買主に移っており、買主が売主へ払い込む方法で対処されている［鈴木　二〇〇五、頁三九七］。これは非常に貴重な発見である。

11 松本善海氏［松本　一九三九a］以来、かかる観点は、本書第一章の旧稿が発表される一九八二年まで共通の認識とされていた。

12 本書では、父系の祖先を共通にする血縁集団である、いわゆる宗族のうち、個別土地所有者から税糧を徴収し、それを官へ納入するまでの過程（通常は一つの図が関与し、最大では複数の図から成る一つの堡が関与する）において協同性を有する範囲を指して、特に〈同族〉の語を用いる。なお珠江デルタ農村について、①一つの集落が単一の同族から成るもの（いわゆる単姓村）が多いこと、②かつては複数の同族から成っていた集落（いわゆる複姓村）が、時代が下るにつれて単一の同族から成るものへと変容していく傾向がみられること、を指摘しておく。

参考文献

足立啓二　一九九八『専制国家史論―中国史から世界史へ』柏書房
煎本増夫　一九七六「検地と百姓」。吉田晶等 編『日本史を学ぶ　3　近世』有斐閣
岩井茂樹　一九九四「徭役と財政のあいだ―中国税・役制度の歴史的理解にむけて(三)」。『経済経営論叢』(京都産業大学)第二九巻第二号。のちに、岩井　二〇〇四、第七章、転載
岩井茂樹　一九九七「公課負担団体としての里甲と村」。森正夫等 編『明清時代史の基本問題』汲古書院
大塚英二　二〇〇二「百姓の土地所有」。渡辺尚志・五味文彦 編『土地所有史』(新 体系日本史　3)山川出版社
小山正明　一九七一「賦・役制度の変革」。岩見宏等 編『岩波講座　世界歴史』第一二巻、岩波書店。のちに、小山 一九九二、第一部第四章、転載
片山剛　一九八四「明・清」。『史学雑誌』「一九八三年の歴史学界―回顧と展望」第九三編第五号
片山剛　二〇〇九「自然の領有における階層構造―字(あざ)の世界と一筆耕地の世界」。森時彦 編『二十世紀中国の社会システム』京都大学人文科学研究所附属現代中国研究センター
木村礎　一九八三『村の語る日本の歴史　近世編②』(そしえて文庫10)そしえて
鈴木博之　二〇〇五「明代徽州府の戸と里甲制」。井上徹・遠藤隆俊 編『宋―明宗族の研究』汲古書院
西村元照　一九七六「清初の包攬―私徴體制の確立、解禁から請負徴税制へ」。『東洋史研究』第三五巻第三号
深谷克己　一九八八『大系　日本の歴史　9　士農工商の世』小学館
松本善海　一九三九a「明代」。和田清 編著『支那地方自治発達史』中華民國法制研究會。のちに改題して、和田

清 編著『中國地方自治発達史』汲古書院、一九七五年、所収
松本善海 一九三九b「清代」。和田清 編著『支那地方自治発達史』中華民國法制研究會。のちに改題して、和田清 編著『中國地方自治発達史』汲古書院、一九七五年、所収
山本英史 一九七七「清初における包攬の展開」。『東洋学報』第五九巻第一・二合併号。のちに、山本 二〇〇七、第一章、転載
山本英史 一九八〇「浙江省天台県における「図頭」について——十八世紀初頭における中国郷村の支配の一形態」。『史学』第五〇巻。のちに、山本二〇〇七、第一二章、転載
渡辺尚志 二〇〇二「近世的土地所有の特質」。渡辺尚志・五味文彦 編『土地所有史』(新 体系日本史 3)山川出版社

第一章　清末の図甲表とそれをめぐる諸問題

はじめに

清末・民国期に刊行された珠江デルタの地方志を繙《ひもと》くと、経政・食貨等の巻に図甲表、あるいはそれに準ずるものを掲載しているものがあることに気づく。また、当該時期の族譜のなかにも、図甲表を掲載しているものがある。管見では、かかる図甲表は、清代中葉以前に刊行された珠江デルタの地方志等には掲載されていない(1)。また、中国の他地域の地方志についてみるならば、民国期に至っても掲載されていないようである(2)。

すなわち、図甲表は清末・民国期の広東省、とりわけ珠江デルタという、時代的にも地域的にもかぎられた範囲の所産である。したがって、清末・民国期の珠江デルタにおいてのみ、地方志・族譜に図甲表が掲載されている、その背景を検討することは、当該社会の歴史的社会的性格を考えるうえで一つの重要な問題となる。

本章以下の諸章は、この問題をも含め、清代（部分的には明代にも遡る）の広東省における土地制度――とりわけ土地の所有と、土地税として納入される税糧の徴収・納入方法とのあいだの関係——を考察し、それを通じて、当該社会の歴史的社会的性格を検討するものである。その際に、この図甲表を一つの重要な材料として利用する。かくして得られた結論は、清代の広東省、あるいは中国社会に関する〈従来の理解〉[3]とは異なるものとなった。しかも、問題はきわめて根本的な事柄にかかわっている。したがって、一般化した議論を行う前に、個別具体的な事例から、基礎的な諸現象や諸事実を一つ々積み重ねておくことが求められる。そこで本章では、やや煩瑣になるのを覚悟のうえで、まず図甲表の紹介とその初歩的検討を行い、つぎにそれによって浮かびあがってくる諸現象・諸事実を抽出することに主眼をおく。抽出した諸現象・諸事実の、清代広東省における一般的妥当性の有無、およびその背景にある当該社会の性格等については、第二章以下で検討する。この点をあらかじめことわっておきたい。

さて、図甲表といった場合の「図甲」とは、いうまでもなく、明初の洪武一四年（一三八一）に、全国的に施行されたといわれる里甲制の「里甲」を指す[4]。里甲制については、その成立、性格、およびその後の推移をめぐって、江南デルタを中心に数多くの専門研究がなされている。それらの研究成果のうち、本章との関連でさしあたり留意しておきたいことは、次の二点である。①里甲を構成する里長戸、甲首戸、さらには畸零戸等、徭役・税糧の科派単位を基本的に戸におき、暗黙のうちにその戸を生活単位としての個別家族（あるいは世帯。中国語ならば「家庭」）とみなしていたこと[5]。②里甲制は、一般には清代の康熙・雍正年間（一八世紀初）の地丁銀の全国的実施と相前後して、ほぼ解体したとされていること[6]。

表一―1　清末民国期の各種図甲表等

図甲表番号	刊行年 西暦	刊行年 旧暦	方志・族譜名	巻	図甲表の有無
①	1752	乾隆17	（南海縣）佛山忠義鄉志	巻3	
②	1831	道光11	（南海縣）佛山忠義鄉志	巻7	
③	1872	同治11	南海縣志	巻6	○
④	1883	光緒9	（南海縣）九江儒林鄉志	巻5	
⑤	1911	宣統3	南海縣志	巻7	○
⑥	1938	民国27	高要縣志	巻10	
⑦	1926	民国15	（南海縣）佛山忠義鄉志	巻4	○
⑧	1926	民国15	（順德縣）龍江鄉志	巻1	
⑨	1929	民国18	順德縣志	巻5	○
⑩	1930	民国19	（順德縣）龍山鄉志	巻6	
⑪	1931	民国20	番禺縣續志	巻7	
⑫	1930	民国19	南海廖維則堂族譜	巻1	
⑬	1911	宣統3	南海學正黃氏家譜	巻12	○

第一節　図甲表について

管見の範囲で、図甲表あるいはそれに準ずるものが掲載されている地方志・族譜をリストアップしたものが表一―1である。なお、図甲表のサンプルとして図一―1を示す。また族譜に載っている図甲表のサンプルとして南海県学正郷黄氏のものを、表一―2としてあげておく。加えて、表ではないが、箇条書き形式の図甲表に準ずるものを、史料として本章末尾に掲載したものが史料一―1である。[7] 図一―1、表一―2、史料一―1から、さしあたり指摘できるのは次の諸点である（（1）（2）…等の番号は、本章を通じての通し番号である）。

（1）一個の図は、ほとんどの場合、一〇甲で構成されている。

（2）ただし、一個の甲が一一戸で構成されているとはかぎらない。

（3）税糧額が、図ごと（なかには甲ごとに）表示されているものがある（史料一―1の④⑥⑩⑪等）。こ

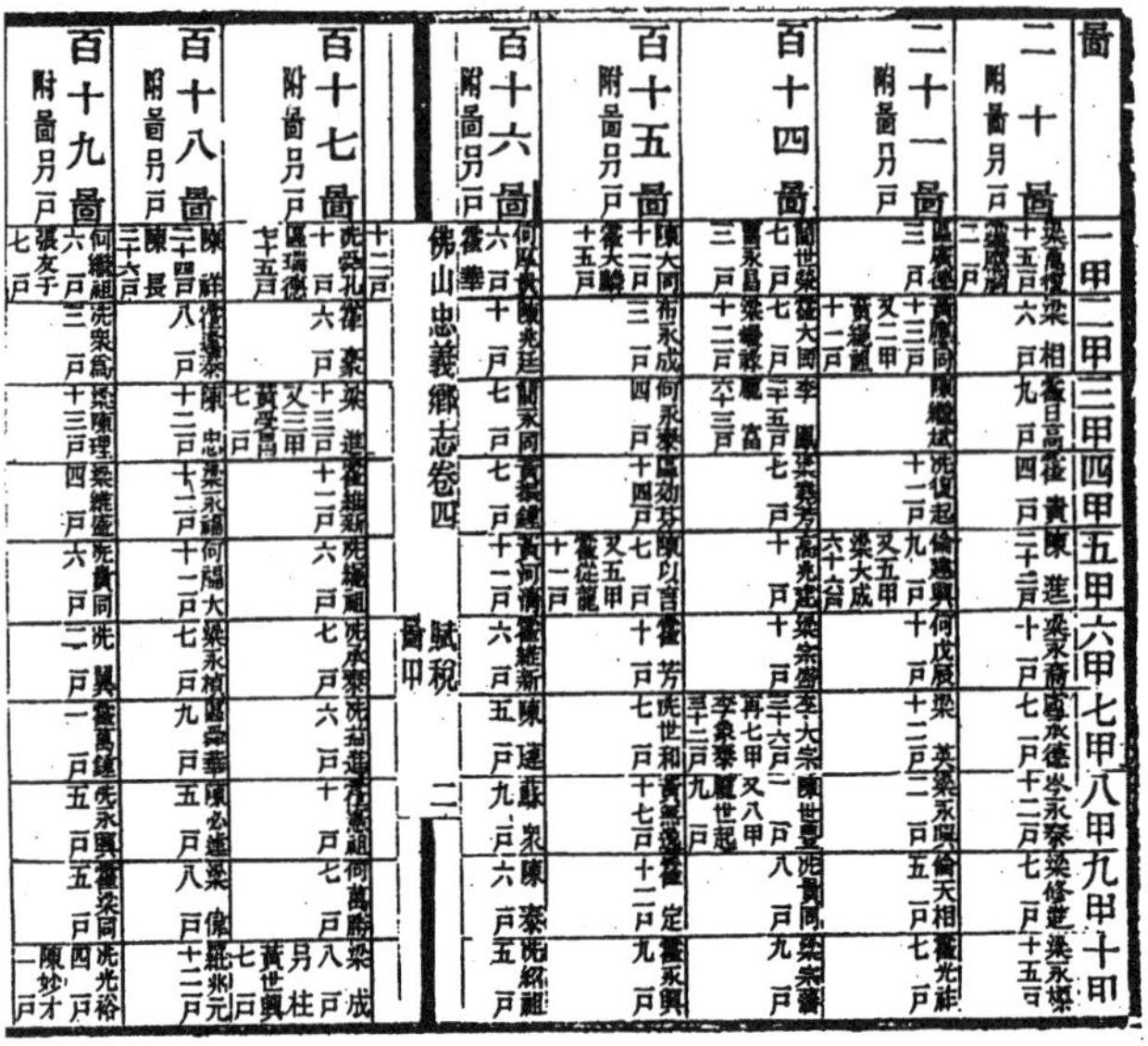

図一―1　図甲表の具体例

出所　民国『(南海縣) 佛山忠義鄉志』巻 4 賦税志

表一―2　『南海學正黃氏家譜』所載図甲表（第十三図第九甲のみ）

堡	圖	甲	總戶	子戶
平地堡	十三圖	九甲	黃紫貴	附十三戶
				黃道恒
				梁啓周
				邵　德
				梁維炳
				黃茂佳
				黃朝榦
				黃有德
				黃守謙
				黃　枏
				黎茂憲
				何淩漢
				黃猶同
				黃子仲

出所　『南海學正黃氏家譜』（宣統 3 年刊）巻12雑録譜、郷規、図甲表。
なお、第51図第 4 甲・第 5 甲と第52図另10甲の図甲表は省略する（第二章、参照）。

れは、税糧が個々の土地所有者によって個別に官へ納入される方法（いわゆる「自封投櫃」）ではなく、依然として、図ごと（あるいは甲ごと）に官へ納入されていること、これを示唆している。

（4）史料一―1―⑬の割註から、戸には、基本的に総戸と子戸の区別があり、地方志に記載されている戸名は総戸名であり、子戸についてはその戸数（総戸を含む戸数）のみが記載されていることがわかる。また⑫については、③との比較対照から、冒頭に掲げられている戸名（すなわち廖大期）が総戸名であり、その他の戸名は子戸名であると判断できる。そして一般に、一個の甲は一つの総戸と不定数の子戸とから構成されていると考えられる。

（5）史料一―1―⑫⑬と表一―2とから、一個の甲に含まれる子戸名の姓は、その甲の総戸名の姓と同じものが多い[8]。

（6）刊行年代の異なる図甲表を比較対照すると、総戸名がほとんど変わっていないことがわかる（後述、参照。たとえば南海県仏山堡について、表一―1の①②⑦等によって比較したものが後段の表一―4である）[9]。

第二節　図甲表をめぐる諸現象

本節では、明清時代の広東省における、土地の所有、あるいは売買等による土地所有者の移動と、土地税として国家へ納入される税糧の徴収・納入方法とのあいだの関係について、珠江デルタの順徳・南海両県の個別具体的な諸事例にもとづいて、初歩的な検討を行う。紹介する事例は、明末と清中葉における族産ないし公産についてのものである（個人による土地所有の事例については、第五節参照）。

広州の珠江河口付近では、上流から運ばれる土沙が年々堆積して沙田となり、その肥沃な土質から、沙田の領有をめぐって長年多くの争いが起きていた[10]。つぎに掲げる光緒八年（一八八二）刊『順徳北門羅氏族譜』巻二〇憲典所載の史料は、羅氏一族による沙田所有に関するものである。

史料一―2

万暦四一年（一六一三）一二月に、祖先の羅輝[11]は広東布政司に赴き、土名「外欄」の沙田を族産（後述参照）とするために、官から〈払い下げ〉を受けようとした。翌万暦四二年正月に順徳県知県の依頼で、都寧巡検司の陳がその沙田を実地調査し、面積等について知県に報告した。この報告にもとづいて知県陸が調べた結果、区呉進という者が、当該沙田の近くに所在する沙田を「雁塙沙」という名称で払い下げを受ける手続きが進行しており、布政司等の上級機関の許可も得ていること、ただし払い下げの代金に相当する「餉銀[12]」はまだ完納されていないことが判明した。また「雁塙沙」は、当該沙田が土沙の堆積によって広がっていくと、当該沙田にとって妨げになることもわかった。そのため区呉進は払い下げを辞退し、羅輝が「雁塙沙」を含めて払い下げを受けることになった。

その後、七月に知県が布政司に報告し、八月に許可が下り、一二月に羅輝が順徳県で「餉銀」を納めて布政司に送金され、翌四三年に領収書として布政司から「帖」が発給された。また天啓二年（一六二二）八月に、羅輝が「契税」（不動産取得税）を納めて「税契」手続きを行ったので、布政司の官印が捺された「初字号の契尾」の付いている証明書が発給された。

〔沙田は数年間の税糧納入猶予期間の後に、「陞科」（明代の崇禎年間当時においては、賦役黄冊内にその土地を編入し、一定の税糧を課すこと）・納糧（税糧を納入）することになっているが、〕この沙田は、崇禎五年（一六三二）に至って、陞科・納糧が行われた。[13] 税糧の徴収・納入の方法は、（a）「崇禎五年壬申（一六三二）に、正に大良〔堡第〕三十六図〔第〕十甲羅璋戸内の税糧（「糧差」[14]）分にくり入れた。中等税五十二畝三分五厘二毫四絲、陞科銀三両二銭正」であった。[15]

以下、（a）の部分について検討する。まず、羅璋戸について調べよう。民国『順徳縣志』巻五（表一―1の図甲表番号の⑨）で、大良堡第三十六図第十甲の箇所をみると、「羅乾榮　三戸」となっており、めざす羅璋戸をみい出すことはできない。しかし、主に第五節で利用する史料一―7―順―G（本章末尾の史料）に、〔大良堡〕「〔第〕三十六図〔第〕十甲羅璋戸丁本原」の項があり、羅璋戸をみつけることができる。この項は、第五節で後述するように、光緒一〇年（一八八四）時点で、羅氏の大宗祠である本原堂が、[16]「嘗産」（祖先祭祀等のための族産）として順徳県に所有する田地のうち、その税糧を羅璋戸を通じて官へ納入するものの目録である。その①に、（b）「土名は外欄半江。中税五十二畝三分五厘二毫四絲である。〈天啓内寅（六年。一六二六）に「続承」し、餉〔銀〕を納め、帖を給せられ、陞科し、〔羅璋〕戸に収めた〉[17]」とある。史料一―2とのあいだに、年次の点でずれはあるが、同じく羅璋戸にかかわるものであり、田地の土名・税畝が同一であるから、史料一―2に登場する田地に関する記事とみなしてよいであろう。

そこで、（a）と（b）とを相互に参照して解釈すれば、本原堂の所有に帰したこの田地を、冊籍（当時は賦役黄冊）内に編入するに際し、その税糧（中等税五二・三五二四畝）を、羅璋戸の税糧負担分のなかにくり入れた、となろう。すなわち、現実には本原堂（あるいは個別人格としては羅輝）の所有にかかる田地について、その冊籍上の税糧負担者は羅璋戸となった、と解することができる。かかる理解が成立するか否か、他の史料をも検討するなかで明らかにしていこう[18]。

順徳県から北へ向い、南海県仏山堡における清代の事例をつぎに検討する。道光『(南海縣)佛山忠義郷志』巻一二金石下（二五a〜二七a）に、乾隆五五年（一七九〇）に挙人の労潼らが立てた碑文「敬字亭碑記」が掲載されている。これは、乾隆五三年に労潼らが字紙社再興のために購入した亭（惜字紙亭）一座と舗菴一間とに関する目録である。舗菴は官産を購入したもので、その経緯は、碑文第一条に引く知県厳が労潼らに与えた「爲遵批再繳等事」のなかに書かれている。そして、舗菴の敷地の税糧について、知県は「該舗菴税糧、向在佛山堡一百十八啚十甲羅兆元戸内、擧人労潼等遞年遵照輸將」（当該舗菴の税糧は、従前より仏山堡第一百十八図第十甲羅兆元戸内にくり入れられているので、挙人の労潼らは毎年そのとおり納入せよ）と述べている。

羅兆元戸は、後段の表一―4から、仏山堡第百十八図第十甲の総戸であることを確認できる[19]。さて、この舗菴の現実の所有者は字紙社であり、その管理運営者は労潼らである。つまり、この舗菴の税糧の最終的負担者は字紙社＝労潼らである。この点を考慮に入れると、右の文から次の諸点を抽出できる。①知県は労潼らに向かって、税糧を納入せよ、といっている。これは、字紙社＝労潼らが現実の土地所有者だからである。②ところで、労潼らが税糧を納入する直接の対象は、文脈上、官ではなく、羅兆元戸である、と読みとれる。③これは、当該舗菴の税糧が、官の冊籍上、羅兆元戸の負担になっているからである。④また、「従前より」（「向」）とあるから、この舗菴が労潼らへ売却される以前も、そして以後も、その冊籍上の税糧負担者は羅兆元戸に在った、と考えられる。

以上は、乾隆五三年に、知県が労潼らへ宛てた公文書から指摘できることであるが、乾隆五五年の碑文作成時における状況は、これとは若干異なっている。碑文の第三条で、労潼らは自身に向って、「亭・舗二處、共該地税四分、收在靈應祠戸内、遞年附納」といっている。前に検討したのは、舗菴の税糧のみについてであったが、ここでは惜字紙亭と舗菴との二箇所の税糧（「地税」）について述べている。霊応祠戸は、つぎに紹介する史料一―3にも、「佛山堡〔第〕二十啚另戸《れいこ》靈應祠戸」[20]として登場し、図一―1（および表一―1の図甲表番号③⑤）によって確認できる。したがって右の文は、「惜字紙亭と舗菴との二箇所をあわせた地税四分（〇・四畝）を、冊籍上、霊応祠戸にくり入れたので、〔これからは、この霊応祠戸へ税糧を〕毎年附納することにする」と解釈できる。[21]つまりこの場合も、労潼らが税糧を納入する直接の対象は霊応祠戸であり、官ではない、と考えられる。

道光『佛山忠義郷志』には、このほかにも興味深い史料がある。そのなかから巻一三郷禁、「文閣前北坦田照」（三三b～三四b）[22]を紹介しよう。

史料一―3

蔗囲村民の唐応昌らは、区・李両姓より購入した税一八畝五分の田と、区効芬[23]の子戸より購入した税七畝の田とを所有していた。[24]いずれも河川沿いの田であったが、唐らはこれらの田を石路に変えていた。このため、河幅が狭くなり、河の流れの障害となって、氾濫による水害をひどくしていた。これを憂慮した「職員」（＝紳士）の呉泰来らは、この弊を南海県に訴え、唐らの田を買いとってとりつぶし、河幅を広げようとした。まず知県は、唐らが所有する当該田地の契拠類を調べ、また「推收糧册」とも照合して、確かに唐らが所有権をもっていることを確認した。そして呉泰来らに買いとらせたうえで、とりつぶす裁断を下した。蔗囲村民のなかには売却に反対する者がおり、上級機関に訴える者もいた。しかしその後、唐らが起こしていた犯罪案件が発覚し、両広総督から知県の裁断どおり、呉らに買いとらせたうえで、とりつぶして河幅を広げるようにとの指示が下りた。

さて呉らは、唐らから田地を買いとるが、しかしその田地は河幅を広げるためにとりつぶされ、収穫を得られない運命にある。それゆえ、知県は「思うに、税糧は田地〔の収穫〕から供出されるものである。しかしこの田地はとりつぶされて河になってしまう。〔はたして税糧を確保できるだろうか〕」と述べて、収穫なき土地からの税糧徴収を危惧した。これに対し、呉らは税糧納入を約束する（「認納銭糧」）方法の一つとして、「収税戸口結状」（税畝＝税糧を収入する戸の保証書）を知県に提出した。その結果、知県は税糧確保の目途がついたので、呉らにこの土地を買いとらせることを最終的に決めた。

そして、呉らに買いとらせたあとの、この田地の税糧徴収・納入方法について、知県は、「唐姓が納めていた平洲堡第三十五図第十甲白伍承戸内において、前項の田税一八畝五分をとり除き、さらに平洲堡第三十五図第六甲唐文富戸内において、税七畝をとり除き、合計で税二五畝五分をとり除き、これらを仏山堡第二十図の另戸霊応祠戸にくり入れて納糧させる。（中略）以後、〔呉泰来らは〕毎年の税糧を、霊応祠戸内において全額完納し、いささかも欠糧するな」と述べる。

さて、唐らがこの田地を所有していた時点では、所有者たる唐姓が田地の税糧を平洲堡第三十五図第十甲の白伍承戸と第六甲の唐文富戸[25]とへ納入する、という方法であった。これは、この田地の税糧が、冊籍上、白伍承戸と唐文富戸の負担としてくり入れられていたからである。そして、田地の所有権が呉らへ移動するにともない、その税糧負担は、冊籍上、白伍承戸・唐文富戸からとり除かれ、あらたに霊応祠戸へくり入れられた。同時にこの措置にもとづき、田地の新所有者たる呉らは、その税糧を、直接には霊応祠戸へ納入するようになった。以上の点は、現実の土地所有者が交代した際に、その税糧をとり扱う戸も変更された点を除き、今までの史料で検討してきたことと同じである。

なお、前出の「収税戸口結狀」は、呉泰来らがその税糧を直接に納める戸（すなわち、霊応祠戸）を明示し、かつその戸が呉らの税糧をとり扱うことを確認した保証書と考えられる。そして、この保証書が県へ提出されたので、知県は白伍承戸・唐文富戸から霊応祠戸への、冊籍上の名義書換え（過戸推収）を認めた、と推測される。

以上、本節で検討したことを整理すれば、次のようになる。

（7）明清時代の珠江デルタでは、土地を所有した場合、官はその土地の現実の所有者（ないし管理者）を、その土地の所有者として公的に承認している。逆にいえば、官の冊籍上の税糧負担者たる戸（納糧戸。（9）参照）を、現実の土地所有者とはみなしていない。

（8）土地の所有が官によって公的に承認される過程では、現実の所有者にならんとする者（ないしはその代表者）が、彼の名義によって、土地所有権の獲得・移動に必要な手続き（税契銀の納入等）を行っている。

（9）しかし税糧納入については、次のように考えられる。現実の土地所有者は、税糧を直接に官へ納入するのではなく、直接には官の冊籍上（そして図甲表上）に記載されている戸へ納入する。そして、戸へ納入することを通じて、官への税糧納入義務を遂行している、と。つまり、税糧は、〈現実の土地所有者→戸→官〉というルートで徴収・納入されている。そして、官の冊籍上における税糧負担者は、総戸・子戸等であり、現実の土地所有者ではない。このように、官の冊籍上（そして図甲表上）に、税糧負担者として記載され、現実の個別土地所有者と官とのあいだに立って、税糧の徴収・納入を担当する主体としての戸、またはその名目化したものを、以下、納糧戸と呼ぶことにする。(26)

（10）現実の土地所有者の姓名と、その税糧をとり扱う納糧戸の姓名とは、これまでの事例では、多くの場合異なっている。

（11）しかも、現実の土地所有者の姓名と納糧戸の姓名との乖離について、これまでの史料では、官の側が疑問を示す表現はなく、当然のこととみなしている。

（12）明末・清中葉の土地売買記事等に登場した納糧戸の戸名（とりわけ総戸名）は、清末・民国期に刊行された図甲表上にも記載されていることが多い（（6）参照）。

（13）官は、現実の土地所有者の姓名を把握している。

（14）また、その土地の税糧をとり扱う納糧戸の姓名をも把握している。

（15）土地所有権が移動する際に、納糧戸が変わる場合（史料一―3）と変わらない場合（乾隆五三年時における、字紙社の舗菴の事例）、すなわち、過戸推収が行われる場合と行われない場合とがある。

ところで、注意しておきたいのは、本節で用いた史料の性格である。用いた史料の内容は、そのほとんどが、土地を所有するにあたり、官の仲介や裁断を経て、はじめて当事者の所有が認められるに至ったものである。しかし、明清時代の土地売買等において、官の仲介や裁断を経ることは稀であり、これを経ない、通常の土地売買・所有の場合に、以上の特徴、とりわけ（13）を指摘できるかどうかは、大きな問題となろう。この点については、第二章で本格的に検討することにし、つぎに納糧戸、とくに総戸について窺える特徴を検討する。

第三節　総戸の戸名について

本節では、前述の（6）・（12）に関連して、より多くの具体例から、総戸について窺える特徴を検討する。第二節で検討した羅璋戸や註18の羅嗣昌戸は順徳県大良堡の北門羅氏の総戸である。羅氏には『順徳北門羅氏族譜』があり、その巻一九b嘗産には大宗祠本原堂の不動産購入記録が編纂整理された形で収録されており（後段の第五節および章末の史料一―7、参照）、そこに羅姓の総戸が登場する。編纂整理を経たことで記録が簡略にされてしまっている箇所もあり、全面的には依拠できない点もあるが[27]、総戸名について明末清初から清末民国期までを比較対照できる事例は少ないので、参考としてあげたのが表一―3である[28]。戸名が三〇〇～三五〇年間不変のものがあることがわかる。

ところで、羅嗣昌戸をはじめとする羅氏の総戸名を、族譜所載の年表・宗支図によって調べるという作業を同時に行った。しかし、嗣昌等の名前を人名（諱、字、号等）としてはさがしあてることはできなかった。したがって、総戸名が実在する人格の姓名をただちに意味する、とは考えがたいのである。

つぎに、南海県仏山堡について検討する。康熙五九年（一七二〇）に知県宋が出した「示」は、のちに石碑に

表一―3　総戸名の比較対照（一）順徳県北門羅氏

番号	継続性	図	甲	A 戸名登場の最も早い年次 西暦	年号	戸名	B 光緒期 戸名	C 民国期 戸名
1	◎	4	2	1576	万暦4年	羅嗣昌	羅嗣昌	羅嗣昌
2	◎	4	10	1576	万暦4年	羅永昌	羅永昌	羅永昌
3	◎	4	3	1626	天啓6年	羅廷敬	羅廷敬	羅廷敬
4	◎	36	4	1626	天啓6年	羅同賦	羅同賦	羅同賦
5	○	36	10	1626	天啓6年	羅　璋	羅　璋	羅乾榮
6	○	37	4	1626	天啓6年	羅凌霄	羅凌霄	（空欄）
7	○	37	7	1626	天啓6年	羅聯芳	羅聯芳	羅茂昌
8	◎	42	9	1626	天啓6年	羅承璉	羅承璉	羅永璉*
9	○	43	4	1626	天啓6年	羅承泰	羅承泰	羅敬萬
10	◎	37	1	1690	康熙29年	羅復隆	羅復隆	羅復隆
11	○	37	6	1708	康熙47年	羅永泰	羅永泰	羅信義
12		番禺県		1626	天啓6年	羅夢祥		
13		番禺県		1689	康熙28年	羅本源	羅本源	

出所　Aは、『順徳北門羅氏族譜』巻20憲典所載の記事
　　　Bは、同上、巻19b 嘗産（史料一―７）で光緒10年（1884）
　　　Cは、民国『順徳縣志』巻5（表一―１―⑨）で民国18年（1929）
＊「永」は誤植であろう。

「靈應祠廟舗還廟碑示」[29]として刻まれた。その碑文によれば、知県に「稟文」（上申書）を提出した者として、挙人・貢生等の名前とともに、「里民、梁萬履・陳祥・黄應同・岑永泰・梁修進」等の名が列挙されている。これらの姓名を、表一―4と比較対照すると、それぞれ第二十図第一甲、第百十八図第一甲、第二十一図第二甲、第二十図第八甲、第二十図第九甲の総戸名と一致している。すなわち、「里民」名義で列挙されているこれらの姓名は、人名ではなく、総戸名である[30]ことがわかる。また表一―4では、仏山堡の八個の図のうち、第二十図と第百十八図の二つの図（および第二十一図第二甲）の総戸名について、刊行時期の異なる三つの『佛山忠義郷志』を比較対照している。対照したのは乾隆一七年（一七五二）刊、道光一一年（一八三一）刊、民国一五年（一九二六）刊の記載である。戸名が若干異なるものもあるが、誤植と推測される。したがって、五個の総戸については康熙五九年から二〇〇年間、他の一六個の総戸も乾隆一七年ごろから一五〇年以上にわたってまった

表——4　総戸名の比較対照（二）南海県仏山堡

図甲	康熙59年(1720)	乾隆17年(1752)	道光11年(1831)	民国15年(1926)
20-1	梁萬履	梁萬履	梁萬履	梁萬復*
20-2		梁　相	梁　相	梁　相
20-3		霍日高	霍日高	霍日高
20-4		霍　貴	霍　貴	霍　貴
20-5		陳　進	陳　進	陳　進
20-6		梁承裔*	梁永裔	梁永裔
20-7		盧承徳	盧承徳	盧承徳
20-8	岑永泰	岑永泰	岑永泰	岑永泰
20-9	梁修進	梁修進	梁修進	梁修進
20-10		梁永標	梁永標	梁永標
21-2	黄應同	黄應同	黄應同	黄應同
118-1	陳　祥	陳　祥	陳　祥	陳　祥
118-2		霍逢泰	霍逢泰	霍逢泰
118-3		陳　忠	陳　忠	陳　忠
118-4		梁永福	梁永福	梁永福
118-5		何祖大	何祖大	何福大*
118-6		梁永楨	梁永楨	梁永楨
118-7		區舜華	區舜華	區舜華
118-8		陳必進	陳必進	陳必進
118-9		梁　偉	梁　偉	梁　偉
118-10		羅元兆*	羅元兆*	羅兆元

出所　康熙59年（1720）については、「靈應祠廟舗還廟碑示」（本文と註29参照）。乾隆17年（1752）については、乾隆『佛山忠義郷志』巻3郷事志、図甲。道光11年（1831）については道光『佛山忠義郷志』巻7郷防、図甲。民国15年（1926）については、民国『佛山忠義郷志』巻4賦税志。

＊「復」「承」「福」「元兆」は誤植であろう。

く変わっていないことがわかる。

南海県の羅格孔氏（羅格は地名）は、孔子の末裔ということで、順徳・番禺両県の孔氏とともに、雍正四年（一七二六）に、雑差・差徭・里役・耗羨の負担を優免された。この内容を記した碑文「優免聖裔碑記」[31]をみると、優免の対象が図甲の「戸長」名で表示されている。表示されている二六個の戸長名のうち、比較対照が可能な一六個の正図正甲の戸長名および一つの「附甲」の戸長名を、同治『南海縣志』所載の咸豊四

表一―5　総戸名の比較対照（三）南海県孔氏

番号	堡名	図	甲	雍正４年（1726）	咸豊４年（1854）	備考
1	吉利	17	9	孔允同	孔允同	
2	疊滘	27	3	孔萬芳	（空欄）	
3		143	8	孔夢賢	孔夢賢	
4	山南	41	2	孔里綱	孔里綱	
5		41	5	孔　明	孔　明	
6		41	9	孔　臻	孔　臻	
7		42	2	孔祚昌	孔祚昌	
8		42	9	孔少龍	孔少龍	
9		9	7	孔應舉	孔應舉	※
10	白石	7	3	孔　高	孔　高	
11		7	7	孔　寛	孔　寛	
12		37	6	孔　斌	孔　斌	
13		39	2	孔姜義 孔　鯨	孔姜義	
14		39	10	孔　偕	孔　偕	
15	黄竹岐	16	10	孔宏業	（空欄）	
16		65	3	孔　贏	林陳孔	
17		65	5	孔夢周	孔夢周	

※は正図正甲ではなく、附甲の総戸名の比較対照

年（一八五四）時点の図甲表（表一―1の図甲表番号③）の総戸名と比較したものが表一―5である。[32] 一七戸のうち、一四戸の戸名が雍正四年（一七二六）より咸豊四年（一八五四）まで一〇〇年以上変わっていないことがわかる。

　具体例については右にみたが、清末に広東省の知県を歴任した徐賡陛は、『不慊齋漫存』巻五陸豊書牘、「覆本府條陳積弊」のなかで、

史料一―4　徐賡陛「覆本府條陳積弊」（『不慊齋漫存』巻五陸豊書牘）

　税糧の徴収制度というものは、昔からこれがよいといえるような良策がない。しかし他省では、図に分け甲を設けて、日常的に「過戸推收」（税糧負担者の名義変更）が行われているので、だれが税糧負担者であるかを把握するのが困難ではない。しかし広東省では、〔冊籍上の税糧負担単位である〕戸は、一度立てられると、数百年も戸名が変更されないと

いうありさまで〔、過戸推収がまったく行われていない。このため、だれが税糧負担者であるかを把握するのが困難で〕ある。（後略）[33]

と述べ、広東省（「粤」）では、数百年前に立てられた戸名が、清末に至るまで変わっていないことを指摘している。ここにいう戸は、直接に総戸を指しているわけではない。しかし総戸を含めて言及していると思われる。したがって、以上の検討から、次の二点が指摘できる。

（16）総戸名は、実在する人格の姓名を意味するとはかぎらないこと。
（17）戸名（とりわけ総戸名）不変の現象は、明清時代の広東省では普遍的であること。[34] したがって、以上の特徴をもつ戸（とりわけ総戸）を、生活単位としての個別家族とは考えがたいこと。

なお、子戸名については、具体的に調べる手立てがあまりない。ここでは、史料一―1―⑫の子戸名を、族譜の宗支図等に記載されている族人の名前（字・号等を含む）と比較してみた。その結果、廖姓の子戸三九戸のうち、族人名としても確認できるものは、「必驤・尚璣・應祥・應登・昌・觀長・永泰」の七戸のみであり、他の三二戸は族人名としてはみい出すことができなかった。したがって子戸名についても、実在する人格の姓名を意味するとはかぎらないことがわかる。

第四節　図甲制と総戸

本節では、第三節で検討したような特徴をもつ総戸が、清代の税糧徴収・納入機構上、どのような位置にあったかを検討する。まず南海県について、同治『南海縣志』巻六経政略、図甲表補序に、次の記述がある。本史料は、清末の南海県における税糧問題を述べ、その解決策の一つである図甲表作成の経緯を論じたものの一部である。

史料一—5　同治『南海縣志』巻六経政略、図甲表補序

本県における税糧を徴収する流れや税糧負担者を把握する方法は次のようになっている。まず〔県の下は数個の都に分かれており、〕一個の都はいくつかの堡に分かれているが、一個の都の管下にある堡の数は一律というわけではない。堡の下位単位は図であるが、堡の大きさに大小があるので、堡ごとの図の数も一定ではない。

そして、図に甲を把握させている。一個の図を一〇個の甲に分け、毎年一個の甲が一図全体の〔官への〕税糧納入の仕事を担当し、この仕事を毎年輪番で回している。この〔仕事を担当する甲を〕「当年」と呼んでいる。

当年となった甲は、正月に酒を用意して一〇甲に通知し、すべての甲が集まったら、〔全員で前年度の〕「糧串」（税糧納入証明書）を調べて、〔前年度の当年が一図分の税糧を〕滞納していないかを確認する。もし滞納していることがわかれば、〔前年度の当年に〕罰を加える。この罰を与える方法は、明代から踏襲さ

れている。それで、農村では今でもずっと行われており、当年になると嫁取りも嫁入りもしない。というのも、古風淳朴で、公務第一なので、一図十甲分の税糧の統括者になると、私的なことを顧みる余裕がないからである。甲が戸を掌握するが、戸の数は一律ではない。というのは、戸には総戸と子戸があるが、子戸の数が一定ではないからである。しかし、甲が総戸を掌握し、総戸が子戸を掌握しているので、税糧額がどんなに小額な土地所有者（「花戸」）であっても、その本当の名前を把握できるし、納めるべき税糧をとりこぼすこともない。これは非常によい方法である。

この史料によれば、一個の甲における戸数（子戸数）は一定ではない[35]（（2）参照）。ただ甲数のみ、一個の図が一〇甲という定数で構成されている（（1）参照）。明初に施行された里甲制の原則では、一個の甲は里長戸を含む一一戸で構成され、一個の里はこれを一〇甲束ねた一一〇戸で構成されることになっていた。したがって、図甲の編成面からみれば、清末南海県の図甲制は、一個の図が一〇甲で構成される点のみ、里甲制の原則と合致しているわけである。

そして、一〇年一周の輪番で、一個の甲が一図分税糧の官への納入業務を担当すること（「当年」）、すなわち、里甲正役のうちの税糧催辦の徭役が存続していた。これはたんなる原則ではなく、南海県では清末においても実際に行われていた[36]。

従来の、江南デルタを中心とする里甲制研究によれば、明末清初を画期として里甲制はほぼ解体し、清代には各糧戸がみずから県衙門等に赴いて「自封投櫃」するのが原則となっていた[37]。しかし右の史料によれば、少なくとも南海県では、その内容に原則との相違はあるものの、里甲制が保持されたまま清末に至った、と判断できる。

さて、戸の問題について考えてみよう。総戸と子戸とについては第一節でも触れたが、この史料からも、戸には総戸と子戸との区別があり、一個の甲は一つの総戸と不定数の子戸とによって構成されていることがわかる（（4）参照）。ここで史料一―5を参照して、図甲制における総戸の役割を考えれば、次のようになろう。総戸は、自己の甲内の子戸の税糧額を把握し、同時に徴収する。そして、「当年」の甲（その中心は総戸であろう[38]）は、各甲の総戸がとりあつめた税糧を徴収し、一図一〇甲分をとりまとめて官へ納入する[39]、と。そして、総戸の子戸に対する掌握力、さらに子戸による戸内の個々の土地所有者に対する掌握力を通じて、図内のあらゆる土地所有者の姓名も、その税額も把握でき、かつ徴収できるとしている。

つぎに順徳県については、咸豊『順徳縣志』巻三輿地略、図、に次のように説明されている。

史料一―6　咸豊『順徳縣志』巻三輿地略、図

図は、〔県の下位単位である〕都〔の下位単位〕に位置しており、人丁数や税糧額はこの図を通じて把握している。どの図も必ず甲を掌握し、甲は必ず戸（総戸に相当）を掌握し、戸（総戸）は爪を掌握している。いずれも〔税糧の〕徴収額を把握するためである。しかも官僚として出仕したり、科挙を受験したりする際に、〔本人確認をするための〕「籍貫」も、この〔図・甲・戸・爪の〕体系で確認されている[40]。（中略）甲の数は、一個の図に一〇個にかぎられている[41]。〔総戸〕名は一定していて不変であり、加えて〔総戸をいくつかの〕爪に分けることを〔それぞれの都合に〕任せている。胥吏は図と甲を通じて〔総〕戸や爪を把握できるので、〔総戸名や爪名を〕記載する必要はない[42]。

この説明から、順徳県においても、図甲が人丁と税糧を把握するための統治体系として設置されていることがわかる。そして戸（総戸）の下に、さらに爪が位置していることもわかる。民国『（順徳縣）龍山郷志』巻六経政略、図甲でも、図甲表（史料一―1―⑩の按語）を掲げた後に、「戸がさらに爪に分かれているものが多い。ここに掲載するのは、戸に限定し、爪は記載しない」とある。この場合、図甲表に掲げた戸とは総戸であるから、爪とは総戸がさらにいくつかに分かれたものと考えられる。[43] なお、爪は子戸とは異なるものと思われる。[44] 爪は、光緒『香山縣志』所載の記事にも登場し、香山県の場合には確認できる。しかし、南海県の場合には、管見のかぎり、確認できなかった。

以上、説明不十分な点もあるが、本節で検討したことをまとめておく。

(18) 珠江デルタの南海・順徳等の県では、その内容に里甲制の原則との多少の相違はあるが、清末に至るまで、里甲（図甲）制が存続していた。図甲表はそのことを端的に示すものと考えられる。なお、いわゆる里甲制といちおう区別し、広東省において特殊に存続したものを指して、以下、図甲制と呼ぶことにする。

(19) 総戸は、いわゆる里長戸に相当するものであり、[45] 毎年一甲内の税糧を各子戸から徴収するとともに、輪番で一〇年に一度「当年」となり、各甲の総戸が徴収した税糧をとりまとめ、一図分の税糧を官へ納入する役割をはたす。なお、子戸はいわゆる甲首戸にほぼ比定できるが、その詳細については不明な点が多い。また、総戸がさらにいくつかに分かれた爪も存在する。

(20) したがって、図甲制における税糧の流れを示すと、次のようになる。

官←図←甲←総戸←（爪）
　　　　　　　　←（子戸）

第五節　総戸と丁

本節では、図甲制における、現実の土地所有者と総戸・子戸・爪との関係を、個別の具体例から検討する。ただし、子戸・爪については不明な点が多いので、総戸との関係を中心とする。この関係をさぐるための適当な史料は、管見ではあまり多くない。わずかに『順徳北門羅氏族譜』が、この関係をさぐる緒《いとぐち》を提供している。史料一―7（本章末尾別掲）および表一―6、図一―2として、できるかぎり多くの事例を紹介する所以である。

史料一―7の前文から、巻一九b嘗産は、光緒一〇年（一八八四）時点における、羅氏の本原堂が所有する、いわゆる「嘗産」（族産）の資産目録であることがわかる。この点をまず確認しておきたい。目録全体は、〈順〉「本原堂嘗田順徳各戸土名税畝」（順徳県に所在する田地の目録。なお〈 〉内の〈順〉等は引用者が略称として付けたもの。以下、同じ）、〈香〉「香山順四啚末甲羅本原」（香山県に所在する田地の目録）、〈番〉「番禺税瀝滘水四十一啚六甲羅夢祥戸」（番禺県に所在する田地の目録）、〈山〉「本原堂山税」（順徳県に所在する山地の目録）、〈舗〉「本原堂舗屋地税」（順徳県に所在する店舗の敷地の目録）の五つに大別されている。以下では、〈順〉「本原堂嘗田順徳各戸土名税畝」に列挙されている本原堂の田地取得を中心に考察する。

〈順〉では、EとIを除き[46]、AからNまで、土名・税畝・購入（ないし獲得）年次・売主等が記載された一件々の田地が、図甲の総戸（前文にいう「戸口」）ごとに、分類・整理されている。この整理のあり方から、

表一—6　本原堂嘗産売却側関係事項

	史料一—7の番号	売却年時	図—甲	総戸名 関係祖先（生没年）	爪名。および族人中の同名者の有無（生没年）	丁名（生存年時）
a	順—A—⑭	咸豊三年（一八五三）	4—2	〔羅嗣昌戸〕子仁公（一三一八～七八）	羅福田爪 二人あり（一八一六～記載なし）（一八四九～記載なし）	時安（一八一八～七四）
b	順—I—①	乾隆十年（一七四五）	43—4	羅承泰戸 万里公（一四八八～一五四四）	爪はなし	広宗（一六九五～乾隆年間）
c	順—K—③	嘉慶十四年（一八〇九）	37—6	羅永泰戸 象峰公（一四七六～一五七四）	積累爪 該当者なし	明及（一七七六～一八三九）
d	順—K—④・⑤	嘉慶二十年（一八五八）	37—6	羅永泰戸 象峰公（一四七六～一五七四）	万容爪 一人あり（一六九五～一七八〇）	明儀（一七八七～記載無し） 明侃（一七九三～記載無し）
e	順—K—⑧・⑨	光緒四年（一八七八）	4—10	〔羅永昌戸〕陋巷公（一三五七～一四三五）	爪はなし	念揚（一八一六～記載無し）
f	順—L—②	嘉慶二十一年（一八一六）	42—9	〔羅承璡戸〕芝台公（一五三四～一六二〇）	羅玠爪 該当者なし	賢和（一七九〇～記載無し）
g	順—L—④	道光四年（一八二四）	37—7	羅聯芳戸 巽潮公（一五〇二～七八）	蘊石爪 一人あり（一七九八～一八五五）	采衡（一七七九～一八三三） 采彧（一七七九～一八六一）
h	舗—D—①	道光六年（一八二六）	4—10	〔羅永昌戸〕陋巷公（一三五七～一四三五）	羅兼甫（爪名か子戸名か未詳） 該当者なし	礼行（一八〇五～三五）

総戸名に〔　〕を付したものは、原史料にはないが引用者が補ったもの

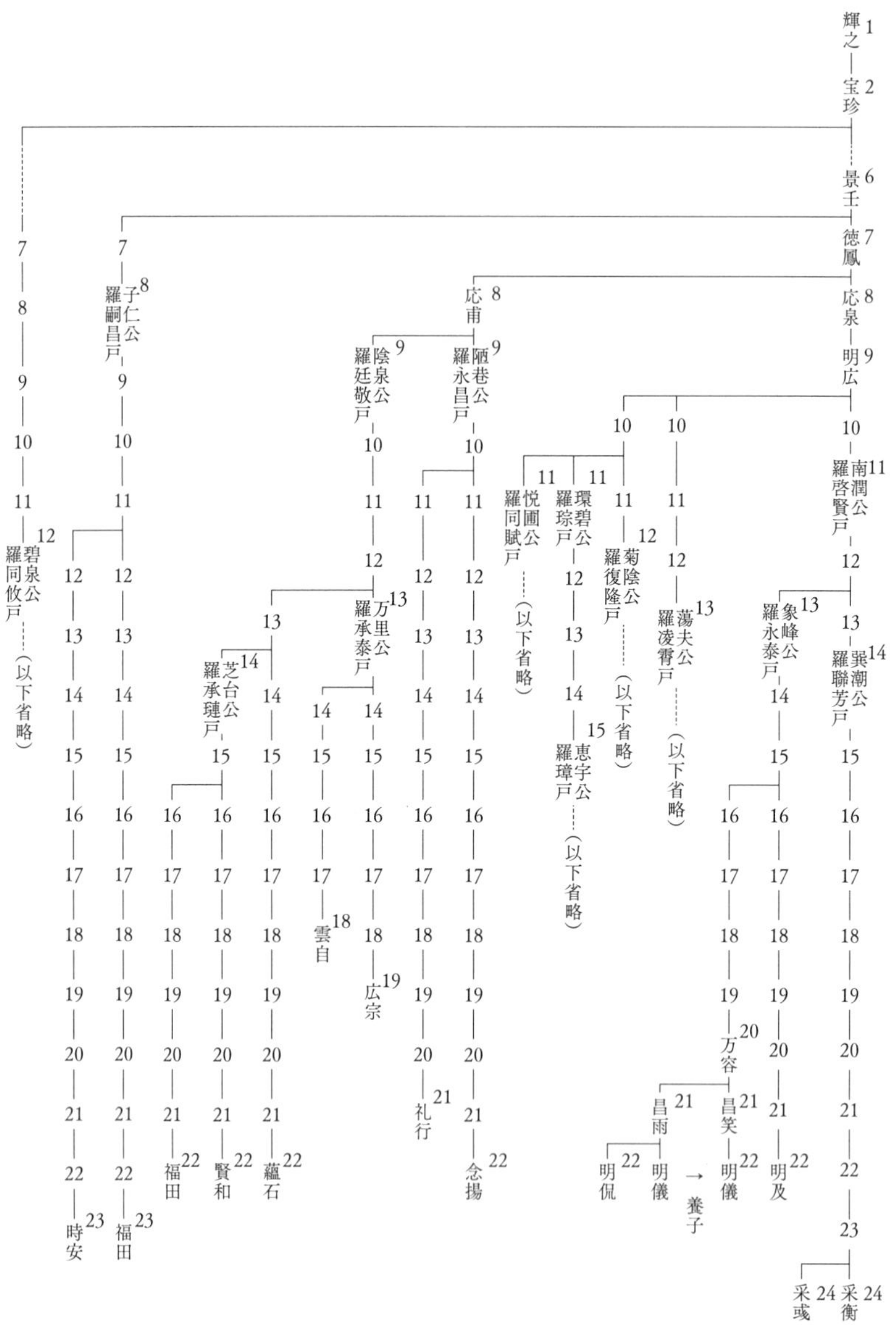

図一—2　順徳県羅氏略系図

出所　『順徳北門羅氏族譜』（　）内は世代数。紙幅の都合で大幅に省略してある。

本原堂が所有する田地の税糧について、本原堂はみずからの戸を立てることにより、すべての田地の税糧を一括して直接に官へ納入するという方法を採っておらず、田地ごとにそれぞれ定められた既存の納糧戸（大部分は総戸）を通じて官へ納入するという方法を採っていることが判明する。前文において、この目録作成の目的の一つとして、田地ごとの「戸口」を明示することがあげられているのも、このためである。そして、この方法において、現実の土地所有者たる本原堂は、既存の総戸の下に、丁として位置していることがわかる。これは、土地の購入者である本原堂の側についていえることであるが、以下、土地の売却側について検討を進めていこう（表一—6、図一—2、参照）。

典型的事例として、まず順—K—④・⑤（表一—6—d）をとりあげる。第三十七図第六甲羅永泰戸丁本原の項に、「嘉慶二〇年（一八一五）、本図甲本戸（＝第三十七図第六甲羅永泰戸）の万容爪の丁である明儀・明侃等より購入した」とある。そこで、族譜所載の年表・宗支図等で、右に登場した戸名・人名等を調べよう。

まず、族譜巻一九a祠宇の記事から、羅永泰戸は第一三世象峰公に関連して立てられたと推測できる総戸である[47]。象峰公は年表の第一三世の項に、「尚賢、字文達、号象峰。生年は成化丁亥（成化三年。一四六七）九月初、没年は嘉靖丁未（嘉靖二六年。一五四七）十月二十九日」とある。第一三世で象峰公にあたる者は、この人物以外にはいない。

つぎに、爪名としての万容を、さしあたり人名と考えてさがすと、象峰公の子孫で、第二〇世の項に「代賜、字履恩、号万容。生年は康熙乙亥（康熙三四年。一六九五）正月十五日、没年は乾隆庚子（乾隆四五年。一七八〇）正月二十三日」とある。万容という名前（字・号等を含む）をもつ者は、この人物以外にはいない。

丁名の明儀・明侃については、第二二世の項に「源廷、字明儀、国学生名元廷。生年は乾隆丙午（乾隆五一年。一七八六）十二月二十二日、没年（記載なし）」、「源植、字明侃。生年は乾隆癸丑（乾隆五八年。一七九三）九月十七、没年（記載なし）」とある。そして明儀・明侃は、万容の子である昌雨の実子（なお、明儀は昌雨の兄昌笑の養子になっている）、すなわち、万容の孫にあたっている。また、明儀・明侃という名前をもつ者は、この二人以外にはいない。

以上のことを前提にすると、次のように推測できる。羅永泰戸は第一三世象峰公に関連する形で設置された（すなわち、羅永泰戸は第一三世象峰公の子孫によって立戸されたと考えられる）。またこれと同様に、その七世後の第二〇世万容に関連する形で万容爪が設置された。そして、万容の孫である明儀・明侃は、万容爪の丁に位置している。明儀・明侃の没年は不明であるが、本原堂に田地を売却した一八一五年には、それぞれ二八歳と二二歳で生存していたと判断してよいであろう。また第二〇世万容は、その没年が一七八〇年であるから、一八一五年にはすでに死亡していた。したがって、田地売買時における、売却側の現実の土地所有者は、図甲制（戸籍）上[48]、丁に位置している明儀・明侃等であると判断できる。そして、売却前において、現実の土地所有者たる明儀・明侃は、万容爪、さらに総戸である羅永泰戸を通じて、官への税糧納入を行っていたと考えられる。

なお万容爪は、第二〇世万容に関連する形で設けられた爪と推測できるが、しかし万容の死後も、その爪名は存続している。したがって、総戸名・子戸名の場合と同様に、爪名もまた、その当時に実在する人格の姓名を意味するとはかぎらないことになる。

さらに興味をひくのは、総戸―爪―丁のあいだの家系上の関係である。現実の土地所有者たる明儀・明侃は、その祖先である象峰公に関連する羅永泰戸の、そしてその祖父である万容に関連する万容爪の丁に位置している。すなわち、子孫は、図甲制（戸籍）上、その祖先に関連する形で設置された総戸、あるいは爪の丁に位置す

る、と推測できる。(49)

表一―6は、『順徳北門羅氏族譜』巻一九b嘗産に記録されている本原堂の資産目録のうち、族譜の年表・宗支図によって、土地の売却側（とりわけ丁）を確認できたものをまとめたものである。dについては、すでに検討したので、以下では、dとはやや異なる側面をもつ例を検討していく。

bとeの場合、爪はなく、総戸の下に直接に丁が位置している。それぞれ丁の没年は不明であるが、bの広宗の揚合は五〇歳で、eの念揚の場合は六二歳で、それぞれ売却時に生存していたと考えてよいであろう。また、総戸―丁のあいだに、祖先―子孫の関係を推測できる。

c・f・hの場合、爪はあるが、いずれも族譜から爪名と同名の人物をさがしあてることはできなかった。前述したように、爪名は、その当時に実在する人格を意味するとはかぎらないから、dの万容爪のように人名にちなんだ爪名だけでなく、総戸名のごとく、人名とは関係のない架空の名前である場合も考えられよう。なお、cとhの場合、売却時に丁は生存しており、fの場合も、二六歳で生存していたと考えてよいであろう。また総戸―丁のあいだに、祖先―子孫の関係を推測できる。

gの場合、族譜から爪名と同名の人物第二二世蘊石をさがしあてることはできた。売却時に生存してもいる。しかし、彼は巽潮公の子孫ではなく、また、丁の釆衡・釆彧とは、わずかに第七世徳鳳を共通の祖とするだけのつながりである。この第二二世蘊石にちなんで、蘊石爪が設けられたとも考えられるが、しかし爪名が実在する人物とは関係のないこともあるので確定することはできない。なお、丁の釆衡・釆彧は、売却時に生存している。また、総戸―丁のあいだに、祖先―子孫の関係を推測できる。

aの場合、爪については、gと同じことがいえる。また、丁の時安は売却時に生存しており、総戸―丁のあいだに、祖先―子孫の関係も推測できる。さてこのａ（史料一―7―順―Ａ―⑭）において興味深いのは、「この税は羅福田爪に収入した」との註釈がついていることである。Ａの①～⑬の場合、田地購入者たる本原堂にとっての納糧戸は、すべて羅嗣昌戸である。しかし⑭の場合のみ、この註釈から、本原堂の納糧戸（爪）は羅福田爪であると判断できる。そして、売買前の現実の土地所有者が丁の時安、その納糧戸（爪）が羅福田爪と推測できるから、売買による土地所有権移動後も、その納糧戸（爪）は変更されなかった、といえよう。[50] なお、⑭が羅嗣昌戸の項に挿入されているのは、羅福田爪が羅嗣昌戸下の爪だからであろう。

以上、爪については不明な点が残るが、本節で検討したことを整理しておく。

(21) 現実の土地所有者は、図甲制（戸籍）上、一般に、総戸、子戸、あるいは爪の下に、丁として位置し[51]、総戸、子戸、爪を通じて税糧を官へ納入している。

(22) 総戸、子戸、および爪は、現実の土地所有者と官とのあいだに在って、税糧をとり扱う納糧戸（爪）であり、一般的には現実の土地所有者ではない。ただし例外的に、現実の土地所有者が、みずから戸ないし爪となっている場合がある。[52]

(23) したがって、一般的な税糧の流れを示すと次のようになる。

官←図←甲←総戸↖（爪）←丁
　　　　　　　　↖（子戸）←丁

(24) 戸、とりわけ総戸―丁のあいだには、家系上、祖先とその子孫という関係のあることが推測される。

(25) 本原堂による嘗産の購入・獲得の場合に限定すれば、売買等による土地所有権移動の際に、同時に納糧戸も移動することが一般的である[53]（ただし、例外もある）。なお明清時代の広東省において、土地所有権移動時に、同時に冊籍上の納糧戸変更（すなわち、過戸推収）も行われるのが通例であるかどうか、という問題は、第二章で検討する。

むすびにかえて

本章で検討したことを要約しよう。珠江デルタにおいては、図甲制（里甲制）が、清末に至るまで存続していた。図甲表は、それを端的に示すものである。ただし、その内容は、里甲制一般に関する通説的理解とは異なるものを含んでいる。すなわち、①官の冊籍上における税糧負担者は、総戸・子戸・爪等の納糧戸（爪）であり、現実の土地所有者ではない（(9)参照）[54]。②現実の土地所有者は、図甲制において、総戸・子戸・爪等の納糧戸（爪）の下に、丁として位置し、納糧戸（爪）へ税糧を納入することを通じて、官への税糧納入義務をはたしている（(21)参照）。③総戸・子戸・爪等の納糧戸（爪）の姓名は、実在する人格の姓名を意味するとはかぎらない。とりわけ総戸については、その戸名が百年、二百年という長期間にわたって変わらない、という特徴を指摘できる。したがって、これら納糧戸（爪）を、生活単位としての個別家族（世帯）とは考えがたい、等である。

しかし、図甲制の内容をより明瞭にするためには、以下の課題が残っている。①本章で抽出した諸現象・諸事実のうち、清代の広東省における一般的妥当性を保留しておいたもの（土地所有権移動時における、納糧戸の変更、等）について、検討を加えること。②官は、冊籍上において、総戸等を把握していたが、現実の土地所有者そのものを、はたして把握していたかどうか。③制度としての図甲制を、清末・民国期まで存続せしめた、社会の構造はどうなっていたか。これらの課題については、第二章で検討しよう。

註

1　なお史料一―1―①の乾隆一九年（一七五二）刊『（南海縣）佛山忠義郷志』は、「舊志」（康熙年間刊の郷志）は、各図の総戸名とともに、図ごとの税糧額を記載していたと述べる。

2　筆者が管見することのできた広東省以外の地方志の数はかぎられており、広東省をも含めて、大方の御教示を賜わりたい。

3　〈従来の理解〉とは、旧稿［片山　一九八二］を執筆した一九八二年時点からみた表現であり、一九七〇年代までの理解を指す。

4　民国『（順德縣）龍山鄕志』巻一輿地略、疆域に、「又按、圖字俗省作啚。（中略）嘉定縣志曰「圖、即里也。不曰里而曰圖者、以每里册籍、首列一圖、故名曰圖也」。今照舊志（＝嘉慶刊郷志）仍作圖、以免沿誤」とある。嘉定県志を引いて、「里」を「圖」ともいう理由を説明している。「圖」とは「毎里册籍」の冒頭に描かれる図表のことである。そこで「里」を「圖」ともいうのであると説明している。なお「毎里册籍」とは、里甲制において里ごとに作成される賦役黄冊である。また図表の意味で「圖」を用いているので、「啚」の字を用いるのは誤りである。そこで本郷志では「圖」の字を用いると述べている。

5　松本善海氏［松本　一九三九］以来、かかる観点は、本章の旧稿が発表された一九八二年まで共通の認識とされていた。なお田仲一成氏は、安徽省徽州府を対象とする地方劇の社会的基盤を分析し、里甲組織や戸と宗族との関係に早くから着目した［田仲　一九七四］が、当時の学界はこの指摘にあまり注意を払うことがなかった。

6 この点を総括したものとして、小山正明氏の研究［小山　一九七一、頁三三八］がある。

7 図甲表は、史料一—1—④では県衙門の「糧房」「冊房」が有する台帳（総称して「縣冊」）、⑦では「實徵冊」、⑩では「縣冊」（なお、県冊にも誤記があることが指摘されている）にもとづいて作成されている。また⑫から、廖氏一族が「糧冊」を有していることがわかる。

8 （5）については、第二章で詳しく論及する。

9 その他に指摘しておくべき点（たとえば、図一—1に登場する「附圖另戸」という場合の另戸、等）もあるが、ここでは省略しておく。

10 珠江デルタの沙田をめぐる諸問題については、今堀　一九五六、佐々木　一九五九、森田　一九六四、松田　一九八一、西川　一九八一、等の研究がある。

11 羅輝は、史料一—2と関連する史料においても、「業戸羅輝係東涌都大良堡第四圖」と記述されており、形式的には羅氏の族人名のように記述されている。しかし、族譜所載の年表・宗支図を調べても、族人名としてみい出すことはできなかった。架空の名前である可能性もあるが、第一世の「輝之」（図一—2、参照）の略称かもしれない。なお註18で紹介する史料にも「羅輝」が登場する。

12 族譜の巻二〇憲典所載の「廣東布政司爲立法稽査餉坦以濟兵食急需事」によれば、「餉銀」とは、沙田登記の際に官が徴収する、「兵食」に充てるための税である。餉銀を徴収して、はじめて「給帖」（所有証明書の発給）して、「管業」（所有）を許すわけであるが、実質的には〈払い下げの代金〉である。

13 崇禎五年（一六三二）は、賦役黄冊編造の年である［鶴見　一九七一、頁七八の註5］。

14 「糧差」とは、一般に土地税として税糧のみを指し、傜役を含まない［岩井　一九九四、頁二］。なお、広東省における一条鞭法の施行は、嘉靖四三年（一五六四）である。

15 本史料はのちに西川喜久子氏が和訳を作っている［西川　二〇一〇、頁九一］ので、参考にした。

16　羅本原堂の由来等については、族譜巻一九a、祠宇、「闔族營建本原堂議」参照。羅氏が本原堂を建てることを決めたのは万暦二〇年（一五九二）で、祠堂の建物が落成したのは万暦三八年である。なお巻一九には、丁数のふり方が異なる「祀典・祀宇」（光緒八年刊）と「嘗産」（光緒一〇年刊）とがあるので、前者を巻一九a、後者を巻一九bとして区別しておく。

17　史料一―2は、「續承」した年次や「餉〔銀〕」を納めた年次を細かく記しているのに対して、史料一―7―順―G―①は、天啓丙寅の一年にまとめてしまっている。

18　族譜の巻二〇憲典から、もう一つ事例をあげておく。「崇禎五年壬申、届正收中等税三十九畝三分七釐五毫。壬申八月十四〔日〕、羅輝納税〔契〕銀一両九錢六分八釐七毫五絲、給事字一百號由票、正收入〔大良堡〕四圖二甲羅嗣昌戸内糧差。」（崇禎五年壬申（一六三二）に、正に中等税三十九畝三分七釐五毫をくり入れるに至った。〔具体的な手順は以下であった〕。崇禎五年八月十四日に、羅輝が契税として銀一・九六八七五両を納入し、事字第一百号の領収書が発給され、正に〔大良堡〕第四図第二甲羅嗣昌戸に税糧をくり入れた）とある。そして、この史料に関連する記事が、やはり史料一―7―順―A―②にある。なお羅嗣昌戸は、表一―3より、万暦四年（一五七六）にまで遡って、その存在を確認できる。また巻二〇憲典に出てくる「由票」は、契税を納めた際の領収書を指すと思われる。

19　表一―4をみると『佛山忠義郷志』のうち、乾隆刊本と道光刊本では「羅元兆」、民国刊本では「羅兆元」になっている。郷志の場合は八図の計八〇個の戸名を扱うが、この碑文は一個の戸名に注意を集中しているので、碑文と民国刊本の「羅兆元」が正しく、乾隆刊本と道光刊本の「羅元兆」が誤植と思われる。

20　另戸《れいこ》については、第三章で論及するが、いずれにしても不明な点が多い。さしあたり次の二点を指摘しておく。①正図正甲には含まれない。②官がその存在を公的に承認しているものと、公的には認めていないものとがある。霊応祠は、仏山堡全体の祠堂であり、霊応祠戸は仏山堡全体の公産等の税糧をとり

21 扱う、公的に承認された另戸である。道光『佛山忠義郷志』巻二祀典、祀産、一二b、参照。
22 乾隆五三年の舗菴購入時には、冊籍上、羅兆元戸にあった舗菴の税糧を、五五年の碑文作成時に、労潼らが霊応祠戸へ移したと考えられる。
23 ほぼ同じ内容の記事として、同巻に「禁塔蓋佔築涌河官埠官路碑示」がある。
24 区効芬は、仏山堡第百十五図第四甲の総戸名である。
25 和訳では省略したが、史料中の郷老何道祥の言に、「廟産であり、われら（「衆人」）は売却を願わない」とあり、これらの田地は、蔗囲村の廟産であったと思われる。
26 同治『南海縣志』の図甲表で、平洲堡第三十五図の箇所（史料一―1―③では省略）をみると、第一〇甲は「梁玉　十戸」、第六甲は「黎剛　二十四戸」となっており、白伍承戸と唐文富戸を、総戸としてみい出すことはできない。道光五年時に、それぞれが総戸であった可能性がまったくないわけではないが、子戸であった可能性が大きい。
27 第五節までの検討をまたねばならないが、珠江デルタでは、納糧戸として総戸、子戸、および爪がある。
28 前述したように、史料一―2では各手続きの行われた年次が複数登場したが、史料一―7―順―G―①（巻一九b嘗産）では、それらがすべて天啓丙寅の年に行われたように整理されている点がそれである。
旧稿［片山　一九八二、頁五八～六〇、および頁七六の註25］において、咸豊『順徳縣志』巻五建置略二、壇廟、崇報祠の条の割註に登場する順徳県大良堡の九〇個の総戸名を康熙年間のものと推測し、これらを民国『順徳縣志』所載の図甲表の総戸名と比較対照した。しかしその後、西川喜久子氏から、上記割註の総戸名は康熙年間のものではなく、県志が刊行された咸豊年間の可能性が高いとの適切なご指摘を受けた。そこで本章では、上記割註を用いて検討した箇所は削除している。
一方で、羅璋戸・羅嗣昌戸の如く、明の万暦年間から清の康熙年間にまで遡ってその存在を確認できる総戸がある。『順徳北門羅氏族譜』巻二〇憲典所載の記事では、第四図の羅廷敬戸・談進昌戸は明天啓五年（一六二五）に、第三十七図の羅復隆戸と第四十三図の温崇益戸は明崇禎五年（一六三二）に、第四図の羅興隆戸と第三六図の盧敬思戸は清順治一三年（一六五六）に、それぞれ「里長」として登場している。ただし、このように長期間存続した戸名不変の総戸でも、表一―3によれば、光緒八年から民国期にかけては、総戸名が変わっているものが散見され、光緒年間以降に総戸名の変更が激しかったことが判明する。なお、総戸名の変更については、註43参照。

29　道光『佛山忠義郷志』巻一三郷禁志、告示、六a～八b。

30　総戸が「里民」名義で、知県への稟文に名を列ねていることは、康熙末年においても、里長戸に相当する総戸が仏山堡における〈自治〉に関与していたことを示唆している。

31　『南海羅格孔氏家譜』（同治三年刊）巻一三、碑記、所収。

32　この比較対照から、総戸は戸長とも呼称されていたことがわかる。また、『南海學正黄氏家譜』巻一二雑録譜　郷規　五図では、黄氏の総戸が甲長として記載されている。総戸はまた、甲長とも呼称されていたことがわかる。

　なお、優免対象として掲げられているものは、すべて孔姓の戸長＝総戸である。優免される者は、孔氏の族人すべてと考えられるから、これは、孔氏の族人ほとんどすべてが孔姓の総戸の下にあることを示唆している。この点については、第二章で詳述する。また本章第五節も参照。

33　後略の部分は、第二章で扱う。

34　このように、数百年間にわたり戸名のまったく変わらない戸を「老戸」という（史料一―4の後略部分）。松田吉郎氏も広東省の「老戸」に言及している［松田　一九八一、頁七二～七四］が、その事実認識および問題関心等は、筆者と異なっている（なお、松田氏はその後の単著で修正されている。［松田　二〇〇二、頁五二］）。「老戸」が発生する原因、ならびにその構造等については、第二章で検討する予定である。

なお管見では、いわゆる「老戸」については、西村　一九七六、山本　一九八〇、等がふれている。また、村松　一九六三（のち、村松　一九七〇、所収）も「老戸」について言及している（松田氏も村松氏の説明を援用されている）が、再検討の余地があるように思われる。

35　一戸の甲の戸数が、一一戸という定数で構成されなくなったのがいつからのことなのかは未詳である。

36　税糧催辦の傜役が存続していたことを示す具体例、ならびにそれに関わる諸弊害等、清末珠江デルタにおける図甲制の具体的諸相については、第三～六章で扱う。

37　『清國行政法』第六巻、頁三五～四一、夏井春喜氏の研究［夏井　一九七八、頁三～五］、参照。なお、この原則があまり行われず、いわゆる「包攬」が行われていたことについては、西村　一九七六、山本　一九七七、山本　一九八〇、参照。

38　甲には、一個の甲が一戸（すなわち総戸）のみから成り、子戸がまったくないものもあるからである。

39　図甲内における、税糧の徴収・納入方法を、このように考えるについては、第二章以下で詳述するが、さしあたり次の史料を参照されたい。乾隆『香山縣志』巻二戸役は、明初の里甲制施行に関して、次のように述べている。

洪武十四年、始詔天下、編賦役黄册、以一百一十戸爲里。里爲一册、册爲一圖。在城曰坊、在郷曰里。俱以丁・糧多者爲長。其餘分爲十甲。毎甲之長、亦各有十戸。其不任役附於里甲之後者、謂之畸零。十甲之長、統所屬十甲。當年應役者、曰里長。凡里之錢糧・公事・追徴・勾攝、皆里長任之。其休役者、曰排年、但任徴納本甲之糧米而已。例凡十歳而一週也。

すなわち、一里の一〇里長戸（「十甲之長」）のうち、「その年に役に就く」（「當年應役」）里長戸は「里長」と呼ばれるが、この里長戸を除く、九つの「休役」の里長戸（「排年」）には、各自が自己の甲内から税糧を徴収し、里長へ納入する責任がある。そして里長には、自己が所属する甲内の税糧を徴収すると同時に、他の九甲の税糧を排年里長戸から徴収し、一里一〇甲分をとりまとめて官へ納入する責任がある、と考えられる。排年の里長戸は、官と対面する里甲正役（＝一里分の税糧の官への納入）には就かない。その意味で「休役」であるが、図甲内の税糧徴収・納入の仕事に一切関与しないわけではない。管見のかぎり、従来の里甲制研究ではこの排年の里長戸による、甲内税糧の催辦にふれているものがないので、記しておく。ただし、広東省以外の地域について、妥当するかどうかは断定できない。

40　「しかも官僚として出仕したり、科挙を受験したりする際に、〔本人確認をするための〕「籍貫」も、この〔図・甲・戸・爪の〕体系で確認される」の部分は、図甲制を基礎とする戸籍（「籍貫」）が、官吏になったり、科挙を受験したりする際の原籍証明となることを示唆している。この問題については、片山二〇〇〇、参照。

41　この部分につき、民国『順徳縣志』巻五経政略に、「按、此語未明。當云「圖可遞增、而甲限以十」」（考えますに、この語の意味は不明である。「図の数は少しずつ増えたほうがよいが、甲の数は〔図ごとに〕十個に限定する」と書くべきであろう）の按文がある。

42　咸豊『順徳縣志』は、「〔総戸の〕戸名は一定していて不変であり、加えて〔総戸をいくつかの〕爪に分けることを〔それぞれの都合に〕任せている。胥吏は図と甲を通じて〔総〕戸や爪を把握できるので、〔総戸名や爪名を〕記載する必要はない」と述べて、総戸名すら掲載していない。この点、民国『順徳縣志』が図甲表（史料一―1―⑨では省略している）を掲載し、総戸名をすべて記載しているのとは、きわだった対照を示している。

43　既存の総戸に代わって、爪が総戸となる場合がある。史料一―1―⑩に、「上に記載した〔総〕戸のなかには、とり扱うべき税糧額が近年ゼロになってしまい、その〔総戸の〕爪が名乗り出て税糧を納入する場合がある。第三十八図第一甲の張儒宗などがそれであり、県の冊籍に従ってその〔新しい〕総戸名を掲載するが、加えて元の総戸名もその下に註として残しておく」とある。総戸名変更の理由は、総戸であった張祺盛戸に、〔とり扱うべき〕「糧」（税糧）が無くなったことであるが、その具体的内容は明らかにできない。

44　本章末尾に別掲した史料一―7にその一部を掲げた『順徳北門羅氏族譜』巻一九b嘗産の土地売買記事中において、総戸以外の戸として、子戸と爪とが登場する。しかも両者が区別されているので、子戸と爪とは異なるものと考えられる。

45　総戸が「里長」として登場・記載されていることは、一つの傍証となろう。註28の後半、参照。

46　Eの場合、光緒八年（一八八二）時点では、第三十六図第一甲の総戸は羅琮戸であったが（註47参照）、民国年間には羅筠廷戸になっている（表一―1の図甲表番号⑨の史料、参照）。羅琮戸は、光緒八年以降に、税糧にかかわるなんらかの理由によって、総戸でなくなった。それがちょうど、巻一九b嘗産を編纂刊行する時（光緒一〇年）であった。そのため、総戸不在の状況下で、それまでは羅琮戸の丁であったと考えられる、現実の土地所有者たる本原堂が、自らが爪となることによって、税糧納入をはたそうとした、と思われる。なお、註43の事例を勘案すれば、新たに総戸となった羅筠廷戸は、それ以前は、羅琮戸下の爪であった可能性が高い。

　Iの場合も、Eの場合とほぼ同様であろう。ただし、本原堂は爪とはなっていない。この点については疑問が残る。

47　巻一九a祠宇（光緒八年刊）には、①「補錄篤弼堂内崇祀吾族十五祖神銜」の項と、それに続く②「計開九圖内我族各祖圖甲戸列」の項とがある。前者は、篤弼堂（崇報祠ともいう）に祀られている順徳県大良堡の原設九図にかかわる列祖のうち、羅氏の祖先一五公の名前を掲げたものである。後者は、それら一五公のうち一〇世羅忠公を除く一四公について、次のような形式で、各公と図甲・総戸とを掲げたものである。（なお括弧内の世代数は、①によって引用者が補った）。

子仁公（八世）　大良四圖二甲羅嗣昌戸

陋巷公（九世）　大良四圖十甲羅永昌戸
隠泉公（九世）　大良四圖三甲羅廷敬戸
南澗公（一一世）　大良三十七圖二甲羅啓賢戸
環碧公（一一世）　大良三十六圖一甲羅琮戸
悦圃公（一一世）　大良三十六圖四甲羅同賦戸
菊隠公（一二世）　大良三十七圖一甲羅復隆戸
碧泉公（一二世）　大良四圖九甲羅攸同戸
象峰公（一三世）　大良三十七圖六甲羅永泰戸
蕩夫公（一三世）　大良三十七圖四甲羅凌霄戸
萬里公（一三世）　大良四十三圖四甲羅承泰戸
芝臺公（一四世）　大良四十二圖九甲羅承璉戸
巽潮公（一四世）　大良三十七圖七甲羅聯芳戸
惠宇公（一五世）　大良三十六圖十甲羅璋戸

右のような形式で記載されている、各公と各総戸とのあいだの関係について、①や他史料を用いて検討したが、明快な断を下すには至らなかった。しかし、各公と各総戸とのあいだに深いかかわりがあり、おそらく、各公の子孫たちが、その下に記載されている総戸を立てた、と考えられる。なお崇報祠に、これら一四公が祀られているのは、「民」と王朝とのあいだの税糧徴収・納入という関係のなかで、きわめて重要な役割を担う総戸が、これら一四公に関連する形で各公の子孫によって設置され、そしてその重要な役割が各公の子孫によって担われ続けているからと推測される。ちなみに年表によれば、第八世子仁公の生没年は、元の延祐五年（一三一八）～明の洪武一一年（一三七八）であり、里甲制が制度的に施行されたとされる洪武一四年にはすでに死亡している。最後の第一五世恵宇公の生没年は、嘉靖四一年（一五六二）～万暦二九年（一六〇一）であり、順徳県の設置によって大良堡に原設九図が設けられた景泰年間にはまだ生まれていない。

48 戸籍については、註40、参照。

49 昌雨の実子明儀が、昌雨の兄である昌笑の養子となっていることは、昌雨の家と昌笑の家とがすでに分家しており、それぞれが一つの生活単位としての個別家族（世帯）を形成していることを意味していよう。つまり総戸、あるいは爪は、いくつかの個別家族を包括している、と考えられる。

50 たとえば、史料一―7―順―D―⑦のように、売却側の丁（郁芝）と購入側の丁（本原堂）との双方が、ともに子戸・爪を介さず、かつ双方の総戸が同じ場合にも、納糧戸の移動（過戸推収）は行われない、と考えられる。

51 なお、子戸と丁との関係については、本文中では具体的に検討しなかった。たとえば、史料一―7―順―D―⑩に、「光緒九年（一八八三）、第四図第十甲羅敬心戸の丁である載同より購入した」とある。第四図第十甲の総戸は、表一―3および西川喜久子氏の研究［西川　二〇一〇、頁一三一］から、康熙五二年より民国年間まで、一貫して羅永昌戸であったから、羅敬心戸は子戸であると推定できる。したがって、これは、子戸の下に丁が位置している事例といえる。しかし、丁名の載同を、族譜の年表等によって確認できなかったので、本文中ではあえて紹介しなかった。

52 現実の土地所有者が爪となっている場合については、註46の本原堂の事例、参照。また、史料一―7の〈香〉の項目名は「香山順四図末甲羅本原〈嘉慶二十年、新開戸。（後略）〉」とある。現実の土地所有者たる本原堂が戸（総戸であるか、子戸であるかは判断できない）となっている事例である。

53 なお、史料一―7のうち、第二節で検討した順―A―②、順―G―①、等の事例を除くと、土地の購入・獲得年次は明確にわかるが、冊籍上の納糧戸変更（過戸推収）が、物件の入手時に同時に行われたかどうかは、実は必ずしも明確ではない。

『順徳北門羅氏族譜』巻一九b嘗産所載の土地売買記事をみていくと、一箇所だけ疑問が残る記事にぶつかる。史料一―7―順―Nの「四十三図四甲羅承泰戸丁本原」の項に含まれる、③~⑦の五件の田地売買（史料一―7では省略）につき、「已上五号、順治十八年（一六六一）、孝義門送出爲嘗業。原税在本圖甲本戸丁敬承」（以上の五件は、順治一八年（一六六一）に孝義門が寄付して本原堂の嘗産となったものである。元来、税糧負担は本図甲本戸（＝第四十三図第四甲羅承泰戸）の丁である敬承に在った）とある。したがって、この史料に誤りがなければ、寄付前にこれら五件の田地の、官の冊籍上における税糧負担は、戸（納糧戸）にではなく、現実の土地所有者であったと推測できる丁の敬承に、直接に在った、と考えられなくもない。ただし「丁」は誤植で、正しくは「爪」の可能性もある。この点については、今後の検討課題としたい。なお、丁名の敬承については、族譜の年表等では確認できなかった。ただし、史料一―7―順―A―③に、「康熙六〇年（一七二一）、本図甲（＝第四図第二甲）所属の羅雲自の上税六畝、羅松濬の中税五畝三分、羅徳連の中税三畝九分七厘、四十四図四甲所属の羅敬承の上税一四畝一分を購入した」とあり、羅敬承の名がみえる（ただし第四十三図第四甲ではなく、第四十四図第四甲に所属になっている）。康熙年間、大良堡には、まだ原設の九図しかなく、第四十四図が設けられたのは、乾隆年間以降であるから、第「四十四図」は、第「四十三図」の誤りと考えられる。この記事に登場する羅姓の四人の姓名のうち、族譜の年表等で確認できたのは羅雲自のみである。その生没は、康熙四年（一六六五）~雍正己巳《ママ》（己巳の年は雍正年間になし）であるから、売買時には生存していた。ただし、図一―2に示したように、第四図第二甲の総戸たる羅嗣昌戸を設けたことが推測される子仁公の子孫ではない。以上のように、不明な点が多々あり、「敬承」を明らかに人名であると断定できないのである。

参考文献

今堀誠二　一九五六「清代における農村機構の近代化について―広東省香山県東海地方における「共同体」の推転過程」（一）（二）。『歴史学研究』第一九一、一九二号
岩井茂樹　一九九四「徭役と財政のあいだ―中国税・役制度の歴史的理解にむけて（三）」。『経済経営論叢』（京都産業大学）第二九巻第二号。のちに、岩井　二〇〇四、第七章、転載
小山正明　一九七一「賦・役制度の変革」。岩見宏等　編『岩波講座　世界歴史』第一二巻、岩波書店。のちに、小山　一九九二、第一部第四章、転載
片山剛　一九八二「清末広東省珠江デルタの図甲表とそれをめぐる諸問題―税糧・戸籍・同族」。『史学雑誌』第九一編第四号
片山剛　二〇〇〇「清代中期の広府人社会と客家人の移住―童試受験問題をめぐって」。山本英史　編『伝統中国の地域像』慶應義塾大学出版会
佐々木正哉　一九五九「順徳縣郷紳と東海十六沙」。近代中國研究委員會　編『近代中國研究』第三輯
田仲一成　一九七四「十五・六世紀を中心とする江南地方劇の変質について」（二）。『東洋文化研究所紀要』（東京大学）第六三冊
鶴見尚弘　一九七一「明代における郷村支配」。岩見宏等　編『岩波講座　世界歴史』第一二巻、岩波書店
鄭振満　一九九二『明清福建家族組織与社会変遷』長沙、湖南教育出版社
夏井春喜　一九七八「「大戸」・「小戸」問題と均賦・減賦政策」（上）。『中国近代史研究会通信』第八号
西川喜久子　一九八一「清代珠江下流域の沙田について」。『東洋学報』第六三巻第一・二合併号。のち、西川二〇一〇、転載
西川喜久子　二〇一〇『珠江デルタの地域社会―清代を中心として』私家版
西村元照　一九七六「清初の包攬―私徴體制の確立、解禁から請負徴税制へ」。『東洋史研究』第三五巻第三号

松田吉郎　一九八一　「明末清初広東珠江デルタの沙田開発と郷紳支配の形成過程」。『社会経済史学』第四六巻第六号。のち、松田　二〇〇二、第一章、転載
松田吉郎　二〇〇二　『明清時代華南地域史研究』汲古書院
松本善海　一九三九　「明代」。和田清　編著『支那地方自治発達史』中華民國法制研究會。のちに改題して、和田清編著『中國地方自治発達史』汲古書院、一九七五年、所収
村松祐次　一九六二　「清末蘇州附近の一租桟における地主所有地の徴税小作関係―江蘇省呉県馮林一桟関係地丁漕糧簿冊について」。『一橋大学研究年報　経済学研究』第六巻。のち、村松祐次　一九七〇、転載
村松祐次　一九七〇　『近代江南の租桟―中国地主制度の研究』東京大学出版会
森田明　一九六四　「広東省南海県桑園囲の治水機構について―村落との関連を中心として」。『東洋学報』第四七巻第二号。のちに、森田　一九七四、第四章、転載
山本英史　一九七七　「清初における包攬の展開」。『東洋学報』第五九巻第一・二合併号。のちに、山本　二〇〇七、第一章、転載
山本英史　一九八〇　「浙江省天台県における「図頭」について―十八世紀初頭における中国郷村の支配の一形態」。『史学』第五〇巻。のちに、山本　二〇〇七、第一二章、転載
劉志偉　一九九七　『在国家与社会之間―明清広東里甲賦役制度研究』広州、中山大学出版社

史料

史料一―1　各種の図甲表に準ずるもの（抜粋）

〈　〉内は割註、（　）内は引用者の註で、傍線も引用者が付したものである。

①乾隆『（南海縣）佛山忠義鄉志』巻三鄉事志、図甲、一〇b～一二a

○佛山堡、共八圖八十甲、計八百八十四戸。

・二十圖十甲、共一百八戸。

梁萬履　梁相　霍日高　霍貴　陳進　梁永裔　盧承德　岑永泰　梁修進　梁永標

・一百十八図十甲、共一百戸

陳祥　霍逢泰　陳忠　梁永福　何祖大　梁永楨　區舜華　陳必進　梁偉　羅元兆

（第一一二・一一四・一一五・一一六・一一七・一一九図は省略。なお、省略した図の総戸を含めた戸数は次のとおり。第一一二図は一二三戸、第一一四図は一五二戸、一一五図は一一三戸、一一六図は一〇四戸、一一七図は一一七戸、一一九図は六七戸）

○舊志（康熙年間刊行の仏山郷志――引用者）、各圖下載税若干・米若干。今按、各圖盈縮不一、大約隨時消長、難以畫定、故略之。

②道光『（南海縣）佛山忠義鄉志』巻七郷防、図甲、四a～五b

戸名については、誤植と推定できる異同はあるが、他は①とまったく同じ。各図の戸数も、①とまったく同じ。

③同治『南海縣志』巻六経政略

○咸豊四年南海縣各堡實征米總數記此。

・九江堡　三十四　三十五　三十八　七十九　八十圖　米八百一十六石九斗五升四合

・平地堡　十三　五十一　五十二　五十四　五十五圖　米一百八十石零八斗五升九合

・龍津堡　十五　十六　五十五　五十六圖　米二百一十七石六斗九升五合

・佛山堡　二十　二十一　百十四　百十五　百十六　百十七　百十八　百十九圖　米一百五十六石八斗七合

（他堡は省略。また図甲表は省略）

④光緒『（南海縣）九江儒林鄉志』巻五経政略、賦役

○謹録光緒六年糧房冊房九江堡屬五圖各戸米・條全數
・三十四圖〈附另甲何懐策一戸〉
一甲
關陞等三十一戸、共米一十八石五斗五升六合、共條銀四十三兩一錢二分九釐。
另柱關譽等戸〈米五石一斗四升二合、條銀一十兩零二錢六分二釐〉
（二甲～九甲は省略）
又十甲
朱廷相等九戸、共米三十石零六斗六升一合、共條銀六十五兩一錢六分一釐。
另附甲何懐策〈米一斗一升八合、條銀二錢六分七釐〉
（第三五・三八・七九・八〇図は省略）
・九江五圖、總共米七百七十三石零零三升九合〈原米八百一十八石有奇。茲或過割別郷、以致少數〉。
・總共條銀一千六百一十兩零五錢七分一釐。
・以上米・條係光緒六年庚辰無閏之年、照縣冊登載。遇閏加徵。後有過割、以時增減。
⑤宣統『南海縣志』巻七経政略
（③にほぼ同じ。仏山堡のみ載せ、他堡は省略。また図甲表は省略）
○宣統二年南海縣各堡実征米總數記此。
・佛山堡　二十　二十一　百十四　百十五　百十六　百十七　百十八　百十九啚　米一百五十三石四斗七升二合
⑥宣統『高要縣志』巻一〇食貨篇一、賦税（省略）
⑦民国『（南海縣）佛山忠義郷志』巻四賦税志（図甲表は、図一―1、参照）
○佛山堡啚甲表〈據續縣志（＝宣統『南海縣志』）啚甲表及八啚實徵冊編定。糧有增減、故不載。税則爲正供另

表附後〉

⑧民国『(順徳縣)龍江郷志』巻一、述典(省略)

⑨民国『順徳縣志』巻五経政略(図甲表は省略)

○順徳三都四十堡圖甲戸口糧米表

・大良堡　四　三四　三五　三六　三七　三八　三九　四十　四一　四二　四三　四四　四五　四六　四七　四八圖　米八百六十六石五斗一升五合八勺

・龍山堡　三六　三八　三九　四十　四一　八一　八二　八三圖　米六百一十三石六斗一升六合一勺

(他堡は省略)

⑩民国『(順徳縣)龍山郷志』巻六経政略。

○圖甲

・三十八圖

一甲張儒宗〈本、張祺盛〉　二甲譚宗富・譚孔儒・何印華・葉盛昌　三甲梅萬祚〈本、梅宗興〉　四甲呉旺成・李盛　五甲黄永全〈本、黄昌〉・區儒鳳・區儒鴻　六甲梅健叟〈本、梅其魁〉　七甲馮配京　八甲左永昌〈本、左茂新〉　九甲曾鎡基〈本、曾永昌〉　十甲陳愼公〈本、陳鳳陵〉

(三六・三九・四〇・四一・八一・八二・八三図は省略)

・謹按、各戸多有分爪。茲編所列、以戸計、不以爪計。閒有該戸近已無糧、而由其爪出名往納。如三十八圖一甲張儒宗之類者、則照縣册登載其名、仍將該戸本名分注於下、以存其舊。(後略)至縣册所列戸名、如四十一圖四甲之周永浩誤作周永豪、九甲之邱印崙誤作邱仰倫之類、則仍據舊志更正焉。

○龍山鎮屬各圖各戸米・條全數

・三十八圖

一甲張祺盛戸　　民税七十四畝。應徵米一石一斗三升九合、條銀一十五兩九錢八分四釐。

（二甲～十甲は省略）
三十八圖民税共六十四頃二十三畝一分。
色米共九十八石九斗三升八合三勺。
條銀共一千三百八十九兩三錢八分四釐。
（三六・三九・四〇・四一・八一・八二・八三図は省略）

⑪民国『番禺縣續志』巻七経政志一
○縣屬各圖額征銀米數目
茭塘司屬
・逕口四圖　地丁銀八百七十一兩八錢零五釐、民米二百八十二石六斗七升零一勺。
（他の図は省略）
○縣屬各圖額征坦餉補升銀米數目
茭塘司屬
・逕口四圖　坦餉銀三十四兩七錢五分、補升銀三兩五錢六分、補升米一石五斗零四合。
（他の図は省略）

⑫『南海廖維則堂家譜』（民国一九年刊）巻一、戸口
（前略）至地丁之多寡、糧册別存、無庸複述也。
・〔龍津堡〕十五啚三甲
廖大期戸　廖必祥戸　廖　雄戸　黎　初戸　陳繼武戸　羅演同戸　廖尚宗戸　廖少同戸　廖必驥戸　廖紹藩戸
廖永祖戸　廖祖同戸　廖裔和戸　翁永同戸　廖　恒戸　廖尚璣戸　廖　緜戸　廖紹宗戸　廖紹增戸　廖應期戸
廖應祥戸　廖應登戸　廖裔禎戸　廖　昌戸　廖觀長戸　廖長盛戸　廖　珍戸　廖　祥戸　廖尚玗戸　廖甲初戸
廖妙女戸　廖成女戸　廖家益戸　廖永泰戸　廖貞女戸　廖淑女戸　廖　增戸　廖紹榮戸　廖寅盛戸　廖永增戸

廖淑貞戸　廖聯豊戸　廖永益戸　廖耕祖戸

（十五図四甲・十五図九甲・十五図十甲は省略）

⑬『南海學正黄氏家譜』（宣統三年刊）巻一二雑録譜、郷規、図甲表

圖甲表〈續縣志原表（同治『南海縣志』図甲表を指す――引用者）有總戸名、而無子戸名。茲據五圖册籍、加入子戸。稍變其式列表如左〉。

（史料では図甲表の形式であるが、ここでは表形式をとらずに列記する）

・平地堡第十三図第九甲

「總戸　黄紫貴」。「子戸　附十三戸　黄道恒、梁啓周、邵　徳、梁維炳、黄茂佳、黄朝榦、黄有徳、黄守謙、黄　柑、黎茂憲、何凌漢、黄猶同、黄子仲」

・平地堡第五十一図第四甲

「總戸　黄兆同」。「子戸　附三戸　黄如芳、黄　文、陳　松」

・平地堡第五十一図第五甲

「總戸　黎黄同」。「子戸　附一戸　黄際時」

・平地堡第五十二図另十甲

「總戸　黄建的」。「子戸　附八戸　黄元富、黄　正、黄繼岳、黄　榮、陳大倫、雷瑞徳、陳應元、劉　福」

史料一―2　光緒八（一八八二）年刊『順徳北門羅氏族譜』巻二〇憲典

萬暦四十一年癸丑十二月初二日、以祖羅輝赴布政司告承前沙、次年正月、縣委都寧巡検陳立相、丈得草坦二坵共五畝七釐八絲、白坦二坵共九畝四釐九毫一絲、水坦二坵共三十八畝二分三釐二毫五絲、繳報在縣。該知縣陸燧査得、區呉進先告承雁墖沙水坦二十五畝一毫六絲六忽、申詳批允、追餉未納、與羅輝所承外欄海埒子母田脚接生有碍。區願告退、與輝通承納餉。四十二年七月二十八日詳司、八月初九日批允。十二月二十六日在縣庫秤納餉銀二十一兩六分五釐一毫、解司收訖。四十三年五月初六日、布政司給政字五號印帖付照。天啓二年（一六二二）八

月十九日、納税契銀二両六錢一分七釐六毫二絲。二十一日、給初字號布政司印契尾訖。崇禎五年壬申（一六三二）、届正收入大良〔堡〕三十六圖十甲羅璋戸内糧差。中等税五十二畝三分五釐二毫四絲。陞科銀三両二錢正。

史料一—3　道光『佛山忠義郷志』巻一三郷禁、「文閣前北坦田照」、三三b～三四b

特調南海縣正堂加七級紀錄十一次徐、爲給照管業事。案據職員呉泰來・呉鳳髦、舉人林梁・冼沂等呈稱、「佛山地勢、南涌北海。上流西・北兩江之水、自大富圍直至柵下海口而去。近緣涌河淤塞、柵下・塔前一帶、被蔗圍村民唐應昌等藉買海旁田畝、佔築石路、有礙宣洩」等情一案。先經本縣親詣勘明、飭據唐應昌等繳驗印契二紙、係原買區・李兩姓、土名柵下北便及文閣前坦田、載税十八畝零五分、又半截契尾一紙、唐應昌等稱、「係原買區効芬子戸、田税七畝。因原契被蝕無存」等情、核對推收糧册相符、隨斷令唐應昌等將該田賣與呉泰來等、開挖以通水道。業據兩造具遵、呉泰來等亦將田價銀四百七十兩繳庫在案。乃有鄉老何道祥藉稱「廟産衆人不願立賣」爲詞、上赴各憲翻控。現奉督憲、「因唐姓另犯別案、飭令會同廳營、多帶兵役、將該田照斷押拆、大加通濬」。惟「糧從田出、今變田爲河」。呉泰來等情願認納錢糧、雇工挑挖、併開具收税戸口結狀稟繳前來。除在于唐姓原納平洲堡三十五圖十甲白伍承戸内割出前項田税一十八畝五分、又于平洲堡三十五圖六甲唐文富戸内割出税七畝、共割税二十五畝五分、收歸佛山堡二十圖另戸靈應祠戸内輸糧、併通詳立案外、合行給照遵守。爲此照給該職員等、即便遵照將田開挖。此係當官承買之業、永作涌河俾水勢暢流、以免附近被淹。是亦該職員等自衛地方起見。嗣後、遞年銀米、即于靈應祠戸内照數完納、毋稍拖欠。亦不得藉税私行佔築。如有唐姓人等出頭冒争、許卽指明稟究。毋違。須照。

右照給職員呉泰來等收執。

道光五年十一月初七日工典房承。

史料一—4　徐賡陛「覆本府條陳積弊」（『不慊齋漫存』巻五陸豊書牘）

催科之政、古無良法。然在他省、則分圖設甲、平日過戸推收、尚不難於清理。而粵則戸立一名、歴數百年而不易。（後略）

史料一―5　同治『南海縣志』巻六経政略、図甲表補序

按、吾邑賦税之入、以都統堡。其堡多少不等。以堡統圖。堡有大小、故圖之多少亦不等。以圖統甲。每圖分爲十甲。每年輪値、以一甲總一圖辦納之事、謂之當年。爲當年者、於正月置酒、通傳十甲、齊到核其糧串、知其有欠納與否、有則行罰例。其法沿自前明。故鄉曲至今相傳、爲當年不嫁娶。蓋、古風惇撲、以辦公爲急、身爲十甲糧務之總、不暇及其私也。以甲統戸、戸多少不等。有總戸、有子戸。子戸多少更不等。然由甲稽其總戸、由總戸稽其子戸、雖零星小數、而花戸眞姓名可稽。所應納者、無從逃匿。法至善也。（後略）

史料一―6　咸豊『順德縣志』巻三輿地略、図

按、圖系於都、丁・糧所藉以鈎稽也。凡圖必統甲、甲必統戸、戸必統爪。皆所以識徵收之數、而出仕應考之籍貫因焉。（中略）甲則圖限以十。戸名一定、而爪聽自分。吏籍《ママ》（「藉」の誤り）足稽、不冗載也。

史料一―7

『順德北門羅氏族譜』巻一九b嘗産（抜粋）。光緒一〇年（一八八四）に編纂作業が終わったものである。〈　〉内は原註。〈順〉、A、①等および（　）内は引用者が付したものである。

譜帙成於壬午。所有宗支・年表、不終歳而告竣。惟嘗産壹册、因有續置田業、且天馬山始祖墓前、新築石路、或替換税畝、或兌受基田、遅之又久、始克蔵事。故此册延至甲申（光緒十年）、乃能補刊。無論新舊、嘗田・舖屋形圖・丈尺、以及祀典・塋墓・祠宇税畝・戸口、統列於内。庶房族按譜而稽、均可一目了然、於嘗業不無裨益爾。光緒十年甲申秋月、譜局又識。

族譜は壬午（光緒八年。一八八二）に完成した。すべての宗支図や年表も年内に完成した。ただ嘗産の巻のみは、田地の購入が続いたり、天馬山の始祖墓の前に石路を建設したり、また税畝に変換したり、基田を購入したりする諸事のために、遅れに遅れてやっと完成した。そのため本巻（巻一九bの嘗産）は光緒一〇年に至って刊行することができた。〔本原堂の不動産について〕その取得時期の新旧を問わず、田地・店舗の形状や大きさ、および祀典・墳墓・祠堂の税畝・「戸口」をすべて列挙した。〔本原堂の不動産全体について、〕一族の者が本族

譜をみれば一目瞭然となり、嘗産が益々増えることを願う次第である。光緒一〇年秋、譜局識《しる》す。

〈順〉本原堂嘗田順徳各戸土名税畝（順徳県所在の田地の目録）

A　大良堡四啚二甲羅嗣昌戸丁本原（①③～⑬は省略）

上税二十畝零一分

中税九十八畝三分二厘四毫八絲

（B以下では、総戸ごとの税畝数統計は省略した）

②土名外欄半江。中税三十九畝三分七厘五毫。

〈天啓丙寅（六年。一六二六）、續承、納餉、給帖、陞科、收戸〉

⑭土名麥涌田。中税四畝六分〈此税收入羅福田爪〉。

〈咸豊三年（一八五三）、買受本堡本啚甲羅福田〔爪〕丁時安等。原布頒稱字第九號〉

B　四啚三甲羅廷敬戸丁本原（①～④を省略）

C　四啚九甲羅攸同戸丁本原（①②を省略）

D　四啚十甲羅永昌戸丁本原（①～⑥、⑧～⑩は省略）

⑦土名石洛滘田。上税七畝零四厘

〈乾隆十年（一七四五）、買受本啚甲本戸丁郁芝〉

E　三十六啚一甲羅本原〈新開爪〉（①を省略）

F　三十六啚四甲羅同賦戸丁本原（①②を省略）

G　三十六啚十甲羅璋戸丁本原（②③は省略）

①土名外欄半江。中税五十二畝三分五厘二毫四絲。

〈天啓丙寅（六年。一六二六）、續承、納餉、給帖、陞科、收戸〉

H　三十七啚一甲羅復隆戸丁本原（①を省略）

I　三十七啚二甲
①土名呉婆沙田。中税一十畝零零七厘。
〈乾隆十年（一七四五）、買受本堡四十三啚四甲羅承泰戸丁廣宗〉
J　三十七啚四甲羅凌霄戸丁本原（①～④を省略）
K　三十七啚六甲羅永泰戸丁本原（①②、⑥⑦、⑩～㉕は省略）
③土名鷩沙菱塘田。中税一十八畝五分七厘六毫。
〈嘉慶十四年（一八〇九）、買受本啚甲本戸積累爪丁明及。布頒真字第九號〉
④土名海心沙田。上税一十四畝三分。
〈嘉慶二十年（一八一五）、買受本啚甲本戸萬容爪丁明儀・明侃等。布頒眞字第七號〉
⑤土名華東沙田。中税五畝五分七厘二毫。
〈嘉慶二十年（一八一五）、買受本啚甲本戸萬容爪丁明儀・明侃等。布頒眞字第八號〉
⑧土名麥滘田。中税二畝五分。
〈光緒四年（一八七八）、買受本堡四啚十甲羅永昌戸丁璞斎祠四房孫念揚等。布頒傍字第八十號〉
⑨土名太平沙基田。中税一十畝零二分。
〈光緒四年（一八七八）、買受本堡四啚十甲羅永昌戸丁璞斎祠四房孫念揚等。布頒傍字第八十一號〉
L　三十七啚七甲羅聯芳戸丁本原（①③は省略）
②土名長沙田。中税五畝七分八厘。
〈嘉慶二十一年（一八一六）、買受本堡四十二啚九甲羅玠爪丁賢和。布頒切字第八十四號〉
④土名外欄中心坦田。中税一十六畝二分四厘。
〈道光四年（一八二四）、買受本啚甲本戸蘊石爪丁采衡・采彧。布頒精字第十七號〉
M　四十二啚九甲羅承璉戸丁本原（①を省略）

N　四十三啚四甲羅承泰戸丁本原（①〜⑨を省略）

〈香〉香山順四啚末甲羅本原〈嘉慶二十年（一八一五）、新開戸。香册（＝香山県実徴冊）、源字、从水〉（香山県所在田地の目録）

（①〜㉒を省略）

〈番〉番禺税瀝滘水四十一啚六甲羅夢祥戸（番禺県所在田地の目録）

（①②を省略）

〈山〉本原堂山税（順徳県所在山地の目録）

A　四啚二甲羅嗣昌戸丁本原（①を省略）

B　四啚十甲羅永昌戸丁本原（①〜④を省略）

〈舗〉本原堂舗屋地税（順徳県所在店舗の敷地の目録）

A　四啚二甲羅嗣昌戸丁本原（①〜③を省略）

B　四啚十甲羅永昌戸丁本原（①〜⑥を省略）

C　三十七啚六甲羅永泰戸丁本原（①を省略）

D　四十二啚九甲羅承璉戸丁本原

①土名裏村大街房屋地。中税三分三厘。

〈道光六年（一八二六）、買受四啚十甲羅兼甫丁禮行。布頒誉字第三號〉

第二章　清代図甲制の構造

はじめに

珠江デルタでは、南海・順徳両県を中心に、清末・民国期に至るまで、図甲（里甲）制が存続していた。これに関する初歩的検討を行ったのが第一章である。ただし図甲制の内容をより明らかにし、それを通じて、清代（ならびに明代）における広東省、とくに珠江デルタ社会の性格、および公権力による土地の把握や人民に対する統治の特質を考えるうえで、さしあたり以下の課題が残っている。①第一章で抽出した諸現象・諸事実のうち、清代広東省における一般的妥当性を保留しておいたもの（土地所有権移動時に、同時に納糧戸（爪）も変更されるのか否か、等）について検討を加えること。②官は、冊籍上に記載することにより、総戸・子戸・爪等の納糧戸（爪）[2]を把握していたが、現実の土地所有者そのものを、はたして把握していたか。③制度としての図甲制を、清末・民国期まで存続せしめた社会の構造はいかなるものであったか、等である。これらの課題を、本章でとりあげることにしたい。

第一節 〝戸名不変〟の現象と〝過戸推収せず〟

第一章で、珠江デルタの図甲制における総戸のなかには、その戸名が明代万暦年間(一五七三〜一六二〇)ごろより清末・民国期に至るまで、まったく変わっていないものがあることを指摘した。また珠江デルタのみならず、広東省全般においても、納糧戸一般について、その戸名が数百年間変わらないという現象がみられることにも若干言及した。納糧戸のこのような特徴は、当該時期における、公権力による人民からの税糧徴収のあり方、すなわち究極的には、公権力の土地把握や人民統治の特質を示すものであり、同時に広東社会の歴史的社会的性格を窺わせるものでもある。この問題に接近するため、本節では、清代広東省全般の税糧問題、とりわけ納糧戸の問題に言及している史料を検討して、〝戸名不変〟の現象が生ずる要因をさぐることにする。そして、第二節で図甲制を分析するための手がかりとしたい。引用がやや長くなるが、清末に広東省各県の知県を歴任した徐賡陛が、陸豊県知県在任中の光緒六年(一八八〇)に、恵州知府宛に出した「覆本府條陳積弊」のなかから、戸名不変の現象に関連する次の一節を読もう(3)。

史料二—1　徐賡陛「覆本府條陳積弊」(徐賡陛『不慊齋漫存』巻五陸豊書牘、所収)

A　(前略)税糧滞納の際に官が督促する方法には、昔からこれといって良い方法がありません。しかし他省では、図に分け甲を設けて日常的に「過戸推収」しているので、各田地の税糧負担者を特定する（「清理」）のは、さほど困難ではありません。

B a　しかし広東省では、ある「戸」が立てられると、その「戸」名が数百年間も変更されないままであるという現象が存在します。〔かかる現象が生じるのは、以下の理由によります。〕

b　一つの同族内〔の族人間〕（「一姓之内」）で、〔田地の〕売買が行われた場合、いままでずっと過割が行われておりません。

c　一筆の田地が〔ある同族の族人甲から〕他の同族〔の族人乙〕に売却される（「田入異姓」）場合でも、買主（乙）が〔新たに自分の〕「戸」を立て〔て過割す〕ることを願わないだけでなく、売主（甲）も過割するのを願わないのです。そして、売主甲が買主乙から税糧を私的に徴収（「私收」）し、買主乙に代わって納入することが行われています。

d　また、〔売主が〕田地は売ってもその〔田地の〕税糧負担は売らずに〔売主に残しておく〕という条件で、田地の売却価格を高くつり上げる事例も存在します。

e　さらに、二つの同族〔の族人〕のあいだで、相互に田地売買が行われた場合（「兩姓互有買賣」）、各同族は過割を行わないままにしておき、〔官への〕納糧期限がくると、〔複数の田地売買による各同族の税糧負担額の増減を〕相殺し、〔その差額の〕端数だけを精算するという事例も存在します。

f　（祭産等について。本文では省略。本章末尾の史料原文と和訳、参照）

C　雍正年間（一七二三～一七三五）の初め、当時の広東巡撫である楊文乾は上奏文のなかで、この〔戸名不変による〕弊害をすでに力説していました。現時点で顧みますに、その弊害は増えることはあっても減ることはなく、なにか方法を講じれば講じるほど行きづまることになってしまったようです。楊文乾のような治国に務めた名臣や雍正帝のような名君がおり、そして君臣一体の治政を行って、世が太平であった時でさえも、〔その弊害を除くことができなかったのです〕。ところで、楊文乾が力説した内容を調べてみますと、たんに「〔管轄下の広東省各級官僚に〕責任をもたせて、実際の田地所有者の姓名（「的名」）を用いた戸を立てさせ、村ごとに各田地の税糧負担者を調査・特定し（「清理」）、だれが税糧負担者であるかを隠したり、反抗したりする者をみつけ出したら、その者の田地を没収して官産とせよ」といっているにすぎません。しかし現在まで、弊害が以前と同様に続いていることからすれば、当時もまったく成果を得られなかったものと推察いたします。

D

民間での田地売買には、買い戻し条件付きの売買（「典贖」）も、絶売条件での売買（「買賣」）もありますし、またそれら売買が行われる時期もさまざまなので、実際の田地所有者（「的丁」）について、図差がすべてを把握することはできません。なかには〔当初は把握していても、のちに〕逃亡したり、死亡したりする者もおりますので、突きとめることができない実際の田地所有者（「的丁」）の数は、きっと少なくないと存じます。

E

考えますに、〔同族内の〕紳耆がみずから調査し、〔田地ごとの実際の所有者を〕列挙するならば、上記の弊にだまされることも少なく、その方法ならば調査も迅速でしょう。ただ気がかりなことは、紳耆には国全体の利益を思う気持ちがうすく、自分の利益を増やすことばかり考えていることです。田地ごとの税糧の真の負担者を、たとえみずから調べて列挙しても、おそらく〔すべてを列挙せず〕すでに一部は隠しているでしょう。ましてや、自分の利益にはまったくならない調査を、あえて恨みを買ってまで行わず、きっと糊塗するでしょう。また賄賂をもらって私利を営み、飛灑《ひさい》（「飛洒」(4)）も行うでしょう。たとえ発覚して官に連れていかれても、〔紳耆ですから〕処罰するわけにもいかないでしょう。ただ心配なのは、〔紳耆が官を〕ごまかそうとして、〔知県などの〕官の側が必ずしもそれに気がつかないことです。

F　明代に宰相であった張居正は、治国のための大プロジェクトの最初に、「清丈の法」をあげています。なぜなら、〔清丈によって〕各筆田地の所有者＝税糧負担者を調べれば、ごまかすことができないからです。しかし現在、王朝の財政は困窮し、民間では不正が積み重なっており、〔清丈の実施は〕まったく不可能です。

G　a　「封祠」「押割」の悪政は、まことに〔王朝の〕統治のあり方を損なうものです。しかし、かかる悪政（「弊政」）が始まったのには理由があります。

b　（「封祠」については、本文では省略。本章末尾の史料原文と和訳、参照）

c　また、一つの「老戸」には、〔その老戸を設けた者の〕子孫たちが所有する多数の田地がくり入れられており、そして過戸推収が行われていないので、個々の所有者（「某丁」）ごとの税糧額は不明です。〔滞納が発生して〕官が督促すると、同族内には貧富の差があるので、〔官側は〕どうしても、富者を捕えて貧者の滞納分を肩代わりさせようとしがちです。富者が官への納入を終えて、貧者から代納分を回収しようとすると、貧者は、やはりいろいろな口実をもうけて支払いを延ばそうとします。富者が貧者の追求を官に訴えると、官は富者が「公事を第一としている」ことを考慮し、不払いを続けている貧者を拘束します。拘束して無理矢理納めさせようとしますが、やはり完納させることができません。そこで、その貧者の田地をさがし出し、差役を派遣して作物を刈り取り、〔これを不払い分として〕差し押さえます。これが「押割」が始まった理由です。

H　a　いまその悪政を打破しようとするなら、まずそれに代わる方策を示す必要があります。私たちが適切・妥当と思うものならば、官僚たちも生まれつきの良心をもっていますから、悪政を続けることはないでしょう。

b　（「封祠」の解決策については、本文では省略。本章末尾の史料原文と和訳、参照）

c　民間のいわゆる「老戸」については、必ず知州・知県に命令して過戸推収の方法を復活させ、個々の田地所有者の姓名を把握させます（「執花戸的名」）。田地を購入して過割しない場合、みつけ出したら〔その田地を〕没収して官産とし、田地を売却して過割しない場合、みつけ出したら〔その者に〕首枷をはめて杖で叩くことにします。

d　（結語。本文では省略。本章末尾の史料原文と和訳、参照）

紙幅の制約もあり、史料二―1のすべてにわたって検討することはできない。以下では、広東省につき[5]、諸弊害そのものではなく、そこから窺われる税糧の徴収・納入方法のあり方を中心に検討していく。

AおよびB―aの部分については、すでに第一章でとりあげた[6]。戸名不変の現象は、珠江デルタのみならず、広東省全般の普遍的現象であったことを改めて確認しておきたい[7]。B―b～eの部分は、戸名不変の現象が生ずる理由を述べている（なおB―fの箇所については註22、参照）。

B―b。「一姓之内」、すなわち一個の同族内で田地が売買される場合、官に対する過戸推収（官の冊籍上における税糧負担者の名義変更）は行われない。

B—c。「田入異姓」、すなわち相異なる二つの同族間で田地が売買される場合も、官に対する過戸推収は行われない。そして以後は、引き続き原所有者（＝売主）の甲が、買主の乙よりその田地の税糧を徴収して官へ納入する。b・cのいずれの場合も、官に対する直接の税糧負担は売主に残っている。

B—d。田地の所有権が売買により移動しても、その官に対する税糧負担が売主に残っている点は、b・cと同じである。b・cと異なるのは、田地売買に際し、その価格を（b・cの場合より）高くつり上げて売却している点である。なぜ高くするのかについては、これだけの史料では明確にできないが、次の二つの場合が考えられる。①b・cと異なり、売買後に売主は買主より税糧を一文も徴収しない、という条件で売買が行われる場合。この場合、売主が官に対して税糧を完納する意図をあまりもたずに、高く売るだけ売って逃亡したり、官に対して欠糧したりすることがある。[8] ②買主は、田地を購入しても、田地が所在する州県に納糧戸（戸籍）をもたないため、過戸推収することができない[9]等の弱みをもっている場合。この場合、b・cと同様に、売主は買主より税糧を徴収する。[10]

B—e。「兩姓互有買賣」、すなわち、相異なる二つの同族のあいだで、二件の田地売買が相互に行われる場合も、やはり官に対する過戸推収は行われない。そして、官への税糧納入に際し、その二つの同族間で、二件の田地の税糧額を相殺し、その差額分のみを精算する。

以上、B—b〜eの四つの田地売買事例からいえることは、土地所有権が移動した際に、同時に官に対する過戸推収が行われることはほとんどない、換言すれば、清代の広東省では、現実の土地所有者と冊籍上の税糧負担者とのあいだの乖離が一般的であった、ということである。

そして、ここで注意しておきたいのは、eの場合に、田地を売買する当事者は、それぞれ相異なる同族の族人

（＝個別人格）であると考えられるが、官に対して過戸推収を行わず、かつ相互に税糧額を相殺・精算する当事者は「兩姓」、すなわちそれぞれの同族組織である、と読みとれることである。b・cの場合も、ことさらに「一姓」「異姓」とあるから、官に対して過戸推収を行わず、売主が買主から税糧を徴収して官へ納入する過程において、同族組織がなんらかの関与をしている、と考えられる。

さて清代において、官の冊籍上の税糧負担は、一般に戸におかれているが、広東省の場合について、もう少し詳しく検討してみよう。Cの記述にあるように、官に対する過戸推収が行われないことに起因する弊害は、すでに雍正年間にみられる。これを改革せんとした事例として、広東巡撫楊文乾の事例が紹介されているが、『雍正硃批諭旨』に次のようにある。

史料二―2　『雍正硃批諭旨』第二函第一冊楊文乾（文海出版社版、第一冊、頁三七六～三七七）

雍正四年（一七二六）一一月二四日、広東巡撫である私、楊文乾が、「老戸について、〔田地所有者の〕姓名を用いた〔戸を〕立てるように変更する（「改立的名」）ことが有効であること」を謹んで上奏いたします。私見によれば、広東省民間での税糧納入は、いずれも老戸を用いて行われており、この件につきましては、私が昨年一二月に上奏し、すでに記録済みとなっています。いま、省内の小職管下からの報告によれば、〔田地の〕開墾・売買による過割手続きの際に、当該田地〔を所有する者〕の本名を〔戸名とする戸を〕冊籍に登録したり（「就其本名註入冊内」）、〔老戸の税糧を納入する者が〕県署に赴いて納糧する時に、〔老戸内の各田地の〕税糧を負担する者（＝個々の田地所有者）の姓名を尋ねて明らかにし（「問明辦糧之人的名」）、それら個々の所有者名を「原冊の老戸」欄の下に登録したり（「登於原冊老戸之下」）しているとのことです。民は、初めはなぜ〔官が〕このようなことをするのか、その理由を承知していませんが、〔一つの老戸を〕複数の戸に分割したあとで、このように各田地所有者の姓名を戸名とする戸を立て（「分立的名」）ておけば、本人が完糧しさえすれば、他人の未納分の巻き添えを食わされることはなく、しかも税糧額どおりに田地を使用・収益（「管業」）でき、田地の境界も明白で、詭寄《きき》・飛灑の弊害を受けることもないことを深く理解するでしょう。そして民はみな、これが最善の方法であると賞賛し、先を争って〔老戸を分割し、自分の田地とその税糧額〕を報告するでしょう。ですから、一、二年後には広東省の各州県で老戸の分割と個別所有者ごとの立戸とが完成すると存じます。

ここに「原冊の老戸」とある。「原冊」とは冊籍である[11]。冊籍上には「老戸」の戸名が記載されているのである。また、史料二―1―G―cにも、「一つの「老戸」には、〔その老戸を設けた者の〕子孫たちが所有する多数の田地がくり入れられており、そして過戸推収が行われていないので、個々の所有者（「某丁」）ごとの税糧額は不明です」とある。ここで、文脈上、個々の子孫（「某丁」）は、現実の個別土地所有者である。かつて「老戸」を設けた人物あるいは同族組織の子孫たちは、みずからが現実に所有する土地について、本人名義の戸で官の冊籍上に登録しておらず、祖先あるいは同族組織が設けた「老戸」名義で登録している。そして、冊籍上に記載されているのは、「老戸」の姓名と、それがとり扱う税糧額のみであり、個別土地所有者の姓名およびその税糧額は記載されていない。すなわち、現実には、多数の子孫（したがって、一つの同族の族人たち）によって、それぞれ別個に所有されている土地について、その冊籍上の税糧負担者が一つの「老戸」である、という形式がとられている[12]。戸名が変更されないのは、このためである。この「老戸」がいわゆる戸名不変の戸である。同時に、納糧戸の範疇にこの「老戸」も入るであろう。さらに、一つの「老戸」が包括する社会的範囲は、一つの同族、ないしはその支派に及ぶものと考えられる。

それでは、楊文乾および徐賡陛が、冊籍上に新たに記載・把握しようとしている、①「其の本名」、②「辦糧の人の的名」、③「的名を分立し」（＝「改めて的名を立て」）（以上、史料二―2）、④「花戸の的名を執る」（史料二―1―H―c）とは、だれを指すのであろうか。

①と④の場合は、ともに土地の開墾ないし売買の当事者として言及されているから、現実の土地所有者の姓名を指している。[13] ③の場合も、「的名を分立」したあとに、「本人が完糧」（「己身完賦」。すなわち、いわゆる自封投櫃）することを想定しているから、「的名」とは、現実の土地所有者の姓名を指していると考えられる。そして①③④の場合、現実の土地所有者の姓名を戸名とする戸を新たに立てることで、老戸を解体していくのである。[14]

さて②について、少し立ち入って検討しよう。②は、老戸全体の税糧を納入するために県署にきた人に対して官側が質問をする場面である。老戸内には、複数の族人が所有する田地が含まれているが、それら複数の族人全員が県署にくるわけではない。県署にくるのは複数の族人の代表者、あるいは田地所有者とはかぎらずに、族内における税糧納入の担当者である。[15] その代表者ないし担当者に対して官側が「辦糧の人の的名」を尋ねるわけであるが、史料二―2の文脈全体は、現実の土地所有者の姓名を把握することを基本方向としているので、「辦糧の人の的名」とは、税糧を実際に負担する者の姓名、すなわち、老戸内の各田地を実際に所有する者の姓名を指すと考えられる。[16] なお②の場合、判明した個々の田地所有者の姓名を戸名とする戸を新たに立てるという方法ではなく、それら姓名を「原冊」の老戸欄の下に登録するという方法になっている。つまり、老戸そのものは形式的に存続するが、老戸内の各田地に対応する所有者（税糧負担者）を明確にしていく方向といえよう。[17]

以上より、すでに雍正年間において、官の側が、現実の土地所有者そのものの姓名およびその税糧額を把握していなかったことがわかる。[18] 巡撫楊文乾は、これを改めようとしたが、史料二―1―Cの最後に、「当時もまったく成果を得られなかったものと推察いたします」とあり、あまり効果がないまま清末に至ったのである。

なお、県署の「衙役」で、図ごとに一名が配置され、税糧の納入通知書の配布や滞納が起きた時の督促を担当する者として図差がいる。しかし、清末の状況を記す史料二―1―Dによれば、老戸内の個別土地所有者のすべてを図差が把握しているわけではないことがわかる。また同じくEによれば、同族内の「紳耆」は、老戸内の個別土地所有者についての情報を把握し、だれが祭産等の管理者であるかも把握しているが、自身の利益を優先させる傾向があるため、信用できないという。

以上の検討を整理すれば、次のようになる（（1）（2）…は、本章を通じての通し番号とする）。

（1）清代の広東省では、数百年前に立てられた戸名が清末に至るまで不変という現象が、一般的にみられる。このような戸を「老戸」という。

（2）「老戸」が包括する社会的範囲は、一つの同族、ないしはその支派と考えられる。そして、多数の族人によって、それぞれ別個に所有されている土地の、冊籍上の税糧負担者が一つの「老戸」である、という形式がとられている。

（3）売買等により、現実の土地所有者が移動しても、官に対する過戸推収（すなわち、納糧戸の変更）は行われないのが一般的である。

（4）土地売買等によって生じる、各「老戸」間の税糧負担額の変動は、各「老戸」間＝各同族組織間で相殺・精算される。

（5）したがって、ある土地について、売買等により、現実の土地所有者がいくら交替しても、官の冊籍上における税糧負担は、つねにある特定の「老戸」にある。〝戸名不変〟ないし〝戸名一定〟という現象は、この内容をも含むものである。

（6）「老戸」＝同族組織を管理・掌握し、郷村における土地所有権の移動を把握している者は、いわゆる「紳耆」層と考えられる。[19]

（7）図差を含めて、官の側は、個別土地所有者の姓名も、その税糧額も把握していない。ただ、「老戸」とそれが包括する税糧額とを把握し、それを通じて税糧を徴収するのみである。

以上が、戸名不変の現象が生ずる理由である。そして、戸名不変の現象が数百年もの長期間にわたって普遍的であったこととの当然の前提条件として、次の（8）が考えられる。

（8）「老戸」＝同族組織は、現実の土地所有者＝族人から、税糧を確実に徴収でき、かつ各「老戸」間＝各同族組織間で、税糧額の変動を正確に相殺・精算できた。これが不可能な場合、「老戸」はその管下にある税糧の全額を官に納入することができず、絶戸となって清末まで存続できないからである。

（9）（8）の条件が安定している場合、公権力は、現実の土地所有者をあえて直接に把握しようとはせず、各「老戸」を把握するのみであったと考えられる。

（10）しかし、遅くとも雍正年間には、〝戸名不変〟〝過戸推收せず〟の状況下で、「老戸」による税糧の徴収・納入は、あまり円滑には行われなくなっていた。そして公権力は、この時、「老戸」を越えて現実の土地所有者そのものを直接に把握しようと試みた[20]。だが、その試みが必ずしも功を奏さないまま、清末に至った。

なお、史料二―1のB―f、G―b、H―bに記されている祭産等の族産の問題については本文では言及せず、本章末尾において、史料原文に和訳を施すのみとした。ただ注目しておきたい点として、族産が欠糧の巣窟であったこと[21]、そして、官の側による「封祠」という強硬手段発動後[22]に、族内に「読書明礼なる者」が現われ、税糧完納の動きが出てきたこと、等がある。

第二節　図甲制の分析　総戸と同族

本章は、清代の珠江デルタにおける図甲制の分析を目的としているが、第一節で検討した広東省全般における諸特徴は、珠江デルタにもあてはまる、といえるであろうか。

まず、冊籍上に記載されている納糧戸（爪）の戸名（とりわけ総戸名）不変の現象は、珠江デルタでもみられる。つぎに、珠江デルタでは一般に、現実の土地所有者は、総戸・子戸・爪等の納糧戸（爪）の下に丁として位置しており、納糧戸の戸名と現実の土地所有者の姓名とのあいだに乖離がある。これら第一章で指摘した諸現象は、清代の珠江デルタにおいても、〝過戸推收せず〟が普遍的であったことに起因すると考えられる。したがっ

表二―1　族譜所載の子戸

宣統3年（1911）刊『南海學正黃氏家譜』所載図甲表

平地堡	総戸名	全子戸数	総戸名と同姓の子戸数	異姓の子戸数
第13図第9甲	黄紫貴	13	8	5
第51図第4甲	黄兆同	3	2	1
第51図第5甲	黎黄同	1	1	0
第52図另10甲	黄建的	8	4	4

民国19年（1930）刊『南海廖維則堂家譜』所載図甲表

龍津堡	総戸名	全子戸数	総戸名と同姓の子戸数	異姓の子戸数
第15図第3甲	廖大期	43	39	4
第15図第4甲	廖継賢	50	49	1
第15図第9甲	廖　剛	29	28	1
第15図第10甲	廖大進	25	25	0

て、第一節で検討した諸特徴は、珠江デルタにおいても該当するといえよう。

さて第一節で、戸名不変の現象が数百年もの長期間にわたって普遍的であったことの前提条件として、（8）を考えた。そこで本節では、珠江デルタにおいて（8）の条件が安定していた理由を、さらに掘り下げて検討し、それを通じて、制度としての図甲制を維持・存続せしめた現実社会の構造を解明することにしたい。

地方志所載の図甲表は、総戸名を記載するのみであるが、族譜所載の図甲表は、子戸名をも記載している（第一章第一節、参照）。そこに窺われる特徴は、「一つの甲に含まれる子戸名の姓は、その甲の総戸名の姓と同じものが多い[23]」ことである。この点をもう少し詳しく検討することにしたい。

表二―1は、清末・民国期に珠江デルタで刊行された族譜に掲載されている図甲表を、子戸についてまとめたものである（具体的な子戸名については第一章の史料一―1―⑫⑬、表一―2、参照）。南海県の平地堡学正郷の黄氏の場合、総戸が黄姓となっている甲[24]に含まれる子戸のうち、半分以上が黄姓である[25]。他姓の子戸が含まれている場合も、一個の姓としては一つの甲に多くとも二戸である。龍津堡の廖氏の場合、総戸が廖姓となってい

る甲の子戸は、大部分が廖姓であることがわかる。黄氏と廖氏の二例についてしか検討できないが、総戸の下に附されている子戸は、その大部分が、その総戸をもつ同族の子戸であると考えられる。

この点の確認を含めて、宣統三年（一九一一）刊『南海學正黄氏家譜』所載図甲表のあとに付されている次の記事を読もう。なお、史料中の「右の〔図甲〕表」は、第一章の表一―2に示した形式による、平地堡の第十三図第九甲、第五十一図第四甲、第五十一図第五甲、第五十二図另十甲、以上の四つの甲の図甲表を指す。それら図甲表に記されている子戸名は、第一章の史料一―1―⑬に掲載してある。また「我が郷」は、南海県平地堡の学正郷を指す。平地堡には第十三、五十一、五十二、五十四、五十五図の五個の図があり、史料中の「五図」はこの五つの図を指す。

史料二―3　『南海學正黄氏家譜』巻一二雑録譜、郷規

a　右の〔図甲〕表のなかに、〔黄姓以外の〕異姓の人〔の名前〕が含まれているが、これらはいずれも「我が郷」（学正郷）の子戸である。思うに、これらの子戸は、当初は〔学正郷黄姓の〕総戸に附されていたものの、〔そして現在も子戸の名前だけは残っているが、〕長い年月のあいだに消失してしまった子戸であろう。

b　このほかに〔わが黄姓の子戸として〕、平地堡の「五図」に所属していない、黄橋爵という〔子戸〕一戸があり、また〔平地堡第〕十三図第二甲の麦応奎という総戸に附されている黄晉彦という〔子戸〕一戸がある〈麦辺郷を本貫地とする人々である〉。この二戸の税糧は、いずれも彼らが自分たちで納入し、わが〔学正郷〕黄姓の総戸を経由しない。表に書き入れるのは困難なので、ここに付記しておく。

本史料は、子戸について説明したものである。aは図甲表に登場する子戸のうち、「異姓の人」かつ「我が郷」(学正郷)の子戸について説明したものである。bは、学正郷黄氏の〃一族〃の子戸であるが、図甲表に登場しないものについて説明したものである(ここで〃一族〃という語を用いた意図については、後段で説明する)。

まずbから検討しよう。文意より、黄橋爵戸と黄晉彦戸は、いずれも黄姓〃一族〃の子戸である。しかし、前者は平地堡の五図のいずれにも所属していない(つまり、平地堡以外の某堡の某図に所属している)。また、後者は平地堡第十三図に所属してはいるが、学正郷黄氏が総戸を有している第九甲(表二―1、参照)ではなく、麦応奎戸が総戸となっている第二甲に所属している。すなわち、どちらも学正郷黄氏が総戸となっている甲には所属していない。そして、この二戸のみ、その税糧を学正郷黄氏の総戸を通さずに、「彼らが自分たちで納入」[26]しているのである。

つぎに、黄晉彦戸が学正郷黄氏の〃一族〃の子戸であるにもかかわらず、黄氏が総戸を有する第十三図第九甲に所属していない理由を、割註の「麥邊鄉人(麦辺郷を本貫地とする人々である)」という説明から検討しよう。史料二―3の黄氏族譜は、書名に「學正鄉」が冠されていることから、この黄氏の本貫地は平地堡の学正郷である。そして同治『南海縣志』巻一図説一、「平地堡圖」をみると、学正郷を描いた箇所に「黃祠」を確認できる。これが学正郷黄氏の祠堂であろう。ところで割註から、黄晉彦戸を納糧戸とする黄姓の人々については、その本貫地は学正郷ではなく、麦辺郷と推測できる。すなわち、麦辺郷黄氏は学正郷黄氏の〃一族〃ではあるが、郷レベルの本貫地を異にしている(おそらく居住地も麦辺郷であろう)。ここで、同治『南海縣志』の「平地堡圖」をもう一度みると、麦辺郷を描いた箇所に「麥祠」を確認できる。したがって、第十三図第二甲の総戸である麦応奎戸を有する麦氏について、その本貫地は麦辺郷と推測できる。以上から、黄晉彦戸を納糧戸とする麦辺郷黄氏は、その本貫地が麦辺郷であるので、学正郷黄氏の総戸ではなく、麦辺郷を本貫地とする総戸（具体的には麦応奎戸）の下に子戸を設け、麦応奎戸を通じて税糧を納入していると推測される。すなわち、総戸、子戸と本貫地との関係に着目するならば、総戸とそれに附される子戸とは、郷レベルの本貫地を同一にしていることがわかる。

この点をふまえると、黄橋爵戸について次のように推測できよう。この子戸が平地堡の「五図」のいずれにも所属していない（つまり、「五図」を通じて税糧を納入していない）のは、該子戸（そして該子戸を納糧戸とする黄姓の人々）は、平地堡ではなく、他の堡を本貫地としている（かつ実際にそこに居住している）からであろう。他方、黄橋爵戸と前述の黄晉彦戸の二戸以外の黄氏の子戸が、学正郷黄氏の総戸に附されている（つまり、学正郷黄姓の総戸を通じて税糧を納めている）のは、これら子戸（そしてそれら子戸に所属する黄姓族人）の郷レベルの本貫地が学正郷だからであろう。[27]

つぎに、aの部分であるが、これを上記和訳のように解釈した。[28]まず、ここで言及されている「総戸」とは、黄氏族譜の図甲表に登場する、学正郷黄氏の総戸を指している。つぎに、「異姓の人」が当初において学正郷黄姓の総戸に附されていたのは、黄晉彦戸の事例から、彼らの本貫地が学正郷であり、かつ学正郷には各「異姓」の総戸が存在しなかったからである、と推測できる。ただし、これら「異姓の人」たちは、なんらかの理由により学正郷を去ってしまった、もしくは学正郷に残っていても、税糧を負担すべき者（＝土地所有者）が存在しなくなってしまった（しかし冊籍上では、彼らの子戸名が残っているようである）。

以上の事例から、一個の郷において、総戸をもつ同族は、その総戸の下に族内の子戸を附し、その子戸の税糧額を把握・徴収する。したがって、総戸を管理する同族組織は、これによって子戸を、そして究極的には総戸・

子戸・爪等の下に丁として位置している族人の土地所有者を掌握している、といえよう。また、該郷において総戸をもたない同族は、総戸をもつ同族の下に子戸として附され、総戸をもつ同族組織に税糧額を把握・徴収されることを通じて掌握されている、といえよう。

一方、黄晉彦戸や黄橋爵戸を納糧戸とする黄姓の人々は、学正郷黄氏にとって〝一族〟の者ではあるが、他の郷を本貫地としている（かつそこに居住している）者たちである。そして田地所有額＝税糧額を把握・徴収する対象か否かという面からみれば、学正郷黄氏の同族組織にとって、彼らは対象外の存在である。これは、学正郷黄氏の同族組織と学正郷を本貫地（かつ居住地）とする黄姓の人々との関係と大きく異なっていることがわかる。[29]

さて本書では、ここまで、〝同族〟という語について特に定義することなく用い、また本節では〝同族〟の語とは別に〝一族〟の語を用いた。ここで、学正郷黄氏の事例を参考にして、ある郷を本貫地とする同族組織からみて、その税糧額を把握・徴収する必要のある族人の範囲を指して〝同族〟の語を用いることにする。他方、その範囲を超えているので、その税糧額を把握・徴収する必要のない族人を指して、〝一族〟の語を用いることにする。ただし、その区別を行うのが困難な史料も多いので、〝同族〟の語についてはやや曖昧に用いることをことわっておきたい。

つぎに、同族組織の規制力によって税糧が徴収されている事例として、南海県磻溪堡の荘頭村・馮村の事例を検討しよう。

史料二―4　宣統『南海縣志』巻四輿地略三、風俗

荘頭〔村〕と馮村には銭糧会というものがある。毎年、上忙と下忙〔の二回の納糧時期〕に、郷祠で〔税糧の〕徴収を始める。納入期限は三日目の最終日の夕刻（「見燭」）までであり、この刻限を過ぎて〔も完糧していない者には〕罰を加える。税糧納入を拒む者（「抗糧者」）については、その親族に責任を負わせ、少しも仮借しない。それで、その郷（荘頭村・馮村等から成る郷）は三〇〇年にわたって、税糧納入を拒む民がいないし、また滞納する納糧戸（「戸」）もないので、〔胥吏・差役による〕税糧滞納に対する厳しい催促はなく、また税糧免除の恩恵を待つこともない。規定を制定することで、官と民の両方がその裨益を受けているから、この方法を普及させるべきである。聞くところによると、この規定は馮潜斎先生が制定した宗規であるという。

荘頭村と馮村のうち馮村は、その村名から考えて、馮姓が大部分を占める村であろう。また荘頭村も、この史料の前に、「石涌・荘頭の馮氏宗祠では、五年に一度大祭があり、子孫たちがみな集《つど》う」で始まる記事があり、やはり馮姓が有力な村と思われる。したがって、以上の状況と、史料の最後に「宗規」（族内規定）とあることとから考えて、税糧を徴収する場所である「郷祠」も、馮氏の祠堂（もしくは馮氏の管理下にあった神廟）と推測される。なお馮潜斎先生とは、乾隆年間の進士、馮成修を指す。

同治『南海縣志』所載の図甲表によれば、磻溪堡には三個の図があり、そのうち総戸名が馮姓となっているものが九戸（另甲を除く、正図正甲の総戸としては六戸）ある。これら九戸の総戸が、すべて如上の馮氏のものとはいえないにしても、史料二―4の内容から判断して上記の馮氏は比較的大きい同族と考えられるから、九戸の総戸のうちのかなりの戸を、この馮氏が占めていると思われる。そして税糧の徴収は、総戸が官によって付与された職権にもとづいて行われている、というよりは、むしろ同族（あるいは郷村）そのものがもつ規制力にもとづいて行われている、といえよう。「郷祠」において徴収が行われている点、「宗規」にもとづいて納入期限・懲罰等が定められている点等は、それを物語っている。この場合、機能的には、郷祠＝総戸となろう[30]。

つぎに、族人が土地を売買した際の過戸推収の問題を、同族組織との関係から検討しよう。

史料二―5　民国一三年（一九二四）刊『南海煙橋何氏家譜』巻末、惇叙堂家規、第八条

従来の慣例では、各房の子孫が私有財産として不動産を購入する時は、「登録費」（「注册費」）を寄付し、〔何氏一族が行う〕「蒸嘗」（秋と冬の祭祀）のための資金援助としている。絶売条件による購入（「買受」）ならば、銀立て購入価格の二％であり、買い戻し条件付きの購入（「典受」）ならば、銀立て購入価格の一％である。もし慣例に背いて払わない場合には、「糧務の値理」は本人の代わりに過戸推収の手続きを行わないし、また売主と買主のあいだで問題が起きても、紳耆は調停や裁断の面倒をみない。わずかな出費を惜しんで、あとで後悔しないようにせよ。

族人は、土地を購入した場合には、「蒸嘗」（秋と冬の祭祀）のための資金援助という大義名分で課されている一定額の「登録費」（「注册費」）を、必ず同族組織に納めなくてはならない。「登録費」という名目になっているのは、官の冊籍上における名義変更（過戸推収）を、同族組織（ここでは「糧務の値理」、すなわち、輪番で税糧の徴収・納入業務を担当する者。註15の「理事」、参照）が購入当事者に代わって行うことになっているからであろう。これは、「もし慣例に背いて払わない場合には、「糧務の値理」は本人の代わりに過戸推収の手続きを

行わない」とあることからも首肯できよう。すなわち、族人に土地売買等があった場合、官に対する過戸推収手続きは、本人が直接にそれを行うことはできず、必ず同族内の「糧務の値理」が代行することになっていたことがわかる。[31] なお、何氏家譜は民国一三年（一九二四）に編纂されたものである。しかし、「従来の慣例」（「向例」）という語が示すように、この家規の内容は、それ以前より同族の規定として、その遵守が族人に対して強制されていたと考えられる。

また、同族内の「紳耆」層は、土地売買における「売主と買主」（「両造」）のあいだにもめごとがおこった時に、それを調停・裁断する役割を果たす。したがって、土地所有権の移動についての管理を日常的に行うのは「糧務の値理」であるにしても、「紳耆」層も、日常的ではないとしても、もめごとが起きた時に関与していたことがわかる。[32]

以上の検討をまとめると、次のようになる。

(11) ある同族の子戸（したがって究極的には族人）は、自己の同族が総戸をもつ場合には、その総戸の下に附されるのが通例である。したがって、一個の甲は、一つの同族、ないしはその支派を中心に構成されている。

(12) 総戸をもたない同族は、総戸をもつ同族の下に子戸として附されている。

(13) 族人に土地売買等があった場合、官に対する過戸推収は、本人が直接にそれを行うことはできず、族内の糧務の値理を通じてしかできない（註15、参照）。

(14) すなわち、同族組織は、それ自身がもつ族人に対する規制力（「宗規」等）と、公権力によって付与された総戸としての権利とを利用して、族人の土地所有額＝税糧額を把握・徴収し、そのことを通じて、族人を掌握・統制している。

（15）一個の甲はこのような同族組織の族人に対する掌握・統制を基盤として成立しており、一個の図はこれら同族組織の連合体と考えられる。

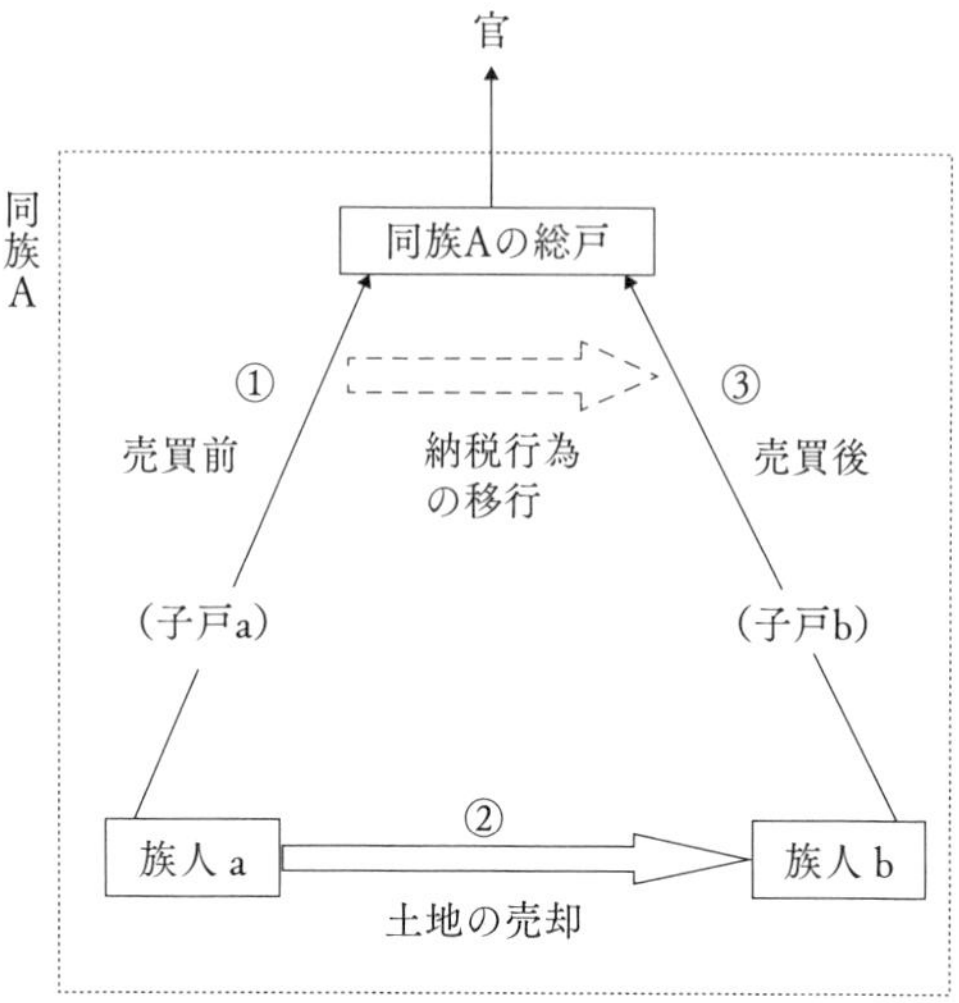

図二―1　"過戸推収せず"の概念モデル
Ⅰ　一つの同族内での土地売買の場合

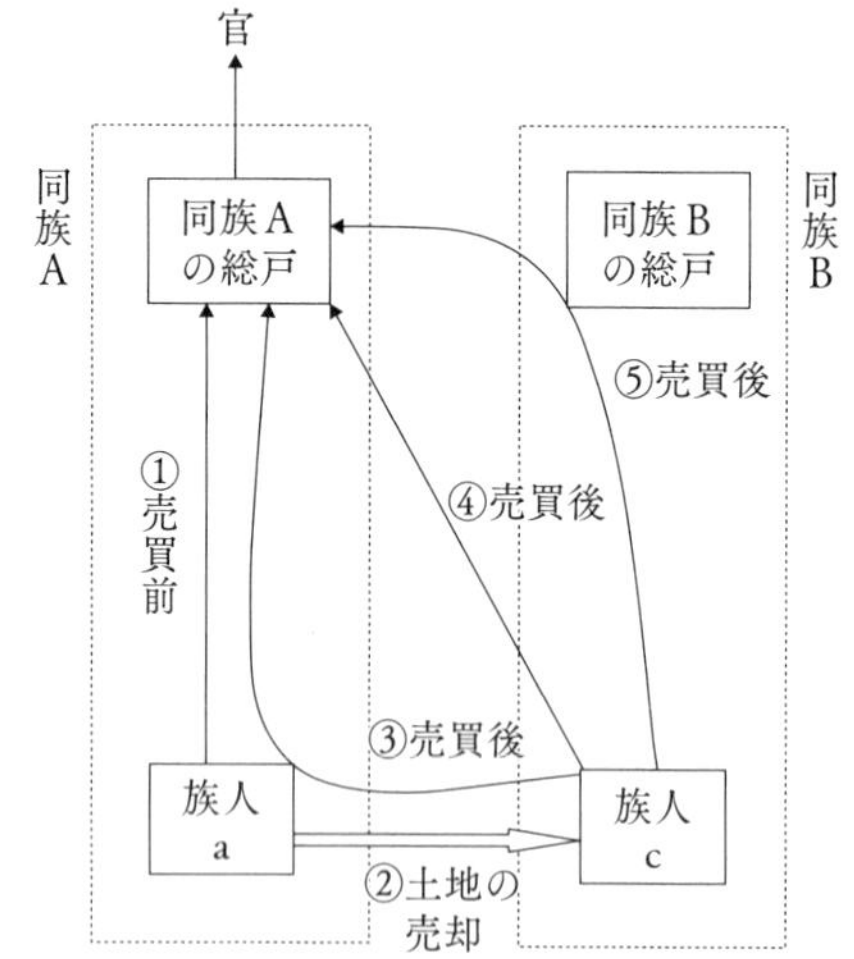

Ⅱ　二つの同族間での土地売買の場合

註　なお、Ⅰでは省略したが、実際の図甲制では、官と各総戸とのあいだに図（とくに「当年」の甲）が介在している。

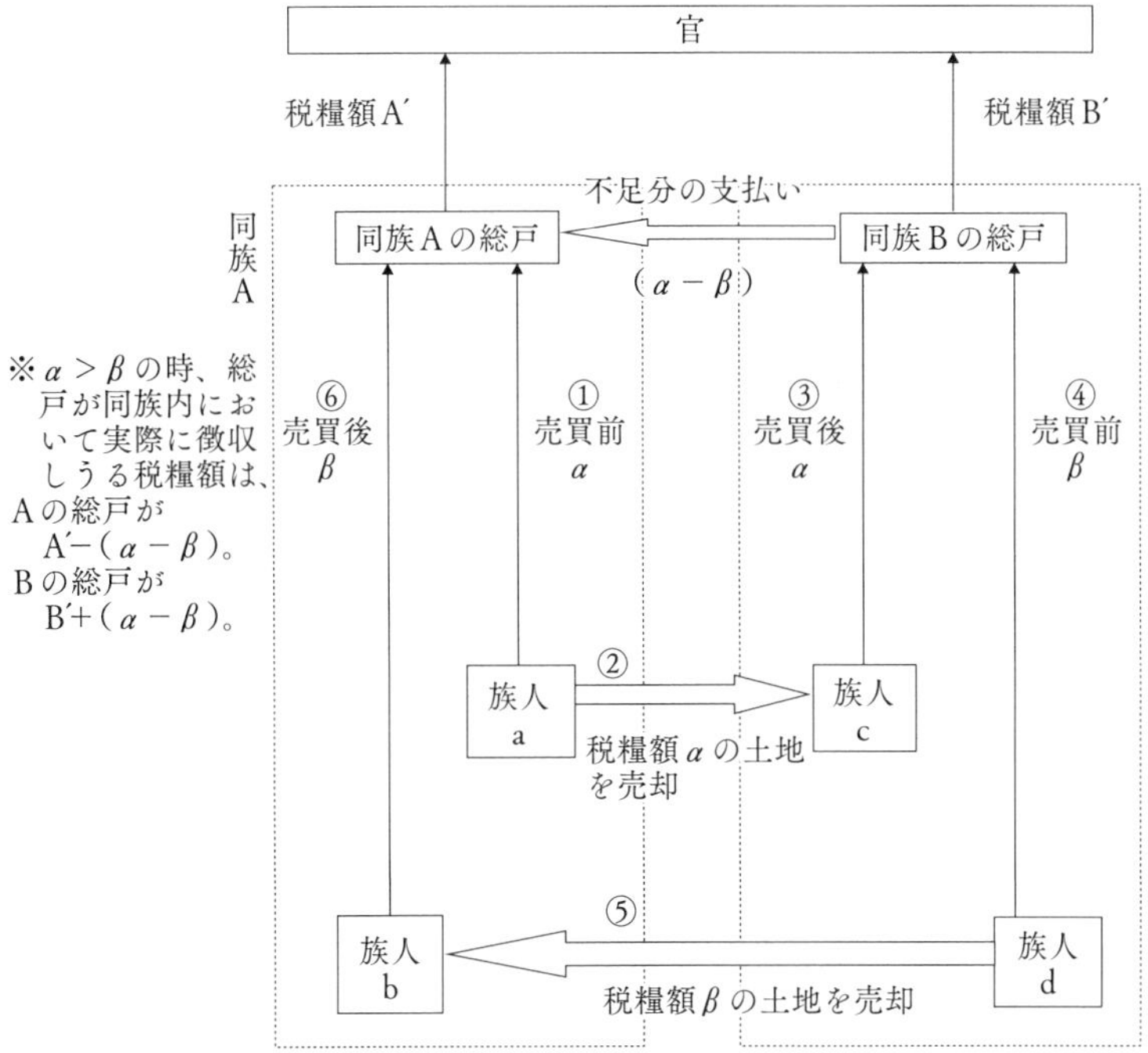

Ⅲ　二つの同族間で相互に土地売買があった場合

さて、以上のような同族組織による厳格な族人支配を基礎とした図甲編成、ということを考慮に入れると、第一節の史料二―1―Bｂｃｅで述べられている〝過戸推収せず〟の現象を、図二―1のような概念モデルから説明することができる。

モデルⅠは、一つの同族A内部で土地売買が行われた場合、つまり史料二―1―B―bの場合である。ある土地の原所有者を族人aとする。aはその税糧を同族A内の総戸に納入していた（子戸・爪を通じる場合もある）。これを矢印①で示した。つぎに、aはその土地を族人bに売却する。これを矢印②で示した。この時、土地売買が行われたことを同族組織に報告する。そして、買主のbもその土地の税糧を同族

A内の総戸に納入する（子戸・爪を通じる場合もある）。したがって、一つの同族内部で土地売買が行われた場合、各族人の税糧額（および各子戸・爪がとり扱う税糧額）は変化しても、総戸がとり扱う一個の甲内の税糧額そのものはまったく変化しない。しかも、その売買による土地所有権の移動を、売買の当事者に対して、同族が組織として公的に承認して族内の「糧冊」に記入し(33)、同時に同族組織＝総戸が税糧をその族人から徴収しうるならば、この土地売買について、あえて県衙門に赴いて「税契」（契税の納入）の手続きをしたり、過戸推収の手続きをしたりする必要はない。官に対して過戸推収が行われないのは、このためであろう。なお、一つの同族が複数の総戸をもつ場合は、次のIIの場合とほぼ同じであろう。

モデルIIは、相異なる二つの同族のあいだで土地が売買された場合、つまり史料二―1―B―cの場合である。矢印①は、土地の原所有者たる同族Aの族人aが、同族A内の総戸に税糧を納入していたことを示す。矢印②は、他の同族Bの族人cにその土地を売却したことを示す。この時、aとcは、それぞれ土地売買を行ったことを同族組織に報告する。さて、cの税糧納入方法は、三通りが考えられる。矢印③は、買主cが売主aに納め、aが同族Aの総戸に納める方法である。矢印④は、cが同族Aの総戸に直接納める方法である。矢印⑤は、cが同族Bの総戸に納め、同族Bの総戸から同族Aの総戸に納める方法である。

このうち、③の方法は異なる同族の族人間における徴収・納入であり、④は異なる同族の総戸＝同族組織と族人とのあいだの徴収・納入である。この二つの方法は、次のモデルIIIのように、異なる同族間での土地売買が多数行われた時には非常に煩瑣であり、また、異姓の族人を把握するのは不確実性が大きいであろう。むしろ、買主の同族の総戸に買主から税糧を徴収させた方が、より確実であろう。しかも、史料二―3が族人はみずからの同族の総戸を通じて税糧を納入することを示唆している点、さらにIIIの場合について、史料二―1―B―eが同、族組織間で税糧の差額を精算することを示唆している点、等を考えあわせれば、Ⅲの場合と同様にⅡの場合も、⑤の方法が採用されていると考えるのが最も妥当であろう。この方法は、各同族組織が族人を厳格に掌握し、かつ各同族組織間に一定の信頼関係があれば、Ⅰと同様に実行可能であろう。

モデルⅢは、相異なる同族のあいだで相互に土地売買があった場合、すなわち史料二―1―B―eの場合である。同族Aの族人aは、税糧額αの土地を所有し、同族Aの総戸にその税糧を納入していた（矢印①）が、この土地を同族Bの族人cに売却した（矢印②）。cは税糧額αを同族Bの総戸に納入することになった（矢印③）。一方、同族Bの族人dは、税糧額βの土地を所有し、同族Bの総戸にその税糧を納入していた（矢印④）が、この土地を同族Aの族人bに売却した（矢印⑤）。bは税糧額βを同族Aの総戸に納入することになった（矢印⑥）。ここで、この二件の土地売買が行われる以前における、同族Aの総戸の税糧とり扱い額をA′、同族Bの総戸のそれをB′とする。また$\alpha>\beta$とすれば、売買後において、同族Aの総戸が族内より実際に徴収するのは、A′−$(\alpha-\beta)$であり、$(\alpha-\beta)$分だけ少なくなる。また、同族Bの総戸が族内より実際に徴収するのは、B′+$(\alpha-\beta)$であり、$(\alpha-\beta)$分だけ多くなる。そして、この差額$(\alpha-\beta)$を、同族Bの総戸が同族Aの総戸に支払って、二件の土地売買による税糧負担額の変動を相殺・精算すれば、あえて官に対し過戸推収をする必要はない。三件以上の土地売買、ないし三つ以上の相異なる同族間での土地売買の場合も、これに準じて考えることができる。(34)

以上の概念モデルが維持される条件は、各同族による族人の確実な把握である。この条件なくしては、各同族間＝各図甲間の信頼関係も生まれない。さらに、この構造が十分に機能している時、公権力は現実の土地所有者そのものを、あえて直接に把握しようとはせず、総戸＝同族組織を掌握することによって、税糧徴収を行うであ

表二―2　仏山堡における同族と総戸

出所			a 霍姓	b 冼姓	c 梁姓	d 陳姓	e 何姓	f 区姓	g 黄姓	h 簡姓	i 盧姓	j 倫姓	k 高姓	l 布姓	m 蘇姓	n 羅姓	o 岑姓	p 龐姓	q 李姓	（合計）
A	同姓異宗の族数		1	1	3	4	1	1	5	1	1	記載なし	1	1	記載なし	1	1	1	3	26＋3
B	各図の姓別総戸の数（①②等は另甲の総戸数）	第20図	2	0	5	1	0	0	0	0	1	0	0	0	0	0	1	0	0	10
		第21図	1	1	2 ①	1 ①	1	1	1 ①	0	0	2	0	0	0	0	0	0	0	10 ③
		第114図	1	1	3	1	0	0	0	1	0	0	1	0	0	0	0	0 ①	0 ③	8 ④
		第115図	3 ①	1	0	2	1	1	1	0	0	0	0	1	0	0	0	0	0	10 ①
		第116図	1	1	0	3	1	0	2	1	0	0	0	0	1	0	0	0	0	10
		第117図	3	4	2	0	1	0	0 ①	0	0	0	0	0	0	0	0	0	0	10 ①
		第118図	1	0	3	3	1	1	0	0	0	0	0	0	0	1	0	0	0	10
		第119図	2	5	2	0	1	0	0	0	0	0	0	0	0	0	0	0	0	10
全八図を通じての姓別総戸数			14 ①	13	17 ①	11 ①	6	3	4 ②	2	1	2	1	1	1	1	1	0 ①	0 ③	78 ⑨

出所　Aは民国『佛山忠義郷志』巻9氏族志による。Bは同治『南海縣志』巻6経政略、図甲表による。
なお仏山堡の総戸の場合、註24のように、複数の同族で一つの総戸が共有されている事例は、戸名から判断するかぎりないようである。

ろう。[35] 逆に、同族組織がその族人を把握できなくなった場合には、図甲制は破綻をきたすことになる。

ところで前に、総戸をもたない（あるいは、もてない）同族は、総戸をもつ同族の下に子戸として附され、把握・統制されると述べた。最後に、この点を、南海県仏山堡を例にとって検討しておく。

清末の仏山堡には、異姓ならびに同姓異宗の同族が八二族存在したが、これらの同族と、その掌握している総戸とについてまとめたのが表二―2である。

aの霍姓は一族のみで総戸一五戸（そのうち另甲一戸）を、bの冼姓も一族のみで総戸一三戸を占めている。cの梁姓は、同姓異宗が三族あるが、これら三族が均等に総戸を占めているというよりは、むしろ、そのうちの一つの同族が大部分を占めていると考えられる。しかし、いちおう同姓異宗の同族が、すべて総戸をもつと考えても、全族数八五族（八二族に、氏族志に記載されていない倫姓二、蘇姓一を加える）のうち、わずか二九族（二六族に、倫姓二、蘇姓一を加える）で、総戸八七戸（正図正甲は、不明のものが二つあるので七八戸、これに另甲九戸を加える）を占めている。残りの五六の同族は、総戸をもたずに、子戸として他の同族の支配下に入っている。[36]

むすびにかえて

広東省珠江デルタ、とりわけ南海・順徳等の県では、清末・民国期に至るまで、図甲（里甲）制が存続していた。図甲表はこの事実を端的に示すものである。

存続の要因として重要と思われるものは、珠江デルタにおける図甲編成の特質である。すなわち、各甲が一つの同族、ないしはその支派を中心に構成されている点に窺われるように、図甲制がたんなる税糧の徴収・納入機構であるだけでなく、すぐれて、同族組織による族人の掌握を補完する意義をもつ装置でもあったことである。換言すれば、珠江デルタにおける図甲制は、このような同族組織による族人掌握を基盤として運営された、と考えられる。したがって、図甲制の維持・存続は、同族組織による族人掌握の如何にかかっている。そして、清代(明代をも含む)の珠江デルタにおいて、〝戸名不変〟の現象が普遍的にみられたことは、同族組織の族人に対する規制力がかなり強固であったことを意味している。

しかし清中葉以降、図甲制はその存在基盤を脅かされるに至る。この具体的状況・要因等については、第三章以下で検討することにしたい。ここでは、第二章までの検討にもとづき、〈従来〉(主に一九七〇年代まで)の明清史研究と関連させつつ、いくつかの問題提起を行って、むすびにかえることにしたい。

(20)　従来の里甲制研究では、里甲を構成する里長戸、甲首戸、さらには畸零戸等、徭役・税糧の科派単位を、基本的に戸におき、暗黙のうちに、その戸を生活単位としての個別家族(世帯)とみなしていた。しかし、第二章までの検討の結果によれば、戸を生活単位としての個別家族と考えるには、十分な注意が必要である。珠江デルタの場合、明初についてはなお不明な点が残るが、その後については、里長戸＝総戸は、一つの同族、ないしはその支派全体をさす課税単位であり、生活単位としての個別家族を意味するものではなかったと考えられる。これが広東にのみ特殊なものなのか、それとも中国全体にある程度共通するものなのか、明清史研究にとっての今後の課題となろう。(37)

(21) 一九七〇年代以降の明清史研究、とりわけ明末清初以降に関する研究では、〈郷紳支配〉(「郷紳」がもつ、世襲されない一代かぎりの特権にもとづく支配)の問題が、大きくクローズアップされている。ところで珠江デルタにおいて、総戸をもつ同族は、その族人、ならびに総戸をもたない同族の族人に対して有する税糧徴収権(官に対しては税糧納入義務となる)を通じて、彼らを掌握しようとしていた。そして、その税糧徴収権を、明清時代を通じ、同族組織全体として世襲的に継承していた。このような同族組織による税糧徴収権の世襲は、明清時代の社会的性格を規定するうえで、どのように考えるべきであろうか。同時に、それはいわゆる〈郷紳支配〉といかなる関係(筆者は、緊張・対抗の関係を想定している)をもつであろうか。今後の課題としたい。

(22) ところで、現実の土地所有者にとって、その土地所有権を日常的に承認・保証している主体はだれであろうか。第一章第二節の(7)で述べたように、また本章第一節の史料二―1に窺われるように、官は冊籍上の税糧負担者たる納糧戸そのものを、必ずしも現実の土地所有者とはみなしていない。そして、納糧戸の下に現実の土地所有者が位置していることを知っているし、また認めてもいる。したがって、王朝から納糧戸=同族組織への土地所有権の付与・保証、そして、同族組織から族人への土地所有権の付与・保証、という二重構造であるわけでは必ずしもない。しかし、〝戸名不変〟〝過戸推収せず〟という、官の媒介・保証を経ない土地所有権の移動が広範に行われている状況下では、現実の土地所有者にとって、その土地所有権を日常的かつ直接的に承認・保証するものは、官という公権力ではなく、同族組織ないしはその連合体ではなかろうか。官(王朝)、同族組織、人民のあいだのこのような関係は、如何なるものとして規定されるべきであろうか。今後の課題としたい。

表二―3　香山小欖何氏賦役黄冊関連記事一覧

	黄冊編造年	西暦	里長充当者（生没年）	史料等
a	洪武14年	1381	六世　漢溟（1358–1412）	洪武十四年初造黄冊、公承戸充大欖都第一圖里長。
b	宣徳7年 正統7年	1432 1442	七世　沢深、字元深（1380–1449）	宣徳七年造冊、公承戸。cの史料、参照。
c	景泰3年 天順6年	1452 1462	八世　洪泉（1417–1469）	景泰三年壬申造冊、公承伯元深戸籍、及天順六年壬午二次造冊、公倶承戸。
d	成化8年 成化18年	1472 1482	八世　洪演、又諱演（1423–1509）	成化八年及成化一八年二次造冊、倶公承戸。
e	弘治5年	1492	九世　与珗（1447–1469）	宏（弘）治五年承叔何演戸籍。
f	弘治15年	1502	九世　与璋（1456–1524）	宏（弘）治十年*造冊、公承戸不競。
g	正徳7年	1512	十世　万唐、原諱宗唐（1473–1548）	hの史料、参照。
h	嘉靖1年	1522	十世　万隆（1458–1540）	嘉靖元年造冊、承兄宗唐戸籍。

出所　『（香山小欖）何氏九郎族譜』巻一。
＊　fは弘治十年となっているが、この年に黄冊編造は行われていない。弘治十五年（1502）の誤りと思われる。

付　明初における軍戸籍の承継について

旧稿［片山　一九八二］の第三節は、「明初の里甲制について」と題し、民国一四年刊『（香山小欖）何氏九郎族譜』を利用して、明初において里長戸が同族内で承継されていくことを小欖何氏に即して跡づけた。しかしその後、劉志偉氏から、何姓は軍戸であること、軍戸は「分戸」するのが禁じられていたので、族内で戸籍が承継されていったのは当然であること、等の指摘を受けた［劉　一九九七、頁二四九］。筆者の浅学非才に対する劉氏の批正に謝意を表するとともに、旧稿が軍戸籍を対象とするものであった旨を表明しておきたい(38)。そこで本章では、

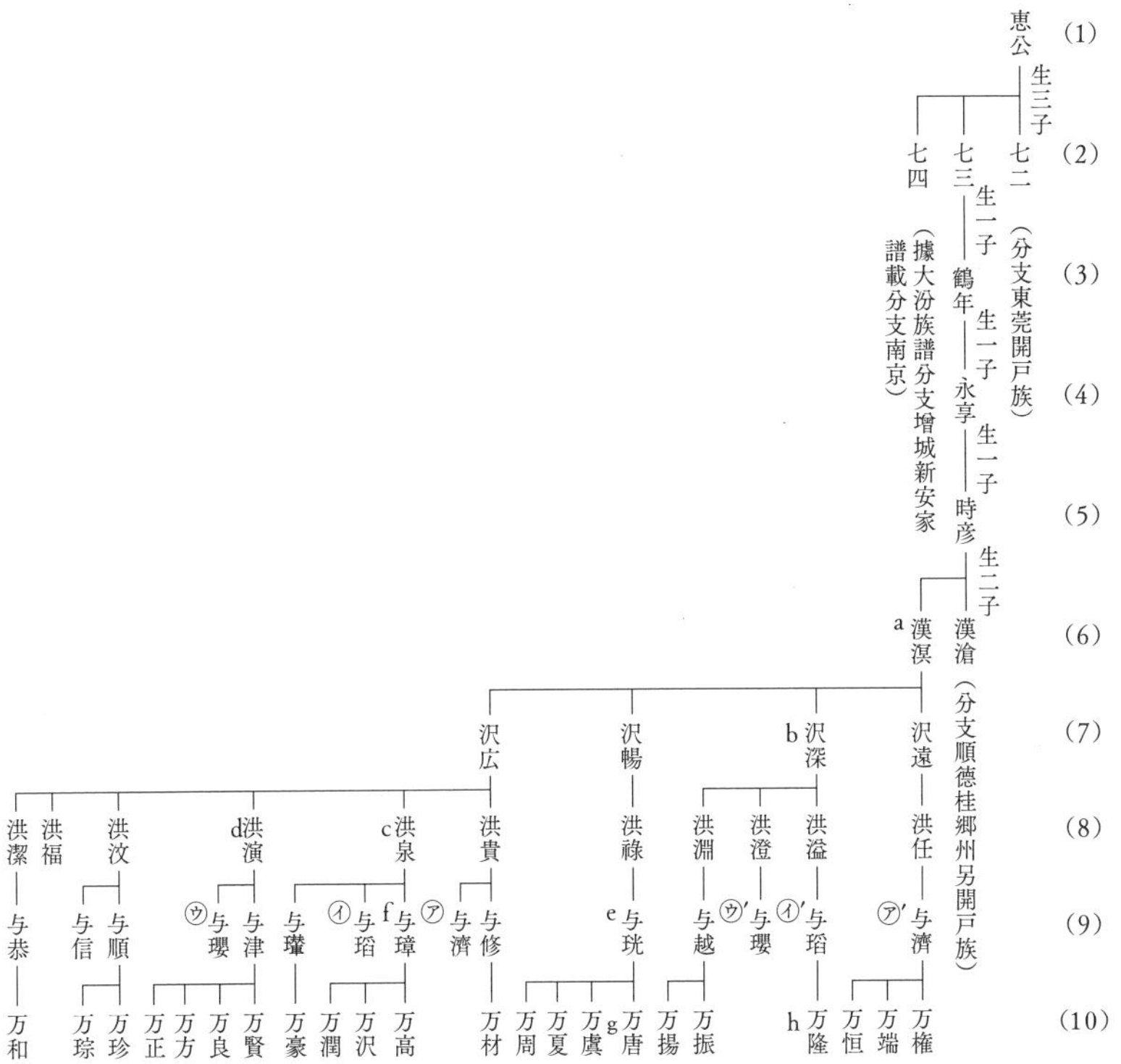

図二―2　香山小欖何氏家系図

出所　『（香山小欖）何氏九郎族譜』巻一。

註　(1)、(2) 等は世代数を示す。a、b等は「承戸」した者を示す。㋐㋐′等は養子の出継と入継を示す。

旧稿第三節の一部を、軍戸籍の事例として付載する。軍戸とはいえ、明初における族内での戸籍承継の事例として意味があると考えるからである。以下、上記の何氏族譜を用いて検討を行う。

族譜によれば、何氏は南宋の徳祐元年（一二七五）に、始遷祖の恵公（九郎）が香山県小欖に移住してきたと設定されている。そして、第六世祖の漢溟の時に、洪武一四年（一三八一）の里甲制施行を迎えた。

族譜の巻一に記載されて

いる各祖の伝記のなかには、洪武一四年から嘉靖元年（一五二二）まで、途中が欠落している場合もあるが、賦役黄冊編造に関連する記述がある。[39] 表二―3に整理したものが、それである。表二―3と図二―2に示した家系図とを用いて、以下、検討を進めていく。

まず、aの場合にかぎれば、里甲制施行に際し、第六世の漢溟は大欖都第一団の里長に充当されている。したがって、「公は戸を承《う》く」の「戸」とは里長戸と考えられる。

つぎに、aからhまで、一度の黄冊編造に際し、「承戸」＝「承戸籍」する者は、何氏の同族内でそれぞれただ一人である。そして、たとえばcの場合、「公は伯《おじ》の元深（＝第七世沢深）の戸籍を承く」とあり、第七世沢深（字は元深）から第八世洪泉へ、すなわち伯父から姪《おい》へ、「戸籍」が引き継がれている。[40] これは、dからeへ、gからhへの場合もほぼ同様に同族内で引き継がれている。以上の二点より、bからhまでの「戸」＝「戸籍」とは、生活単位としての個別家族を意味するものではない。引き継ぎ方の範囲の広さから考えて、何氏一族全体を包括し、それを意味するものと考えられる。制度的には、第六世漢溟が里長戸を承けたことから考えて、bからhの「戸」＝「戸籍」も里長戸と思われる。そして、「承戸」した人物が、その時に里長に充当された者であろう。

歴史的にみれば、洪武一四年の第一回黄冊編造に際し、第六世漢溟が「承戸」した時には、その「戸」＝「戸籍」が包括する社会的範囲は、漢溟夫婦を中心とする個別家族であった（図二―2、参照）。しかし、時代が下るにつれ、一つの「戸」＝「戸籍」が包括する範囲は個別家族を越えて、そこから派生する同族全体に及んだ。換言すれば、同族内の個別家族数がいかに増加しようとも、これら多数の家族が一つの「戸」＝「戸籍」で包括されていたことがわかる。

註

1 本章においても、第一章と同様に、いわゆる里甲制と区別し、広東省において特殊に存続したものを指して、以下、図甲制と呼ぶことにする。

2 総戸はいわゆる里長戸に比定できる。子戸はいわゆる甲首戸に比定できるが、不明な点が多い。爪は総戸がいくつかに分かれたものであるが、これについても不明な点が多い。詳しくは第一章、参照。なお、納糧戸については、第一章で、「官の冊籍上（そして、図甲表上）に税糧負担者として記載され、現実の個別土地所有者と官とのあいだに立って、税糧の徴収・納入を担当する主体としての戸、またはその名目化したもの」と概念規定した。

3 徐賡陛の文集『不慊齋漫存』は、『近代中國史料叢刊』では書名として『不自慊齋漫存』が採られているが、巻一の冒頭における書名『不慊齋漫存』に従っておく。史料二―1とほぼ同じ内容を述べているものに、『譚文勤公（鍾麟）奏稿』巻一七の「遵旨覆陳戸部籌款各條摺」、および『廣東財政説明書』（宣統元年刊）巻二田賦上、頁二四の「曰糧戸無稽之弊也」等がある。なお後者には、史料二―1―B―dの内容をさらに詳細に述べている箇所があるので、つぎに掲げておく。「並有甲將田售乙、交易時訂明田價稍高、此後田歸乙有、糧歸甲完。在斯時、甲不過爲愛惜體面、希圖價高起見。迨歴年既久、甲或無力完納、或甲遠徙無人。乙既未承糧、亦不過問、而糧遂歸無着。故多有逃亡・絶戸缺額之糧」。

4 「飛灑」については、さしあたり、『土地用語辭典』の「飛灑詭寄《ひさいきき》」の項目における次の解説を参照されたい。「自己の田地の租税を少なくして他人の租税中に加入せしめるを飛灑と謂ひ、又自己の租税を詭って他人の租税中に加へるを詭寄と謂ふ。卽ち自己の租税の一部を他人に転嫁せしめることである」（滿洲帝國協和會地籍整理局分會　一九三九、頁五五八）。

5 Aの部分で、他省においては「図に分け甲を設け」ること、すなわち図甲制によって、過戸推収が比較的うまくいっている、と述べているが、この言の真偽については、ここでは立ち入らないことにする。

6　後述するように、史料二―1に登場する「戸」は、筆者が納糧戸として概念規定したものの範疇に入る。

7　広東省の珠江デルタ以外の地域における納糧戸の具体的様相等については、別途に考察する必要があろう。註37、参照。

8　註3の事例がこれである。なお、清水泰次氏が福建省と広西省の事例を紹介している［清水　一九五四、頁一一～一二］。

9　同治『南海縣志』巻六経政略、図甲表補序に「買田無戸可帰」（田を購入しても、「その税糧を」くり入れることができる戸を有していない）とあり、納糧戸（戸籍）を有していない者が存在する。なお、この史料については、第三章以下でとりあげる。

10　西村元照氏が福建省漳州府の事例（西村氏は、これを「郷紳」による「供丁子戸型」の包攬としている）を紹介している［西村　一九七六、頁一三四～一三五］。

11　「原冊」とは、いわゆる「老冊」（明代万暦年間に行われた全国的土地丈量の際に作成された冊籍）を指すと思われる。康熙年間の順徳県で、万暦清丈による魚鱗帰号冊が用いられていたことについては、西川喜久子氏が紹介している［西川　二〇一〇、頁一三〇の註69］。

12　同時に、珠江デルタの場合と同じく、現実の土地所有者が祖先に関連して設置された戸（「老戸」）の下に、丁（「某丁」）として位置していることもわかる。第一章第五節、参照。なお松田吉郎氏も、広東省の「老戸」の問題にふれている［松田　一九八一、頁七二～七四］。ただし、これをいわゆる「郷紳支配」との関連でとらえており、筆者とは問題関心を異にしている。「むすびにかえて」の（21）、参照。

13　史料二―1―Dの原史料「圖差所知的丁」の「的丁」も、現実の土地所有者を指す。

14　「税糧額どおりに田地を使用・収益（「管業」）」させる方針（史料二―2）、すなわち、個別の田地所有者が、老戸とは別に独立した戸を立て、税糧負担の責任を官に対して直接に明示すれば、その戸に登録された田地を使用・収益する権利（「管業」）を官が直接に保証する方針も、その方針を掲げることによって、逆に個々の田地所有者に自ら立戸させる、ないしは、「老戸」下に註記させる効果を狙ったもの、とも考えられる。

15　陳翰笙（主編）の『廣東農村生産關係與生産力』は、同族内の「理事」が、族田（「太公田」）の税糧納入のみならず、族人が私有する田地の税糧納入も行っていたこと、ある意味で政府の「收税吏」であったことを指摘している［陳　一九三四、頁一九］。なお同族内の役職のうち、「理事、値理、理數」の選出方法について、①族中の五〇歳以上、あるいは六〇歳以上の耆老によって推挙された者、②同族を構成する複数の房のうち、輪番となる房から推挙された者、③同族の祭祀挙行の場で族人によって推挙された者、等の事例が紹介されている［陳　一九三四、頁一八］。

16　旧稿では、史料二―2の「或就其赴縣完糧時、問明辦糧之人的名、登於原冊老戸之下」の傍線部について、「辦糧の人の的名を問明し」と「辦糧の人に的名を問明し」の二通りの読み方を提示した。つまり、前者ならば「辦糧の人」自身の姓名を尋ねるという解釈であり、後者ならば「辦糧の人」に［老戸内の各田地所有者の］姓名を尋ねるという解釈である。そして、史料全体の文脈から、後者の可能性を述べた。そして、いずれの場合も「辦糧の人」を、「県衙に赴き、一つの「老戸」が包括している税糧を納入する人」（以下、「税糧を納入する人」と略す）と解釈した［片山　一九八二、頁八～九］。しかし直前に「就其赴縣完糧時」とあるので、「税糧を納入する人」を指すのならば、「其人」等と書けば済む。つまり、あえて「辦糧之人」と書いているのは、「税糧を納入する人」と区別するためであると推測できるから、この「辦糧之人」は、税糧の最終的負担者＝田地所有者と解釈したほうがよいと考えるに至った。またこの解釈ならば、文意にも沿う自然な解釈となる。以上の理由で、旧稿の解釈を変更したことを表明しておく。

　なお旧稿発表後に、松田吉郎氏が、楊文乾の上奏文（ただし、宣統『東莞縣志』巻三三、前事略五、所載）の同じ箇所について、「或は県に赴き納糧した時は「辦糧之人」（納税人）の的名を明確にし、原冊（原簿）に登記する」［松田　二〇〇二、頁五一］と解釈し、「辦糧之人」を「納税人」と訳している。しかし、この「納税人」は老戸全体の税糧を納入する人である（註15でいえば、族内の「理事」となる）ので、「納税人」の姓名を明確にすることは、この史料の文意に適合しないように思われる。

17　①③④は、田地の開墾・売買の際に〝過戸推収〟する場面で、田地所有者の姓名を戸名とする新たな戸を立てる（「立戸」する）話になっている。県署内で過戸推収を担当する部署は、「立戸」を担当する部署でもある（第七章、参照）ので、過戸推収時に「立戸」することは可能である。それに対して②は、税糧納入の場面での話である。県署で税糧納入を担当する部署（清末の南海県の場合は倉房。第三章、参照）は、過戸推収や立戸を担当する部署（清末の南海県の場合は冊房。第三章、参照）とは異なる。つまり、税糧納入の場では「立戸」手続きはできないので、「原冊」の老戸欄の下に田地所有者を登録するにとどまっているのであろう。なお、官の冊籍上における税糧負担が、戸（納糧戸）ではなく、丁（実際の土地所有者）に直接におかれていた可能性のある事例として、第一章の註54の「原税在本圖甲本戸丁敬承」、および第六章第四節の不動産5、「其税載在龍江二十二圖二甲蔡隆興戸丁燕楚内」がある。

18　民国『順徳縣志』巻五経政略一、図甲表附は、「花戸の姓名」＝現実の土地所有者の姓名を把握しようとした前例として、『皇朝文獻通考』田賦考の次の文を引いている。「順治八年、蘇松巡按秦世禎奏准、由單詳開總散數目・花戸的名、以便磨對」（順治八年（一六五一）に、蘇松巡按御史の秦世禎は、税糧の納税通知書に、田地所有者の姓名と［名寄せによって、その者があちこちに］分散的に所有している田地の一覧とを列挙するようにすれば、照合・点検に便利であることを上奏して許可された）。江南デルタ方面の蘇松巡按の上奏であるので、問題とされている地域に広東が含まれているか否か、という疑問もあるが、順治年間において、すでに官が現実の土地所有者の姓名を把握していなかった一例を示唆している。

19 史料二―1―E、参照。なお「紳耆」とは、「紳士・耆老」の意味であり、郷村の指導層を指して用いられることが多い。ただし、これを直ちにいわゆる「郷紳」と同じ性格をもつもの、と考えることは避けたい。

20 官は、「老戸」が現実の土地所有者から税糧を徴収できるか否かにかかわりなく、「老戸」から税糧を徴収する。したがって、「老戸」が官に対して税糧を納入できなくなった時に、はじめて官は納糧戸と現実の土地所有者とのあいだの乖離を問題にすると思われる。納糧戸が税糧を納入できなくなった時とは、本質的には、納糧戸が現実の土地所有者を把握できなくなった時である。史料二―1―G―cは、その一端を示している。詳しくは第三章以下で扱う。

21 欠糧の要因としては、族産等の管理責任者が不明確であることがあげられている。しかし本質的には、管理責任者や族産を租佃する者に対する同族組織の掌握力が弱化してきたことに関係するものと思われる。

22 乾隆二、三〇年代に、宗祠廃棄をはじめとする、公権力による宗族結合に対する大弾圧が行われた。これについては、牧野巽氏が言及している［牧野　一九四九、頁一七二～一七三の註2、牧野　一九八五、頁二七一の註3］。

23 第一章第一節の（5）、参照。

24 同治『南海縣志』および宣統『南海縣志』所載の図甲表では、平地堡第十三図第九甲の総戸名は「黄榮貴」となっている。族譜の「黄紫貴」が正しいと思われる。また、第五十一図另五甲の総戸名は「黎黄同」であるが、これは黎氏と黄氏の二つの同族によって共有されている総戸と考えられる。このように複数の同族によって一つの総戸が共有されている事例は、ほかにもある。なお另甲については、今のところよくわかっていない。

25　黄氏の場合、後に史料二―3でみるように、黄姓の子戸の中に、同姓異宗の黄氏の子戸が含まれている可能性はない。廖氏の場合も、あえて註記がないので、その可能性はないであろう。

26　この場合、直接に官へ納めるのか、あるいは属している甲の総戸へ納めるのか、明記されていないが、後者と考えられる。

27　黄晉彦戸所属の黄姓および黄橋爵戸所属の黄姓（以下、〈学正郷以外の黄姓〉と呼ぶ）が学正郷黄姓の〝一族〟であること、学正郷黄姓は総戸を有しているが、学正郷以外の黄姓は子戸しか有していないこと、この二点から、これら三つの黄姓の本拠は学正郷であること、学正郷以外の黄姓はどこかの時点で学正郷から麦辺郷へ、あるいは平地堡以外の某堡へ移住していったと推測される。

28　劉志偉氏の指摘［劉　一九九七、頁二六三］にもとづき、旧稿［片山　一九八二、頁一四］における本史料の解釈を変更した。

29　これは清末珠江デルタ農村における〝郷〟という概念が指す社会的範囲の重要性を示唆する。なぜなら、一個の郷の範囲内では、総戸―子戸の系統（実際には同族組織の族人に対する掌握力）を通じて、売買等による田地所有者＝税糧負担者の移動が把握され、そして新所有者からも税糧が確実に徴収されるが、逆に、一個の郷の範囲を超えると、田地所有者＝税糧負担者の把握や所有者からの税糧徴収が困難になることを示唆しているからである。

30　荘頭村・馮村の場合、史料二―4に、「その郷」（「其郷」）とあり、また税糧の徴収場所が「郷祠」であること、そして馮姓が複数の総戸を有することから、一個の郷（荘頭村・馮村等から成る郷）をその範囲とし、少なくとも複数の馮姓の総戸（甲）を対象とする税糧の徴収が、一つの「郷祠」でまとめて行われていることが推測される。

31　総戸はいわゆる里長戸に比定できる。したがって、総戸がその図内、または甲内の税糧額を把握することは、それに課された役務の一つであった。しかしここでは、たんに把握しているだけでなく、官に対する過戸推収を、同族組織が特権的に行っていたことが重要である。ただし、族人から同族組織（「糧務の値理」）に報告があったとしても、「糧務の値理」が必ず官に赴いて過戸推収するとはかぎらないであろう。なお郷や同族にも「糧冊」がある（第一章の史料一―1―⑫、参照）から、「糧務の値理」は官へは報告しなくとも、この「糧冊」における過戸推収は行ったであろう。

32 第一節の史料二―1―E、参照。なお、族内における耆老と「理事」「値理」との関係については註15、参照。

33 「むすびにかえて」の(22)、参照。

34 この概念モデルが通用する範囲の単位としては、さしあたり、一個の図内、および一個の郷内が考えられる。なお、いわゆる「白契」が通用する範囲の単位を考えることも重要であろう。

35 民国『順徳縣志』が図甲表を掲載し、かつ、現実の土地所有者をも把握せんと志向しているのとは対照的に、咸豊『順徳縣志』（巻三輿地略、図、一三b）が、「戸名一定、而爪聴自分。吏《(ママ)》籍足稽、不冗載也」（〔総〕戸名は一定不変であるので、〔総戸のなかを、民間の便宜で〕複数の爪に分けるのに任せている。胥吏は〔戸名不変の総戸を〕通じて〔爪、甲、図の各レベルの税糧額を〕把握することができるので、〔図ごとの税糧額を〕ここに一々掲載しない）と述べ、戸名不変の戸（＝総戸）が有する把握力を信頼しているのは、この点を如実に物語っている。なお、第一章第二節の(11)も参照。

36 図は一〇甲から成り、另甲を除けば、原則として、一個の図には一〇戸の総戸がある。したがって、図が増設されないかぎり、原則として総戸は増えない。仏山堡の八図は、いずれも明初に設けられたもので、その後に図の増設はない。したがって、另甲による総戸の増加以外には、総戸の増加はなかった。そして、〝戸名不変〟の現象から考えると、仏山堡の場合、明代の図甲設置の際に総戸となった同族のほとんどが、清末までその総戸を掌握していたものと考えられる。なお、第一章第三節、参照。

37 珠江デルタ以外にも、安徽省徽州府を始めとして、明代後期以降における「戸」が複数の世帯から成る場合があることが判明してきている［鈴木　一九八九、鈴木　二〇〇五、田仲　二〇〇五、等］。

38　なお劉志偉氏は、一般民戸における明初から明中期にかけての戸の承継事例として。順徳県の李姓について考察している［劉　一九九七、頁二四九～二五二］。

39　第一〇世万隆より後には、黄冊編造に関する記事はない。なお、賦役黄冊編造年次については、鶴見尚弘氏の指摘を参照［鶴見　一九七一、頁七八の註5］。

40　なお、図二―2に示したごとく、洪泉が沢深の養子になった事実はない。つまり、沢深と洪泉とは、それぞれが一つの生活単位としての個別家族を成していた、といえよう。

参考文献

天野元之助　一九四二a『支那農業経済論』（上巻）改造社、昭和一七年再版、のちに『中国農業経済論』（第一巻）と改題して、龍溪書舎一九七八年改訂復刻版

天野元之助　一九四二b『支那農業経済論』（中巻）改造社、昭和一七年、のちに『中国農業経済論』（第二巻）と改題して、龍溪書舎一九七八年改訂復刻版

片山剛　一九八二「清代広東省珠江デルタの図甲制について―税糧・戸籍・同族」。『東洋学報』第六三巻第三・四合併号

清水泰次　一九五四「明代福建の農家経済―特に一田三主の慣行について」。『史学雑誌』第六三編第七号

鈴木博之　一九八九「明代徽州府の族産と戸名」。『東洋学報』第七一巻第一・二合併号

鈴木博之　二〇〇五「明代徽州府の戸と里甲制」。井上徹・遠藤隆俊　編『宋―明宗族の研究』汲古書院

田仲一成　二〇〇五「明代徽州宗族の社祭組織と里甲制」。井上徹・遠藤隆俊　編『宋―明宗族の研究』汲古書院

陳翰笙　主編　一九三四『廣東農村生産關係與生產力』上海、中山文化教育館

鶴見尚弘　一九七一「明代における郷村支配」。岩見宏等　編『岩波講座　世界歴史』第一二巻、岩波書店
西川喜久子　二〇一〇『珠江デルタの地域社会—清代を中心として』私家版
西村元照　一九七六「清初の包攬—私徴體制の確立、解禁から請負徴税制へ」。『東洋史研究』第三五巻第三号
牧野巽　一九四九「広東の合族祠と合族譜」。東京大学東洋史學會　編『オリエンタリカ』第二号。のちに、「広東の合族祠と合族譜（一）」と改題され、牧野　一九八五、転載
牧野巽　一九八五『牧野巽著作集　第六巻　中国社会史の諸問題』御茶ノ水書房
松田吉郎　一九八一「明末清初広東珠江デルタの沙田開発と郷紳支配の形成過程」。『社会経済史学』第四六巻第六号。のちに、松田　二〇〇二、第一章、転載
松田吉郎　二〇〇二『明清時代華南地域史研究』汲古書院
滿洲帝國協和會地籍整理局分會　編　一九三九『土地用語辭典—日本・中國・朝鮮』一九三九年第一刷、一九八一年巌南堂書店第二刷
劉志偉　一九九七『在国家与社会之間—明清広東里甲賦役制度研究』広州、中山大学出版社
Chen, Han-Seng（陳翰笙）, 1936, *Landlord and Peasant in China: A Study of the Agrarian Crisis in South China*, New York, International Publishers.

史料

史料二—1　徐賡陛「覆本府條陳積弊」（徐賡陛『不慊齋漫存』巻五陸豊書牘、所収。なお本章では、『近代中國史料叢刊』第七八輯、七七三—三、所収、を用いている）

A　（前略）催科之政、古無良法。然在他省、則分圖設甲、平日過戸推收、尚不難於清理。

B a　而粤則戸立一名、歴數百年而不易。

b　一姓之内、互相買賣、則従不過割。

c　即田入異姓、而買主既不願立戸、賣主亦不願割戸、輒以甲私收乙田之糧、代爲繳納。

d　又有貪增田價、田賣而糧不賣者。

e　又有兩姓互有買賣、各不割戸、屆納糧之期、則互相抵除、而找清尾數者。

f　又有祭産・嘗租・儒租・學租等項名目、分穀則擧族齊來、納糧則互相諉卸者。

また〔同族には〕、祭産、嘗租、儒租、学租等の名目〔の共有地〕があり、〔その小作料が入り、〕穀物を分配する時には族人がこぞって集まり〔配分をもらおうとし〕ますが、税糧納入の時には、〔共有地についての〕納入の責任を互いに押しつけて逃れる、という事例も存在します。〔このため、同族の共有地の税糧が納入されない結果となっています。〕

註　「祭産、嘗租、儒租、学租」については、さしあたり、『土地用語辭典』の「祭田」の項目における解説のうち、「(2)の其の二」の次の箇所を参照されたい。「同姓の祭祀の爲に置き同時に相互扶助の役目を兼ねたもので祭田よりの收入は祭祀の外に子弟求學の資、凶飢の賑恤、孤寡の扶助等に用ひたものである。」(滿洲帝國協和會地籍整理局分會　一九三九、頁二四二)。

C　當雍正之初、前巡撫楊中丞文乾疏中、已極言其弊。迄今按之、弊有增而無減、法愈用而愈窮。夫以楊中丞之勵精圖治一代名臣、憲皇帝之燭照無遺聖謨廣運、而又君臣一德、世際隆平。考其所陳、亦不過曰、「責令改用的、名。逐村清理、遇有隱匿・違抗、查出充公」而已。然至今而踵弊如故、可知當日亦並無成效也。

D　夫民間田畝、典贖・買賣、月異而歳不同、圖差所知的丁、要僅得其大概。其中逃亡・故絶、無可根尋者、正復不少。

E　惟、紳耆自行查開、其弊難欺、其法甚捷。特恐、紳耆體國念少、肥己念多。即使自開其糧、恐已難免隱匿。況復事非切己得、無有不肯任怨、因而含糊者乎。受賄營私、因而飛洒者乎。如果發覺到官、固不難加以懲創。但恐、互相朦蔽、居官者未必能察焉。

F　明江陵相國(張居正)、志切救時、其經國大謨、首擧清丈之法。蓋必就田問賦、而後欺詐乃窮。然今日公家困於財、民情積於玩、其勢亦萬不能辦也。

G a 封祠・押割之習、實傷政體。然弊政之興、蓋亦有其故矣。

b 粤東祖祠祭産、其爲田必數十頃、其爲糧必數十石。當其收租之日、人人皆其子孫。及其完賦之時、人人皆可推諉。卽有管理公嘗之人、類皆一年一更、又必多方躲避、期改歳而別責他人。若姑置之、而糧額實占其邑之半。若追征之、而逃匿又無可捉摸。於是力竭計窮、始有封祠堂、鎖神主之事。蓋、至辱其祖先、然後讀書明禮者、方覺心有不安、乃糾集合族之人、查追納賦。此封祠之所由昉也。

広東省の〔各同族の〕祠堂が有する祭田は、その面積は必ず数十頃に及び、その税糧額もきまって数十石に及ぶほど〔広大〕です。祭田の「租」(小作料)を徴収する日に、〔徴収のために集まる〕人々はみなその子孫です。しかし税糧を納入する時には、〔租の徴収に集まった子孫たちは〕みな責任逃れをし〔て納入しません〕。たとえ族産の管理者がいても、〔管理者は〕だいたい年ごとに交替するので、税糧納入の時には、いろいろと口実を設けて逃れ、翌年の管理者に責任を押しつけようとします。もしこれを放置しておくと、税糧の滞納額はその県の半分を占めることになってしまうでしょう。もし追徴しても、〔管理者は〕逃げ隠れるので、捕まえるのは無理でしょう。とうとう力尽き計窮まり、そこで始めて祠堂を封鎖し、〔祖先の〕位牌を鎖でつなぐ挙にでたのです。なぜなら、祖先〔の位牌〕が辱められる事態に至って、「学問をして礼に明るい者〔「讀書明禮者」〕がやっと不安を覚え、族人一同を集めて調査し、管理者を追求して納糧させるからです。これが「封祠」が始まった理由です。

註 『廣東農村生産關係與生産力』は、広東省では、族田や祭田を指して、俗に「太公田」「蒸嘗田」と呼んでいること、珠江デルタ各県における耕地に占める太公田の比率が五〇%、広東全省におけるそれが三〇%であることを紹介している〔陳　一九三四、頁一三、一七〕。なお、広東省の族田に関する古典的参考文献として、『廣東農村生産關係與生産力』の「一　耕地所有與耕地使用」の「(二)　集團地主底地位」〔陳　一九三四、頁一二~一九〕があり、また中国全土の族田に関する古典的参考文献として、天野元之助『支那農業経済論』（上巻）第一章第二節「族田」［天野　一九四二a、頁二四～六五］がある。

c　又老戸之下、子孫散分其田、並未推收過割、開明某丁應納若干。一經官催、其中貧富不齊、必累富者、代完貧者之錢、勢也。迨官課已完、向其收償、貧者又必多方延欠者、亦情也。富者訴官伸究、官念其急公而爲之拘追。拘追押繳、仍不能完、於是有査其田畝、派差押割田禾之事。此、押割之所由昉也。

H　a　今欲破其積習、必先示以良圖。使我意美法良、則有司亦有天良、豈肯踵行故習。

b　愚以爲、祭産之田、必須示以限制。限制之法、必令一祠之産、止許存百畝爲祭費。餘則各按支派、悉數均分。宗祠之田、必令預報田畝所在・坵段分明。若敢欠糧、而積至三年、則將田入官、永遠不准另置。

私の考えでは、祭田については面積の限度額を設けるべきです。祠堂一座ごとに、祭田は百畝までを祭祀費用として許可します。〔祭田が百畝以上ある場合、そのうちの百畝を祭田とし、〕残った田地は、同族の支派の数に応じて均等に配分し〔て、祭田ではなくしてしまい〕ます。祠堂の祭田は、必ずあらかじめ田地の所在や筆数を報告させておきます。もし故意に欠糧し、しかもそれが三年続いたら、その祭田を没収して官産とし、永久にその祠堂に祭田を置くことを禁止します。

c　而民間所謂老戸者、必令州縣復過割推收之法、各執花戸的名。買田而不過割者、査出入官、賣田而不推收者、査出枷杖。

d　然亦非一文告所能改革也。尤必奏明定例、徧行曉諭、一面督率州縣、磬二三年之精力、實在奉行、務使詭寄習除、推諉弊絶。稍有違抗、即量加清丈、以澄其源。而懲創之法、尤必加嚴。然後糧額清而積弊絶矣。

しかし、たった一枚の通告で改革できるわけでもありません。必ず〔皇帝に〕上奏して規定を制定していただき、それを広く知らしめ、もう一方で知州・知県を督励して、二、三年間は、「詭寄」の悪習を除き、責任逃れ（「推諉」）の弊を根絶するように努力させます。〔しかし〕少しでも違反や反抗があれば、清丈を行い、田地の税畝額とその負担者を明確にします。そして懲罰は必ず厳しく行うことにします。こうすれば税糧負担の所在が明確になり、積弊もなくなるでしょう。

史料二―2　『雍正硃批諭旨』第二函第一冊楊文乾（文海出版社版、第一冊、頁三七六～三七七）

雍正四年（一七二六）十一月二十四日、廣東巡撫臣楊文乾謹奏、爲老戸改立的名行之有效事。竊照、粤東民間納糧、俱用老戸一事、臣已於上年十二月内奏明在案。今據各屬申報、或因墾買過割之際、就其本名註入冊内、或就其赴縣完糧時、問明辦糧之人的名、登於原冊老戸之下。在百姓初時不知原委、及改註數戸之後、深知分立的名、則己身完賦之後、他人未完者不致干連催擾、而就糧管業、界址分明、不致有詭寄・飛灑諸弊。咸稱盡善盡美、萬世無弊之良法、倶爭先開報、約一、二年後通省各屬可以改註全完矣。（後略）

史料二―3　宣統三年（一九一一）刊『南海學正黄氏家譜』卷一二雜録譜、郷規

a　右表間有異姓之人、皆是我郷子戸。蓋初附於總戸而日久亡失者也。

b　此外、又有黄橋爵一戸不入五圖之内、黄晉彦一戸附於十三圖二甲麥應奎總戸内〈麥邊郷人〉。此二戸糧務、皆由本人自納、不入我族總戸内。礙難列表、故附錄於此。

史料二―4　宣統『南海縣志』卷四輿地略三、風俗

莊頭・馮村有錢糧會。每年上・下忙、在郷祠開收。期以三日末日見燭爲限、過此加一懲罰。有抗糧者、責其親屬、不少假借。故其郷三百年來、無抗糧之民、無積欠之戸、不見追呼之役、不待蠲免之恩。立一法、而上下均蒙其益。推而行之、可也。聞、此法爲馮潛齋先生所定宗規云。

史料二―5　民国一三年（一九二四）刊『南海煙橋何氏家譜』卷末、惇叙堂家規、第八条

向例、各房子孫自置產業、均有注册費、送出以助蒸嘗。買受者、照業價、每兩徵銀二分。典受者一分。儻抗例不交、糧務値理不代割税。或兩造有爭議、紳耆不爲處斷。切勿吝嗇小費、致胎後悔。

第三章　清末、図甲制の諸矛盾とその改革（南海県仏山堡）

はじめに

珠江デルタでは、南海・順徳両県を中心に、清末・民国期に至るまで、図甲（里甲）制が存続していた。図甲制の制度的内容と、制度としての図甲制を清末・民国期まで存続せしめた社会構造とについて、清代を中心に検討したのが本書第二章である。そして、珠江デルタの図甲制は、同族組織による族人支配を基盤として維持されてきたことを明らかにした。しかし管見した文献史料によれば、遅くとも清中葉以降、図甲制はその存在基盤を脅かされるに至る。本章では、南海県仏山《ふつざん》堡《ほ》を中心に、図甲制をめぐる諸矛盾のうち主として、官と図甲とのあいだ、具体的には胥吏・図差（註15、参照）と総戸を管理・掌握する同族組織とのあいだに生じている問題について、図甲の立場から叙述された史料を用いて検討する。なお仏山堡は、広州を除き、清代の珠江デルタにおいて最も〈都市〉的要素をもっていたといわれる。それは製鉄・陶磁器生産などの手工業が発達し、外部から多数の労働者が来住していたこと、また、外部から多数の商人が移住していたこと、すなわち多くの客籍定住人口が存在していたことに象徴されている［羅　一九九四、斯波　二〇〇二、等］。

第一節　乾隆四年

南海県の仏山堡に図甲が設けられたのは、明の洪武年間といわれている。ただし仏山堡の図甲制をめぐる問題について、史料から具体的に跡づけることができるのは、清の乾隆年間以降である。以下、順にみていこう。

仏山堡には、「八図祖祠《はちずそし》」、あるいは「賛翼堂《さんよくどう》」とも呼ばれる堡全体の祠堂がある。この祠堂が建てられた由来について、次の二つの史料を読もう。

史料三―1　道光『（南海縣）佛山忠義郷志』巻七郷防、図甲、五b～六a

賛翼堂。乾隆己未年（四年。一七三九）、八図の里民*たちは、霊応祠の前面の東南に、〔この仏山堡に〕図甲を設けて戸籍を得た先人たちを祀るために祠堂（賛翼堂＝八図祖祠）を建てた。毎年　月　日に「衆」を集め、期限どおりに税糧を完納することを互いに督励する。里長*〔の職〕は毎年各図において甲ごとに輪番で回して当たる。そのため本郷（仏山堡）で「税糧を滞納する者」（「逋糧者」）は非常に少ないのである。知県の魏綰がその「記」（賛翼堂記）を作っている。

＊　史料原文の「八甲」は誤植で「八圖」が正しく、「甲長」も誤植で「里長」が正しいので、この理解で和訳している（引用者）。

ここに登場する、乾隆年間の南海県知県魏綰が記した「贊翼堂記」は、民国『佛山忠義鄕志』に掲載されている。

史料三―2　民国『（南海縣）佛山忠義鄕志』巻九氏族志、祠堂、八図祖祠、八a

八図祖祠〈祖廟舗営前街に在る。乾隆己未（四年。一七三九）に建てられた。横額《よこがく》には「贊翼堂」と書かれている。知県の魏綰が執筆した「贊翼堂記」がある。光緒三年（一八七七）に重修した。

贊翼堂記

（前略）わが清朝が天下を統治して以来、人口は日ごとに増え、領域も日ごとに広くなっている。井田制*は実施することができないが、しかし近隣の戸で図を設け、戸籍を立てて[1]税糧を納入することは、井田制となんら違いはない。（中略）乾隆己未の年（四年。一七三九）に、八図*の里民は霊応祠の前面の東南側に、〔この仏山堡で〕図甲を設けて戸籍を得た先人たちを祀るために、それにふさわしい場所を選んで祠堂を建てた。春と秋の祭祀では先人たちを讃《たた》え、〔税糧の〕納入期限が来ると互いに登壇して納入を督励し、〔税糧が期限どおりに納入されるようになったので、〕官の勤務評価は順調に進み、民も〔胥吏や差役に未納分を〕督促・追求される心配がない（「民無追呼之擾」）。建物が落成すると、私に一文を執筆してくれとの依頼があった。私はそこに井田制に通じる精神[2]があり、国を豊かにし民を結びつける気風があり、先人の恩徳に感謝する意義があることを喜び、公務の余暇に文を作った。魏綰識《しる》す。〉

＊　史料原文の「共田制」は誤植で「井田制」が正しく、「八甲」も誤植で「八啚」が正しいので、この理解で和訳している（引用者）。

二つの史料から、次の点を推測できる。乾隆四年（一七三九）当時、仏山堡の八図では税糧の滞納（「逋糧」）があり（史料三―1）、そのために仏山堡の「里民」[3]は、官から厳しい追徴（「追呼」）を受けていたらしい（史料三―2）。このような状況下で八図の「里民」は、図甲を設けて戸籍を立て、税糧の上納をこの仏山の地で開始した祖先たちを祀るために、八図祖祠を建てた。[4]その意図は、これら祖先を祀ることにより、税糧の期限どおりの完納を、「里民」が「衆」の前で相互にはたらきかけることにあった。[5]そしてこれ以後、滞納は減少したようである。

また、「里長〔の職〕は毎年各図において甲ごとに輪番で回して当たる」（史料三―1）とある。乾隆四年当時に、一つの図において輪番の甲から選出された里長が、一図分税糧の官への納入を担っていたことがわかる。さらに、税糧滞納（「逋糧」）への対策、八図祖祠の建設、税糧完納の督励等を仏山堡の八図が一体となって行っていることにも注意したい。

第二節　乾隆四二年

乾隆四年の八図祖祠建設に関する史料では、図甲制をめぐる矛盾として、図甲内に税糧の滞納があったらしいことは推測できるが、その具体的内容については明瞭ではなかった。図甲制をめぐる矛盾について、より具体的な内容がわかるのは、乾隆四二年（一七七七）の次の史料である。当時の図甲制のあり方、そして矛盾の所在がよくわかる史料であるので、長文ではあるが全文を引用しよう。

史料三―3　民国『佛山忠義郷志』巻一七郷禁志、「佛山堡二十圖奉斷禁另戸《れいこ》・陋規碑」(6)、一三b～一六a

a　南海県の知県である常が、上申書を吟味した結果、請求してきた内容どおり、石に刻んで永遠に残すことを許可する件。受けとった仏山堡第二十図の殷丁、第一甲梁奏南、第二甲梁善万、第三甲霍昭憲、第四甲霍源、第五甲陳昭元、第六甲梁滔仲、第七甲盧添洲、第八甲岑大璘、第九甲梁沂長、第十甲梁位三らが、以前の〔請求内容とそれを許可した〕ことについて、次のように上申してきた。

b　「本図（第二十図）十甲の税糧は、これまで早期に完納しており、遅延したことはありません。しかし、本図の図末に「不法に戸を設け」（「詭寄《きき》」）ている林琳らが納入を遅延し、滞納となったため、〔林琳とは本来無関係である本図の正図正甲が、胥吏・差役から〕督促を受けることになりました。また、実徴冊を点検するために、〔県署の冊房に赴くと〕冊房〔の胥吏〕が隠して閲覧させてくれませんでした。さらに、図差は〔林琳らの滞納に〕かこつけて私たちを巻き添えにし、しきりに責任を追及いたしました。

c　実徴冊の点検については、〔以前に〕上申したところ、幸いにも知県閣下が同情してくださり、冊房の胥吏に対して、『図末に詭寄している梁仲科戸は、〔図末から抜き出し〕、仏山堡の本図（第二十図）第二甲の梁承相戸に戻すこと。林琳・唐徳興・鄧晉陽・邵登の四戸は、〔第二十図の図末から抜き出し〕客籍の城西一図に移すこと。逃亡した何大嵛ら〔が残した税糧負担の処理方法〕については、〔第二十図の〕十甲が協同負担する一つの柱を立て、〔その柱を〕実徴冊内に編入したうえで、〔第二十図に〕納入させよ』等の命令を出していただきました。また〔図差宛の〕「票」を頂戴したところ、『糧差の区進は、另戸の税糧は各另戸に責任を負わせて納入させ、〔另戸の滞納分を他の正図正甲の戸に責任を負わせてはならない〕』と命令してくださり、どちらの命令も記録済みとなっております。

d　詭寄については〔以上のように〕とり除いていただきましたので、〔今回は〕「法外な金銭的要求」（「陋規」）についてもやはりご免除いただけるようにお願い申し上げます。〔私たちが〕調べましたところ、豊岡・沙凡・沙頭・泌冲・駱村・大欖・山南・魁岡・塩歩・大江等の堡が、前任の知県の方々にお願い申し上げたところ、陋規を減免・禁止する次の内容の「示」を頂戴しております。すなわち、『〔里民に〕税糧を納入させるに当たり、〔糧房の胥吏が〕発給する「油単」（税糧の納入通知書）一枚の発給料は、銅銭三文のみとする。〔里民が県署の冊房に赴いて〕実徴冊を抄写する時に、〔冊房の胥吏が〕要求する抄写費は戸ごとに銅銭三文とする。担当する図から図差が毎年もらう手当（「飯食」）は銀一両のみとする。いずれも規定額以上に要求してはならない』という内容であり、また〔この内容を〕石に刻んで永久に禁止することも〔許可され、〕記録済みになっております。ここに、私たち仏山堡第二十図は次の規定をみずから制定したいと存じます。すなわち、『毎年の税糧は二回の納期に分けて完納する。四月上旬に半分を完納し、七月中旬に全納する。〔図差や胥吏は〕「差催」（図差による督促）や「聴較」（納入期限を過ぎた滞納に対する延滞金）を行わない』です。また、倉房・糧房・冊房に対し、『〔倉房の胥吏には〕税糧の領収額を領収簿（「卯簿」）に不正確に記入してはならない。〔糧房の胥吏には〕納税通知書（「油単」）の発給を出し渋ってはならない。〔冊房の胥吏には〕実徴冊を隠して閲覧を妨害してはならない、また不当な利益を得るために詭寄を受付けてはならない。〔里民たちが〕期限どおりに全額完納できるようにせよ』と命令してください。図ごと、納糧戸ごとに税糧が完納されれば、里民が巻き添えを食う心配はなくなりますし、お国にとっては税糧の早期完納の慶びがおとずれます。以下に精査していただく条款を列記して呈上いたしますので、ご高覧のうえ、石に刻んで永遠に残すことをご許可いただきたく、お願い申し上げます。まことに同仁の徳〔のおかげ〕をこうむること、知県閣下において尽きることなきをお祈り申し上げます」等の内容の上申書が、前任知県のもとに届き、受領した。

e　本県は即座に吟味し、石に刻んで順守させる旨の「示」を発給することを批准し、記録済みとした。そこでただちに「示」を発給するべく、この「示」を作成した。糧房・倉房・冊房の三房および図差に命令して、次のことを知悉させた。すなわち、「今後、当該図甲の里民梁滔仲らが税糧を納入するに当たり、当該の胥吏（糧房と倉房の胥吏）が納税通知書（「油」＝由単）と領収書（「串」＝串票）に記入して発給する時には、規定どおり、一枚ごとに銅銭三文を徴収するのみとする。実徴冊については、〔冊房の胥吏である〕総書が実徴冊を抄写する抄写費は戸ごとに銅銭三文を徴収するのみとし、〔各戸の税糧の〕増減には十分に注意して照合すること。実徴冊の写しは期日どおりに発給し、出し渋ったり、飛灑を行ったりしてはいけない。同じく図差も、手当（「飯食」）として銀一両を徴収するのみとし、それ以上を要求して騒ぎを起こしてはいけない。この「示」以降、なんじらは務めて法規に従うようにせよ。もし規定額以上を要求したり、故意に出し渋ったりした場合、それが発覚したり、当該図甲が告発したりしたら、きっと厳しく追求し、決してゆるがせにしない」と。〔一方、〕なんじら里民は、各甲が期限どおりに納入するように務め、違反しないようにせよ。もし納入が遅延するようなことがあれば、厳しく「比較」を行って〔延滞金を追徴する〕。またこの「示」が出たことを口実にして騒ぎを起こしてはならない。胥吏・図差も、里民も、それぞれ厳しく順守して違反するな。ここに通告する。

f

計開条款

一（第一条）詭寄の完全除去。今後は、〔冊房の胥吏が、実徴冊上の〕本図の末尾（第二十図の実徴冊における第十甲よりもあとの箇所）に另戸を設けるのを永遠に禁止する。「該甲値年の殷丁」は、本人が直接に冊房に赴き、〔第二十図の実徴冊の〕末尾に另戸が設けられていないかを徹底的に調べ、〔第二十図の実徴冊を〕抄写して十甲に伝えよ。もし最善を尽くして調査せず、〔另戸の存在をみのがした場合には、それによる損害は〕、「該甲値年の殷丁」の責任とする。もし匿名の保証書で另戸を詭寄した者をみつけた場合や、冊房の胥吏が色々と口実を設けて実徴冊を出し渋ったり、隠したりして〔殷丁に〕抄写させない場合には、十甲は連名で官に報告し〔另戸を設けた者や冊房の胥吏を〕追求してもらえ。

一（第二条）税糧の早期完納。毎年期限を決め、四月上旬に半分を完納し、七月中旬に前年度の実徴冊にもとづく税糧額を全納せよ。〔図差や胥吏は〕「票催」（図差に督促の「票」をもたせ、それによって出張費を要求する）や「聴較」（納入期限までに完納していないとして延滞金を徴収する）などをしてはならない。〔土地売買等によって〕過割が行われ（「開収」）、〔そのため本年度の税糧額が最終的に確定しておらず、〕最終確定額との差額分の精算が残っている（「未清零欠」）〔納糧戸の〕場合には、本年度の実徴冊が完成してから〔指定する期日までに〕完納せよ。期限どおりに完納せず、そのために発生する「聴較」による延滞金や図差の〔督促に要する出張〕費は、完納しなかった納糧戸が負担せよ。また当該納糧戸に対しては罰を与える。

一（第三条）油単の受領、冊籍の抄写。〔南海県の〕県署前にある碑文〔に記載されている規定〕に照らし、税糧を納入させる時の「油単」は一枚ごとに銅銭三文、実徴冊の抄写費は戸ごとに銅銭三文とし、これらは「該甲現年の殷丁」が納付せよ。もし〔冊房の胥吏が〕抄写費の少ないことを不満として実徴冊を出し渋ったり、〔糧房の胥吏が〕油単を隠したり、〔倉房の胥吏が〕税糧の領収簿に正確に領収額を記入しなかったり、偽った領収書を発行したり、欠糧が起きたと捏造し、差役に督促に赴かせて騒ぎを起こしたりすれば、十甲が連名で〔官に〕報告せよ。

一　（第四条）図差への手当（「飯食」）。〔南海県の〕県署前にある碑文〔に記載されている規定〕に照らし、各図の図差への毎年の手当は銀一両とする。これは「該甲現年の殷丁」が〔図差に〕納付せよ。もし〔図差が金額の〕少ないことを不満とし、口実を設けて金銭を要求したり、「頭限・二限」の期限〔を過ぎたこと〕を理由に出張して出張費を要求したり、また「簽」（逮捕状）をみせて高額の賄賂を要求したり、ご馳走でのもてなしや季節ごとの贈り物を要求したりしたら、十甲が連名で〔官に〕報告して追求してもらえ。

g　乾隆四十二年（一七七七）八月初一日、示を発給する。仏山堡第二十図の第一甲梁万履、第二甲梁相、第三甲霍日高、第四甲霍貴、第五甲陳進、第六甲梁永裔、第七甲盧承徳、第八甲岑永泰、第九甲梁修進、第十甲梁永標等は(7)〔この示を〕石に刻み、加えて値事の梁万邦ら(8)とともに石碑を立てよ。

h　調べたところ、乾隆四十三年（一七七八）に第百十六図の何厚貴ら(9)が、乾隆五十一年（一七八六）に第二十一図の区広徳ら(10)が、前後して本案を援用して上申したので許可し、「示」文の禁止内容を石に刻ませた。内容はほぼ同じなので、ここには収録しない。これは仏山堡全体の税糧納入に関わり、現在でも順守して変更はない。習《なら》わしとしてそのまま保存しておく。

1　殷丁について

史料三―3は、仏山堡第二十図の「殷丁」である梁奏南ら十名が、図甲制をめぐる弊害について、連名で南海県知県に提出した呈文に対し、知県常が裁可して与えた「示」文である。

南海県の殷丁について、比較的まとまった史料として、九江堡の殷丁に関するもの[11]があるので、その内容も参考にしながら、仏山堡の殷丁について史料三―3から窺えることを検討しよう。

①第二十図の殷丁は甲ごとに一名である（史料三―3―a。以下、参照箇所を指示する時に〈史料三―3〉の部分は適宜に略し、最後のアルファベットのみを示す）。②これら各甲の殷丁の姓名と、各甲の総戸名（gに第一甲～第十甲の総戸名が列挙されている）とを対照すると、殷丁の姓と総戸名の姓とは同一である。③第六甲の殷丁の名前は梁滔仲であるが、「当該図甲の里民梁滔仲ら」（e）とあり、また「なんじら里民は、各甲が期限どおりに納入するように務め」（e）ともある。殷丁は「里民」とも呼ばれていること、そして、各殷丁＝各里民は、各甲の税糧を徴収し、官へ納入する役割にあることがわかる[12]。

「里民」が総戸そのものを指す場合があることについては、第一章で述べた。したがって、以上の①～③と合わせて考えれば、仏山堡の殷丁は、総戸を有する同族内より充当された、総戸や甲の管理・運営に従事する具体的人格と考えられる[13]。そして、「計開条款」（f）の第一条に、「「該甲値年の殷丁」は、本人が直接に冊房に赴き、〔第二十図の実徴冊の〕末尾に另戸が設けられていないかを徹底的に調べ、〔第二十図の実徴冊を〕抄写して十甲に伝えよ」とあるから、「該甲値年の殷丁」が一図十甲の代表者である。つまり、十甲で計一〇名の殷丁のうち、輪番で「値年」＝「現年」となった甲の殷丁が里長になっていると考えられる[14]。

なお、「図ごと、納糧戸ごとに税糧が完納されれば、里民が巻き添えを食う心配はなくなります」（d）とある。史料三―3にかぎれば、里民＝殷丁は、官と現実の個別土地所有者とのあいだにあって、胥吏・図差のもたらす弊害を直接に受ける被害者ではあっても、受けた弊害を現実の個別土地所有者に転嫁させる加害者であることを窺わせる記述はない。註11で紹介した九江堡に比べると、同族組織の殿丁に対する規制力は強かったと思われる。

2　胥吏と差役の「陋規」

史料三―3において、仏山堡第二十図の殿丁が問題としている弊害は、另戸による「戸の不法設置」（「詭寄《きき》」）（次の3、参照）と、「胥・役」すなわち胥吏および差役（とりわけ図差）[15]による「陋規」[16]とである。そして按語（h）から、仏山堡の第二十一図と第百十六図においても、同様の弊害が問題となっていたことがわかる。另戸による詭寄の問題（b・c、ならびにfの計開条款第一条）は後述することにして、まず、県署の胥吏と図差による陋規の問題（d・e、ならびにfの計開条款第二・三・四条）から検討することにしよう。

この「示」が出される以前における、第二十図に対する胥吏と図差による弊害の状況は、次のようであった。図甲が税糧（「銀米」）を官に上納するに際し、糧房の胥吏はあらかじめ「油単」（税糧の納税通知書[17]）を渡す。豊岡等の一〇堡について、前の知県ら（「前各憲」）が定めた規定では、油単一枚を発行するごとに、胥吏はいわばその手数料として銅銭三文を徴収することが許されているだけであった。また、另戸の詭寄等が行われていないかどうかを調べるために、図甲が実徴冊を点検して抄写する際に、冊房の胥吏は手数料をとっていたが、これも豊岡堡等の規定では、総戸・子戸等の納糧戸（「戸」[18]）ごとに銅銭三文のみであった。図差が要求する手当（「飯食」）も、毎年各図より銀一両を徴収することが許されているのみであった。

ところが仏山堡では、胥吏は手数料三文では満足せず、多額の陋規を得られないと、dにあるように、油単を出し渋ったり（「揹」）、実徴冊を隠したり（「匿」）、あるいは税糧を領収しても帳簿に領収額どおりの金額を記入していなかったり（「舛漏卯簿」）していた。またｅにあるように、実徴冊を恣意的に操作することにより、飛灑（「飛洒」）も行っていた。

図差もまた、飯食銀一両では満足していなかった。まだ納糧期限が過ぎていないにもかかわらず、胥吏が「比較」[19]を行って欠糧と捏造すると、図差はこれに乗じて追徴を行っていた（ｄおよびｆの第二・三・四条）。あるいは頭限・二限[20]にかこつけて催促に行き、「差費」[21]等の額外の陋規を要求していた（第四条）。

このように胥吏・図差は、図甲の税糧納入行為に対する妨害、種々の名目にかこつけた額外の陋規の要求、飛灑や另戸の詭寄にみられる実徴冊の恣意的操作、等を行っていた。ただし、胥吏・図差による弊害を直接に受けていたのは、前述したように第二十図に属するすべての人々ではなく、「里民」＝殷丁であった。[22]

そこで第二十図の殷丁たちは、税糧完納の具体的期日・方法、および欠糧の場合の責任主体等を知県に明示し、それとひきかえに胥吏・図差の手数料の定額遵守、税糧徴収業務に関連する諸弊害の廃絶を要求した。知県はこれを調査検討した結果、裁可して示文を出した。改革の内容は、以下のとおりである。

毎年四月上旬に、年間の一図分税糧の半分を納入し、七月中旬に残りを完納する。[23]これにもとづき、期日以前に胥吏が比較を行い、図差が催促・追徴に赴いてその出張費（「差費」）等を要求することを禁止する。ただし、期日を過ぎてわずかでも欠糧があれば、延滞金や図差の出張費は欠糧した当該の納糧戸（「該戸」）が負担する。

（第一条）

胥吏が徴収する手数料は、油単（および領収書の「串票」）一枚発行ごとに銅銭三文、実徴冊閲覧については納糧戸ごとに銅銭三文のみとし、その額以上の手数料、およびその他の名目の手数料徴収を禁止する。この胥吏に支払う手数料は、「該甲現年の殷丁」＝里長が負担する。もし額外の手数料を要求したり、図甲の税糧納入行為を妨害したりする場合には、一〇甲が連名で知県に訴える。（第三条）

図差への手当（「飯食銀」）も、毎年図ごとに銀一両のみとし、その額以上、およびその他の名目の手数料を禁止する。図差の飯食銀も、「該甲現年の殷丁」＝里長が負担する。違反した場合には、やはり一〇甲が連名で知県に訴える。（第四条）

胥吏・図差の図甲に対する諸弊害は、図甲内部に生じている問題ではなく、図甲外部からの図甲（とりわけ殷丁）に対する侵食である。(24) しかし、胥吏による実徴冊の恣意的操作は、即座に次の3で述べる另戸の詭寄につながる問題であり、図甲内に属する人々の納糧戸＝同族組織に対する抵抗とも密接に関連するものである。

3　另戸の詭寄

史料三―3のb、ならびにfの計開条款第一条で、另戸の詭寄(25)が問題とされている。この另戸の詭寄は、後掲の史料三―6からも窺えるように、清末の同治年間（一八六二～一八七四）に至ってもなお解決されないまま、図甲制の基盤を揺るがす問題となっていた。另戸の具体的様相について、史料三―3から知りうることはわずかである。そこで、約一世紀後の同治年間の史料をも利用して、另戸の具体的様相と、それが図甲制に対してもつ意味とを考えることにしよう。

史料三―4　同治『南海縣志』巻六経政略、図甲表補序

a　（省略）

b　ただ各県の冊籍（実徴冊）は官で保管されているので、従来、郷老や甲長は〔冊籍を〕閲覧できなかった。彼らが知悉しているのは、自分たちが所属する納糧戸の田土額と納入すべき税糧額だけである。彼らは、自分たちが所属する甲については、その納糧戸の数も、納入すべき税糧額も知らない。「飛灑」を胥吏が勝手に行うことができるのは、このため（図甲内において、納糧戸を超えたレベル、すなわち甲レベル以上の情報が共有されていないことによるの）かもしれない。

c　最も憎むべきことは、田地を購入しても〔その田地を〕くり入れることができる納糧戸を有していない（「買田無戸可歸」）、あるいは、くり入れることができる納糧戸を有しているにもかかわらず、その納糧戸にくり入れない（「有戸可歸亦不歸本戸」）で、胥吏に頼んで〔新たに〕戸を設け、その税糧を他人の甲に入れ込んでしまうことである。これを「附甲《ふこう》」という。しかし、税糧を附加された甲は、そのことを認識していないのである。〔その戸は、〕当初は税糧を早期に完納し、少しも欠糧しない。それで官の側もその戸がどの甲に所属しているかを問題にしない。しかし〔かかる戸を設けた者のなかには〕暫くすると異心を抱き、田地を売却しても過割せずに、あるいは田地・家屋をすっかり失ってしまい、〔胥吏にも内緒で〕ひそかに逃亡してしまう者がいる。〔その結果、胥吏にとっても〕税糧を納める者の当てがなくなってしまう。官はやむを得ず、〔税糧を〕附加された甲に対して、その戸の所在を詰問する。しかし問われた甲は茫然として、「本甲にはそのような戸はないし、またそのような姓の者も存在しない。他人がひそかに戸を附加したことなど知りませんでした」というばかりである。（後略）

史料三―4は、同治年間における南海県の税糧問題、とりわけ図甲制をめぐる諸問題を述べ、その解決策の一つである図甲表作成の経緯と意義とを、郷老・甲長の立場から論じたものの一部である。[26] 省略したaの部分はすでに第一章で検討した。bの部分については、その本格的検討は今後に行うことにし、ここでは次の点を指摘するにとどめたい。すなわち、cの部分で語られている「附甲」の生ずる原因を、冊籍（実徴冊）が官に保管されているため、郷老・甲長がそれを閲覧することが困難であることに帰している点である。

cの部分は、「附甲」のことを述べている。「最も憎むべきことは、くり入れることができる納糧戸を有しておらず、あるいは、くり入れることができる納糧戸を有しているにもかかわらず、その納糧戸にくり入れずに、胥吏に頼んで〔新たに〕戸を設け、〔その戸の〕税糧を他人の甲に入れ込んでしまうことである。これを「附甲」という」とある。この「附甲」の内容は、史料三―3―fの第一条から窺われる〈另戸の詭寄〉の内容、すなわち殷丁が実徴冊の閲覧を行うことが困難であることを利用して、現実の土地所有者が冊房の胥吏と結託し、匿名の保証書（「匿名保結」）を用い、総戸・子戸以外の另戸を図末に設けること、[27] これと符合している。そこで、史料三―4―cも利用して、「附甲」＝〈另戸の詭寄〉について検討していこう。

史料三―4―cでは、「附甲」を行う者として、二種類があげられている。第一の部類は、土地を購入しても、その税糧をくり入れるべき戸をもたない者（「田を買うも戸の帰すべき無」き者）である。これは総戸・子戸等の納糧戸を一つも有していない同族が存在することを意味している。第一の部類の実体については、後段で検討したい。

第二の部類は、自己の同族内に総戸・子戸等の納糧戸はある。したがって本来ならば、土地購入を同族組織に報告し、その税糧を同族所有の納糧戸の負担として、税糧をその納糧戸に納入すべきである。しかし、それを拒否する者（「戸の帰すべき有るも亦た本戸に帰」さない者）が存在する。

第一・第二のいずれの部類も、胥吏と結託してひそかに独自の戸＝另戸を設け、購入した土地の税糧をその另戸の負担としてくり入れる。ただし図甲制においては、戸は必ずいずれかの図甲に属していなければならない。そこで、另戸を設ける者は、他姓の族の甲内にこの另戸を附す（史料三―4―c）。自己が属する同族の甲内に另戸を設けた場合には、発覚した時の同族組織による追求が容易だからであるが、他姓の甲ならば、その另戸内に登録されている土地がだれの土地であるかの確認が困難だからであろう[28]。

つぎに、另戸の税糧納入方法（とくに第二の部類の場合）を検討し、それを通じて另戸と官との関係、および另戸と既存の納糧戸（同族組織）との関係をさぐることにしたい。「しかし、税糧を附加された甲は、そのことを認識していないのである。……」とある。另戸を附された甲（以下、另戸と対比して、另戸を附された図甲を正図正甲と呼ぶ）は、自己の甲内に另戸が設けられたその当初から、另戸の税糧負担を肩代わりさせられるわけではない。「〔その戸は、〕当初は税糧を早期に完納し、少しも欠糧しない」とあり、另戸は、その当初には税糧を納入していた。

実徴冊の閲覧が困難である状況下で、正図正甲が自己の甲内に另戸があることに気がつくのは、另戸がその税糧を負担しなくなり、官が「税糧を納める者の当てがなくな」り、その税糧を正図正甲に肩代わりさせようとした時である。したがって、その時まで、另戸は自己の税糧を、既存の納糧戸をまったく媒介とせず、直接に官へ納入していた、と考えられる。正図正甲を通じて納入していたのならば、正図正甲はその另戸の存在を知ることになるからである。また、他の図甲を通じて納入していたとも考えられない。ことさらに他姓の甲内に另戸を設けたことの意味がなくなってしまうからである。
さて、第一の部類、すなわち同族内に納糧戸を一つももたない者について、次の史料を検討して、その実体を考えてみよう。

史料三―5　宣統『南海縣志』巻七経政略、図甲表

（前略[29]）近年、僕戸と蛋戸はいずれも戸籍に編入されることが許可された。これにもとづき、泌沖・蠕岡・黄竹岐の三堡では、それぞれ一個の図が増設された。さらに他県から移住してきた者のなかには、冊籍に「附入」された者もいる。（後略）

この史料は、図甲制や図甲表作成との関連で、仏山堡を含む南海県全体のことに言及しているものである。これによれば、「僕戸」（奴僕）と「蛋戸」（蛋民[30]）とが図甲制にもとづく戸籍（良民の戸籍であろう）に編入されるのを許されたのは、「近年」（一九世紀後半から二〇世紀初頭[31]）のことであるという。そして、これと関連して、奴僕・蛋民を戸籍に編入するために、泌沖堡等の三堡に各一図が増設されたという。新図が増設されたことから考えて、奴僕・蛋民が獲得した戸は、子戸だけでなく、総戸を含むものである[32]。

ところで後半に、「さらに他県から移住してきた者のなかには、冊籍に「附入」された者もいる」とある。すなわち、他県より移住してきた者（他県を依然として本貫地とする客籍人）のすべてではないが、その一部の者は、「近年」に冊籍に「附入」されたという。この場合、奴僕・蛋民の場合のように、図の増設への言及はないから、新図が増設されたわけではない。また、冊籍に記入される単位は、依然として戸であったから、〝戸とし

て公認するなんらかの方途〟が採用されたと推測される。[33]これは、「近年」に戸として公認される以前、客籍人は「戸」を設けることができなかったことを推測させる。

したがって、「近年」以前、すなわち一九世紀前半以前における「税糧をくり入れるべき戸をもたない者（「戸の帰すべき無」き者）の実体として、さしあたり奴僕・蛋民、そして客籍人をあげることができる。彼らが土地を所有した場合、另戸を設けるという不法な手段を用いずに、図甲制という枠内で税糧を納入する方法としては、次の方法しかありえない。[34]すなわち、図甲制においては、正図正甲内に位置している納糧戸を媒介としないかぎり税糧を納入できないから、彼らは土着の良民の同族が有する既存の納糧戸のもとに、丁としてくり込んでもらい、その納糧戸に税糧を納入する方法である。そして、これを通じて、彼らは土着の良民の同族組織による掌握・統制を受けていたと考えられる。

ここで史料三―3―bにもどり、そこに登場する另戸それぞれについて検討しよう。梁仲科戸[35]については、「図末に詭寄している梁仲科戸は、〔図末から抜き出し〕、仏山堡の本図（第二十図）第二甲の梁承相戸に戻す」とある。「戻す」（「撥回」）の「回」とは、本来あるべき所に「戻す」意味である。したがって、梁仲科戸を立てた者は、本来なら梁承相戸（子戸と考えられる）[36]のもとに丁として位置し、梁承相戸を通じて税糧を納入すべき者であることが判明する。つまり、梁仲科戸は、第二の部類の具体例である。これは、子戸である梁承相戸にとっては、該戸が把握すべき族人の土地所有額＝税糧額の減少、究極的には同族組織の族人そのものに対する掌握の弱化を意味している。

林琳等の四戸については、「林琳・唐徳興・鄧晋陽・邵登の四戸は、〔第二十図の図末から抜き出し〕客籍の城西一図に移す」とある。この史料のみでは、十分なことはわからない。明らかにしうるのは、①城西堡の第一図は、客籍人のために特別に設けられた図であること。[37]②林琳等の另戸を設けた者は、南海県に居住する客籍人であること。ただし、仏山堡に居住しているのかどうかは不明。③仏山堡には、客籍人のために設けられた図はないこと（註33、参照）である。④「戻す」（「撥回」）ではなく、たんに「移す」（「撥出」）となっているので、彼らの同族が城西一図に戸を有しており、その戸に戻すのではない。城西一図に彼らの同族の戸はなく、今回新たに戸を設けて所属させると推測される。

何大崙等の場合は、「逃亡した何大崙ら〔が残した税糧負担の処理方法〕については、〔第二十図の〕十甲が協同負担する一つの柱を立て、〔その柱を〕実徴冊内に編入したうえで、〔第二十図に〕納入させ〕る、とある。何大崙等の另戸を設けた者は、另戸を設けた後に、田地を売却しても過割しなかった、あるいは田地・家屋をすっかり失ってしまった（史料三―4）等の理由で逃亡してしまった。そのため、これら另戸の税糧負担が依然として第二十図に残っている。そこで、この残された税糧負担を、第二十図の正図正甲で共同に負担するために「十甲同一の柱」を立てたわけである。[38]

另戸の処遇については、史料三―3―fの「計開条款」第一条に、「今後は、〔冊房の胥吏が、実徴冊上の〕本図の末尾（第二十図の実徴冊における第十甲よりもあとの箇所）に另戸を設けるのを永遠に禁止する」とある。乾隆四二年の時点では、第二十図の殷丁の要求どおり、另戸の存在は知県によって否定された。[39]しかし、それは另戸の存在が発覚し、正図正甲が知県に訴えた場合にかぎられており、另戸の詭寄そのものが消滅したわけではない。[40]そこで、另戸の詭寄を防止するために、「該甲値年の殷丁」が毎年冊房に赴き、実徴冊を点検・書写して一〇甲に伝達することになった。

以上、另戸について検討してきたことをまとめると、次のようになる。

（1）戸の有無によって、南海県に居住している同族を、次の三つに大別できる。①総戸および子戸を有する同族。②子戸のみを有する同族。以上、①・②は主として土着の良民である。③総戸・子戸を全くもたない同族。これは奴僕・蛋民および客籍人であるが、註33での検討結果によれば、「近年」以前の仏山堡では主に客籍人が該当すると思われる。(41) ②は、①を媒介として税糧を納入することによって、①の掌握・統制を受けていると考えられる。③は、②ないし①を媒介として税糧を納入することによって、②、そして究極的には①の掌握・統制を受けていると考えられる。

（2）另戸とは、現実の土地所有者が、官とのあいだの税糧納入関係を、総戸・子戸等の既存の納糧戸（したがって土着の良民の同族組織）を媒介とすることを拒否し、独自にかつ直接に行っているものである。すなわち、另戸は、冊籍上では図内に含まれてはいるが、本質的には図甲制の枠外に位置している。乾隆年間の南海県における税糧の徴収・納入関係を図式化すれば、次の図三―1になる。

（3）另戸を設ける者として、まず納糧戸を有する同族の族人がいる。土地購入等に際して、本来ならばみずからの同族組織に報告し、その土地の税糧を、同族所有の納糧戸を通じて官へ納入すべきである。しかし、それを拒否して另戸を設ける。これは、另戸を設けた者が所属する同族組織にとっては、族人の土地所有額に対する把握、究極的には族人そのものに対する掌握が弱化していることを意味する。逆に、現実の個別土地所有者にとっては、これは同族組織による掌握から離脱したことを意味する。図甲制は、同族組織による族人に対する厳格な掌握を基盤として維持されている。したがって、另戸の出現は、図甲制の根本的基盤を掘り崩すものといえよう。(42)

（4）図甲制において、現実の個別土地所有者は、その土地所有権を、日常的かつ直接的には総戸・子戸等の納糧戸（同族組織）によって保証されていたと推測される（第二章の（22）、参照）。したがって、另戸を設けた者にとって、その土地所有権を保証してくれる者は、同族組織ではなくなる。そして、乾隆年間においては、公権力もまた另戸を不法なものとしており、その土地所有権を公然と保証するものではない。しかし、官に対し税糧を直接に納入しているという既成事実を根拠として、另戸が公権力により公認されれば、それ

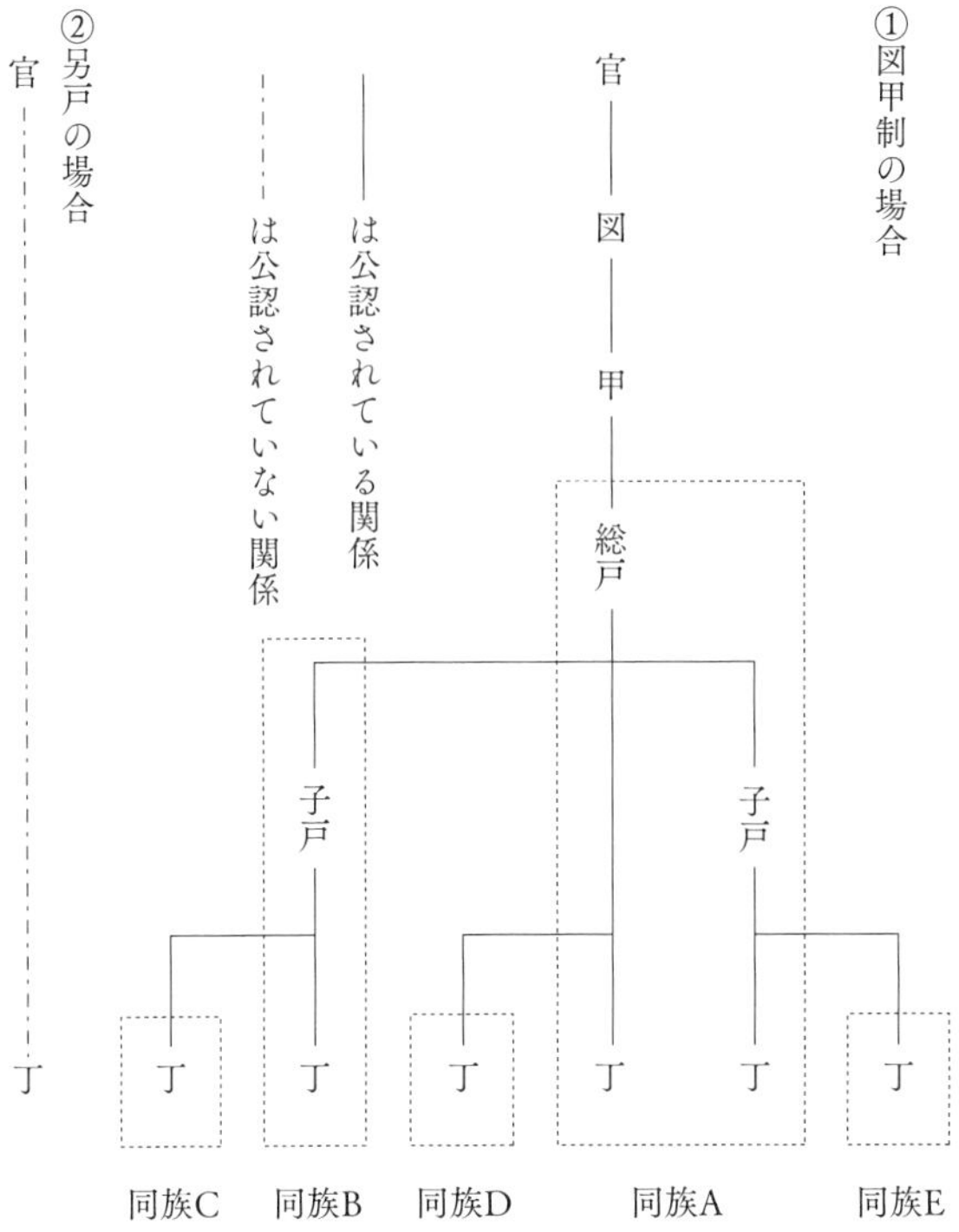

図三―1　官・総戸・子戸と丁との関係

註
同族A　総戸および子戸を有する同族
同族B　子戸のみを有する同族
同族C・D・E　総戸・子戸をまったくもたない同族

は、同族組織を媒介とすることなく、公権力によってその土地所有権が直接にかつ公的に保証されている現実の個別土地所有者の存在が可能となることを意味する。換言すれば、公権力が現実の個別土地所有者を直接に把握することを意味する。

（5）　另戸を設ける者として、仏山堡の場合、主に客籍人を考えることができる。そして、奴僕・蛋民にもその可能性がある。一九世紀前半以前、彼らは自らの同族内に納糧戸を有しておらず、納糧戸を有する同族組織によって、その土地所有額を把握・徴収され、そのことを通じて掌握・統制されていたと考えられる。彼らが另戸を設けることの図甲制に対してもつ意味は、納糧戸を有する同族の族人が另戸を設けた場合とほぼ同じであろう。ただし、奴僕・蛋民、客籍人の場合には、同族ぐるみで另戸を設ける可能性がある。(43)

第三節　同治年間

仏山堡では、第二節で紹介した乾隆四二年の第二十図の例にみられるように、另戸《れいこ》の詭寄《きき》と胥吏・図差の陋規《ろうき》等とを禁止する「示」が知県より出された。しかし、その後もこれらの弊はやむことがなく、ますます悪化した。次の史料も長文であるが、同治年間におけるその弊害の状況と、それに対する対策として「連図納糧の法」が行われたことを詳細に述べており、全文を引用する。

史料三―6　民国『佛山忠義郷志』巻四賦税志、図甲、三a～四b

a　思うに、〔南海県県署の〕糧務に関連する胥吏が不正行為をはたらき、民に害を与えていることについては、県志（同治『南海縣志』）が詳しく論じている。そしてわが郷（仏山堡）の八図八十甲は、〔これら胥吏による〕飛灑《ひさい》の巻き添えをいやというほど受けてきた。乾隆年間にくり返し知県にお願いして〔これら胥吏による不正行為を〕禁止する告示を出してもらった〈本郷志の郷禁門に掲載してある〉（史料三―3等、参照）が、それを胥吏と差役は恨みに思い、〔近年〕色々な口実で金銭を詐取することがひどくなっている。

b　その原因は、〝連図〟を実行できていないからであろう。すなわち、たまたま図内にわずかでも滞納があると、里長は県署に行って実徴冊を抄写しようとはしないので、その結果、〔これら胥吏の〕思うがままになってしまうのである。一般に、一つの甲が〔輪番で〕現年に当たると、その図全体の税糧の納入責任をその甲が負う。一人が現年に当たると、現年と同じ甲に所属する世帯が、一軒ごとにとっちめられる。それで値年に当たった年には嫁入りも嫁取りもしないのである。公務を第一としているから、私事を顧みる余裕がない〈同治『南海縣志』巻六経政略、図甲表補序に、この文が載っている(44)〉と本当にいえるだろうか。〔嫁入りも嫁取りもしない本当の理由は、〕胥吏が祝い事に乗じて夜間に人を捕まえるのを心配するからである。

c　同治戊午《マ　マ》の年、知県の陳善圻による税糧の督促は非常に苛烈で、絶戸や詭寄していた各戸〔が残していった〕欠糧分まで、すべてその責任を正図正甲に負わせたので、逮捕される者が次々と出た。その巻き添えを食った家で破産しないものはなかった。しかし積もり積もった長期の滞納分がこれで一掃された。

d　八図の人士は、前の失敗を後の戒めとして、賛翼堂〈すなわち八図祖祠。別に祠祀志にみえる〉に集まって協議し、善後策を講じた。まず冊房の胥吏と話をつけ、謝礼に色をつけて実徴冊を抄写し、それにもとづいて、図ごとの戸数・税糧額、詭寄している戸数等について正確な情報を得た。それから連図納糧の規定を制定し、各甲は各甲の税糧を完納し、各図は各図の税糧を完納することにした。一般に税糧の納入義務をもつ納糧戸は、各々店舗用の建物をもっているから、それを八図祖祠に供出させ、税糧納入のための公産とし、各建物の門前に「永遠に売却禁止」と石に刻んだ。図ごとに値年の役を十甲のあいだを輪番で回し、八図全体の値年の職については八図のあいだを輪番で回し、糧務を熟悉している者を、各図の値年や八図全体の値年に充当させる。毎年、上忙・下忙の二期に分けて完納するが、それに先んじて、八図全体の値年が実徴冊を調査・抄写し、〔図ごとの税糧額と図内における戸ごとの内訳等の〕明細書（「清単」）を作成して各図に通知し、図ごとに官へ納入する。〔八図全体の値年と各図の値年は〕別に期日を決めて八図祖祠に集まり、税糧の領収書（「串票」）を提出して〔完納したか否かを〕点検する。完納した〔図の値年には〕褒美があり、完納しなかった〔図の値年は〕罰を受ける。賞罰がはっきりしているので、この方法は浸透した。

e　以上を実施する以前、八図祖祠の資産はきわめて少なく、支出に足りなかった。そこで八図の名義で、均益会・三益会など多数の義会（一種の頼母子講）を募り、〔集めた資金で〕不動産を購入し、〔それを賃貸して〕賃貸料収入を得て事務経費に充てた〈義会は龐尚鵬が始めた。均益・三益が最善の義会のやり方である〉。各図は公務を慎重に行い、義会を作って不動産を購入して万一の備えとする。もし各納糧戸が期日どおりに納入できない時には、図が公的に立て替え、利息も計算して元利を返済させる。これは官府において滞納した場合に遅延利子として延滞金を徴収するやり方であり、良い方法である。詭寄している各戸については、現住所が判明すれば、不動産を供出させて償いをさせる。毎年実徴冊を抄写し、詭寄をみつけたら、ただちに官に訴えて削除してもらう。この時から毎年の税糧を完納したので、飛灑の弊もなくなった。八図八十甲は安心して生産・生活することができた。それから苦労すること二〇年、やっと軌道に乗せることができた。同治戊午の年は、〔官の追求が苛烈であったが、逆に新しいことを始める千載一遇の機会でもある〕非常に切迫した時であったので、衆知を集め大勢の力を合わせ、また各人がそれぞれの義務を尽くさなければ、ここまではできなかっただろう。〈これに尽力した者は次の二四名である。何平田、陳端卿（史料三―7、参照）、冼香周（史料三―8、参照）、（中略）。〉

f　〔南海〕県内の税糧納入〔の方法としては〕、進士の梁序鏞が始めた塩歩堡の九図会館〔のやり方〕が広まっており、わが堡もこれに倣って〔〝連図納糧〟の法を〕行った。これは考え方もやり方もすばらしいものであり、長く続けるべきである。〔これは〕民の側にとって依拠できる方法であるだけでなく、税糧の徴収を行う職務に就いている〔官の〕側にとっても、維持し保護すべき方法である。

g　そもそも最も考慮しなくてはいけないのは、各図の「虚糧」が非常に多いことである。その原因は、田地を購入しても過割しないことによる。今後は、田地の売買があれば、どんな売買でも必ず〔当事者である売主・買主が所属する〕図に報告し、〔報告された図が田地の異動を〕とりまとめて〔八図祖祠の〕「祠董」に報告し、〔「祠董」が官に対して〕登記（過割）するようにする。官署における「六月〔まで〕に契税を納入（「投税」）する規定」に照らして、〔六月を〕過割の期限とする。以前おろそかにしていたことを、のちに挽回することができるかもしれない。しかし冊房の胥吏がずる賢く立ち回って、過割する税糧額をごまかす弊害が依然として起きる可能性もある。ここにもう一度「税則十条」をとりあげて後段に列記し、田地所有者（「糧戸」）の参考とする。

乾隆四二年の「示」によれば、胥吏の飛灑と另戸の詭寄とを防止する方法として、図甲の側において、「該甲値年の殷丁」が毎年冊房に赴き、定額の手数料を支払うだけで実徴冊を点検・書写する権利を知県から承認された。しかし、この権利は前年の一図分税糧を完納していることを前提にして認められたものであった。完納していない場合には、差費・聴較等の種々の名目にかこつけられて、胥吏・図差の陋規を受けることになる。史料三―6―bに、「たまたま図内にわずかでも滞納があると、里長は県署に行って実徴冊を抄写しようとはしないので、その結果、〔これら胥吏の〕思うがままになってしまう」とある。乾隆年間以降にも税糧の滞納があったことがわかる。他の史料を用いて、この点を補っておこう。

史料三―7　民国『佛山忠義郷志』巻一四人物六、義行、陳維表の条、三四b～三五a

a　陳維表、字は端卿。祖先代々仏山〔堡〕の金魚塘に居住していた。読書を好み、〔科挙試験を〕何度も受験したが合格できなかった。それで官から臨時に委任される仕事をしていたが、郷里に危急のことがあると、その救済に力を注いだ。（中略）同里高巷の高姓祠堂は、子孫が衰微し、税糧の滞納が続いて、納入を胥吏に迫られたので、祠堂を売却して滞納分を納めようとした。維表はこれを不憫に思い、義援金を募ることを提案し、代わりに滞納分を払ってあげたので、祠堂は売らずに済んだ。また善後策を講じ、官に上申して、祠堂の前に「〔本祠堂を〕売却することを永久に禁ず」る旨を石に刻んだ。これは仏山鎮内の各祠堂の戒めとなり、道行く人はこれをみて感動した。

b　それ以前から、仏山八図祖祠が堡全体の納糧公所となっていたが、時が経つにつれて機能しなくなってきていた。〔そのため、〕一つの甲の長年の滞納が、図全体を巻き添えにしてしまうことになった。そこで同志と誓約して連図の方法を実施することにした。それに先だち、滞納分を清算し、また義会を募って〔資金を集め、その資金で〕不動産を購入して賃貸料を得て、〔八図祖祠に〕資金援助を行った。現在まで、八図八十甲が、〔官から〕税糧滞納の督促による困難を受けずに済んでいるのは、そのおかげである。その方法を高家祠にも応用したが、その効果は非常に大きい。

史料三―8　『嶺南冼氏宗譜』（宣統二年刊）巻三分房譜、羅格房、太常博士香周公伝〈練園房人〉（民国『佛山忠義郷志』巻一四人物六、義行、冼宝楨の条、三二a～三三bにも伝がある。府学生、廩生である）。

（前略）〔冼香周〕公、諱は宝楨、字は際昌、号は香周である。（中略）明代の制度では、堡が図を管轄し、図が甲を管理していた。そして毎年、里長一人を選出して税糧を首都に輸送していた。〔首都まで輸送した里長のなかには〕皇帝に拝謁して官位を授かる者もいた。〔清代の〕順治年間以降、図甲の役割は明代と同じであったが、〔官位を授かる機会がなくなった等の理由で〕里長には権限がなくなってしまった。そのため不肖の官吏が、口実を設けて悪事をなし、「甲絶図補の説」（一つの図内で、ある甲が税糧負担を残して消滅したら、その税糧分は該図の「現年」の甲が補塡するという説）まで言い出した。そのため民のあいだでは、輪番で「現年」に当たった年には、一族をあげて嫁取り・嫁入りをしないようになった。土着の一族であっても、この賠償責任によって一族が離散してしまうからである。公はこのことに心を痛め、北京から帰郷すると、「連図納糧」を建議した。まず公が所属する図から始め、順次他の図でも行っていった。「連図納糧」を一〇年間運営してやっと軌道に乗った。また資金を集めて不動産を購入し、毎年の賃貸料収入は蓄積されて銀数百両になり、税糧納入に関係する付随的経費（「公費」）に当てができた。この年以降、税糧は毎年完納され、胥吏・差役から督促されることがなくなり、民は落ち着いて生産・生活に精を出すようになり、〔仏山堡の〕八図八十甲は再び太平の世を謳歌することができるようになった。（後略）

同治年間になると、「一つの甲の長年の滞納が、図全体を巻き添えにしてしまう」（史料三―7―b「一甲積欠すれば、累を全図に波《およ》ぼす(45)」）ため、あるいは甲そのものが絶えてしまった（史料三―8「甲絶えて図補うの説」）ため、現年の甲はその不足分を立て替えなくてはならなくなっていた。あるいは立て替えることができずに、胥吏・差役等の追徴を受け、一家離散となる同族（すなわち絶戸）もあった(46)。

このように一図分の税糧を完納できないため、実徴冊点検のために県署に赴くことができなくなっていた。実徴冊点検を行えないことは、ただちに胥吏・差役の飛灑・陋規を助長するという悪循環をもたらす。この悪循環を断ち切るには、税糧を完納し、再び実徴冊を点検できるようにしなくてはならない。しかし、飛灑や詭寄により、正確な税糧額がはっきりしていないため、いくら納入しても完納の保証を得られないのである。

ところが同治戊午《ママ》の年(47)に、知県陳善圻は絶戸および詭寄の戸の欠糧分を整理すべく、これらすべてを一挙に正図正甲に課した。このため、破産する家（おそらく「現年」の甲になっていたもの）が続出した。しかし、これまでの積欠が完全に一掃されたため、ここに再び実徴冊を点検できる千載一遇の機会が生まれた（史料三―6―c）。

この機会をとらえ、八図の人士(48)たちのとった方法が連図納糧の方法(49)であった（史料三―6―d）。まず、冊房の書吏に謝礼（「筆資」。実際には体裁のよい賄賂であろう）を贈って実徴冊を書き写し、図ごと甲ごとの戸数・税糧額、および詭寄している另戸の有無を把握した。另戸があった場合は、現住所を調べて不動産を供出させ、今まで正図正甲が肩代わりさせられた分を賠償させた。以後、另戸をみつけた場合には、官に訴えてとり除くことにした。

それ以後は毎年、八図の各図より輪番で税糧の徴収・納入業務に熟達している者を選んで、八図全体の値年とし、彼が上・下両忙の税糧納入期に先んじて実徴冊の点検・書写を行い、「清単」（詳細を記した内訳書）を作成し、これを各図に配布することにした。各図においても、各甲より輪番で税糧の徴収・納入業務に熟達した者を選んで値年とし、「清単」に照らして図内各甲より税糧を徴収し、これをとりまとめて官へ納入することにした[50]。最後に、各図が「清単」どおりに完納したかどうかを確認するために、八図祖祠に集まり、「串票」（税糧の領収証）を点検しあう。完納の場合には褒美があり、欠納の場合には罰がある。

以上の方法が順調に行われるのを財源面から保証するために、「義会」の運営、公産の設置・拡充等が行われた。「以上を実施する以前、八図祖祠の資産はきわめて少なく、支出（「支給」）に足りなかった」（史料三―6―e）とある。祠産とは、八図祖祠の不動産等の資産を指す。「支給」とは、冊房の胥吏に対する謝礼、完納の際の奨励金の支給等を指すと思われる。これらの経費を捻出するために、均益会・三益会等の「義会」を創設し、不動産を購入[51]してその賃貸料収入を充てた。また、「税糧の納入義務をもつ花戸」＝納糧戸[52]から店舗の建物を供出させて納糧のための公産とし、永遠に売却を禁じた[53]。さらに、図内の納糧戸に欠納があり、期限までに一図分税糧を官へ納入できない場合には、その図が「公的に立て替え」る。立て替え分については、欠納した納糧戸から利息もとって返還させた。

この連図納糧の法は、史料三―6・7・8から窺えるように、順調な義会・公産運営によって、税糧完納を果した。そして、官から追徴を受けることは以後なくなり、胥吏・差役の図甲に対する恣意的干渉を排除した。その意味では、この改革は成功したといえる。

しかしここで留意すべきは、この方法はあくまでも官と図甲（とりわけ総戸）とのあいだにある矛盾を解決するものであり、図甲内部に生じている矛盾を本質的に解決するものではないことである。それは、この方法の次の点にみることができる。①公産・義会等の運営は、図甲内の恒常的欠糧を前提とし、それを補塡するためのものであること。②完納の場合の「奨」にみられるように、物質的刺激を与えることによって、税糧の完納を維持しようとしていること。

図甲制の本来的原理は、総戸を管理・掌握する同族組織が、国家より付与された総戸としての権利、および同族組織が自ら有する族人に対する規制力等の経済外的強制力にもとづいて、族人の税糧を徴収することにある。連図納糧の法は、この経済外的強制力が弱化し、まさに経済力に依存しなくては、税糧の徴収・納入が維持できなくなっていることを意味している。

図甲制の原理の動揺は、税糧徴収の側面にのみ現われているわけではない。族人からの税糧徴収の基礎となる族人の土地所有を把握する側面においても現われている。その典型的事例が另戸の出現であった。另戸は、冊房の胥吏等を利用し、「図末」や「他人の甲」に詭寄する、いわば突出した事例である。しかし、史料三―6―gに、「そもそも最も考慮しなくてはいけない」こととして、「田地を購入しても過割しないこと」があげられている。しかも、「今後は、田地の売買があれば、どんな売買でも必ず〔当事者である売主・買主が所属する〕図に報告」する、とあるように、同治年間には、土地売買等による土地所有者の移動を各図が必ずしも把握できていなかったことがわかる。これは另戸のような突出した事例ではなく、一般的事例として言及されているから、各甲（各同族組織）による族人一般に対する掌握力が弱化していることを窺わせるものである[54]。

以上、連図納糧の法は、恒常的な実徴冊点検を可能にした。したがって、さしあたりはこれ以降、仏山堡の図甲内に另戸が設けられる可能性は減少した。しかしこれは、仏山堡の人々が他堡の図甲内に另戸を設けることについては、効力をもたない。他堡においても同様に、実徴冊点検が行われなくては、另戸の詭寄そのものを防止

することはできないのである。(55)

むすびにかえて

本章は、清中葉以降に顕著となる図甲制の動揺について、南海県仏山堡を対象に、主に胥吏・差役と総戸を管理する同族組織とのあいだに生じている問題を、図甲の立場から叙述された史料を利用して検討してきた。これまでの検討で明らかにしたことをまとめれば、次のようになる。

(1) 図甲制の動揺をもたらす要因として、胥吏・差役による陋規、および飛灑等の胥吏による実徴冊の恣意的操作がある。これは図甲外部からの要因である。

(2) 図甲内部からの要因の一つとして、另戸の詭寄がある。これは、胥吏による実徴冊の恣意的操作という図甲外部の要因と連関して生まれたものである。另戸の出現は、同族組織による族人の土地所有額に対する把握が弛緩していること、究極的には同族組織による族人そのものに対する掌握が弱化していることを意味している。これは図甲制存立の本質的基盤を揺るがすものといえる。

(3) これら図甲制をめぐる諸矛盾の被害を、集中的かつ直接的に受けていたのは、図甲制において現実の個別土地所有者と官とのあいだにたって、税糧の徴収・納入を担当する納糧戸、とりわけ総戸であった。連図納糧の法は、この官と総戸とのあいだにある矛盾を、図甲の側が公産等の運営による経済的力量を背景に解決しようとするものであった。

（4）　另戸の詭寄を行う者として、仏山堡に多数来住している客籍人の問題に着目する必要がある。これは、仏山堡の〝都市性〟とも関連しており、他の堡（第五・六章の順徳県龍山堡や龍江堡）の状況と比較対照して考える必要がある。

しかし、残された問題として、さしあたり以下のものがある。①図甲内部の矛盾として、另戸の詭寄以外に、族人の納糧戸への欠納があり、さらに族人の土地所有に対する把握の弱化がある。つまり、依然として既存の納糧戸を通じて税糧を納入することになっている族人に対し、同族組織による掌握はどうなっていたか、が問題となる。②図甲制の動揺に際し、連図納糧の法等の改革を推進した者はいかなる人々であったのか。同時に、同族内のいかなる人々が同族組織による掌握・支配に抵抗し、これから離脱しようとしていたのか。③動揺しつつある図甲制に対し、官僚はいかなる態度をとり、何を志向していたのか。これらの課題について、官僚の立場から叙述された史料も利用して検討するのは後日としたい。

註

1　「戸籍を立て」る、というのは〈土着〉になることを指す。註33、参照。

2　民国『佛山忠義郷志』巻八祠祀一、聖楽宮の条所載の、冼宝楨撰「重修聖樂宮記」（光緒三年。一八七七）に、「我佛山啚甲、肇自有明洪武。其法實倣成周比閭族黨之相維、出入守望之共濟。昔人所以供上・睦鄰之規。法良意美。然迄於今五百有餘歲矣」とある。冼宝楨（号は香周。後掲の史料三―8、参

照）は、第三節で検討する予定の同治年間における連図納糧の法の開始に尽力した人物である。清末の光緒年間においても、図甲制を明初の洪武年間からの連続性でとらえ、かつ周代との類似性を強調して、図甲制が内包する協同性を維持しようとしていることに注意しておきたい。この点は、史料三―2でも窺うことができる。

3 史料三―1・2に登場する「里民」が指示する対象は、人民一般ではなく、さらには現実の個別土地所有者一般ですらなく、図甲制において、現実の個別土地所有者と官とのあいだにたって、税糧の徴収・納入を担当する総戸、ないしはその総戸の管理・運営に従事する具体的人格を指す。「里民」の実体については本章第二節1、参照。なお人民一般、あるいは現実の個別土地所有者一般は、史料三―1では、「衆」の語で表わされていると考えられる。

4 このように、図甲を開き、戸を設けた祖先たちを祀るために祠堂を建てた例としては、順徳県大良堡の崇報祠（篤弼堂とも呼ばれる）がある。第一章の註46、参照。

5 「里民」は、税糧の官への納入を相互にはたらきかけると同時に、「衆」に対しても彼らが税糧を「里民」へ完納することをはたらきかけた、と解釈することもできる。

6 巻一七郷禁志の目次では、「禁另戸詭寄・胥役陋規」となっている。

7 梁万履より梁永標まで、いずれも仏山堡第二十図各甲の総戸名である。

8 梁万邦は具体的人格の姓名と考えられるが、確証はない。「值事」については未詳であるが、史料三―1・2で登場した、仏山全八図と関係する八図祖祠（賛翼堂）の「值事」の可能性がある。

9 何厚貴は仏山堡第百十六図第一甲の総戸名である。

10 区広徳は仏山堡第二十一図第一甲の総戸名である。

11 南海県の殷丁について、管見のかぎりで比較的まとまった史料として、九江堡の殷丁に関する次のものがある。

史料三―A　光緒『（南海縣）九江儒林郷志』巻二一雑録

吾郷*糧税綦重、魚塘・桑地皆作上則。征取、前明設大戸運載解京、逮國初特置殷丁行之。日久或受賕舞弊、至有將甲糧移乙。謂之飛糧。甚者就原額暗增合勺、積少成多。謂之灑糧。乾〔隆〕・嘉〔慶〕以前、飛灑之弊所在多有、然未敢公然乾沒。厥後家計稍裕者、不作殷丁。毎由無業刁民充當此役、隨收隨耗、逋欠遂多。各族懲其貽累、遂統歸祖祠、代收完賦、以家法馭殷丁、錢糧遂少拖欠。近事多不如古、惟收糧・禁賭兩項、實勝於前。〈據采訪冊修〉

＊九江堡の人々は、九江堡を儒林郷とも呼んでおり、「吾郷」とは九江堡を指す。

わが郷（九江堡）の税糧は非常に重く、魚塘・桑基〔の地目〕の課税基準はいずれも上則である。明代には大戸（里長戸を指すであろう）を設けて、税糧を〔図甲から〕徴収し、これを首都まで運ばせていた。清初になると、ただ殷丁を置いて、この仕事を行わせるだけであった。暫くすると、〔殷丁は〕賄賂を受け取って不正行為を行うようになり、甲〔の納糧戸〕の税糧を〔減らし、その分を〕、乙〔の納糧戸〕に移すことまで行うようになった。これを飛糧という。ひどい場合には、〔ある納糧戸の〕元々の税糧額をひそかに少し加増し〔て、その加増分を自分の懐に入れ〕、これを〔数戸、数十戸と〕累加して〔自分の懐に入れる〕。これを灑糧という。乾隆・嘉慶年間（一七三六〜一七九五、一七九六〜一八二〇）以前には、飛灑の弊が至る所に多数あったが、それでも〔官へ納める〕税糧の本体を着服するようなことはしていなかった。その後、裕福な家の者は殷丁に充当しなくなった。そして、無職で狡猾な者が殷丁の役務（「此役」）に充当するようになると、税糧を徴収するたびに、税糧本体から抜き取りを行うようになり、その結果、滞納額が巨額になった。各同族は〔滞納によって累が及ぶ範囲が大きいことを〕戒めとし、遂に税糧の徴収・納入はすべて同族の祠堂で管理するようにし、「代収完賦」（族人からの税糧徴収を祠堂で行う等の方法で、殷丁による着服機会を減らす方策か）を行い、殷丁を各同族の規定（「家法」）で統御するようにしたので、税糧の滞納が減少しる。

た。近ごろは、昔に及ばないことが多いが、税糧の徴収と賭博の禁止だけは、昔よりよくなってい

最初に、殷丁の職務内容を検討しよう。明代には、税糧を徴収し、それを首都まで運ぶことが「大戸」の職務となっていた。後掲の仏山堡に関する史料三―8にも、「明代の制度では、(中略)毎年、里長一人を選出して税糧を首都に輸送していた。〔首都まで輸送した里長のなかには〕皇帝に拝謁して官位を授かる者もいた」とある。したがって、大戸とは里長に充当する者を出す戸であるから、里長戸(珠江デルタの図甲制では総戸)に相当するものであることがわかる。

清代に至り、殷丁がこの里長の職務をひきついだ。「殷丁を置」き(「置殷丁」)とあり、さらに「殷丁の役務」(「此役」)とあるから、一定の徭役であることは明らかである。ただし註12に記したように、明代と比較すると、その職務内容には若干の変化がある。清代の殷丁の職務であるが、清初については不明だが、乾隆(一七三六〜一七九五)・嘉慶(一七九六〜一八二〇)年間には、殷丁は飛灑の弊を行うようになっていた。これは、殷丁が飛灑を行うことのできる立場にあることを示唆している。すなわち、①殷丁は、現実の個別土地所有者と官とのあいだに立って、個別土地所有者の税糧額の把握と官への報告(過戸推収)を、独占的に行うことのできる職務であることがわかる。

しかも嘉慶年間以後、殷丁は飛灑だけでなく、「税糧本体の着服」(「乾沒」)をも公然と行うようになった。それまでは税糧本体には手を付けず、税糧本体以外で加増した部分を懐に入れていただけであったが、税糧本体から着服するようになったため、官に対する税糧滞納(「逋欠」)が生じる。すなわち、②殷丁は、現実の個別土地所有者と官とのあいだに立って、税糧の徴収と官への納入を独占的に行うことのできる職務でもあることがわかる。

つぎに、殷丁に充当する者について簡単にみておこう。当初は富裕な者がこれに任じ、飛灑を行って

いた。だが嘉慶年間以後、「無職で狡猾な者」（「無業刁民」）がこれに充当し、税糧本体の着服を行った。しかも、「各同族は〔滞納によって累が及ぶ範囲が大きいことを〕戒めとし、遂に税糧の徴収・納入はすべて同族の祠堂で管理するようにし、「代收完賦」を行い、殷丁を各同族の規定（「家法」）で統御するようにしたので、税糧の滞納が減少した」とある。祠堂における「代收完賦」以前については、必ずしも明瞭ではないが、富裕な者であれ、「無職で狡猾な者」であれ、「家法」の対象者であることから、殷丁に充当していた者は同族内の族人であったと推測できる。にもかかわらず、彼らの行動は図甲＝同族組織の利害と一致したものではなく、むしろ弊害をもたらすものであった。したがって、同族組織の規制力は、殷丁に対して必ずしも十分ではなかったことがわかる。

殷丁に対する同族組織の規制力が弱化していたことについて、ここでは九江堡の事例以外はとくにとりあげないが、南海県において少なからずみられる現象であった。なお、栗林宣夫氏が広東省西南部に位置する高州府茂名県の康熙三三年（一六九四）の状況を紹介している〔栗林　一九七一、頁三一七〕。

史料三―B　栗林　一九七一、頁三一七

廣東徵糧、舊責之里長。而里長私派於民、糧一石派至二三十兩。民棄田而逃。原（茂名県知県王原を指す――引用者）令里書編業戸實名、而里長之弊革。

広東省における税糧徴収は、以前は里長にその責任を負わせていた。しかし里長が〔自分の懐に入れるための分を〕私的に民に科派し、税糧額が一石のところ銀二〇～三〇両も科派するようになった。そのため民は田地を放棄して逃亡した。〔茂名県知県の王〕原は、里書（税糧の課税台帳を作成・管理する胥吏）に命じて、田地所有者の実名（「業戸實名」）を編集させ〔、里長を媒介とせずに、田地所有者から直接に徴収するようにし〕たので、里長による弊害は改革された。

すなわち、茂名県においても、里長の職に任じていた者が、必ずしも郷村の利害と一致する行動をとっていなかったことがわかる。なお、「業戸」の「實名」とあるから、業戸は納糧戸ではなく、実名をもつ個別人格を指す。つまり、茂名県においても、それまで官は現実の個別土地所有者の姓名を把握していなかった。そしてこの時に、知県王原は現実の個別土地所有者の姓名を把握しようとしたわけである。第二章で紹介した雍正年間の広東巡撫楊文乾以前においても、広東省の官僚が現実の個別土地所有者の姓名を直接に把握しようと志向していたことがわかる。

12　後掲の史料三—8に、「〔清代の〕順治年間以降、図甲の役割は明代と同じであったが、〔官位を授かる機会がなくなった等の理由で〕里長には権限がなくなってしまった」とある。この史料の文意より、清代に至り、里長が失った権限・機会として、さしあたり次の二点がある。①明末清初における、いわゆる「官収官解」法の実施により、里長が税糧を京師へ輸送すること（京師に赴くのは、仏山堡八図の八人の里長のうち、一人の里長であろう）が停止されたこと。すなわち、官を授かる機会を喪失したこと。このため、知県・胥吏等に対する里長の身分的地位に降下があったことが推測される。②賦役黄冊の編造が停止されたことにより、里長は図内の税糧額変動を官へ報告する権利はあるが、冊籍の作成・閲覧に直接に関与する機会を失ったこと。これは、本節の2・3で考察する予定の、胥吏が行う飛灑と另戸の詭寄とが生じる機会を増加させる一つの大きな要因になったと考えられる。なお、賦役黄冊編造の停止は、康熙七年（一六六八）といわれている［松本　一九三九、頁一四三］。

13　「里民」には、総戸そのものを指す場合と、その総戸の管理・運営に従事する具体的人格を指す場合との、二通りの場合があることがわかる。

14　「該図甲の里民梁滔仲らは糧米を上納するに」（史料三—3—e）とあるから、乾隆四二年は第六甲の殷丁である梁滔仲が里長となる年で、各甲の殷丁より税糧を徴収し、とりまとめて官へ納入していたと推測される。

15　図差は、図ごとに分発された差役である。図甲制存続下における図差の職務内容は、必ずしも明確ではないが、史料三―3からさしあたり窺える職務内容として、図甲が税糧を滞納した際の催促・追徴がある。

16　「陋規」とは、この場合、定額以上の手数料、ないしは賄賂を指す。

17　「油單」とは、納入すべき税の内訳を記した納税通知書、一般に「易知由単」と呼ばれるものである。なお、一枚の油単が包括する課税単位は、総戸・子戸等の各納糧戸と思われる。史料三―3―eの「油・串」は通知書とそれに対応する領収書（「串票」）を指し、規定額では、一セット銅銭三文と推測される。

18　「戸」とは、総戸および子戸等の各納糧戸を指すと思われる。

19　「比較」とは、税糧が期限どおり、定額どおり納入されたかどうかを点検することをいう。史料三―3―d、およびf第二条の「聴較」も、基本的には同じであるが、当時の仏山堡では「比較」が恣意的に行われることもあったようである。

20　一つの納糧期間をいくつかに区切り、早期納入の場合には、それだけ納入する税糧額が割引かれる。頭限・二限はその区切りである。

21　図差が図甲の居住地に赴いて催促・追徴するのに要する費用を名目とする手数料。「派費」も差費と同義である。

22　官は現実の個別土地所有者一般を把握しておらず、納糧戸、とくに総戸（具体的人格としては殷丁）を把握することによって、図甲から税糧を徴収していた。したがって、胥吏・図差の陋規も、一般には、殷丁を越えて現実の個別土地所有者にまで及ぶことは少なかったと思われる。ただし註46、参照。

23　史料三―3―fの第二条によれば、正確には次のようになる。本年度分の税糧は、前年度の実徴冊（「上年實征」）に記載されている各納糧戸の税額にもとづき、四月上旬に半額を納入し、七月中旬に残りの半額を納めて完納する。ただし、土地売買等によって過割が行われ（「開収」）、そのため本年度の税糧額が最終的に確定しておらず、最終確定額との差額分の精算が残っている（「未清零欠」）納糧戸の場合には、本年度実徴冊が完成したあとに指定される期日まで、完納が猶予されるようである。

24 珠江デルタの図甲制において、胥吏・差役がこのように図甲を侵食するようになった要因については、さしあたり註12、参照。

25 詭寄については、『清律』戸律、田宅、欺隠田糧に、「将自己田糧、暗掛于他人之名下、曰詭寄」（自己の税糧をひそかに他人名義の〔戸の〕なかにくり入れることを詭寄という）とある。さしあたり参照されたい。

26 この史料は県志所載のものであるが、その叙述の政治的立場は公権力＝官僚側ではなく、図甲、とりわけ総戸の側である。なお「甲長」とは、総戸そのものを指す場合もあるが（第一章の註30、参照）、ここでは総戸の管理・運営に従事する具体的人格を指している。そして、一図十甲で一〇名の甲長のうち、「現年」の甲の甲長が里長に充当し、一図分税糧の官への納入を担当する。したがって、ここでの甲長は「里民」とほぼ同義と考えられる。「郷老」とは、いわゆる「耆老」を指す。同族組織において、「糧務の値理」とはその役割が若干異なるが、同族および郷村内の土地売買、税糧の徴収・納入に関与している者と考えられる（第二章註15等、参照）。

27 このことから類推すると、ある甲内に新たに子戸を設ける時には、元来はその甲の総戸の保証書（「保結」）が必要であると考えられる。

28 史料三―3―bの另戸は第二十図の「図末」に設置されている。図甲制では納糧戸はいずれかの図に所属することになっているので、実徴冊において書き込む場所としてまず第二十図が選択された。つぎに第二十図内のどこに置くかについては、第一～十甲内ではなく、第十甲の次の箇所、すなわち「図末」が選択された、ということであろう。なお史料三―4―cの場合は、史料三―3―bとは異なり、図末ではなく、既存の第一～十甲のいずれかの甲内に設置されているようである。

29　（前略）の部分では、図甲表に関連する税糧の問題が述べられており、史料三―5に引用した部分も、図甲制や図甲表作成に関連して叙述されていると考えられる。

30　蛋民とは、明清時代、広東の沿江・沿海に住み、船を家とし、漁業・渡船を生業とする人々である。

31　泌沖等三堡における新図の増設は、同治『南海縣志』所載の咸豊四年（一八五四）の図甲表には記載されておらず、宣統『南海縣志』所載の宣統二年（一九一〇）の図甲表（巻七経政略、三a、四b）に至って初めて記載されている。したがって、奴僕・蛋民についての「近年」とは一八五四～一九一〇年のあいだ、すなわち、一九世紀後半から二〇世紀初頭と考えられる。

32　光緒『大清會典事例』巻一五八、戸籍の条によれば、雍正七年（一七二九）の上諭は、広東の蛋民を良民と同等に扱うことを命じている。したがって、史料三―5の内容と比較対照すると、次の疑問が生じる。①雍正七年の上諭は、はたして蛋民を良民として認めたもの（『清國行政法』第二巻、頁一〇九）か。②それとも、良民と認めることと、納糧戸を与えることとは次元の異なることなのか。

なお、宣統『南海縣志』巻七経政略、図甲表によれば、たとえば黄竹岐堡に新増された第六十八図の場合、第一甲は「陳黄何郭　十戸」となっている。これは第一甲の総戸が、陳・黄・何・郭の四姓によって共有されていることを示している。第八甲だけは「譚世恩　九戸」とあり、譚姓のみで総戸を有していると考えられるが、残りの八甲は第一甲のごとく、一つの総戸名が四姓から成っている。以下の史料から、南海県、とりわけ仏山堡における土着（本籍人）の同族と客籍の同族とのあいだの関係を検討しておこう。なお斯波義信氏の研究〔斯波　二〇〇二、頁二九〇〕、参照。

33　民国『佛山忠義鄉志』巻九氏族志に、「宋南渡後、中原文物流入嶺南。有遷至佛山者。明初、編立圖甲、先到諸族得占籍爲地著」（南宋以後、中原の文物が嶺南（広東）に流入するようになった。そして、仏山に〔中原等から〕移住してくる者もいた。明初に図甲を設けた時に、南宋時代から元末までに仏山に移住してきた同族（「先到諸族」）が図甲の戸籍を得て土着となった）とある。南宋期以降に仏山に移住した同族は、明初に図甲に編入されることで「籍」（戸籍）を獲得して土着（「地著」）となった。つまり、現居住地である南海県仏山堡の図甲に編入されていることが、仏山堡における本籍人である証しとなる。

つぎに、民国『佛山忠義郷志』巻四賦税志に、「佛山堡、分爲八圖、皆土著。後來僑籍、附戸亦有限制」（仏山堡は、八図に分かれており、〔この八図に所属している者は〕みな土着である。明初の図甲設置以降に仏山に移住してきた客籍人（「後來僑籍」）のなかには、「附戸」された者もいるが、その数は一部にかぎられており、全員ではない）とある。明代に設けられた仏山堡の八図は、清末民国期まで存続し、その他に図の増設はなかった。そしてこの八図は、いずれも「土著」の人（本籍人）のためのものであり、後述する城西堡第一図のような客籍人のために特別に設けられた図は仏山堡にはなかった。それでは、「後来の僑籍」、すなわち図甲制施行以後に仏山に移住してきた客籍人は、仏山堡ではどのように処遇されたのか。「「附戸」された者もいる」とあるが、「附戸」をいかに解釈するか、また「附戸」はどの時期に行われたのかが問題となる。

ここで民国『佛山忠義郷志』所載の民国期の図甲表（第一章の図一―1）をみると、多くの図に「附畐另戸」（「又二甲」「再二甲」など、「甲」が付いているものは除く）という表記がある。たとえば、第二十図第一甲の「靈應祠二戸」、第百十四図第一甲の「曹永昌三戸」、第百十九図第一甲の「張友子七戸」などがそれである。そして、これらの「附畐另戸」は、同治『南海縣志』巻六所載の咸豊四年（一八五四）の図甲表にすでに掲載されている。このうち、「靈應祠戸」は第一章第二節註20で述べているように公的に承認された另戸である。だが「曹永昌戸」の曹姓や「張友子戸」の張姓は、第二章の表二―2から、仏山堡において総戸を一つも有していない同族であることが判明しているので、「曹永昌戸」や「張友子戸」は客籍人が設けた戸である可能性がある。他方、道光一一年（一八三一）刊『佛山忠義郷志』巻七郷防、図甲を改めてみると、そこに掲載されているのは正図正甲の総戸名のみであり、「附啚另戸」の存在を示唆する記述はない。つまり、「附啚另戸」は道光一一年（一八三一）から咸豊四年（一八五四）のあいだにおける所産であり、これが本文で言及した、客籍人を〝戸として公認するなんらかの方途〟と推測される。すなわち、客籍人についての「近年」は、一八三一年〜一八五四年のあいだ、ほぼ一九世紀中葉と考えられる。そして「附啚另戸」とは、「図に另戸を附す」あるいは「図に附した另戸」という意味であるから、上記史料の「附戸」は、この「附啚另戸」を縮約した表現と思われる。

したがって、図甲制という枠組みが依然として存続しているという制約のもとでは、另戸も形式的には図のなかに入れ込まざるをえないが、しかし正図正甲外の存在であることも明示しなくてはならない。かかる条件のなかで選択された表記が「附啚另戸」（そしてそれを縮約した表現が「附戸」）なのではなかろうか。なお「その数は一部にかぎられており」（「亦有限制」）とは、客籍人が申請すればいつでも「附啚另戸」として認めるわけではない、ということであろう。以上は、後述する「城西一圖」などの客籍人のための図を除き、図甲制存続下において、「近年」まで、客籍人は図甲の正図正甲内に戸を設けることができなかったこと、そして「近年」において、「附啚另戸」（あるいは「附戸」）という形で戸を設けることができるようになったことを示唆する。

34 本文で後述する城西堡第一図のような客籍図に属する客籍人は、ここでは除外しておく。

35 この另戸の戸名が、この另戸を立てた者の姓名と一致しているのか、それとも総戸名のごとく、戸に関係する者（個別人格）の姓名とは無関係なのかは未詳である。他の另戸についても同様である。

36 第一章の表一―4に示したように、乾隆から民国まで、第二十図第二甲の総戸は一貫して梁相戸であったから、梁承相戸は子戸と推測できる。

37 同治『南海縣志』等所載の図甲表をみても、城西一図が客籍図であることは明示されていない。

38 したがって、図甲表等に記載されている「另柱」（第一章の史料一―1―④の「另柱關譽等戸」など）とは、このように另戸の逃亡等によって残った税糧負担を、正図正甲が共同で負担するために設けられたものと考えられる。

39 ただし、霊応祠戸のように公的に承認されている另戸は除く。第一章の註18、参照。

40 道光『佛山忠義郷志』巻七郷防、図甲は、仏山堡の計八図の総戸名を掲載した後に、「深村〔堡〕百八図另戸」として、「呉敦譲」等、呉姓の一一個の另戸名を掲載している。これらは深村堡第百八図の另戸と考えられる。また、郷志に掲載されていることから公認された另戸と思われる。しかし深村堡の另戸が仏山堡の郷志に掲載されている理由については、仏山に居住する者が深村堡の土地を所有していることによる可能性もあるが、未詳である。なお、第二章の表二―2に示したごとく、呉姓は仏山堡では総戸をもたない同族である。また同治『南海縣志』の図甲表で、深村堡第百八図の箇所をみると、另戸について「梁徳　二百七十二戸」とあるが、「呉敦譲」等の一一個の另戸との関係は未詳である。

41 これに城西堡第一図のような客籍図に戸を有するものを加えれば、④客籍図に戸をもつ客籍人、の四つに分けられる。

42 なお、土地を売却した側についても同様のことがいえる。すなわち、土地を売却した者は、それを自己の同族組織には報告しない。報告すれば、図甲制の原理（第二章の第二節、参照）から考えて、土地売買の当事者双方の同族組織が連絡をとり、購入した側の同族組織が族人の土地購入を察知するからである。

43 子戸しか有していない同族の場合にも、総戸による把握から脱するために、同族ぐるみで另戸を設ける可能性がある。

44 同治『南海縣志』巻六経政略、図甲表補序に、「故郷曲至今相傳、爲當年不嫁娶。蓋、古風惇撲、以辦公爲急、身爲十甲糧務之總、不暇及其私也」とあり、値年に当たった年に嫁入りも嫁取りもしない理由を、公務を第一として、私事を顧みる余裕がないことに帰している。

45　たとえば、史料三—7—aの高氏の場合がこれにあたる。これから類推すると、陳維表等の援助を得られずに絶戸となった同族があると思われる。なお、史料三—7の陳氏、高氏は、それぞれ仏山堡第百十四図第八甲と第五甲に総戸を有する同族と思われる。

46　一図分税糧を滞納した場合、「現年」となった甲が、胥吏・差役によって追徴を受け、時には逮捕されることとなる。そして、「一人が現年に当たると、現年と同じ甲に所属する世帯が、一軒ごとにとっちめられる（「按戸拏問」）」（史料三—6—b）とある。「一人」とは、現年に充当している具体的人格を指すが、ほかに逮捕・尋問を受ける「戸」とは、「現年」の甲の子戸を指すのか、それとも個別家族（世帯）なのか、この史料だけでは未詳である。ただし現年の甲が回ってきた時に、嫁入り・嫁取りを行わないのは個別家族（世帯）レベルのことであり、また胥吏・差役は各甲の主要な同族の姓を知悉しているから、姓を手がかりに個別家族（世帯）をとっちめている（すなわち後者）ことを推測させる。

47　同治年間に戊午の年はない。知県陳善圻の在職期間は、同治六～九年（一八六七～一八七〇）であり、この間に戊辰（七年）と庚午（九年）があるので、同治七年か九年を指すと推測される。

48　史料三—6—eの最後の割註に、陳端卿（史料三—7、参照）、冼香周（史料三—8、参照）をはじめとして、連図納糧の法を開始するのに貢献した二四人の姓名が掲載されている。「八図人士」とは、これらの人々を指すと考えられる。

49　史料三—6—fより、連図納糧の法は、塩歩堡の梁序鏞が行った方法に倣ったものであることがわかる。

50　「自行投納」とあるが、この場合の官へ納入する単位は図である。

51　義会の資金によって改築、ないし購入された不動産としては、民国『佛山忠義郷志』巻四賦税志、図甲、糧産附に掲げられている八図祖祠、聖楽宮、協天宮・桂香宮、松蔭園がある。

52 原文は「有糧花戸」（「糧有るの花戸」）であり、供出できる店舗の建物をもつ主体を指すから、子戸を含む納糧戸を指すと思われる。

53 史料三―7―aの高氏の家祠（が有する不動産）は、その具体例である。民国『佛山忠義郷志』巻九氏族、祠堂、高氏宗祠の条に、「謹遵公議、將祠内租銀、毎年如期輸納糧務、毋得分毫少欠」（謹んで公議に遵い、祠堂が有する〔不動産の〕賃貸料収入を用いて、毎年期限内に税糧を納入し、一文も欠糧してはいけない）とある。

54 史料三―6―gは、官への過割も、今後行うべきこととしてあげている。図甲制の特徴の一つとして〝過戸推収せず〟があるが、本史料は、各甲（各同族組織）による族人一般に対する掌握力の弱化により、〝過戸推収せず〟の機能を維持することができず、官への過割に依拠せざるを得なくなっている事態を窺わせる。

55 実徴冊点検を全県レベルで行ったものが、同治『南海縣志』所載の図甲表である。なお、塩歩堡、仏山堡以外に、連図納糧の法が実施されたものとして、咸豊元年（一八五一）実施の平地堡が確認できる（宣統三年刊『南海學正黃氏家譜』巻一〇芸文、史部、政書類、「平地堡五圖條約税則一巻」の条、および巻一一家伝、列士、黃秋藆先生傳の条、参照）。

参考文献

栗林宣夫　一九七一『里甲制の研究』文理書院

斯波義信　二〇〇二『中国都市史』東京大学出版会。特に第三章の4

松本善海　一九三九「明代」。和田清　編著『支那地方自治発達史』中華民國法制研究會。のちに改題して、和田清編著『中國地方自治発達史』汲古書院、一九七五年、所収

羅一星　一九九四『明清佛山経済発展与社会変遷』広州、広東人民出版社
劉志偉　一九九七『在国家与社会之間—明清広東里甲賦役制度研究』広州、中山大学出版社。特に第五章

史料

史料三―1　道光『（南海縣）佛山忠義鄉志』巻七郷防、図甲、五b〜六a

贊翼堂。乾隆己未年（四年。一七三九）、八甲《(ママ)》里民、在靈應祠前東南建祠、以祀開建圖籍先人。毎歳　月日集衆、互勸限期輸課。其甲長《(ママ)》毎年毎圖毎甲輪值。以故鄉之逋糧者甚少。知縣魏綰爲之記。

＊史料原文の「八甲」は誤植で「八圖」が正しく、「甲長」も誤植で「里長」が正しい（引用者）。

史料三―2　民国『（南海縣）佛山忠義鄉志』巻九氏族志、祠堂、八図祖祠、八a

八啚祖祠〈在祖廟舖營前街。乾隆己未建。榜曰「贊翼堂」。知縣魏綰有記。光緒三年（一八七七）重修。

贊翼堂記

（前略）我朝定鼎、生齒日繁、幅隕日廣。共田《(ママ)》之法不能行、而比戸開啚、建籍立戸輪將、與井田之法無異。（中略）迨乾隆己未歳（四年）、八甲《(ママ)》里民於靈應祠前東南側、卜地建祠、以妥開建啚籍先人。春秋祀典以光前、屆限互登以勸課、官無考成之惧、民無追呼之擾。祠宇落成、請記於余。余喜其有井田之義、裕國聯民之風、報本追源之意、公餘爲之記。魏綰撰。〉

＊史料原文の「共田之法」は誤植で「井田之法」が正しく、「八甲」も誤植で「八啚」が正しい（引用者）。

史料三―3　民国『佛山忠義鄉志』巻一七郷禁志、「佛山堡二十圖奉斷禁另戸・陋規碑」一三b〜一六a

a　特授南海縣正堂加七級紀録七次卓異候陞常、爲查照呈明乞准勒石以垂永久事。現據佛山堡二十圖殷丁、一甲梁奏南・二甲梁善萬・三甲霍昭憲・四甲霍源・五甲陳昭元・六甲梁滔仲・七甲盧添洲・八甲岑大璘・九甲梁沂長・十甲梁位三等稟前事稱、

b　「該圖十甲銀米、歷遵早完、並無遲悞。緣詭寄圖末之林琳等抗延積欠、致奉催呼。及査實徵〔册〕、册房匿不與

聞。圖差藉以居奇索累、無底不已。

c　清查〔實〕徵冊、具稟幸憲憐察牌諭派書、『將詭寄圖末之梁仲科一戸、撥回佛山堡本圖二甲梁承相戸內、林琳・唐德興・鄧晉陽・邵登四戸、撥出客籍城西一圖、其逃亡之何大崙等、立十甲同一柱、編征輸納』、又蒙票『仰糧差區進、飭各按照歸戸輸將』各等因、在案。

d　詭寄荷蒙清除、陋規亦應照免。伏查、豐岡・沙凡・沙頭・泌冲・駱村・大欖・山南・魁岡・鹽步・大江等堡、力蒙前各憲飭禁陋規示『飭上納銀米、每油單一張、止許收銅錢三文。赴抄實征〔冊〕、每戸收銅錢三文。圖差每圖每年止許收飯食銀一兩。俱不得額外多索』等因、勒石永禁、各又在案。茲蟻等佛山堡二十圖自愿立例、『遞年銀米、分作兩限完納、定以四月初旬完納一半、七月中旬全完。毋庸差催・聽較』。并懇飭令倉・糧・冊三房、『毋舛漏卯簿、毋揹油單、毋匿實征〔冊〕、毋漁利受寄、俾得依限掃數完納』。圖戸清楚、里民無滋累之虞、國課有早完之慶。只得備列清查條款、公呈憲鑒、乞准勒石以垂永久。實沾同仁之德、頂祝公侯於靡既矣」等情在詞、到前縣據此。

e　當經本縣查案、批准給示勒石遵守、在案。合就給示爲此示。諭糧・倉・冊三房及圖差人等知悉、「嗣後該圖甲里民梁滔仲等上納糧米、該書卽塡油・串、遵照定例、每單止許收錢三文。其實征冊籍、總書抄冊、每戸止許收銅錢三文、留心查對開收。實征〔冊〕依時抄給、不得揹留作弊以及飛洒。圖差亦不得多索滋擾、止許收飯食銀一兩。自示之後、爾等務遵法紀。倘敢額外苛求故意揹索、一經察出、或該圖甲告發、定卽嚴究、決不姑寬」。爾等里民各甲務須照限輸將、毋得抗違。有悞國課、致干嚴比。亦不得藉有此示滋生事端。各宜凜遵毋違。特示。

f　計開條款

一　(第一条) 清除詭寄。嗣後永不許另戸掛在本圖之末。該甲值年殷丁、親赴冊房、清查圖尾有無另戸、抄傳十甲。倘查不力、責在値年。如有匿名保結詭寄者、及冊房刁揹隱匿不抄、十甲聯名稟究。

一　(第二条) 早完銀米。遞年定限、四月初旬完納一半、七月中旬照上年實征納楚。毋庸票催・聽較。間有開收未清零欠、限自本年實征定日掃數全完。不依限投納、聽較・差費俱係該戸辦理、仍另議罰。

一（第三条）領油抄册。遵照署前碑載、上納銀米每油單一張銅錢三文、抄實征册每戸銅錢三文、係該甲現年殷丁捐辦。倘有嫌少掯留實征〔册〕、匿沈油式、以及舛漏卯簿、誣開粘單、揑欠嘱差擾累、十甲聯稟。

一（第四条）、圖差飯食。遵照署前碑載、每年每圖該銀一兩、係該甲現年殷丁捐辦。倘有嫌少藉端苛索、勒取頭限・二限派費、併簽我重索、以及轄送節禮、十甲聯名稟究。

g 乾隆四十二年（一七七七）八月初一日、示發。仰佛山堡二十圖一甲梁萬履・二甲梁相・三甲霍日高・四甲霍貴・五甲陳進・六甲梁永裔・七甲盧承德・八甲岑永泰・九甲梁修進・十甲梁永標等勒石、値事梁萬邦等仝立。

h 按、乾隆四十三年（一七七八）一百一十六圖何厚貴等、乾隆五十一年（一七八六）二十一圖區廣德等、先後爰案稟准、勒石示禁。大畧相同、故不復收錄。事關闔堡糧務、至今遵行無異、例得照存。

史料三―4　同治刊『南海縣志』巻六経政略、図甲表補序

a （省略）

b 但各縣之册籍存於官、鄉老・甲長無從而見。他（＝鄉老・甲長）所知者、自己戸内有田若干、應納米若干而已。而同甲内若干戸、他不知。甲内銀米若干、他亦不知也。故胥吏得恣其飛洒、或是之故。

c 尤可恨者、或買田無戸可歸、或有戸可歸亦不歸本戸、屬胥吏開一戸名、將其糧附他人甲内。謂之附甲。而爲所附之甲、實不知也。初時錢糧早清、幷無蒂欠。官亦不問其戸屬何甲。及日久生心、或賣田不割税、或田盧蕩盡、私自逃亡、錢糧無着。官不得已責所附之甲、求其花戸。而本甲茫然謂、「甲内幷無此戸、幷無此姓。不知人之私附之也」。（後略）

史料三―5　宣統『南海縣志』巻七経政略、図甲表

（前略）近年、僕戸・蛋戸並准編入戸籍。由是泌沖・蠕岡・黄竹岐各堡、皆增一圖。更有別縣遷居、附入册籍。

（後略）

史料三―6　民国『佛山忠義鄉志』巻四賦税志、図甲、三a～四b

a 按、糧胥舞弊害民、縣志（同治『南海縣志』）論之詳矣。吾鄉八啚八十甲、飽受飛灑之累。乾隆朝迭經稟官示

禁〈在鄕禁門〉、胥・役銜恨・詐訛益甚。

b　推其原因、以未能實行聯啚之故。啚内間有滞欠、里長不敢赴縣鈔〔實〕徵〔册〕、遂得任其所爲。凡一甲當現年、則全啚之糧、惟該甲是問。一人當現年、則與現年同甲者、皆可按戸拏問。故當値年份、相戒不敢嫁娶。豈眞急公家、而不暇及其私哉〈邑志序（同治『南海縣志』巻六経政略、図甲表補序）有此語〉。懼吏之乘喜期而夜捉人也。

c　同治戊午《（ママ）》、知縣陳善圻催征尤迫、絶戸及詭寄各戸欠糧、悉責之正啚正甲、逮捕纍纍。受累之家、無不破産。而積欠亦自此一清。

d　八啚人士、懲前毖後、集議於贊翼堂〈卽八啚祖祠。別見祠祀志〉、籌畫善後。先與册書關説、優給筆資、鈔取實征册、據啚若干戸・若干米、詭戸若干、均得其確數。乃定爲聯啚納糧之法、於是甲清其甲、啚清其啚。凡有糧花戸、各有舖屋、獻出八啚祠、作輸糧公産、刊石門首、永禁變賣。啚則輪甲當値、八啚則輪啚當値、以熟諳糧務者爲之。每歳分上下兩忙完納、先期由八啚當値査照〔實〕征册、開列清單、通知各啚、自行投納。另示期集祠、繳驗串票、完納者有奬、不完者有罰。賞罰明而法行矣。

e　先是祠産微薄、支給不敷。乃以八啚名義、招集均益會・三益會多榜、置産生息、爲辦事經費〈義會始自龐公（龐尚鵬）。以均益・三益爲最善〉。而各啚愼重公務、亦湊會置業、以備不虞。遇各戸不能如期交納、由啚公墊、議息歸還。卽官府逾限加價之意、亦善法也。至於詭寄各戸、査得實址、仍令獻業抵償。歳鈔實徵〔册〕、査有詭寄、卽稟官開除。自此年清年款、飛灑之弊亦絶。八啚八十甲得以長安耕鑿矣。前後經營二十年、方能就緒。雖曰時機交迫、非羣策羣力、各盡義務、不克致此。〈始終厥事者、二十四人。何平田、陳端卿、冼香周、（中略）。〉

f　邑属糧務、推蟾《（ママ）》步九啚會館、進士梁序鏞所設、吾堡倣而行之。意美法良、允應持久。豈惟我民所賴、凡職任催科、尤當維持而保護之也。

g　抑尤有慮者、各圖虛糧極多。皆由於買業不過税。嗣後遇有變置、均須報知本圖、彙繳祠董登記。照官府六月投税之例、以爲過割期限。庶幾失於前者、尚可補救於後。而册書取巧、尚有承多割少諸弊。茲復取税則十条、臚列於後、備糧戸之参考焉。

史料三―7　民国『佛山忠義郷志』巻一四人物六、義行、陳維表の条、三四b～三五a

a　陳維表、字端卿。世居佛山金魚塘。好讀書、屢試不售。果於任事、郷里有危急、力任拯救。（中略）同里高巷高家祠、子孫式微、積欠糧務、爲吏胥所逼、將鬻祠以償。維表憫之、慨倡義捐、代清逋累、祠祀得以保全。又妥籌善後、稟官立案、勒石祠首「永禁變賣」、以爲鎮内各祠誡。行路爲之感動。

b　先是佛山八啚祖祠爲闔堡納糧公所、日久疲玩、一甲積欠、波累全啚。約同志、行聯啚之法、先清舊欠。又湊義會、置業生息、以資補助。八啚八十甲、免受追呼之苦、至今賴之。及是推及高家祠、其利溥已。

史料三―8　『嶺南冼氏宗譜』（宣統二年刊）巻三分房譜、羅格房、太常博士香周公伝〈練園房人〉

（前略）公、諱寶楨、字際昌、號香周。（中略）明制、以堡統圖、以圖統甲。歳推里長一人、輸糧京師。得與朝覲、有授官者。順治以來、圖甲如故、而里長無權。不肖官吏、因緣爲奸。有甲絶圖補之説。遇輪値之年、擧族不嫁娶。土著坐是離散。公心痛焉、既自京師歸、乃建聯圖納糧之議。先從本圖辦起、以次及於各圖。經營十年始就緒。又集貲置産、歳租積至數百金、公費有着。自此年清年款、吏不追呼、民安耕鑿。八圖八十甲得復遊於光天化日中矣。（後略）

第四章　清末、図甲制の諸矛盾とその改革（香山県）

はじめに

広東省珠江デルタでは、南海・順徳両県を中心に、清末・民国期に至るまで、図甲（里甲）制が存続していた。本書の第一・二章は、その図甲制の制度的内容と、制度としての図甲制を清末・民国期まで存続させた現実社会の構造とについて、清代を中心に検討したものである。また、第三章は、清中葉以降において顕著に現象化してくる図甲制の諸矛盾と、それに対する図甲側の対応とを、南海県仏山堡を中心に検討したものである。

清中葉以降における図甲制をめぐる諸矛盾は香山県でも存在していた。ただし香山県の事例は、図甲制が典型的に存続した南海県・順徳県と比較して、図甲内部の結合のあり方、胥吏・図差の図甲への関与のあり方、改革を主導した香山県紳士（林謙）の図甲制に対する認識や考え方、等における違いを窺うことができる。図甲制は里甲制が特殊に存続したものではあるが、しかし図甲制そのものは、全国一律、あるいは全省一律の規定で施行・運営されていたわけではない。その意味で、香山県の事例は図甲制の地域的多様性を窺わせるものである。

さて、香山県[1]については、乾隆・道光・光緒・民国の各時期に刊行された『香山縣志』をみても、図甲表、あるいはそれに準ずるものは掲載されていない。しかし本章末尾に〈香山県関係史料〉として掲載した史料から、香山県においても、清末に至るまで図甲が存続していたことがわかる。ただしその具体的内容には、南海県・順徳県のそれとは異なるものがある。以下、基礎的な諸現象・諸事実について検討していくが、それに先立って、後掲した史料中の用語について、あらかじめ説明しておきたい。なお本章の行論では、史料を指示する場合が非常に多いので、史料番号のうち第四章を示す漢数字は省略する。たとえば史料四―1―③は、史料1―③と記す。

○「値年《ちねん》」（史料1―②等）、「現年」（史料7―①―a等）、「輪年」（史料11―①―c等）は、いずれも同義である。図甲制では、一図十甲の各甲が輪番で里長を出し、この里長が一図全体の税糧を官へ納入する責任を負う。そして「値年」、あるいは「値年の甲」とは、里長を出す順番がまわってきたその甲を指す。ただし香山県では、後述するように、十甲による輪番制そのものは存続していたが、「値年の甲」は一図全体の税糧をとりまとめて官へ納入するという役務を行っていなかった。

○史料全体を通じて、「戸」ないし「花戸《かこ》」とあるのは、一部の例外を除き、いずれも総戸（いわゆる里甲制の里長戸に相当する）を指している[2]。なお、「而《しか》も戸（総戸――引用者）ごとに各々子・爪有り」（史料7―④―b）とあり、各甲の総戸の下に、子戸（「子」）と爪とが存在していた[3]。

○「値年の該戸」（史料2―③―c等）、「値年の戸」（史料7―⑦―b等）、「大当《だいとう》の戸」（史料8―③―d等）、

「輪年の戸」（史料11―①―c等）は、「値年の甲」とほぼ同義に用いられているが、とりわけその甲の総戸を指す。なお、「戸」（総戸）が甲と同義に用いられていることが多い。

後掲の関係史料の内容については、留意しておくべき点として次の二つがある。

①ほとんどが図甲側（とくに紳士）の立場から叙述されたものである。官（知県）の側からみた図甲制をめぐる矛盾についての考えは、史料12所引の香山県知県の陸孫鼎が出した「條示」に垣間みられるのみである。

②紳士（挙人）の林謙が執筆したものが、史料1～9および史料11と大部分を占める。史料12は紳士（福建布政使を退任したばかりの曾望顔）が執筆したものである。史料10・13は光緒『香山縣志』編修者が執筆したものである。

③林謙の執筆にかかるものについては、史料1―③に、「故《ゆえ》に語に詳と略と有り、情に或いは異同あれば、要《かなら》ずや九月以後に著《あら》わす所を以て合《だとう》と為《な》す」とある。史料1～史料9および史料11の林謙執筆にかかるものは、道光二三年（一八四三）の九月を境に、それ以前と以後とで、官に対して一図分の税糧を納入する主体を「値年の甲」とするか、それとも図差とするかについて、一八〇度に近い転換がある。林謙自身は、九月以後の議論を自己の最終的主張としている。内容から判断して、九月以前の史料と、九月以後のそれとに分けると次のようになる。ただし、史料3については、どちらに分類すべきか、判然としない。

九月以前　史料4―①～⑦、史料6、史料7、史料11。

九月以後　史料1、史料2、史料4―⑧・⑨、史料8。

第一節　里長・図差の職務内容の歴史的変遷

1　清初の里長と道光期の総催

まず史料全体から、香山県では、清末の道光年間においても、形式上は一図十甲の構成が保持されており、図甲制が存続していることを確認できる。つぎに、図甲制における里長の職務について、その歴史的推移を概観しよう。

清初に明の制度に従い、いわゆる里甲制規定とほぼ同様に、各甲内の丁・糧多き者を「甲長」とし[4]、この十人の甲長のなかから毎年輪番で一人を里長とし、里長が一里全体の税糧のとりまとめと官への納入を行っていた（史料4―③―b）。しかしこの時すでに、里長の負担過重から、これに充当するのを避ける動きがあった。それは、一図十甲の「丁銀」[5]を、結局は里長が負担して納入しなくてはならないこと（史料4―③―c）、これに主に起因していた。

この箇所および史料4―③―dでも、問題とされているのは、人丁を科派対象とする「丁銀」・「丁役の銀両」のみである。換言すれば、土地税たる税糧を十甲から徴収して官へ納入することに関しては、後段でとり扱う「欠糧」の処理の方法を除き、ほとんど言及がない。したがって、この事態の背景として、土地をほとんど所有していないために丁銀を負担できない人丁の増加、すなわち土地所有の不均衡の進行を推測することができる。

乾隆四年（一七三九）[6]に地丁銀が実施され、丁銀が消滅したため、図甲内の「貧民」、および里長の徭役に当たる「富室」は、その負担軽減を喜んだ。しかし、一図十甲の税糧を催促し、これを官へ納入する職務は、依然、里長の徭役として存続した（史料4―③―d・e）。

そして、道光年間においても、「里長の一事は、就《すなわ》ち同図の十甲の次《じゅんばん》を俟《ま》ちて輪当す。官之を総催《そうさい》と謂う」（史料6―①―a。ほかに史料4―③―efh）とあるごとく、十甲が輪番で里長を出すことは続いていた。たとえば林謙の一族は、道光二三年（一八二三）に「値年」であった（史料1―②）。ただし、官の側は、この職務（およびこの職務に任じる人）を、かつての里長といちおう区別して〝総催〟と呼んでいた。[7] 以上、香山県では道光期に至るまで、一図分の税糧を官へ納入する責任を、制度上は徭役（「総催」）として、図内各甲が輪番で担当することになっていたことがわかる。

さて、この総催は、知県から「飭挙総催《ちょくきょそうさい》の票（飭《ちょく》して総催に挙《あ》ぐるの票）」が発給されて、はじめてその任に就くことになっている。[8] 当初は、前年度の総催と本年度に総催を出す甲とが、陰暦正月に会合して総催を選出し、これを官が追認して票を発給していた（史料4―②―b、史料7―⑨―a）。すなわち、総催の選出は、図甲側の主導下にあった。

しかし、その時期については不明であるが、[9] 道光期を遡るかなり以前より、「飭挙総催の票」は、〈知県→胥吏→図差→値年の甲〉という順序で給付されるようになっていた。ただし胥吏から図差へ、図差から値年の甲への給付は、実質的には票の売却であった。[10] そして、総催が値年の甲から選出されるのは以前と同じであるが、その選出の主導権を図差が握るようになっていた（史料2―③―c、史料7―⑨―ab）。

2　清初の図差と道光期の図差

道光期の図甲制をめぐる諸矛盾を語る後掲の史料では、図差の問題がその焦点となっている。そこで、清初から道光期に至る、図甲制上における図差の位置の歴史的推移を、初歩的に検討しておきたい。

清初において、〝図差〟とは、「民壮」[11]を図ごとに差《つか》わして、里長等によるその図の税糧徴収・納入を督励・監視すること[12]、すなわち、民壮が担う一定の職務行為を指していた。この時点では、民壮と図差とは未分化であり、県衙門の衙役《がえき》の中に、いまだ図差という職名はなかった（史料2―②―ａｂ）。

その後、民壮は自分の仕事を手伝わせるために、私的に人を雇うようになった。民壮に雇用されたこの者が、民壮と分化した図差の始まりである。そして、当初は私的な雇用にすぎなかったが、次第に民壮が保証人となって推薦（「保擧」）するようになり、公的性格を帯びるようになっていった（史料2―③―ａ）。

ここで注意しておきたい事実は、清初とその後しばらくの時期において、図差（清初では民壮）は、前述した形態で、図の税糧徴収・納入に一定の関与はしていたが、その担当する図甲の「糧単」[13]（納税通知書）を直接にとり扱うことはなかったことである（史料2―②―ｂ）。すなわち、図甲は図差を媒介とせずに「糧単」を受領していたのである[14]。ところが、道光期には、図差は一図十甲分の「糧単」をすでに掌握し、図甲の当該年度の納入すべき税糧額と前年度までの累積滞納額とを知悉《ちしつ》していた（史料2―③―ｂ、史料11―⑧―ｂ）。そのため、図甲側は納入すべき税額、とくに累積滞納額を知るには、図差を媒介とすることが不可欠になっていたのである[15]。

第二節　道光期における図甲制の実態

1　図差による総催代行

第一節で確認したように、道光期に至るまで、制度的には、一図分税糧の官への納入責任は値年の甲の総催に在った。では、その実際はどうであったか。史料4—⑤—d、史料6—①—b、史料7—⑤—d等より、次のことがわかる。①制度上、総催が行うことになっている職務を、総催自身は行っていないこと。この職務を数十年前より実際に行っている者は、図差であった。[16]②各甲においては、制度上でも、実際上でも、各甲から選出された「殷丁」（註4、参照）が総戸・子戸・爪を通じて甲内の税糧をとり集め、[17]そして道光期には、これを図差へ納めていた。なお、図差から甲ごとの「糧単」を受け取るのも、この「殷丁」であろう。したがつて、道光期における税糧の流れを図示すると、次のようになる。

官 ← 図差 ← 殷丁 ← 総戸 ├ ←（爪）← 丁
　　　　　　　　　　　　 └ ←（子戸）← 丁

　　（図）　（甲）

これは、図のレベルにおける、いわゆる「里長の催輸」を媒介としないものである。税糧の徴収・納入の側面に限定すれば、図甲制における図の存在意義は消滅し、図内の各甲はバラバラであるといえよう。しかし「値年の甲」そのものは依然として存在し、その負担もなくなったわけではなかった。この点をつぎにみよう。

2　図差による大当銀の訛索

後掲史料でとりあげられている当面の最重要課題は、「値年の甲」が図差からこうむる「大当銀《だいとうぎん》」の訛索であった。図甲の側が図差の要求に応じて「大当銀」を支払う、その基本的な根拠としては、

①制度的には、依然として値年の甲が総催であること。

②このため、値年の甲は「飭挙総催の票」を受領しなくてはならないが、これは図差を媒介としてしか受領できないこと。

③また、値年の甲が実際に総催の仕事を行っていた時からの慣例で、総催の任に充当した者に対し、値年の甲に属する者たちが[18]（「役《えき》を幇《たす》く」（「幇役《ほうえき》」）、「総催工食」等の名目で）金銭的援助をしていたこと（史料4—②—c、史料7—②—a）[19]。

④そして、「糧単」をとり扱うことにもとづき、値年の甲に代わって、図差が総催の職務を実際に代行している（まさに「大当」している）ことを根拠にしていたこと。

等を考えることができる。すなわち、値年の甲には、ナマの形での徭役負担はない。しかし、図差の訛索を受ける、という形での負担が存続していたのである。

しかも、道光期においては、この大当銀の訛索から、以下に述べるようなさまざまな二次的問題が生じていた。

（1）総催の徭役は、甲（あるいは総戸）を対象単位として科派されるものであり、各甲の土地所有額の多寡、人丁数の多寡にはかかわりないものである（史料4—③—h、参照）。図差が大当銀を要求する場合も、甲

を対象単位として要求する。すなわち、各甲の土地所有額の多寡、人丁数の多寡とは無関係に要求する。しかし実際には、各甲の支払い能力を考慮して、多少の相違をつけていた（表四―1、参照[20]）。数百頃の土地を有する甲の場合には、土地を割当て対象とし、畝ごとに銀数厘から一分であった（一厘は千分の一両、一分は百分の一両）。しかし土地が数畝、あるいは皆無である甲の場合には、毎畝の土地の負担を数百頃の甲の場合よりも高くし、さらに人丁も割当て対象とした。つまり、同じ一畝の土地でも、また同じ一人の人丁でも、その大当銀捻出のための負担は、甲の貧富（とくに土地所有額の多寡）によって異なり、富裕な甲ほど単位当りの負担が少ないのであった（表四―1）。なお、丁が割当て対象となる甲の場合、十年に一度、丁を対象単位とする割当てが回ってくるわけであり、実質的に「丁銀」を負担することになり、丁銀がいまだに存続していると観念することすらあった（史料11―②―ａｂｃ）。

（2）図差は、税糧徴収よりも、むしろ自分の懐に入る大当銀徴収に熱心であり、値年の甲から大当銀を得れば、その甲からの税糧徴収を故意に行わない。このため、その甲は「積欠」となるが、図差はこれを放置し、該甲が再び値年となった時に、この「積欠」を根拠に大当銀のつり上げをはかった（史料4―④―ｂ、史料7―⑥―ｅ、等[21]）。

（3）また値年の甲に「積欠」がなくても、他の九甲のいずれかに欠糧がある場合には、制度的には依然として値年の甲が総催であることを利用して、図差はその賠納責任を値年の甲に問い、それを根拠に金品を要求（「勒索《ろくさく》」）した（史料4―④―ｃ、史料7―⑧―ａ、等）。

（4）図甲側も、焦眉の急である図差の勒索への対応に熱心であり、国家への税糧完納をおろそかにする傾向となっていた（史料6―②―ｃ、等）。

表四—1　香山県の大当銀負担（道光23年＝1843年ごろ）

史料	甲管下の税畝数	負担の割当て（銀両＝元＝金）田地	人丁
史料四—4—③—g	数百頃	銀数厘～1分／畝	無
	20～30頃	銀1銭／畝	無
	10頃以下	銀1銭＋α／畝	銀若干／丁
	1～2頃	銀2～3銭／畝	銀2～3銭／丁
	丁・糧幾絶	一甲で30～40金	
史料四—4—④—d	10頃	一甲で100～200金	
	1頃	一甲で70～80金	
史料四—6—②—b	7～8頃（林謙一族）	一甲で200金（道光23年＝1843年）	
		一甲で100元有奇（道光13年＝1833年）	
		一甲で60～70元（道光3年＝1823年。時期は推定）	
		一甲で20元（嘉慶18年＝1813年。時期は推定）	
史料四—11—①—efg	田多之戸	銀1、2分～4、5銭／畝	無
	田少之戸	有	銀5、6分～6、7銭／丁
	田賦已絶	一甲で数十金	

（5）図甲側にも、総催（里長）となった場合に、大当銀捻出のために甲内より徴収した額と実際に図差へ支払う額との差額を報酬（「酬労」）として着服する者がいた（史料6—①—e）。

（6）「飭挙総催の票」の給付過程において、胥吏から図差への売却価格（註10、参照）が増大するにつれ、図差から値年の甲への売却価格（すなわち大当銀負担）も増大した（史料7—⑥—bc、史料11—①—d）。また、図差の勒索増加を先例として、皂班《そうはん》・民壮等の衙役もさまざまな名目で図甲に勒索していた（史料7—③—cd）。

以上のごとく、図差を中心として、胥吏・衙役による勒索が肥大化したため、甲（同族）の中には、「嘗産」（族産）が減少して祖先祭祀を行えず、さらに子供すら売って、破産に瀕しているものがあった（史料4—③—g、史料11—①—g）。このような状況のなか、挙人で候補知県の経歴をもつ林謙は、その原因と解決策とを模索して改革案を練りあげた。そして、これを稟貢生の呉景濂等の香山県紳士に諮ったうえで、知県の陸孫鼎に公呈文として提出した（史料11・13）。つぎに、この改革案および実際の改革の内容について検討するが、その前に、図甲内部の問題について検討しておこう。

3　図甲内部の諸問題

各甲の社会的構成　「今歳癸卯（道光二三年。一八四三）、余の族値年となり」（史料1—②）等から、道光二三年に林謙の一族が値年の甲に当たっていることがわかる。また、史料11で大当銀の割当て方法について、「田少なきの戸、科派は又《さら》に白丁《はくてい》（財産のない丁）に及び、丁ごとに銀五、六分より六、七銭不等に至るを出だす」（①—f）、「即《たと》い田賦已《すで》に絶《た》うるも、而《しか》れども既に一戸たれば、亦た必ずや数十金を措辦し」（①—g）、「中・下の戸、輪年に値《あ》たるごとに輒《すなわ》ち大戚と為す」（①—h）、「乃《しか》るに本邑の稍や貧なる族、仍《よ》りて丁銀を出だすを免る能わず」（②—c）とある。これら四つの文章は、同一の内容を語っている。「田少なきの戸」、田賦のすでに絶えた戸、「中・下の戸」は、いずれも「輪年の戸」となる総戸を指しており、「稍や貧なる族」はその社会的実体を指している。したがって以上の二例より、香山県においても、一個の甲は一つの同族、ないしはその支派を中心に構成されていることがわかる。[22]

殷丁と紳者　香山県において、甲内の税糧をとりまとめ、これを一括して図差へ納入する者は、制度上は各甲の「殷丁」（あるいは「甲長」）という名目で登場する。この「殷丁」には、同族内のいかなる人が充当していたか。不十分ながら検討してみよう。

「分属の長老」（史料6—④—a）、「族紳・郷耆」（史料7—⑦—e）、「各族の紳耆」（史料8—②—c）[23]は、いずれも欠糧した族人に対して一定の処罰を科したり、図差に支払う大当銀の族内への割当て・徴収を担ったりしている。このことから、甲内（族内）の税糧徴収の任にあり、同時に「殷丁」に充当していたのは彼ら紳耆と考えられる。なお、大当銀の族内への割当てを行うには、族人の土地所有額（および族内の丁数）を知悉していなくてはならないから、彼らは族内（あるいは郷村内）における土地所有権の移動等を基本的には把握していたと考えられる。(24)

紳士と耆老　「長老」「長輩」「族長」、また「郷耆」「紳耆」といった場合の「耆」（耆老）は、郷村ないし族内における社会的地位を指すものであり、科挙制とはさしあたり無関係な名辞である。他方、「族紳」「紳士」「紳耆」といった場合の「紳」（紳士）は、国家的制度である科挙制にもとづく身分を指す。道光期の香山県図甲制における指導層が、この耆老と紳士の二者であることは疑問の余地がない。

　ところで、「紳」（紳士）という語は、曾望顔の史料12―⑥―deにおいて、「耆」の字を伴わずに「族紳」「紳士」として登場する事例を除けば、「耆」と結合した「紳耆」という語で用いられることが多い。また史料1―③において、挙人であり、候補知県の経験も有しており、「紳」の部類に入る林謙が、「因《よ》りて周咨博考し、八閲月を経て、始めてその情を尽悉せり」と語っている。すなわち林は、道光二三年に値年の甲となった林氏一族が、一〇年前の二倍に当たる大当銀を要求されたことに驚き、そして大当銀の問題が存在することを初めて知り、研究と対策を始めたわけである。これは、故郷を離れている機会の多い紳士は、故郷における図甲制の問題を必ずしも熟知しているわけではないことを示唆する。したがって、少なくとも道光二四年の改革以前における、図甲制の基本的指導層としては、紳士よりも耆老が中心であったと推測できる。(25)

図差・胥吏の把握範囲　図差が「糧単」を掌握しているといった場合、図差（および胥吏等の官側）は、図甲のどのレベルまでの税糧額を把握していたのであろうか。各甲に「糧単」を渡すことから、甲のレベルまで把握していたことは確実である。図甲が毎年図差に支払う「行年《こうねん》の使用」（史料7―④―b）、「使用」（史料8―③―d）を負担しているのは総戸・子戸・爪であり、これは総戸・子戸・爪ごとの税額を記した「糧単」が給付されることに対応するものと考えられる。図差は、「行年の使用」を「丁」（個別土地所有者）からは徴収していないから、丁ごとの税糧額は把握していなかったと思われる。したがって、官側が税糧額を把握していた限度は、総戸・子戸・爪のレベルまでであったと推測される。(26)

第三節　改革をめぐる諸問題

1　道光二四年の改革

ここまで検討してきた図甲制をめぐる諸矛盾を、如何に改革するかについては、林謙一人をとってみても、その考えが道光二三年九月を境に変わっている。九月以前の改革案は、実際の改革でほぼ実現された。九月以後の改革案は、その後に実現したのか、それとも案のままで終わったのか、史料的には確認できない。(27)以下では、まず、実際の改革で実現した、林謙の九月以前の改革案から検討しよう。

道光二三年一二月、林謙を中心とする香山県の紳士は、知県陸孫鼎に図甲制をめぐる矛盾を解決するべく公呈文を提出した。これを受けて知県は「条示」（箇条書きの告示）を出した。しかし、それは最大の問題であった「飭挙総催《ちょくきょそうさい》の票」の廃止（大当銀訛索《だいとうぎん》の廃止）を含むものではなかった。(28)ちょうどこの時、道光二四年四月に福建布政使の任を降りた曾望顔が帰郷していたので[29]、林謙らは曾にはたらきかけた。そして、曾望顔が矛盾解決を訴える書簡を知県に送ったので、知県も遂に大当銀訛索の廃止を含む改革を断行した（史料10、史料12—①、史料13）。

この時に行われた改革の内容は、次の五点である（史料11—⑨、史料12—⑧）。

（1）大当銀訛索の陋習を廃絶するために、「飭挙総催の票」を廃止する。そして、図差に「催糧の票」を給し、図差を制度的にも総催の任に就かせる。換言すれば、値年の甲に残っていた「総催」の職務を、制度上において廃止する。

（2）税糧は「花戸」（各甲の総戸）ごとに図差に完納する。ただし欠糧があった場合、図差は欠糧した「丁」（個別土地所有者）そのものを逮捕し、完納している無実の者をみだりに逮捕・拘禁しない。

（3）毎年各戸・爪が図差に支払う工食（「行年の使用」）は、「総催工食」であるから、図差がそれ以外のもの（大当銀等）を図甲に要求することを禁止する。

（4）知県が年初に胥吏から受け取っていたご祝儀（「開印銀」）を禁止する。これは、大当銀が再び生じないようにに、その根源を絶つものである。

（5）胥吏・図差が故意に図甲の欠糧をつくりだすのを防ぐために、胥吏に命令して欠糧額を図甲に公開する[30]。

以上のうち、（1）と（2）の内容のもつ意味を整理しよう（（3）については、後述参照）。

（1）の内容は、図差にとっては、正式に総催となって一図分税糧の徴収・納入の任に就くことになり、徴税に専心しなくてはならない。一方、図甲にとっては、総催の職務の消滅（いわゆる「大役」の最終的消滅）となる。これによって、「値年」といった呼称も消滅し、大当銀を訛索される根拠がなくなるだけでなく、他甲の欠糧分を賠納する責任（図としての賠納責任）の制度的根拠がなくなることになる。

（2）の内容のうち、「花戸」（各甲の総戸。実際は殷丁）ごとの官（さしあたりは図差）への直接納入は、改革前の実状を制度化したものである。これと（1）の内容とを合わせれば、改革前において、制度上でのみ残存していた、図甲制における図の役割が制度上でも消滅したことになる。したがって、形式的には同じ図に属していても、税糧の徴収・納入の面では、十甲は完全にバラバラとなったことになる。なお殷丁が担当していた、甲内より税糧を徴収する職務は、改革後も続いている。

（2）のもう一つの内容、すなわち「欠糧があった場合には、図差は欠糧した丁そのものを逮捕する」こと、これのもつ意味は、不明の部分もあるが、かなり重要なものとなる。平常においては、甲ごとに納糧することになっており、その場合、現実の土地所有者は、子戸・爪や総戸、そして殷丁を通じて納入する。しかし欠糧が起きた場合[31]、甲（ないし殷丁）がそれを賠納することはせずに、図差が土地所有者に直接にその欠糧を問うことになった。改革後、前述したように図としての賠納責任が最終的に消滅したが、甲も賠納責任を拒否したわけである。

これは、同族組織の規制力（と経済力）では族人の税糧納入を実現できなくなっている現実を反映したものといえよう。そして、これらの改革内容は、第三章での南海県仏山堡や第五章での順徳県龍山堡における改革の目的が、胥吏・図差による税糧の徴収・納入過程への恣意的介入の排除であり、香山県とほぼ同じであるにもかかわらず、その方法が公産設置により完納を実現し、図としての賠納責任を保持・強化していくことであったのと比較して、大きな違いのあることがわかる。

さて、図差が土地所有者に直接にその欠糧を問うということは、図差が王朝権力の末端に位置することを考慮すれば、王朝に対する税糧納入責任は、現実の個別土地所有者そのものに置かれることになった、ようにもみえる。しかし図差（および胥吏）は、各総戸・子戸・爪の税額は知悉しているが、基本的には「丁」（個別土地所有者）ごとの税額は把握していない。また、個別土地所有者から徴税するのは殷丁（社会的には紳耆、とくに耆老）であるから、だれがどれだけ欠糧したかは、少なくとも殷丁を媒介にしなければわからないはずである。したがって、甲（同族組織）に依拠した徴収・納入システムという性格は、中途半端な形で続いているといえよう。[32]

2　改革の目的

さて、実際の改革は、林謙の道光二三年九月以前の改革案にほぼ沿った方向で行われた。ここで、その改革案に至る考えについて、林謙の主張を材料に検討しておこう。林謙の改革案の根本にある考えを一言でいえば、国家からの科派であれ、図甲内における割当てであれ、その科派・割当ての対象を土地に一本化し、かつ単位面積あたりの負担を均等にすること（いわゆる「均役」。史料7—⑪—e）である。

史料4—③、史料7—⑪—d等によると、具体的には次のようになる。土地所有不均衡の進行により、人丁のあいだ、そして甲のあいだに貧富の差が実在していた。とりわけ丁銀が消滅した地丁銀以降において大きな問題となっていたのは、図差の大当銀訛索によって生じる、貧しい甲における一〇年に一度の実質的な「丁銀」負担の存続、そして貧しい甲と富裕な甲とのあいだに存在する、人丁一人あたり、および単位面積あたりの負担の不均等であった。

林謙は、これらの矛盾の原因が、甲（あるいは総戸）を科派の対象単位[33]とする「大役」の制度的存続にあると考え、これを解決するために、制度上において「大役」を廃止する方向へと一挙に進んだ[34]。そして実際の改革において、「大役」は消滅し、これにともなって一〇年に一度の実質的な「丁銀」負担も消滅した。したがって、甲内の税糧を徴収してとりまとめるという「殷丁」の仕事を除けば、王朝からの科派対象、および図甲内における割当て対象は基本的には土地に一本化されることになった。ただし、対象は土地に一本化されたが、富裕な図と貧しい図とでは単位面積あたりの負担に差が存在していた。その不均等な負担として残存したものが、史料7—⑪で言及されている、改革後にも図差に支払わなくてはならない、いわゆる「行年の使用」（「行年の工食」、「総催工食」とも呼ぶ）であった。

史料7—④—bc、史料11—④—c等より、「行年の使用」とは、各総戸・子戸・爪が毎年図差に支払うものであり、これは図差が県城から下郷して「糧単」を給付すること等への経費・謝金と考えられる。その額は、図の富裕度によって異なるが、図差一名あたり銅銭で「百数十千」枚から「二百餘千」枚（一千文を一緡とすれば、百数十〜二百餘緡）であったという。そして「行年の使用」が、総戸・子戸・爪に課されていることから、また「行年の使用」については実質的な「丁銀」負担があったという言及のないことから、土地所有者のみが負担していた（すなわち、科派対象は土地）、と考えられる。

「行年の使用」がどのように割当てられていたのかは不明であるが、史料7—⑪—deにおいて、新たに「均役」の意に沿った割当て方法が提案されていることから考えれば、従来までは単位面積あたりの負担が不均等であったことがわかる。そこで提案されている「均役」の意に沿った方法とは、次のとおりである。
（1）支払いの基準は、図差の管轄する土地一〇頃ごとに銀一両とする。[35]
（2）図甲側の捻出方法は、一図ないし数図が連合し、税一頃ごとに銀三元（＝三金＝三両）を醵出し、これを貸出した利息、あるいはこれをもとに購入した田地の地代を「行年の使用」にあてる、というものである。[36]

この方法によれば、「行年の使用」の負担が、一図内、あるいは数図内において、一律均等に税一頃ごとに銀三元（しかも初年度のみ）となる。したがって、林謙の究極的主張である、土地のみを科派・割当ての対象とし、かつ単位面積あたりの負担を均等にする考えにより近づいたものといえよう。しかし史料7―⑫に「此の事、間《ま》ま各戸の長輩と之を言うも、頗る疑惑多し」とあり、また史料11の公呈文も史料12の曾望顔の書簡も、この方法については一切触れていない。したがって、当時の香山県における郷村指導層内部では、少数意見にとどまり、[37]道光二三～二四年の改革では提案されなかったと考えられる。

3　九月以降、改革プランの再考

以上に述べてきた改革案は、実現したものであれ、実現しなかったものであれ、いずれも道光二三年九月以前における林謙の考えを基礎とするものである。以下では、九月以後に大きな変化があったという林謙の考えとその改革プランについて検討しよう。

この改革プランの骨子は、史料4―⑧―cd、史料8―③―eにあるように、図差が総催を行っている現状を改め、『大清律例』『戸部則例』に則り、図甲選出の里長が実際に総催の任に就くのを復活させることに在る。図差の職務については、図甲が税糧納入に怠慢であったり、意図的に欠糧したりした時に、追徴・逮捕・拘禁することに限定している。つまり、税糧が完納されているかぎり、図差を税糧の徴収・納入過程に関与させない。また、図甲内においては、各甲の甲長（殷丁）が実質的な仕事と責任を担い、里長は甲長らを監督するのみであり、その仕事と責任はあまり重くないようにする（史料2—①、史料4—⑧—cd）というものである。したがって、この改革案は、税糧の徴収・納入機構から図差を基本的に排除するものであり、第三章の南海県仏山堡や第五章の順徳県龍山堡の改革と酷似している。

ところで、問題とすべきは、この改革案が、官に対する税糧の納入責任をどこに、あるいはだれにおいているか、である。仏山堡・龍山堡のごとく、図甲、あるいは紳士が賠納責任を負う、という記述はまったく出てこない。ただし、この改革案を説いている史料8—③と、ほぼ同時に書かれたと考えられる史料8—②において、「如《も》し或いは延宕《えんとう》せば、〔図差は〕必ず須《すべから》く的丁《てきてい》を拘到《たいほ》すべし」とあって、滞納が起きた場合の納入責任を、滞納した個別土地所有者においている。「ほぼ同時に書かれた」と考えられる史料8の②と③とのあいだに、大きな論理的矛盾はないと思われるから、里長による総催を復活させる場合でも、官に対する税糧納入責任は、これを個別土地所有者においている、と推測できよう。これは、香山県の場合には、仏山堡や龍山堡のごとく、完納のための公産設置が考慮されていないため、図ないし甲が賠納責任を負えば、従来と同様に、完納している者がかえって欠糧分を負担させられる可能性が高いからであろう。

以上、道光二三年九月以降の林謙の改革プランを検討した結果、このプランもまた、図および甲の賠納責任を否定し、同族組織の規制力（と経済力）による族人の納税実現を部分的に放棄したものであることがわかる。すなわち、表面的には、仏山堡・龍山堡の改革と酷似しているが、本質的には、似て非なるものであり、むしろ、九月以前の改革案の方向に基本的には沿うものである、といえよう。

この改革案は、史料4―⑨にあるごとく、道光二三年一二月の公呈提出時には採用されなかったものであり、「行年の使用」の負担均等化案と同じく、香山県の郷村指導層内では少数意見にとどまったものと考えられる。史料4―⑨の最後には、「例に照らして十甲の里長を公挙する事、久しく行わざれば、人多く以て煩難と為《な》すの故《ゆえ》に縁《よ》ればなり」とあり、図内十甲間の結びつきが現実においてほとんどないだけでなく、再建への動きもないことを読みとることができよう。

むすびにかえて　清末広東省における香山県図甲制の位置

実際の改革以後の香山県における図甲は、図としての結合の環である「大役」が消滅した。すなわち、図内の十甲は、税糧の徴収・納入機構上ではなんら関係をもたず、バラバラであり、各甲が個別に、かつ直接に図差へ税糧を納入することになった。ただし、甲内において、総戸・子戸・爪等を媒介として、個別土地所有者から徴税することは変わっていない。そして、甲内に欠糧があった場合、以前のように完納している者が欠糧分を負担させられることはなくなり、欠糧した土地所有者そのものが図差によってその責任を問われることになった。したがって、改革後においても、官は個別土地所有者（「丁」レベル）の税糧額を把握していなかったとすれば（註32、参照）、香山県図甲のこの姿は、第二章の史料二―1に登場した〈老戸―丁〉の姿（とくに官による「押割」以後の姿）と同じになる。すなわち、香山県におけるバラバラとなった各甲の総戸が、史料二―1に登場する「老戸」に相当しよう[38]。

珠江デルタ、とりわけ仏山堡・龍山堡・龍江堡の場合は、第三・五・六章でみるように、図としての結合が維持され、図甲制が存続した。しかし、珠江デルタ周辺以外の広東省諸県では、管見のかぎり、図甲制の存続を窺わせる史料はほとんどない。しかし第二章の史料二―1によれば、〈老戸―丁〉の形態は広東省に普遍的に存在したと考えられる。したがって香山県の事例は、図甲制（仏山堡・龍山堡・龍江堡の形態）から〈老戸―丁〉の形態（他の諸県の形態）への解体・移行を考えるうえで重要な手がかりを与えるものといえよう。

註

1　香山県は、孫文（孫中山）の生まれ故郷であることにちなんで、一九二五年に中山県と改称されている。

2　「戸」が、明らかに「花戸」（総戸）以外のものを指している例は、次のとおりである。史料4―③―cの「富戸」と「他戸」は、社会的単位としての個別家族を指す。史料7―⑤―dの「業戸」と史料8―②―cの「業戸人」は、現実の個別土地所有者を指す。史料11―⑦―aの「富戸」も、社会的単位としての個別家族、とりわけ同族内の富裕な家族を指す。

3　子戸・爪については、第一章、頁二九、四五、参照。

4　甲長は、清代の「殿丁」に相当し、甲内から税糧を徴収し、里長に納入する任にある（史料2―①、参照）。なお、「ほぼ同様に」と書いたのは次の理由による。いわゆる里甲制の規定では、図内の丁・糧多き者を上から一〇人選び、これを里長戸とするのであるが、香山県の場合は、すでに十甲に分けられており、その各甲内の丁・糧多き者一人を甲長とする。したがって、図内の丁・糧の多い上位者一〇人が必ずしも甲長となるわけではないからである。

5　丁銀とは、丁男（壮年男子）を科派対象とする諸徭役が銀納化されたものを指す。

6　史料11—②—bでは、地丁銀の実施を「雍正年間」としているが、年次まではっきりしている史料4—③—dの「乾隆四年」をとった。

7　後掲の史料全般から、〝総催〟を指して図甲側は〝里長〟とも呼んでおり、とくに区別しないで用いていたことがわかる。

8　管見では、いわゆる里甲制においても、また珠江デルタの南海県・順徳県の図甲制においても、「餉挙総催の票」に相当するものに言及した史料はない。

9　大当銀の訛索が始まったのは、地丁銀実施のころとされている（史料10）。

10　「餉挙総催の票」は「金花票《きんかひょう》」とも呼ばれていた。まず、毎年年初に、胥吏が知県に仕事始めのご祝儀（「開印銀」）として四〇〇元を送る。つぎに胥吏は負担を回収するために、図差に「餉挙総催の票」を購入させる。最後に図差がその票を「値年の甲」に購入させる、という仕組みであった。そして売却額は下にいくほど高額になる（史料3—②③、史料7—⑥—a b c等）。

11　民壮は、明代には民兵であったが、明末以後、清代には衙役化した［佐伯　一九五七、第四節「民壮の衙役化」］。

12　史料2—①から類推すると、図甲の税糧納入に遅延・滞納があった時に、民壮が派遣され、完納を督励・監視するものと考えられる。

13　「糧単」（史料2—②—b）および「限単」（史料2—①、史料2—③—b）は、総戸・子戸・爪等の納糧戸ごとに納めるべき税額が記載された納税通知書（いわゆる「易知由単」）を指していると推測される。

14　これは、史料2—①と史料11—⑧—aの定例からも推測できる。

15　南海県仏山堡の場合、納税通知書である「油単」は、胥吏から直接に図甲（とくに「該甲値年の殷丁」）に渡されており、図差を媒介としていない（第三章、頁一三三～一三四、参照）。順徳県龍山堡の場合は図差を媒介としていたと思われる（第五章、頁二七一、参照）。

16　ただし後述するように、道光期には、図差は税糧の徴収・納入には不熱心で、むしろ訛索を目的として故意に徴収しないことが多くなっていたという。

17　史料7—⑤—dに、「殷丁、本甲の業戸に催《うなが》し」とある。甲内に子戸・爪が無い場合には、「殷丁」が現実の個別土地所有者から直接に徴収するであろうが、一般的には、総戸・子戸・爪を通じて徴収すると思われる。

18　「幇役」を供出する者が「値年の甲」に所属する者にかぎられることについては、後掲史料には明示的言及はない。しかし総催を代行している図差が、「大当銀」の負担を「値年の甲」に所属する者に限定して要求しているのは、「値年の甲」に所属する者が総催の職務に就いている者に対して「幇役」を供出していたからであると推測される。

19　その捻出方法は異なるが、順徳県大良堡の原設九図でも、里長に対する援助が同治年間まで行われていた（第五章、頁二八九の註77、参照）。その詳細については西川喜久子氏の研究がある［西川　二〇一〇、頁一一九～一二〇、一五三～一五六］

20　図差は、値年の甲に対して大当銀の総額は指示するが、甲内での割当て方法までは指示していない、と考えられる。割当て方法を指示するのは、その甲の「紳耆」であろう。

21　なお、糧胥と図差とが結託し、意図的に欠糧を作り出して訛索することもある（史料11—⑧、史料12—②—a、参照）。

22　南海県の場合には、総戸をもたずに子戸のみを有する同族、および総戸・子戸をまったくもたない同族の存在を確認した。しかし、香山県の場合には、管見の史料からは確認できない。

23　史料7―⑫の「各戸の長輩」も同じであろう。なお、「分属の長老」とは、林謙一族の各支派の「長老」の意と思われる。

24　この点につき、史料12―②―bに「第四条示す所の「匿して割税せず」の一節に、「売主をして呈明せしめ、各郷の紳耆・族長に責成して清査せしむ」」とある。この部分の解釈はやや判然としないが、次のようにも解釈できよう。すなわち、「割税せず」とあるが、売買の当事者が官に対して割税しないことを問題にしているというよりは、むしろ同族組織に対して「割税」の依頼、あるいは報告をしないことを問題にしているのである、と。このように解釈できるなら、同族組織による族人掌握が弱化していることを示すであろう。なお、註32、参照。

25　ただし、順徳県龍山堡についてみたように、図甲制が動揺してくるにつれて、図甲の運営における「紳士」の比重は重くなってくると思われる。たとえば、公呈文の提出者が林謙ら「紳士」のみであったこと（史料10、史料11―①―a、史料13）、また曾望顔の書中に、「紳士」を重視した発言のあること（史料12―⑥―d e）等はその一例となろう。

26　史料7―⑥―eに「而れども〔図差は〕威勢を別戸の欠丁に倣《な》す」とある。図差が総戸・子戸・爪のレベルを越えて、丁ごとの税糧の完欠を直接に把握している、とも解釈できるが、むしろ、「別戸」（他の甲）の「殷丁」、ないし「紳耆」によって、その「欠丁」が指示され、図差がこれに訛索する、と考えた方がよいであろう。史料8―②―b、史料11―⑨―c、史料12―⑧―c等が、図差は的丁を逮捕すべきであると述べている場合も、同じであろう。

27　史料的には確認できないが、九月以前の改革案が実際の改革でほぼ実現した後では、九月以後の改革案が実現する見込みはほとんどない、といえるであろう。

28　史料13に、林謙が公呈文を提出する直前に、既得権益を守ろうとする胥吏・差役が銀千両（「千金」）を林に送って画策したが、林は受け取らなかった、とある。また公呈文提出後は、知県（「官」）の陸孫鼎に画策した、とある。このため陸が「飭挙総催の票」の廃止を決断できなくなったことが、曾望顔の陸孫鼎宛書簡から窺われる（史料12―①―c、史料12―③―g）。

29 曾望顔が福建布政使の任を降りたのが道光二四年四月（銭実甫編『清代職官年表』第三冊、中華書局、一九八〇年、頁一九一一）であることから考えて、改革は道光二四年であったと思われる。

30 曾望顔は、欠糧額を知らせる対象として、とくに紳士を指名している（史料12―⑥―d）。

31 香山県の場合、欠糧を行う者の実態については不分明である。

32 同族組織の側は、族人に納糧させるという族人に対する統制を部分的に放棄したわけであるが、他方、国家の側に個別土地所有者を把握しようという意思があったかどうかは疑問である。史料12で曾望顔が引用する知県の条示を材料に、この点を少し検討してみよう。

①林謙らの公呈文は、欠糧があった場合に、欠糧した丁そのものを図差が逮捕することを提案したが、条示はこれについて言及していない（史料12―⑤）。

②条示の第四条は、売買による土地所有権の移動を把握すべきことに触れている（史料12―②―b）。しかし官は、土地所有権の移動について、売主から官へ報告（「呈明」）させはするものの、その報告の当否を調べるのは国家権力自身ではなく、「紳耆・族長」としている。また、不正がみつかったとしても、「紳耆・族長」による訴え（「指名禀究」）があって、はじめて官が処断する（ただし、条示の全文をみることができないので、このように解釈しうるかどうか、問題が残る。なお註24、参照）。①・②を考えあわせると、王朝権力は、個別土地所有者ごとの土地所有額＝税糧額を把握することにあまり積極的ではない、といえよう。

なお、条示の第五条は、各同族の族産（「祖嘗」）の「積欠」に言及し、その解決方法を指示している（史料12―②―c）。この史料中の「欠丁」とは、族産の土地を借りているにもかかわらず、同族組織に対して地代（「租」）を納めない佃農を指すであろう。その際、知県は、族田の税糧については、佃農による地代滞納があったとしても、族産からあらかじめ立て替えて納税すべきこと、そして、地代滞納者に対しては、まずは「自ら」（＝同族組織）処理すべきこと、それでもだめな場合には訴え出る（「如違、稟請拘追」）ことを指示している。

33 〈甲（あるいは総戸）を科派の対象単位とする〉とは、貧しい甲（総戸）であれ、富裕な甲（総戸）であれ、甲（総戸）であるかぎり、一律の負担を課すという意味である。

34 ただし後述するごとく、林謙は「大役」廃止へと一挙に飛躍したことを反省し、道光二三年九月以降は、里長による総催（ただし賠納責任なし）の復活を提唱する。

35 史料7―⑪―cに「稍や優恤を示し」とあるごとく、「行年の使用」にかぎれば、以前よりも増額されている。これによって図差の訛索欲求を抑えようとするのであろう。

36 史料7―⑪―fの箇所は、「両都四図」に関する記述と、「大一二・四一二両図」に関する記述とがあるが、この史料だけでは、「両都四図」内における「大一二・四一二両図」の位置づけが未詳である。

37 なぜ少数意見にとどまったのか不明であるが、さしあたり、富裕な甲が均等化に反対した可能性と、各甲相互間における協同性の弱化の可能性とが考えられよう。

38 ただし、第二章の史料二―1より検出した老戸の特徴、「土地売買等によって生じる、各「老戸」間の税糧負担額の変動は、各「老戸」間＝各同族組織間で清算される」（第二章、頁八八）、これが香山県についても該当するかどうかは、確認できない。

参考文献

佐伯富　一九五七「明清時代の民壮について」。『東洋史研究』第一五巻第四号、第四節「民壮の衙役化」、参照。のちに、佐伯　一九六九、第一八章、転載

西川喜久子　二〇一〇『珠江デルタの地域社会―清代を中心として』私家版

史料

香山県関係史料

一　本史料のうち史料四―1～史料四―9は、黄彦　輯「林謙文選」(『近代史資料』総四四号　一九八一年六月)の一部を収録したものである。「林謙文選」そのものは、黄彦氏が鄭勉剛　輯『郷賢林若谷先生零稿』(抄本)から録出したものである。なお史料原文は、『近代史資料』収載に当たり簡体字に直して収録されている。引用者は史料原文を参照する機会を得ていないため、『近代史資料』収録のものを利用した。そして史料を本章に転載するに当たり、簡体字をすべて正字におき換えた。そのため、たとえば簡体字で「征」となっている字が、原文で「征」なのか「徵」なのかを判断できないので、すべて「徵」で表わしている等の問題点がある。

一　史料四―1～史料四―9について、原著者の註は〈著者註〉で示し、原著者による追記は〈著者追記〉で示し、編輯者の黄彦氏による註は(編輯者註)で示し、引用者による註は《引用者註》で示した。また■は、編輯者が判読できなかった字を示す。明らかな誤字については引用者が「(ママ)」を付け、その直後に修正案を【　】で示した。

一　史料四―10～史料四―13は、「林謙文選」にも掲載されているが、ここではこれに依拠せず、原載の光緒『香山縣志』に直接依拠し、史料の配列も「林謙文選」とは異なっている。

一　史料四―1、史料四―2、…等の史料番号と、①、②、…、a、b…等の番号や記号はすべて引用者によるものである。史料番号に続く史料名、たとえば史料四―1のあとの「里長札記序」は黄彦氏による命名である。①・②…は引用者による便宜的な段落分けで、a・b…も引用者による便宜的な改行である。また収録すべき史料の分量が多いため、適宜に省略を行った。なお、和訳は付けなかったが、内容理解のために簡単な書き下し文を付けた。

一　行論の本文において本史料を引用する際には、煩瑣になるので、史料番号のうち第四章を示す漢数字部分の「四

—」を省略した。

史料四—1　里長札記序

① 里長十年一届、余生閲六届矣。幼而嬉、長而游學、郷里事鮮所究心。戊戌（編輯者註　道光十八年。一八三八年）咨催赴直（編輯者註　直隷省）、以侍養得請家居。

里長、十年ごとに一たび届《あた》り、余生まれてより六届《かい》を閲《けみ》す。幼くして嬉《たわむ》れ、長じて游学すれば、郷里の事、究心する所鮮《すく》なし。戊戌（編輯者註　道光十八年。一八三八年）、咨催せられて直（編輯者註　直隷省）に赴くも、侍養を以て家居するを請うを得。

② 今歳癸卯（編輯者註　道光二十三年。一八四三年）、余族値年、漫以爲照前届辦耳。而圖差乃索二百金、視前加倍。

今歳癸卯（編輯者註　道光二十三年。一八四三年）、余の族値年となり、漫《いたず》らに以為《おも》えらく「前届に照らして辦ずるのみ」と。而《しか》れども図差は乃ち二百金を索むるは、前に視《くら》べて加倍す。

③ 因周咨博考、經八閲月、始盡悉其情。隨耳所聞、目所見、心所觸、綴輯成文。故語有詳略、情或異同、要以九月以後所著爲合。毎欲逸其前數篇、又念以桑梓至近、而民生之困、弊積之深、良法美意之遷變失實、尚且懵然如此、則所謂「吾斯之未能信、豈必在遠者大者哉！」姑存之以志吾過焉。十月望前五日若谷自識。

因りて周咨博考し、八閲月を経て、始めてその情を尽悉せり。耳の聞く所、目の見る所、心に触れる所に随い、成文を綴輯す。故《ゆえ》に語に詳と略と有り、情に或いは異同あれば、要《かなら》ずや九月以後に著《あら》わす所を以て合《だとう》と為す。毎《つね》にその前の数篇を逸《かく》さんと欲するも、又念《またおも》えらく、桑梓の至近を以てするも、而れども民生の困《くる》しび、弊積の深き、良法美意の遷変して実を失うことすら、尚お且つ懵然《ぼうぜん》（無知）たること此《か》くの如《ごと》ければ、則ち所謂「吾斯《これ》を之《これ》未だ信ずる能わざるも、豈に必ずしも遠きに在る者《こと》、大ならんや！」と。姑《しばら》く之を存し以て吾過《わがとが》を志《しる》さん。十月五日若谷自ら識す。

史料四―2　里長圖差源流遷變考略

①　徵輪一項、査『大清律例』、「十里（ママ）【甲】輪當里長、催辦錢糧」、又欽定『戸部則例』、「毎戸應徵銀米限單、發給甲内首名」。是糧務只責成甲首〈著者註　卽本戸殷丁〉、而以里長督之〈著者註　里長本稱「督催」〉、幷不假手差役。惟里甲怠誤及花戸頑欠、然後差追比追而已。

徵輪の一項は、査するに『大清律例』に「十里（ママ）【甲】、里長に輪当し、銭糧を催辦す」と、又《ま》た欽定『戸部則例』に「戸ごとに応に徴すべき銀米の限単は、甲内の首名に発給す」とあり。是れ糧務は只《た》だ甲首〈著者註　即ち、本戸の殷丁〉に責成し、而《しか》も里長を以て之を督せしむるのみにして〈著者註　里長は本《も》と「督催」と称す〉、並《いささ》かも差役に仮手せしめず。惟《た》だ里甲の怠誤及び花戸の頑欠ありて、然る後に差追・比追するのみ。

②a　國初、有派民壯坐催各圖者、謂之「圖差」。

b　其時民壯・圖差未分爲二、亦不過坐地催趲里長・甲首、未嘗手執十甲糧單、遍各花戸而催之。如今日之「走圖」也。

c　然以其增設非例、擾害百姓、已有請行革汰者。

a　国初、民壮を派して各図に坐催せしむる者有り、之を〝図差〟と謂う。

b　その時、民壮・図差未だ分かれて二と為らず。亦た坐地して里長・甲首に催趲するに過ぎずして、未だ嘗て十甲の糧単を手執し、各花戸に遍くして之に催《うなが》さず。今日の〝走図〟の如きなり。

c　然れどもその増設は例に非ずして、百姓を擾害するを以て、已に革汰を行うを請う者有り。

③a　今我邑圖差、本是民壯雇來幇辦散役、却假借里長事例、用民壯保擧。

b　而例應發給各甲之限單、皆其總握、名爲圖差、實是里長矣。

c　又以例應十甲輪當里長、遂換一「總催」名目、向値年該戸飭議擧充。

d　民間不察、亦虚沿舊例、倩圖差包攬、銀兩恣其所索。

e　而圖差既攬充里長、又似於民壯別爲一途、復以保擧圖差之民壯爲「督催」、串同作弊。

f　於是行於民者有里長「總催」、又有甲長「協催」。而官之糧差有圖差「協催」、又有民壯「督催」。冬月更有「找差」・「簽差」之遺、且益以門丁親隨、謂之「緊催」。遂不勝其擾。而惟正之供、半耗於供億、中飽於胥役矣！

a　今、我が邑の図差は、本《もと》と是《これ》民壮の雇来して散役を幇辦せしむるものなるも、却って里長の事例に仮借し、民壮の保挙せるを用う。

b　而も例として応に各甲に発給すべきの限単は、皆その（図差）総握すれば、名は図差たるも、実は是れ里長たり。

c　又《ま》た例として応に十甲輪当すべき里長を以て、遂に一〝総催〟の名目に換え、値年の該戸に向かい飭議して挙充せしむ。

d　民間察せざれば、亦旧例に虚沿し、図差に倩《たの》みて包攬せしむれば、銀両はその（図差）索むる所に恣《ほしいまま》にせらる。

e　而も図差既に里長に攬充し、又た民壮別に一途を為《な》すに似れば、復た図差を保挙せるの民壮を以て〝督催〟と為し、串同して弊を作《な》す。

f　是に於いて、民に行わるる者に、里長の〝総催〟有り、又た甲長の〝協催〟有り。而も官の糧差に、図差の〝協催〟有り、又た民壮の〝督催〟有り。冬月に更に〝找差〟・〝簽差〟の遺有り、且つ益すに門丁の親随を以てし、之を〝緊催〟と謂う。遂にはその擾に勝《た》えず。而も惟正の供（税糧等の国家への直接税）、半ばは供億に耗《つい》やされ、胥〔吏〕・〔差〕役に中飽せらる。

④〈著者追記　里長催糧、古例相沿。康熙時、以其擾害百姓、廷議革除、而督催專責之各甲戸首〈著者註『福惠全書』〉。直省州縣奉行、參差不一。陸稼書〈著者註　隴其〉先生知靈壽、朱可亭〈著者註　軾〉先生撫兩浙、皆革去里長、其最著者也。〉

〈著者追記　里長の催糧、古例より相沿す。康熙の時、その百姓を擾害するを以て、廷議して革除し、而して督催は専ら之を各甲戸首に責む〈著者註『福惠全書』に見ゆ〉。直省の州県奉行するも、参差一ならず。陸稼書〈著者註　隴其〉先生霊寿〔県〕を知し、朱可亭〈著者註　軾〉先生両浙を撫すに、皆な里長を革去するは、その最も著《あき》らかなる者なり。〉

史料四―3　金花票

①（省略）

② 査圖差預年就糧房指買圖票、又從民壯貼（ママ）【帖】定頭役。至來春開篆、紅示徵糧、糧房送票、某圖著某差催糧、圖差某以民壯某督催。其票謂之「金花票」。

査するに、図差 預《あらかじ》め年ごとに糧房に就きて図を指して票を買い、又た民壮従《よ》り帖もて頭役に定めらる。来春の開篆に至り、徴糧を紅示するに、糧房は票を送り、「某図は某差に著《ちゃく》して催糧せしめ、図差某は民壮某を以て督催せしむ」と。その票は之を〝金花票〟と謂う。

③ 有規銀四百圓、爲開印利肆。謂之「金花銀」。不過門印等沾潤而已、而圖差遂指爲官禮、且捏稱謫里長銀一百圓、內署拆（ママ）去三成、以懾嚇愚民。

規銀四百元の開印の利肆（知県への仕事始めの御祝儀）と為すもの有り。之を〝金花銀〟と謂う。門印（県衙門の印章＝知県を指す）等の沾潤するに過ぎざるのみなるも、而れども図差は遂に指して官礼と為し、且《か》つ捏称して里長に銀一百元を謫《もと》め、内署拆（ママ）去三成、以て愚民を懾嚇す。

④（省略）

史料四―4　糧總催議

① 蓋聞興利莫如除害、撫字即在催科。至其事爲鄰縣所無、而吾邑獨有、下累民生、上虧國課、則徵糧之總催是也。

蓋し聞く、利を興すは害を除くに如《し》くは莫く、撫字は即ち催科に在り、と。その事、隣県の無き所と為《な》るも、而《しか》して吾が邑のみ独り有りて、下は民生を累《わずらわ》し、上は国課を虧《そこな》うに至るは、則ち徴糧の総催、是れなり。

②a 糧之有總催者、凡同圖之十甲、每年輪一甲值其圖內糧務、十年而周。

b　首歳、官飭舊催擧報値年之甲、承充總催。

c　而民間相沿、謂之「當大役」、亦曰「當里長」、所輸之銀曰「幇役」。

a　糧の総催有るとは、凡《およ》そ同図の十甲、毎年一甲に輪《まわ》してその図内の糧務に値《あ》たらしめ、十年にして周《かえ》るなり。

b　首歳（陰暦正月）、官は旧催（旧年の総催）に飭《ちょく》して値年の甲を挙報し、総催に承充せしむ。

c　而して民間相沿いて、之を〃大役に当たる〃と謂い、亦た〃里長に当たる〃と曰い、輸《おく》る所の銀は〃幇役〃と曰う。

③

a　蓋嘗求其故矣。夫糧出於田、無田則無糧。役出於丁、成丁則有役。二者固殊焉。

b　國初徭役、尚沿明舊。里有十甲、各推其丁糧多者爲甲長。歳役、於十甲長中輪一人爲里長、重其一里之事。凡十年一周、曰「排年」。

c　是時富戸苦累不堪、則有將田產詭寄他戸以避徭役者。又有預先鬻產以居於次富者。皆由十甲丁銀責成里長科斂輸納故也。

d　洎乾隆四年、以康熙五十年所定丁額匀攤入田畝中徵輸、別無丁役銀兩、貧民富室共沐鴻慈。此鄰縣之所以弁蠲、吾邑則已蠲而獨存其名歟！

e　夫丁與糧相因也、徵糧與徵役相兼也、則以徵役之里長轉爲徵糧之總催、豈足異哉！

f　而今則民重困矣。留一總催之名、以税則上薄取而下厚取矣、以丁則上無取而下游取矣！

g　數百頃之戸所斂以與圖差者、每畝銀數釐或滿分、猶爲言也。二三十頃者、畝滿錢。十頃以下、錢有加、丁或出銀助之。一二頃者、畝須二三錢、丁如之。卽至丁糧幾絶之戸、亦必籌辦三四十金、乃免其擾。以故短嘗缺祭、賣男鬻女、每値輪《ママ》【輪】年、輒爲大戚。

h　夫總催之所催者糧也、赤貧之丁追呼宜不及矣。茲則以戸爲主、毎十年而一輪。故無税而有丁者猶不免焉。斯上可驗、此例之昉自當役、而今日之苦累、其在富戸猶少、而貧戸白丁之受困爲不堪也。

a　蓋し、嘗てその故を求む。夫《そ》れ糧は田より出ずれば、田無くんば則ち糧無し。役は丁より出ずれば、丁と成れば則ち役有り。二者固《もと》より殊《こと》なれり。

b　国初の徭役、尚《な》お明の旧に沿う。里ごとに十甲有りて、各々その丁・糧多き者を推して甲長と為す。歳ごとの役は、十甲長中より一人に輪《まわ》して里長と為し、その一里の事を重んぜしむ。凡《およ》そ十年して一周すれば、〝排年〟と曰う。

c　是《こ》の時、富戸の苦累堪えざれば、則ち田産を将《も》って他戸に詭寄《きき》し以て徭役を避けんとする者有り。又た預先《あらかじめ》産を鬻《ひさ》ぎ以て次富に居らんとする者有り。皆な十甲の丁銀、里長に責成して科斂・輪納せしむるの故に由《よ》るなり。

d　乾隆四年（一七三九）に洎《およ》び、康熙五十年（一七一一）に定むる所の丁額を以て匀《あまね》く田畝中に攤入して徴輸せしめ、別に丁役の銀両無からしむれば、貧民・富室共《とも》に鴻慈に沐《うるお》う。此れ、隣県の幷《あわ》して蠲《のぞ》かる所以なるも、吾が邑なれば則ち已に蠲《のぞ》かるるも而れども独りその名を存すか。

e　夫《そ》れ、丁と糧とは相い因り、徴糧と徴役とは相い兼ぬるものなれば、則ち徴役の里長を以て転じて徴糧の総催と為すは、豈に異とするに足らん。

f　而れども今は則ち民は重ねて困《くるし》むなり。一総催の名を留め、税は則ち上は薄取して下は厚取するを以てし、丁は則ち上は取ること無くして下は游《ほしいまま》に取るを以てす。

g　数百頃の戸、斂《あつ》めて以て図差に与うる所の者、畝ごとに銀数厘或いは満分（一分）なるも、猶お言《ふまん》を為《な》すなり。二、三十頃の者は、畝ごとに満銭（一銭）。十頃以下のものは、銭に加ありて、丁ごとに或いは銀を出《い》だして之を助く。一、二頃の者は、畝ごとに二、三銭を須《もち》い、丁ごとに之（二、三銭）に如《ひと》し。即《たと》い丁・糧幾絶の戸に至るも、亦た必ず三、四十金を籌辦して、乃ちその（図差の）擾を免かる。故《ここ》を以て嘗（嘗産＝族産）を短くし祭（祖先祭）を欠き、男を売り女を鬻げば、輪年に値《あ》たるごとに、輒ち大戚と為す。

h　夫れ、総催の催《うなが》す所の者は糧なれば、赤貧の丁、追呼は宜しく及ばざるべし。茲《これ》（当役、当大役）は則ち戸を以て主と為すれば、十年ごとに一たび輪《まわ》る。故に税（税糧）無きも丁有る者は猶お免れず。斯上より験《たしか》むるべし、此の例の役に当たるに自《よ》り防《はじ》まり、而も今日の苦累、その富戸に在ること猶お少なくして、貧戸白丁の受困すること堪えざるを為すを。

④ a　且夫州縣之所重者、糧務也。百姓踊躍輪將、官之利而非圖差所利也。

b　爲圖差者、每歲故爲延宕、以收取陋規。積壓以至當總催之年、度其力必不能頓清積欠、甲内人亦無敢當總催之責、因得肆其婪索。而無如之何。迨飽其所欲、則舊欠新徵、俱置不問。至於明歲、總催又在別甲、而此甲之新糧又成舊欠、欠愈多則索愈重。如權子母者、本不能歸、而取子反得以私收其厚息也。

c　至於并無積欠之戶、又以「九甲有欠、同催同比」難之、遂亦俛首而聽其詐訛。

d　十頃之戶、正供可得而稽也、輒訛至一二百金。一頃之戶、正供更無幾也、且訛至七八十金。

e　以多年納糧之項、悉輸現年之圖差、小民惟知吏役之可畏。既謁其仰事俯畜者、又拮据稱貸以奉之、安能復有贏餘源源上納也。

f　立一總催之名、本期有裨糧務、乃不獨毫無裨益、且大有虧害、亦徒令圖差多一重詐索於百姓而已矣！

a　且つ夫れ州県の重んずる所の者は、糧務なり。百姓踊躍して輸将するは、官の利となるも図差の利する所に非ざるなり。

b　図差と為りし者は、毎歳故《ことさら》に延宕を為し、以て陋規を収取す。積圧し以て総催に当たるの年に至れば、その（値年の甲）力《つと》むるも必ず頓《とみ》に積欠を清する能わず、甲内の人も亦た敢えて総催の責に当たること無きを度《はか》り、因りてその婪索を肆《ほしいまま》にするを得。而れども之を如何ともする無し。その欲する所を飽《あ》くに迨《およ》べば、則ち旧欠・新徴、倶《とも》に不問に置く。明歳に至り、総催は又《ま》た別甲に在り。而れども此の甲の新糧、又《ま》た旧欠を成すれば、欠愈《いよ》いよ多ければ則ち索も愈いよ重し。権子母者（金銭を貸して利殖する者）の、本（元金）帰する能わずして、而《しか》して子（利息）を取るに反って得て以てその厚息を私収するが如きなり。

c　並《いささか》も積欠無きの戸に至っては、又《ま》た「九甲に欠有れば、同《とも》に催《うなが》し同《とも》に比《くら》ぶ」を以て之を難《なん》ずれば、遂に亦た俛首してその詐訛するに聴《まか》す。

d　十頃の戸なれば、正供は得べくも而《しか》れども稽《とど》め、輒ち訛すること一、二百金に至る。一頃の戸なれば、正供は更に幾《いく》ばくも無きも、且《まさ》に訛すること、七、八十金に至らんとす。

e　多年納糧の項は、悉く現年の図差に輸《おく》るを以て、小民は惟《た》だ吏役の畏るべきを知るのみ。既にその仰事俯畜する者《こと》に竭《つく》し、又《さら》に拮据称貸し以て之（図差）に奉つれば、安んぞ能く復た贏余有りて源源と上納せんや。

f　一総催の名を立つるは、本《も》ともと糧務を裨《たす》くる有るを期すればなるも、乃《しか》るに独《ただ》に毫も裨益無きのみにあらずして、且つ大いに虧害有りて、亦た徒《いたずら》に図差をして多一重《さらにいっそう》百姓より訛索せしむるのみ。

⑤a〜c、e〜j（省略）

d　香邑計四十四圖、毎歳應有四十四總催。而數十年來未見有一總催親履十甲之門者。要皆各甲自與其戸爪相爲籌辦、而圖差督之而已。夫謂之圖差、即總一圖十甲而催之者也。

香邑は四十四図を計《かぞ》うれば、毎歳応に四十四総催有るべし。而れども数十年来未だ一総催の親しく十甲の門を履《ふ》む者有るを見ず。要《かなら》ず皆な各甲自らその戸爪とともに相い籌辦を為し、而して図差は之を督するのみ。夫れ、之を図差と謂うは、即ち一図十甲を総《す》べて之に催《うなが》す者なればなり。

⑥⑦（省略）

⑧a　〈著者追記　此論事之文也。層折清挑剔醒、其體固應如是。――自註。

b　里長總催十甲、圖差亦是總催十甲、故此議謂有圖差而飭擧總催之票可撤也。

c　然此特據時弊云然。考『大清律例』・『戸部則例』、催徴只是責成里甲。蓋其人皆由民間公擧、以其鄕人而催鄕戸、可無滋弊。而各管各甲、催趲易周。故雖里長、亦只督催各甲長。至完欠細數、則發給於甲長。是催輸尤以甲長爲重也。惟摘欠拘比、乃差之職耳。

d　今吾邑圖差、手持十甲新舊欠數。是以里長・甲長職事歸併於差、而訛索之弊日以益甚、則汰圖差而復里長總催之舊、乃爲合也。――九月上旬再記。〉

a 〈著者追記　此れ事を論ずるの文なり。層折・清挑・剔醒するに、その体は固より応《まさ》に是《かく》の如くあるべし――自ら註す。

b 里長、十甲を総催し、図差も亦た是れ十甲を総催す。故に此の議は、図差有れば而《しか》らば飭挙総催の票は撤すべきを謂うなり。

c 然れども此れ特《た》だ時弊に抛りて然云《しかい》うのみ。考《かんが》うるに、『大清律例』・『戸部則例』に、「催徴は只だ是れ里甲に責成するのみ」と。蓋し、その人皆な民間より公挙し、その郷の人を以て郷の戸に催せば、滋弊無かるべけん。而も各々《おのおの》各甲を管せば、催趲周《めぐ》り易し。故に里長と雖も、亦た只だ各甲長を督催するのみ。完欠の細数に至っては、則ち甲長に発給す。是《これ》催輸尤も甲長を以て重と為すなり。惟《た》だ摘欠・拘比のみは、乃ち差の職なり。

d 今、吾が邑の図差、手に十甲の新旧の欠数を持つ。是《ここ》を以て里長・甲長の職事、差に帰併せり。而《しか》れども訛索の弊、日ごとに以て益々甚しければ、則ち図差を汰《のぞ》きて里長総催の旧を復するは、乃ち合たるなり――九月上旬再び記す。〉

⑨〈著者追記　厥後聯呈、仍請專用圖差而撤飭擧總催之票。緣照例十甲公擧里長事久不行、人多以爲煩難故也。――十二月下旬又記。〉

〈著者追記　その後連呈するに、仍《よ》りて専らに図差を用うるも飭挙総催の票を撤するを請う。例に照らして十甲里長を公挙する事、久しく行わざれば、人多くは以て煩難と為すの故に縁《よ》ればなり。――十二月下旬又《ま》た記す。〉

史料四―5　寄澡蓮書（省略）

史料四―6　罷里長帖與族衆

①a 里長一事、就同圖之十甲挨次輪當。官謂之總催。

b 其實總催十甲糧務、卽是圖差爲之、而殿丁各催其本甲、數十年來未嘗有一總催偕圖差沿催十甲也。

c 特圖差得飭擧總催之票、卽向該甲訛一大注。

d　其名爲里長者、幷本甲糧亦不用催、止就各甲丁科此項銀交與圖差、實圖差之私人而已、非官飭擧本意也。

e　而里長亦須酬勞、皆在田丁攤出、黠者又從中染指。故每遇輪年、則舊欠新徵、俱不若擧里長■圖差之緊要者、欠積累累、上虧國課、下累族人、誠非■■。

a　里長の一事は、就《すなわ》ち同図の十甲、次を俟《ま》ちて輪当す。官之を総催と謂う。

b　その実、十甲の糧務を総催するは、即ち是れ図差之を為し、而も殷丁各《おの》おのその本甲を催せば、数十年来未だ嘗て一総催の図差と偕《とも》に十甲を沿催すること有らざるなり。

c　特《た》だ図差は飭挙総催の票を得れば、即ち該甲に向かいて一大注《たいきん》を訛《たか》る。

d　それ名は里長と為す者、本甲の糧すら亦た催すに用《およ》ばず、止《た》だ各甲の丁に就《つ》きて此項銀（丁銀）を科して図差に交与すれば、実に図差の私人たるのみにして、官の飭挙の本意に非ざるなり。

e　而も里長亦た酬労を須《もと》むるに、皆な田・丁に在りて攤出し、黠なる者は又《さら》に中に従《た》って染指す。故に輪年に遇うごとに、則ち旧欠・新徴は、俱不若擧里長■圖差之緊要者、欠の積むこと累累とし、上は国課を虧《か》き、下は族人を累《わずら》わし、誠非■■。

②

a　查圖差所以婪索者、皆因該甲糧欠頓難掃完。故必絶其欲壑而後無事。

b　本族向亦相沿積習。故以七八頃糧税、每屆加增、由二十而六七十、至於百圓有奇。今歳、圖差竟索至二百金、且抄示舊欠一單。

c　余謂「與其賄差、何如完欠」。幸我族知義、清完舊糧、可無藉口。而上忙已過、新徵亦應上納、乃徘徊觀望、且數以「議里長」爲言、何哉！

a　查するに、図差の婪索《らんさく》する所以の者は、皆な該甲の糧欠頓《とみ》に掃完し難きに因る。故に必ずその欲壑を絶ちて而る後に事《こと》無からん。

b　本族向《さき》より亦た積習を相沿す。故に七、八頃の糧税を以て、届《かい》ごとに加増せられ、二十よりして六、七十となり、百元有奇に至る。今歳、図差は竟《つい》に索《もと》むること二百金に至り、且つ旧欠の一単を抄示せり。

c　余謂えらく、「その差（図差）に賄《まいな》うよりは、何ぞ完するに如《し》かん」と。幸いにして我が族義を知り、旧糧を清完すれば、〔図差〕藉口《しゃこう》すること無かるべし。而《しか》れども上忙已に過ぎ、新徴亦た応に上納すべきに、乃ち徘徊観望し、且つ数《しば》しば「里長を議せん」を以て言と為すとは、何ぞや！

③（省略）

④a　至於分屬長老、族有欠糧者、宜諭之以義、悚之以法。若仍照舊抽捐、必不能責其拖延糧務。

b　今我族已於六月聯有依限完糧之約、自應照約辦理。不須順差之欲、違官之意、無益於上、爲累於族、而汲汲然惟議里長之是務也。

a　分属の長老に至っては、族に欠糧する者有らば、宜しく之に諭《さと》すに義を以てし、之を悚《おそ》れしむるに法を以てすべし。若《も》し仍りて旧に照らして抽捐せば、必ずその（族人の）糧務を拖延せるを責むる能わず。

b　今、我が族已に六月に限に依り完糧せんとの約を連有すれば、自《おの》ずから応に約に照らして辦理すべし。差の欲に順《したが》い、官の意に違い、上に益無く、族に累を為して、汲汲然として惟《た》だ里長の是務のみを議するを須《もち》いざるなり。

⑤〈著者追記　是年七月中余族尚未妥説里長銀兩、圖差多方恐嚇。論者皆謂「里長原屬令甲、且通邑相沿已久」。須議人承服、彼乃無辭。余獨議罷之。衆疑其抗違也、因著此帖以解之。〉

〈著者追記　是の年の七月中、余の族尚お未だ里長の銀両を妥説せざれば、図差は多方恐嚇す。論者皆な謂う「里長原《もと》と令甲（政令）に属し、且つ通邑の相沿うこと已に久し」と。須《すべか》らく人に議して承服せしむべきに、彼（族内の論者）に乃ち辞無し。余のみ独り之（里長）を罷《のぞ》くを議す。衆（族人たち）はその抗違を疑えば、因《よ》りてこの帖を著《あら》わし以て之を解かん。〉

史料四―7　里長條説與兩都

①a　香邑各圖戸、毎十年輪當現年一屆。

b・c・d（省略）

a　香邑の各図の戸、十年ごとに現年に輸当すること一届なり。

②a　嘗詰其故、則以「幇役」爲詞。査此項名目、官謂之「糧總催」、城廂謂之「當大役」、糧房亦曰「當役」、郷閒謂之「當里長」。所輸之銀曰「幇役」。

b　然糧出於田、役出於丁。自乾隆四年（一七三九）將丁銀攤入地畝、而力役之徵統於糧税、役不用當、況大役乎。

a　嘗てその故を詰《と》うに、則ち〝役を幇《たす》く〟を以て詞と為す。此項の名目を査するに、官は之を〝糧の総催〟と謂い、城廂は之を〝大役に当たる〟と謂い、糧房も亦た〝役に当たる〟と謂い、郷間は之を〝里長に当たる〟と謂う。輸《おく》る所の銀は〝役を幇く〟と謂う。

b　然れども糧は田より出で、役は丁より出ず。乾隆四年（一七三九）に丁銀を将《も》って地畝に攤入し、而も力役の徴は糧税に統《す》べてより、役は当たるに用《およ》ばざれば、況んや大役をや。

③a　或曰：「此衙門飯食、若督撫兩院之有役食也」。

b　今査國庫年中所派、并非別有一椿（ママ）夫役取給民間之項。止係雇人應卯代比、以爲「板費」。

c　各役見圖差有此注大錢、因多設名目以取之。如皂班「簽銀」、「燒紙銀」、則視圖差所索之多寡、以爲拆（ママ）頭【折頭】。

d　且圖差係由民壯保擧、從前圖差只「謝民壯銀」一二圓、後來定做四等。天字號索謝四十圓、地字號索謝二十四圓、人字號索謝十四圓、和字號索謝十圓。謂之「舘例銀」。又有四、六、八、十之名、亦以天地人和爲等、而取其十圓、八圓、六圓、四圓、做神誕戲銀。於是民壯所入亦不貲。此高光爲頭役時所設例也〈眉註　高光爲民壯頭役、在道光三、四年間（一八二三、一八二四）〉。至比卯所以催糧、乃雇人代比、而責民閒輸錢以爲「板費」。統謂之「幇役」、可乎？

a　或るひと曰く、「此れ衙門の飯食にして、督撫両院の役食（衙役の工食）有るが若《ごと》きなり」と。

b　今査するに、国庫の年中に派する所に、並《いささ》かも別に一椿（ママ）役の民間より取給するの項有るに非ず。止《た》だ人を雇い、卯に応じて代比せしむるに係《かか》れば、以て〝板費〟と為すのみ。

c　各役（県衙門の各衙役）、図差に此注《このような》大銭有るを見、因りて多く名目を設け以て之を取らんとす。皂班の〝簽銀〟、〝焼紙銀〟の如きは、則ち図差索む所の多寡と視《くら》べ、以て折頭《ねびき》を為す。

d　且つ図差は民壮より保挙するに係《かか》り、従前、図差は只だ〝謝民壮銀〟一、二元のみなるも、後来定めて四等と做《な》す。天字号〔の図〕には謝四十元を索め、地字号〔の図〕には謝二十四元を索め、人字号〔の図〕には謝十四元を索め、和字号〔の図〕には謝十元を索む。之を〝館例銀〟と謂う。又《さら》に四、六、八、十の名有りて、亦た天、地、人、和を以て等と為し、而してその十元、八元、六元、四元を取りて、神誕戯銀と為す。是《ここ》に於いて民壮の入る所も亦た不貲《ばくだい》なり。此れ高光の頭役と為りし時に設くる所の例なり〈眉註　高光、民壮の頭役と為りしは、道光三、四年間（一八二三、一八二四）に在り〉。比卯の催糧する所以に至りて、乃ち人を雇いて代比せしめ、而も民間に責めて銭を輸《おく》らしめ、以て〝板費〟と為す。統《す》べて之を〝役を幇く〟と謂うは可なるか。

④　a　況圖差雇人代比、年中約錢二三十千。

b　而毎戸各有子・爪、或銀或錢、均有給與。謂之「行年使用」。

c　如四一二列人字號、約錢二百餘千。大一二列和字號、約錢二百千。則糧税之多、列天字・地字等票者、所入更厚。

d・e・f（省略）

a　況んや図差人を雇いて代比せしむるに、年中に約《およ》そ銭二、三十千なるをや。

b　而も戸ごとに各《おの》おの子・爪有れば、或いは銀、或いは銭もて均しく〔図差に〕給与する有り。之を〝行年の使用〟と謂う。

c　四一二〔図〕の如きは人字号に列すれば、約《およ》そ銭二百余千なり。大一二〔図〕は和字号に列すれば、約そ二百千なり。則ち糧税の多く、天字・地字の等に列せし〔図の〕票は、入る所は更に厚し。

⑤a・b・c・e（省略）

d　計香邑四十四圖、毎年應有四十四總催。乃數十年來、豈弁《（ママ）》無一總催隨圖差催糧、只是殷丁催本甲業戸、圖差催十甲殷丁。與客圖一様、毫無誤公、緣圖差便是十甲總催。其圖差既經民壯保擧、自要揀熟識花戸者充其選。

d　計《はか》るに香邑は四十四図なれば、毎年応に四十四総催有るべし。乃《しか》るに数十年来、豈《（ママ）》に弁《いささか》も一総催の図差に随いて催糧する無きは、只だ是れ殷丁本甲の業戸に催し、図差十甲の殷丁に催せばなり。客図と一様にして、毫も誤公無きは、図差は便《すなわ》ち是れ十甲の総催たるに縁《よ》る。それ図差は既に民壯の保挙を経れば、自《おの》ずから要《かなら》ずや花戸を熟識する者を揀《えら》びてその選に充《あ》てん。

⑥a　然則圖差之索銀、本無其名、實以用銀買票、而求償於値年之戸耳。

b　夫房之賣票、非德也。今糧胥乃計其圖份肥瘠、差議價錢。不問何人皆得指圖買票以充圖差。冬間先交過銀、至來春圖差得票、遂因以爲利。

c　買於房既貴、則索於民亦多。索於民愈多、則買於房益貴。其所以逐屆加增、大爲民累、總由於此。

d　且此不獨累民、幷害糧務。查各戸當現年時、中戸毎畝科銀一二錢、下戸毎畝科至一圓或一兩不等、且人丁又要幇銀。如此拮據以奉差、勢不能不拖延糧務。

e　至於圖差得賄、則此戸新徵・舊欠多所寛假、而做威勢於別戸欠丁。迨至明歲輪到別戸値年、而此戸新徵已成舊欠、圖差又得做威勢以訛之。積欠累累、追比不應、又職此之由也。

a　然らば則ち図差の銀を索むること、本《も》ともとその名無く、実は銀を用いて票を買い、而して償を値年の戸に求むるを以てするのみ。

b　夫《そ》れ房の票を売るは、非徳なり。今、糧胥は乃ちその図份の肥瘠を計《はか》り、差は価銭を議す。何人たるかを問わず皆な図を指して票を買い以て図差に充《あ》たるを得。冬間に先ず銀を〔糧胥に〕交過《わた》し、来春に至れば図差票を得て、遂に因りて以て利と為す。

c　房より買うこと既に貴ければ、則ち民より索むることも亦た多し。民より索むること愈《いよ》いよ多ければ、則ち房より買うこと益《ま》すます貴し。その届を逐うて加増し、大いに民累と為る所以は、総《す》べて此れに由《よ》る。

d　且つ此れ独り民を累《わずら》わすのみにあらずして、並びに糧務を害す。査するに、各戸現年に当たりし時、中戸なれば畝ごとに銀一、二銭を科し、下戸なれば畝ごとに科すること一元、或いは一両不等に至り、且つ人丁にも又《ま》た幇銀を要《もと》む。此《か》くの如く拮拠《きっきょ》し以て差に奉《たてまつ》れば、勢い糧務を拖延せざる能わず。

e　図差賄を得るに至れば、則ち此の戸の新徴・旧欠、寛仮する所多く、而して威勢を別戸の欠丁に倣《な》す。明歳に至り輪到して別戸の値年するに迨《およ》ぶも、而れども此の戸の新徴已に旧欠を成せば、図差又《ま》た威勢を倣し以て之（「此の戸」）に訛《たか》るを得。積欠累々とし、追比せらるも応ぜざるは、又《ま》た此れが由《ゆえ》の職《ため》なり。

⑦

a　夫圖差如此婪索、而民每恪謹與之者、亦有故。

b　緣圖差於值年之戶、知其每有積欠。則索之、欠愈多者索愈重。

c　該戶亦不完積欠、求當於差、則黽勉應之。

d　是圖差藉總催之名以索賄、而戶丁又藉里長之名以行賄也。

e　夫一戶之中、總有早清糧務者、今以頑丁欠糧、而族紳・鄉耆乃令凡享田者均出以賄差。甚至白丁亦受波累。不平孰甚於此！

f　且既責以出錢賄差、則不欠者有時而欠、亦無辭以責之矣。以賄差之銀完欠、則欠可漸清。以完欠之銀賄差、則欠且愈積。其得失不較然哉！

a　夫《そ》れ図差此《か》くの如く婪索し、而も民毎《つね》に恪謹して之に与うるは、亦た故《ゆえ》有り。

b　図差の値年の戸に於ける、その毎《つね》に積欠有るを知るに縁《よ》る。則ち之に索むるに、欠愈《いよ》いよ多き者は索むること愈いよ重し。

c　該戸も亦た積欠を完せず、当（当役、当大役）を〔図〕差に求むれば、則ち黽勉して之に応ず。

d　是れ図差、総催の名に藉り以て賄を索め、而して戸丁（殷丁）も又《ま》た里長の名に藉り以て賄を行うなり。

e　夫《そ》れ一戸の中、総じて糧務を早清する者有るも、今《いま》頑丁の欠糧するを以て、族紳・郷耆は乃ち凡《すべ》ての享田者

（土地所有者）をして均しく出ださしむるに〔図〕差に賄うを以てす。甚だしくは白丁（非土地所有者）も亦た波累を受くるに至る。不平たること孰《いず》れの此れより甚だしからんや。

f　且つ既に責めて以て出銭せしめて差に賄わば、則ち不欠の者時として欠すること有るも、亦た辞の以て之を責むるもの無し。差に賄う銀を以て欠を完せば、則ち欠は漸く清となるべし。欠を完するの銀を以て差に賄わば、則ち欠たること且《まさ》に愈いよ積まん。その得失は較然たらざらんか。

⑧a　或謂、「吾不賄差、而圖差逼吾承服、以〝同比同催〟來難、將如之何？」是説也、又圖差所以嚇無積欠之戸者也。

b・c・d・e（省略）

a　或るひと謂《い》わく、「吾れ〔図〕差に賄《まいな》わざらんとするも、図差吾に逼《せま》りて承服せしむるに、〝同比同催〟を以て来りて難ずれば、将《まさ》に之を如何せん」と。是の説や、又《ま》た図差の積欠無きの戸を嚇す所以の者なり。

⑨a　査飭擧總催之票、原令舊催協同値年之戸會議擧報、今圖差空持票來、而舊年總催實是烏有、安得會而議之？

b　是圖差先無以應我也。

c　況官之飭擧總催、爲催糧也、今既不用催糧、止爲圖差催訛索之項以爲過交、又可議乎？

d（省略）

a　査するに、飭挙総催の票、原《も》と旧催（旧年の総催）をして値年の戸と協同し、会議して挙報せしむるも、今は図差の空《いたず》らに票を持ち来りて、而《しか》も旧年の総催は実に是れ烏有《うゆう》なれば、安んぞ会して之を議するを得んや。

b　是れ図差先んじて、以て我に応ずる無からしむるなり。

c　況んや官の飭挙総催は、催糧の為《ため》なるも、今は既に催糧に用いず、止《た》だ図差の訛索の項を催す為《ため》に以て過交を為《な》せば、又《さら》に議すべきをや。

⑩a　由是言之、罷設里長、并非頑抗。黽勉上供、便是好義。

b　即或從前積欠、苟有主意其間、逐漸清完、圖差亦無從訛索。

c　若値年之項、乃圖差藉票訛詐、不義之甚者。索得多則攘之者衆、少所與則睨之者急。

d　今但不沿舊抽捐、而專清糧務、著爲輪年定規、則圖差無所利而買票、房亦無所市於差。

e　而票之行差、與客圖二例。圖差不須捐本、第收其行年工食、固有贏餘矣。

a　是れより之を言わば、里長を設くるを罷《のぞ》くは、弁《いささか》も頑抗に非ず。上供に黽勉するは、便ち是れ好義なり。

b　即ち或いは従前の積欠、苟《も》しその間に主意《たいさく》有りて、遂に漸く清完せば、図差亦た従りて訛索する無からん。

c　値年の項の若《ごと》き、乃ち図差票に藉りて訛索するは、不義の甚しき者なり。索《もと》めて多を得れば則ち之に攘《へりくだ》る者《こと》衆《おお》く、与うる所少ければ則ち之を睨《にら》む者急《こと》なり。

d　今は但だ旧に沿いて抽捐せず、而も専ら糧務を清し、著《あら》わして輪年の定規を為《つく》らば、則ち図差利もて票を買う所無く、房も亦た差に市《う》る所無からん。

e　而も票の〔図〕差に行《おこな》わる（発行される）に、客図と二例なり。図差捐本を須《もち》いず、第《た》だその行年の工食を収むるのみなるも、固《もと》より贏余有り。

⑪a　然或慮貧苦小戸以暗弱爲圖差所欺。

b　則推敬恭桑梓之義、糾合一圖或數圖甲戸、毎税一頃醵銀三圓、以之生殖、或置田。其銀止頭年捐過、永不再捐。

c　而以其息、毎十頃糧務遞年給與圖差銀一兩、准是叠計。該圖有百頃則予十兩、稍示優恤、以免滋擾。

d　且今時各戸有多至數百頃者、有少僅數畝者、更有幷無税業、止存數丁、如大二四詹日昭戸者。

e　若通融辦理、苦樂不偏、亦於古人均役之意有合焉。

f　計兩都四圖四十戸、約税三百餘頃。頃收三圓、可有千金。毎歳取息約三十餘兩、給大一二・四一二兩圖差、似屬簡便。

g　各圖甲少此訛索、則其力寛裕、不煩追比、而益鼓舞於輸將、亦上下兩益之一道也。

h　故爲縷悉情事、俾勿爲圖差所蒙。幷附經劃之方、俟都人酌其可行與否。

a　然れども或いは慮らん、貧苦の小戸、暗弱を以て図差の欺く所と為《な》るを。

b　則ち桑梓を敬恭するの義を推し、一図或いは数図の甲戸を糾合し、税一項ごとに銀三元を醵し、之を以て生殖し、或いは田を置《か》う。その銀は止《た》だ頭年のみ捐過《きょしゅつ》し、永く再捐せず。

c　而してその息を以て、十頃の糧務ごとに逓年図差に銀一両を給与し、是れに準じて畳計す。該図に百頃有れば則ち十両を予《あた》えて、稍や優恤を示し、以て滋擾を免る。

d　且つ今時は、各戸に多きこと数百頃に至る者有り、少なきこと僅かに数畝のみなる者有り。更に並《いささ》かも税業無く、止《た》だ数丁を存するのみなる大二四〔図〕の詹日昭戸の如き者有り。

e　若《も》し通融辦理して、苦楽偏《かたよ》らざれば、亦た古人の均役の意に合する有らん。

f　両都四図四十戸を計るに、約《およ》そ税三百余頃。頃ごとに三元を収めば、千金有るべし。歳ごとに息約三十余両を取り、大一二・四一二両図の〔図〕差に給するは、簡便に属すに似たり。

g　各図甲、此の訛索少なければ、則ちその力寛裕となり、追比に煩わず、而も益《ま》すます輪将を鼓舞するは、亦た上下両益の一道なり。

h　故に為に情事を縷悉し、図差の蒙《あざむ》く所と為《な》る勿《な》からしむ。並《なら》びに経画の方を附し、都人のその行うべきや否やを酌するを俟たん。

⑫〈著者追記　此事間與各戸長輩言之、頗多疑惑。故逐一條説、不得不言之詳也。——自記〉

〈著者追記　此の事、間《ま》ま各戸の長輩と之を言うも、頗る疑惑多し。故に逐一条説し、之を詳らかに言わざるを得ざるなり——自ら記す〉

史料四—8　總催議・里長説後記

①（省略）

②a　査『戸部則例』、於徴收事宜有十限之法。

b　此雖爲現糧言之、而舊欠似可倣照此例。令欠戸分限遞納、苟能如期、圖差毋得滋擾。如或延宕、必須拘到的丁。

c　至各族紳耆有沿舊抽斂賄差者、從嚴究治、并許業戸人等首告、或可絶其弊也。

a　『戸部則例』を査するに、徴収の事宜に十限の法有り。

b　此れ現糧の為に之を言うと雖も、而れども旧欠も此の例に倣照すべきに似たり。欠戸をして限を分ちて逓納せしめ、苟《いやし》くも能く期の如くせば、図差は滋擾するを得る毋かれ。如《も》し或いは延宕せば、必ず須く的丁を拘到《たいほ》すべし。

c　各族の紳耆に旧に沿いて抽斂し差に賄《まいな》う者有るに至っては、厳に従りて究治し、並びに業戸人等の首告するを許さば、或いはその弊害を絶つべからん。

③

a　又査里長總催、本是成例、却無圖差名目。

b　吾邑乃以圖差侵里長職、而民間遂無以里長催糧者。

c　夫催輸之法、里長催十甲殷丁、殷丁催各甲花戸、至爲簡便。

d　今之圖差、卽里長替身、既已收各戸・爪之使用爲圖差工食、又訛大當之戸爲代充里長工食。職只一職、人亦一人、而有兩個名目、遂騒擾如此。存其一而去其一、固所應爾。

e　而圖差、擧之者差、毎多嚇詐。里長、擧之者民、自少訛索。功令之要十甲會議擧充、良有以也。然則欲復里長總催之舊、則圖差其在可汰之數歟！

a　又《ま》た里長の総催を査するに、本《も》ともと是れ成例にして、却って図差の名目無し。

b　吾が邑は乃ち図差里長の職を侵すを以て、民間に遂に里長を以て催糧する者無し。

c　夫《そ》れ催輸の法、里長十甲の殷丁に催し、殷丁各甲の花戸に催すは、至って簡便を為《な》す。

d　今の図差は、即ち里長の替身にして、既已《すで》に各戸・爪の使用（「行年の使用」）を収めて図差工食と為し、又《さら》に大当の戸に訛《たか》るに里長に代充するの工食と為す。職は只だ一職にして、人も亦た一人なるも、両個の名目有れば、遂に騒擾すること此《か》くの如し。その一を存してその一を去るは、固より応に爾《しか》るべき所なり。

e　而して図差、之に挙ぐらる者は差なれば、毎《つね》に嚇詐多し。里長、之に挙ぐらる者は民なれば、自《おの》ずから訛索少なし。功令（制度）の要、十甲会議して挙充するは、良《まこと》に以《ゆえ》有るなり。然らば則ち里長総催の旧を復さんと欲すれば、則ち図差はその汰《のぞ》くべきの数に在らんか。

史料四―9　里胥考（省略）

《引用者註　香山県の「縣示」は、里長と里胥を混同しているが、林謙は「里胥は官に在」る者、「里長は民に在」る者として、この二つは別と理解している。》

・以下の史料10～12は、原載の光緒『香山縣志』では、一つの連続するものであるが、ここでは便宜上、三分割した。

史料四―10　光緒『香山縣志』巻二〇紀事、道光二三年一二月の条

〔道光二十三年（一八四三）〕十二月、邑紳士林謙等稟請知縣陸孫鼎革大當積弊。縁攤丁歸糧之後、圖差借役横索、名曰大當、又曰當大役、民受其害。至是謙等控之縣、陸孫鼎猶豫未決。適曾望顔由福建布政使罷歸、致書陳之、其弊遂除。

〔道光二十三年（一八四三）〕十二月、邑の紳士林謙等、知県陸孫鼎に大当の積弊を革《あらた》めんことを稟請す。丁（丁銀）を攤《くりいれ》て糧（税糧）に帰して縁《よ》り後、図差役に借りて横索し、名づけて大当と曰い、又《ま》た大役に当たると曰い、民その害を受く。是《ここ》に至って、謙等之を県に控《うった》うるも、陸孫鼎猶予して未だ決せず。適《たま》々曾望顔、福建布政使より罷《や》めて帰り、書を致して之を陳《の》ぶれば、其の弊遂に除かる。

史料四―11　林謙等公呈　光緒『香山縣志』巻二〇紀事、道光二三年一二月の条、割註

①a　〈附闔邑公呈具呈。直隷試用知縣林謙、稟貢生呉景濂等呈爲聯懇革除糧差訛索大當銀兩、以蘇民困而裕輸將事。

b　竊惟、地丁錢糧、國計・民瘼利病相關、若香邑圖差藉票訛索大當銀兩、蠹國病民、其害無極。

c　查本邑共一十四都、除客圖不計外、共分四十四圖。毎年向有飭擧總催之票、名曰金花票。糧胥毎按圖分肥

瘠、賣票於差。差遂向輪年之戸訛索銀兩、謂之大當。又曰當大役、當現年。

d　票之買於房既貴、則索於民亦多。前届之所索愈多、則後届之所買益貴。數十年來有加無已。各戸不勝其擾、不得不甘心隱忍科歛以供之。

e　田多之戸、按畝科派、毎畝出銀自一二分至四五錢不等。

f　田少之戸、科派又及於白丁、毎丁出銀自五六分至六七錢不等。

g　卽田賦已絕而既爲一戸、亦必措辦數十金、以致短嘗缺祭、賣女鬻男。甚有畏累自盡者。

h　中下之戸毎値輪年、輒爲大戚。

a　〈闔邑の公呈・具呈を附す。直隷試用知縣林謙、稟貢生呉景濂等、糧差（圖差）の大当銀両を訛索するを革除し、以て民困を蘇らせ輪将を裕かにするを聯懇する為の事を呈す。

b　窃《ひそ》かに惟《おも》えらく、地丁銭糧は国計・民瘼の利病相関わるに、香邑の図差、票に藉りて大当銀両を訛索するが若《ごと》きは、国を蠹《むしば》み民を病《くるし》め、その害たるや極まり無し、と。

c　査するに、本邑は共《あわ》せて一十四都、客図を除きて計《はか》らざるの外、共せて四十四図に分かつ。毎年向《さき》より飭挙総催の票有り。名づけて金花票と曰う。糧胥毎《つね》に図に按じて肥瘠を分かち、票を〔図〕差に売る。〔図〕差遂には輪年の戸に向かいて銀両を訛索し、之を大当と謂う。又《ま》た大役に当たる、現年に当たると曰う。

d　票の房（糧胥）より買うこと既に貴ければ、則ち民より索むることも亦た多し。前届の索むる所愈《いよ》いよ多ければ、則ち後届の買う所も益《ま》すます貴し。数十年来、加有るも已《や》むこと無し。各戸その擾に勝《た》えざるも、科歛を甘心・隠忍し、以て之を供せざるを得ず。

e　田多きの戸、畝に按じて科派し、畝ごとに銀一、二分より四、五銭不等に至るを出《い》ださしむ。

f　田少なきの戸、科派は又《さら》に白丁に及び、丁ごとに銀五、六分より六、七銭不等に至るを出ださしむ。

g　即《たと》い田賦已に絶うるも、而れども既に一戸為《た》れば、亦た必ずや数十金を措辦し、以て嘗（族産）を短くし、祭を欠き、女を売り男を鬻《ひさ》ぐを致す。甚しきは、累を畏れて自尽する者有り。

h　中・下の戸、輪年に値《あ》たるごとに輒ち大戚と為《な》す。

②
a　或以此爲丁銀。
b　不知我朝自雍正年間已將丁銀攤入地畝、而力役之徵統於田賦、實爲聖代鴻慈。
c　乃本邑稍貧之族、仍不能免出丁銀。
d　是朝廷久已免役、蠹役反行私抽。
a　或るひと此を以て丁銀と為す。
b　知らざりき、我が朝、雍正年間より已に丁銀を将《も》って地畝に攤入し、而して力役の徴田賦に統《す》ぶるは、実に聖代の鴻慈たるを。
c　乃《しか》るに本邑の稍《やや》貧なる族、仍《よ》りて丁銀を出だすを免《まぬが》る能わず。
d　是れ朝廷久しく已に役を免ずるも、蠹役《とえき》（衙役）反《かえ》って私抽を行えばなり。

③
a　又或疑爲本邑夫役如北省之有大差・雜差。
b　不知吾粵爲賦重役輕省分、本邑更非衝劇通衢、實無一項取給於此。
a　又《ま》た或るひと疑いて本邑の夫役は北省の大差・雑差の有るが如きと為す。
b　知らざりき、吾が粤は賦重く役軽きの省分にして、本邑は更に衝劇・通衢たるに非ざれば、実に一項として此より取給する無きを。

④
a　又或以今之圖差卽里長職事、以此爲里長工食。
b　夫圖差總催十甲之糧、誠里長職事。
c　然毎年各戸爪所與圖差錢文、約計毎一名皆有百數十千至二百餘千不等。
d　是本有圖差工食、並未令其枵腹從事、而此訛索大當銀兩、乃在常年工食之外。
a　又《ま》た或るひと以《おも》えらく、今の図差は即ち里長の職事たれば、此を以て里長の工食と為すと。
b　夫《そ》れ図差十甲の糧を総催するは、誠に里長の職事たり。

c　然れども毎年各戸・爪の図差に与うる所の銭文は、約計するに一名ごとに皆な百数十千より二百余千不等に至る有り。

d　是れ、本《も》ともと図差の工食有るも、並《いささ》かも未だその枵腹をして従事せしめず、而も此の訛索せし大当銀両は、乃ち常年の工食の外に在り。

⑤⑥（省略）

⑦a　尤有甚者。凡戸有欠糧、應拘的丁、故勒令富戸代納、例有明禁。

b　今圖差反揑一例、曰「一丁有欠、合族皆可拘追」。

c　夫罪非甚重、父子不相及。未聞催糧有此峻法者。

d　且其所拘、非必到官。飽所欲、則釋之耳。

e　苟其人可以魚肉、但與欠丁同姓、雖並無糧欠亦任鎖拏。而所欠的丁無錢可索者、轉得逍遙無事。遂致欠者仍欠、糧終不完、民困益甚。

f　此尤圖差之稔悪、爲民之巨害也。

a　尤も甚しき者《こと》有り。凡そ戸に欠糧有らば、応に的丁を拘《とら》うべきも、故《ことさら》に富戸に勒令して代納せしむるは、例に明禁有り。

b　今、図差は反って一例を揑《でっちあ》げて曰く、「一丁に欠有らば、合族皆な拘追《たいほ》すべし」と。

c　夫《そ》れ罪甚しく重きに非ざれば、父子たるも相い及ばざるなり。未だ聞かず、催糧に此の峻法の有る者《こと》を。

d　且つその拘《とら》うる所、必ずしも官に到らしむるに非ず。欲する所を飽かしめば、則ち之れを釈《と》くのみ。

e　苟しくもその人の以て魚肉さるべきは、但だ欠丁と同姓たるのみにして、並《いささか》も糧欠くこと無きと雖も、亦た鎖拏に任さる。而して欠く所の的丁は銭の索むべき無き者なれば、転《うた》た逍遙して事無きを得。遂には欠を致す者、仍りて欠き、糧終に完せざれば、民困益ます甚し。

f　此れ尤も図差の稔悪にして、民の巨害たるなり。

⑧a 至各戸完欠細數、例載「歳令里胥開送査對、出示本里」、所以昭核實、使人預籌辦納也。
b 今十甲新舊欠數、止交圖差手執。
c 而糧胥又往往匿開米數合、銀幾分、俟花戸照數完納後、次年再出、遂爲舊欠、令圖差出。其不意拘拏嚇詐常有。正供銀米、不過幾釐幾合、而所勒至有錢數千、銀十數圓者。
d 迨花戸補納、不得不向房査抄實數、糧胥又從而索之。年愈遠者索愈多。寥寥幾字亦費白金數錢、而後得以投櫃・清完。
e 此又胥・役之串同訛詐、均宜禁革者也。
a 各戸の完欠の細数に至っては、例に「歳ごとに里胥をして査対を開送し、本里に出示せしむ」と載するは、核実を昭《あき》らかにし、人をして予め辦納を籌《じゅんび》せしむる所以なればなり。
b 今、十甲の新旧の欠数は、止《た》だ図差に交《わた》して手執せしむるのみ。
c 而も糧胥は又《さら》に往往にして米数合、銀幾分を匿開し、花戸数に照らして完納せし後を俟ちて、次年に再び出だして遂に旧欠と為し、図差をして出ださしむ。それ不意の拘拏・嚇詐は常に有り。正供の銀米は、幾厘幾合に過ぎざるも、而れども勒する所は銭数千、銀十数元なる者有るに至る。
d 花戸の補納するに迨《およ》び、房に向かいて実数を査抄せざるを得ざれば、糧胥は又《ま》た従りて之に索む。年愈《いよ》いよ遠き者は索むること愈いよ多し。寥寥幾字たるも亦た白金数銭を費やし、而る後に得て以て投櫃・清完す。
e 此れ又《ま》た胥〔吏〕・〔差〕役の串同せし訛詐にして、均しく宜しく禁革すべき者なり。
⑨a 幸逢仁憲勤求民瘼、痌瘝在抱、用敢縷陳其弊、聯叩臺階、伏乞俯准。
b 嗣後停止飭擧總催之票、只給圖差催糧之票、以總催一圖之糧、令各花戸依限完納。
c 其逾限不完者、必拘的丁、不准濫及無辜。
d 而各戸爪毎年所給圖差工食、即爲總催工食、不准令索大當銀兩。
e 並革除金花票陋規、則糧胥無從賣票、圖差亦無從買票、自無所藉以訛民。

f　且令糧胥將各戸欠數照實開列、務令欠票與卯簿相符、斯胥役串匿圖詐之弊、亦無由而作。

g（省略）〉

a　幸いにして仁憲の民瘼《みんばく》に勤求《つと》め、痌瘝《とうかん》抱に在りしに逢えば、用《も》って敢えてその弊を縷陳し、聯叩台階し、伏して俯准を乞わん。

b　嗣後、飭挙総催の票を停止し、只だ図差に催糧の票を給し、以て一図の糧を総催し、各花戸をして限に依りて完納せしむるのみ。

c　それ限を逾《こ》うるも完せざる者は、必ず的丁を拘《とら》え、濫りに無辜なるものに及ぶを准《ゆる》さず。

d　而して各戸・爪の毎年図差に給する所の工食は、即ち総催工食たれば、令して大当銀両を索むるを准《ゆる》さず。

e　並びに金花票の陋規を革除せば、則ち糧胥従《よ》りて票を売る無く、図差も亦た従《よ》りて票を買う無く、自《おの》ずから藉《か》りて以て民を訛《いつわ》る所無からん。

f　且つ糧胥をして各戸の欠数を将《も》って実に照らして開列せしめ、務めて欠票をして卯簿と相い符《ふ》せしめば、斯《ここ》に胥〔吏〕・〔差〕役の串匿して詐を図《はか》るの弊も亦た由《よ》りて作《おこ》る無からん。〉

史料四—12　曾望顔致知縣陸孫鼎書　光緒『香山縣志』巻二〇紀事、道光二三年一二月の条、割註

①a　曾望顔書徵收一事、前接林孝廉寄到條示、具見審慮周詳、持重勿輕之至意。

b　然以愚昧讀之、似老父臺過於詳愼、而不遽欲掃除積弊、以甦民困者。又似老父臺因公事紛集、於原呈條議未暇遍閲、而猶有遺略者。

c　及轉思之、乃决知非盡老父臺本意、而幕・胥・丁・役之參其議也。弟賦性戇直不善諛詞如蒙、恕其狂妄。請爲老父臺再陳之。

a　曾望顔、徴収の一事を書するに、前《さき》に林孝廉の寄到せし〔香山知県の出した〕条示に接し、審慮・周詳にして、重《おも》きを持し軽んずる勿《な》きの至意を具《つぶさ》に見たり。

b　然《しか》れども愚昧を以て之を読むに、老父台（香山知県陸孫鼎）、詳慎に過《す》ぎ、而《しか》も遽《にわか》には積弊を掃除し、以て

民困を甦《よみがえ》らさんと欲せざる者の似《ごと》し。又《また》老父台、公事紛集せるに因《よ》り、原呈の条議を未だ遍閲する暇あらずして、猶お遺略せし者有るが似《ごと》し。

c 転《うたた》之を思うに及び、乃ち決《かなら》ずや尽《ことごと》くは老父台の本意に非ずして、幕《幕友》、胥《胥吏》、丁《門丁》、役《衙役・差役》のその議に参《あずか》りしを知らん。弟《わたくし》、賦性戇直にして詄詞を善くせざること蒙《こども》の如くなれば、その狂妄を恕《ゆる》せ。請う、老父台の為に再《さら》に之を陳べんことを。

②

a 査第二條所示、「故留尾欠貽累花戸」一節、「應諭糧胥塡給油串。倘仍稍留尾欠、查出重究。並諭花戸完糧、按年清完、查明塡串收執、毋任矇混」。

b 第四條所示、「匿不割税」一節、「令賣主呈明、責成各鄉紳耆・族長清查。如有寄戸代納兜吞入己者、指名稟究、以憑拘押過割」。

c 第五條所示、「輪嘗積欠」一節、「將各姓祖嘗積欠、飭房另造清册、交各該姓紳耆・值理詳查、無論何戸輪收、先於嘗業内撥款代完、一面自向欠丁清理、如違稟請拘追」各等因。

d 此皆切中事理、可即見之施行者。

a 査するに、第二条示す所の「故《ことさら》に尾欠を留《とど》めて花戸に貽累《いるい》す」の一節、「応に糧胥に諭して油《ゆ》〔単〕・串《せん》〔票〕を塡給せしむべし。倘《も》し仍《よ》りて稍《やや》も尾欠《びけん》を留めば、査出して重究す。並びに花戸に諭して完糧せしめ、年に按じて清完し、塡串《てんせん》を査明して収執せしめ、矇混《もうこん》に任す毋《な》からしむ」。

b 第四条示す所の、「匿して割税せず」の一節、「売主をして呈明せしめ、各郷の紳耆・族長に責成して清査せしむ。如《も》し戸に寄《あず》けて代納し、兜呑して己に入れし者有らば、指名稟究《ひんきゅう》せしめ、以て拘押に憑《よ》り過割せしむ」。

c 第五条示す所の「輪嘗して積欠す」の一節、「各姓祖嘗《そしょう》の積欠を将《も》って、房に飭して另《べつ》に清冊を造り、各々を該姓の紳耆・値理《ちり》に交《わた》して詳査せしめ、何《いず》れの戸輪収するかを論ずる無く、先ず嘗業内より撥款して代完せしめ、一面にて自ら欠丁《けんてい》に向かいて清理し、如《も》し違わば拘追を稟請せしむ」各等因あり。

d 此れ皆な切に事理に中《あた》り、即《ただ》ちに之が施行を見るべき者なり。

③a　若第一條所示、「金花票陋習、各邑皆有。不獨香山爲然。停止總催之票、必先有妥實之人、勢難遽議更張」等因、夫各邑之皆有金花票、不得而知。
b　而令圖差藉飭擧總催之票、重索大當銀兩、則香山之民獨受其害。
c　（省略）
d　且稱金花票爲陋習者何也。毎歳開印、首進金花票、則開印向糧胥索取開印利市四百金。於是糧胥賣票於圖差以償之。而差既買票、又索花戸之大當銀以償之。
e・f　（省略）
g　孟子曰「如知其非義、斯速已矣！」吾民受胥・役水深火熱之害者、指不勝屈。此特其一端耳。今明知其爲陋習相沿、而故有難詞。豈吾老父臺勇於從善之本意乎。且前承面「允明歳不出此票之諭」。闔邑百姓聞之、莫不歡欣舞蹈歌誦。循良老父臺勤求民瘼、豈頓忘前言乎。弟故曰「非盡老父臺本意、而幕・胥・丁・役之參其議也」。
a　第一条示す所の「金花票の陋習、各邑皆有り。独《ひと》り香山のみ然りと為すにあらず。総催の票を停止するに、必ず先づ妥実の人有るべきも、勢遽《いきおいにわか》に議して更張し難し」等因の若《ごと》きは、夫《そ》れ各邑の皆《みな》金花票有るか、得て知らず。
b　而《しか》れども図差をして飭挙総催の票に藉《か》り、重ねて大当銀両を索《もと》めしむれば、則ち香山の民のみ独《ひと》りその害を受く。
c　（省略）
d　且つ金花票と称して陋習《ろうしゅう》を為すとは何ぞや。毎歳開印するに、〔糧胥〕首《はじ》めに金花票を進むれば、則ち〔知県〕開印して糧胥に向かいて開印利市四百金を索取す。是に於いて糧胥票を図差に売り以て之を償う。而して〔図〕差既に票を買えば、又《また》花戸の大当銀を索《もと》め以て之を償う。
e・f　（省略）

g　孟子曰く「如《も》しその非義を知らば、斯《こ》れ速やかに已むべし！」と。吾が民、胥〔吏〕・〔差〕役の水深火熱の害を受くる者、指《こと》もて屈するに勝《た》えず。此れ特《た》だその一端のみ。今その陋習と為りて相沿うを明知するも、而《しか》れども故《ことさら》に難詞有り。豈《あ》に吾が老父台、従善の本意に勇まんや。且つ前に承面するに「明歳に此票を出ださざるの諭を允《ゆる》す」と。闔邑《こうゆう》の百姓之を聞きて、歓欣・舞踏・歌誦せざるはなし。循良なる老父台民瘼《みんばく》に勤求《つと》むるも、豈に頓《とみ》に前言を忘れんや。弟故《わたしゆえ》に曰く「尽《ことごと》くは老父台の本意に非ずして、幕〔友〕、胥〔吏〕、〔門〕丁、〔差〕役その議に参《あずか》ればなり」と。

④　至「圖差充當總催作爲里長、應給飯食」、原議本有「各戸給予圖差毎年工食。卽是里長工食」之論。原未嘗令其榾腹從事也。

〔条示の〕「図差総催に充当して里長と作為《な》れば、応《まさ》に飯食を給すべし」に至っては、〔公呈の〕原議に本と「各戸図差に毎年の工食を給予す。即ち是《これ》里長の工食たり」の論有り。原《も》と未だ嘗てその榾腹をして従事せしめざればなり。

⑤　至「欠糧、不拘的丁、任意勒索、賄而後釋、以致欠者仍欠、糧終不完、民困益甚」、此尤圖差之稔惡、爲民之大害、而條示曾未之及也。弟所謂「猶有遺略者」、此也。

〔公呈の〕「欠糧あるも、的丁《てきてい》を拘《とら》えず、任意に勒索し、賄《まいな》いて後に釈《と》き、以て欠く者仍《よ》りて欠き、糧終《つい》に完されず、民困益々甚だしきを致す」に至っては、此れ尤も図差の稔悪《じんあく》にして、民の大害たるも、而れども条示曽て未だ之に及ばざるなり。弟《わたし》の所謂「猶《な》お遺略有る者」とは、此れなり。

⑥　a　査原呈條議「積欠分限帯完」一節、原指積欠而言。若新糧之不准蒂欠、固不待言。

b・c（省略）

d　惟執完執欠、飭抄各郷戸冊、給令族紳査催、尚爲可行。

e　夫紳士誠未盡皆公正之人、而毎視官爲轉移。官公正則公正之紳士至、官不公正則不公正之紳士至。以類相從、其應如響。官誠力救民困、未有無公正之紳士出而應命者。似無庸過慮也。

a　査するに、原呈条議の「積欠は分限して帯完せしむ」の一節、原《も》と積欠を指して言えり。新糧の帯欠《たいけん》を准《ゆる》さざるが若《ごと》きは、固《もと》より言うを待たず。

b・c（省略）

d　惟《た》だ孰《いず》れか完し孰《いず》れか欠くか、飭して各郷の戸冊を抄《うつ》さしめ、給して族紳に査催せしむるは、尚《な》お行うべきを為す。

e　夫れ紳士、誠に未だ尽くは皆公正の人にあらずして、而も毎に官を視て転移を為す。官公正なれば則ち公正の紳士至り、官公正ならざれば則ち公正ならざる紳士至る。類を以て相い従うこと、それ応《まさ》に響の如《ごと》からん。官誠に力《つと》めて民困を救わば、未だ公正の紳士出でて命に応ずる者無きに有らず。過慮を庸《もち》うる無きに似《に》たるなり。

⑦（省略）

⑧a　已上各條、惟圖差訛索大當錢、最爲目前之大害。但懇不發飭擧總催之虚票、

b　而另給一圖一差催糧之票、令當總催、以催一圖之糧、悉令各花戸依限完納、

c　逾限不完者、必拘的丁、不准濫及無辜、

d　而各戸爪毎年所給圖差工食、即爲總催工食、即不准另索大當之錢、

e　尤不准開印索取金花票開印銀兩、則糧胥無須賣票、差亦無事買票、自無所藉以訛民。

f（省略）

⑧a　已上の各条、惟《た》だ図差の訛索せる大当銭のみ、最も目前の大害を為す。但《た》だ懇《もと》めん、飭挙総催の虚票を発せず、

b　而して另に「一図一差催糧の票」を給して総催に当たらしめ、以て一図の糧を催《うなが》し、悉《ことごと》く各花戸をして限に依りて完納せしめ、

c　限を逾《こ》えて完せざる者は、必ず的丁を拘《とら》え、濫《みだ》りに無辜《むこ》に及ぶを准《ゆる》さず、

d　而して各戸・爪、毎年図差に給する所の工食は、即ち総催工食たれば、即ち另《べつ》に大当の銭を索《もと》むるを准《ゆる》さず、

e　尤も開印して金花票の開印銀両を索取するを准《ゆる》さざれば、則ち糧胥票を売るを須《もち》いる無く、〔図〕差も亦た票を買うを事《こと》とする無く、自《おの》ずから藉《か》りて以て民を訛《いつわ》る所無からん、を。

史料四―13　光緒『香山縣志』巻一五列伝、林謙の条

林謙、字徳光、大車郷人。淡泊嚴正、好學不倦、而常抱經世志。由稟生中道光戊子（八年。一八二八）舉人、大挑知縣分發直隸、告終養歸。咸豐六年（一八五六）以團練功、加同知銜、保舉孝廉。（中略）邑之徵糧、歳輪圖甲、舉總催。官給之票、名曰金花票。糧胥賣票於圖役、役向輪戸訛索、名曰大當。陋規歳萬兩、貧寡之戸傾產、鬻男女以供其求。甚有畏累自盡者。謙首建言除之、胥・役以千金進弗納。與邑紳呉景濂等詣縣陳狀。胥・役乞哀於官、持不決。謙將控諸大府、適曾望顔自閩藩回籍。謙屬致書知縣陸孫鼎痛言其害、弊始革。勒碑豐山書院。

林謙、字は徳光、大車郷の人なり。淡泊厳正にして、学を好みて倦《あ》かず、而も常に経世の志を抱く。稟生より道光戊子（八年。一八二八）の挙人に中《あた》り、大挑知県もて直隷〔省〕に分発せらるも、終養を告げて帰る。咸豊六年（一八五六）団練の功を以て、同知銜を加え、孝廉に保挙せらる。（中略）邑の徴糧、歳ごとに図甲を輪《めぐ》らし、総催を挙ぐ。官、之に票を給し、名づけて金花票と曰う。糧〔房の〕胥〔吏〕票を図役に売り、〔図〕役輪戸に向かいて訛索《かさく》し、名づけて大当と曰う。陋規《ろうき》は歳ごとに万両なれば、貧寡の戸産を傾け、男女を鬻《ひさ》ぎて以てその求めに供す。甚だしきは累を畏れて自尽《じじん》する者有り。謙、首《はじ》めて建言し之を除かんとするに、胥〔吏〕・〔図〕役千金を以て進むるも納めず。邑紳の呉景濂等とともに県に詣り陳状す。胥〔吏〕・〔図〕役、哀れみを官に乞えば、〔官〕持して決せず。謙、将《まさ》に諸《これ》を大府に控《うった》えんとするに、適々《たまたま》曾望顔閩藩（福建布政使）より回籍す。謙、〔曾に〕書を知縣陸孫鼎に致し、その害を痛言せんことを属《ゆだ》ねれば、弊始めて革《あらた》めらる。碑を豊山書院に勒す。

第五章　市場経営と図甲・紳士（順徳県龍山堡）

はじめに

明清時代珠江デルタの市鎮《しちん》ないし都市に関する研究は、従来、明清史および人文地理学の研究者によって、第一に清代の市場《いちば》に焦点を当てたもの、第二に南海県の仏山堡や九江堡など、〝経済都市〟や市鎮の社会に焦点を当てたもの、第三に明清時代、とくに清代の市鎮の増加を商品経済の進展状況と関連させたものなどがある。ここでは、後述する本章の問題設定との関係から、上記三者のうち前二者について整理しておきたい。

第一の市場研究として、林和生氏は、明清時代の広東省の市場について、加藤繁・増井経夫両氏の「墟《きょ》」も「市《し》」も定期市を指すという解釈［加藤　一九七四、増井　一九四二］に批判を加えつつ、同一の市場において定期市と毎日市がともに行われていた事例から、「墟」「市」の語は元来市場における取引方法を指示する語であること、清代後半に至って「墟」「市」の語は市場の意味に転化したことを明らかにした。さらに市場景観の時間的変化について、〈掘っ建て小屋→固定店舗や民家を有する市場集落→市場町→商業都市〉というシェーマを提示した［林　一九八〇］。市場の設立・管理の主体については、林氏は行政官僚、とくに郷紳層を推測し［林　一九八〇］、葉顕恩・譚棣華両氏は「地方士紳」に「巨姓大族」を加えた農村の「封建宗族勢力」を構想している［葉・譚　一九八七］。他方、西川喜久子氏は、一八世紀末から一九世紀前半の南海県九江堡における市場権益をめぐる宗族間の矛盾において、九江堡郷紳が個別宗族の利害を超えて連帯し、調停役を担ったことを明らかにした［西川　一九九〇］。

第二の農村・市鎮・都市の社会については、鈴木智夫氏が、一九世紀末珠江デルタの同姓村落に君臨する紳士・耆老の具体像を、製糸工場をめぐる問題の中から摘出している［鈴木　一九八四］。西川喜久子氏は、一九世紀に珠江デルタ地域社会のイニシアティブが、宗族連合から郷紳連合へ移るという論点を提示している［西川　一九八八、西川　一九九六］。井上徹氏は、仏山堡では「客籍」（本貫地が仏山堡以外の者）の宗族結合が、「土籍」（仏山堡を本貫地とする者）のそれに匹敵するまでに成長したことを指摘している［井上　一九八九］。羅一星氏も仏山堡について、経済・社会・空間から構成される「民間政治権力」の形態とその推移を分析し、〈明初の諸宗族の地縁的統合体である「郷族」権力→明末の「新興士紳集団」権力→（清初の一時的な「八図宗族による土着宗族勢力」）→清代前期の「僑寓人士」と商人（および「土着士紳」）の権力〉、と変遷したことを論じている［羅　一九九四］。実証面に納得できない点はあるが、「土着士紳」と「土着宗族」とを一体のものとはみない論点は、葉顕恩・譚棣華両氏の説とは異なり、むしろ西川氏や筆者［西川　一九八八、西川　一九九〇、西川　一九九六、片山　一九九三］に近い観点である。なお筆者は、珠江デルタにおける県以下の基層レベル社会について、〈堡～自然郷（＝行政村）～自然村（「社」）〉という三層を設定し、このうち〈自然郷～自然村〉の具体像を提示した［片山　一九九七］。

以上の整理から導きだされる課題を提示しよう。市場の設立時等における官との交渉の場面や市場の権益をめぐる宗族間の矛盾調停の場面に紳士が登場することから、市場の設立・管理の主体として紳士が注目されてきた。しかし、設立後における日常的管理・運営の実態やそこにおける紳士の役割については、具体的論及がなされないまま、設立時等における紳士の役割が援用されているきらいがある。また、特定の市場についての具体的で掘り下げた分析はなされていない。農村・市鎮・都市の社会については、仏山という〝経済都市〟から抽出された土籍と客籍との関係如何、および「土着士紳」と「土着宗族」との関係如何という視点は、市鎮や農村の社会をみていくうえで、今後は看過できない視点になると思われる。また筆者は、税糧・徭役の徴収機構たる図甲（里甲）制が清末・民国期まで存続していたこと、そして童試受験問題の検討を通じて、客籍から土籍への転化および転化後における里長戸獲得が、対国家関係だけでなく、県レベル以下の地域社会（基層社会）における同族や個人の地位・権限に影響することを指摘した［片山　二〇〇〇］（本書第二章も参照）。このうち後者の土籍転化後における里長戸獲得という論点を、市場の管理・運営についても検討する必要がある。

本章は、右の課題につき、順徳県龍山堡の大岡墟をとりあげて考察する。それは以下の理由による。すなわち龍山堡は、仏山堡のごとく一九世紀以降には約三〇万の人口が統合されている〝経済都市〟ではない。しかし後述するように、一八世紀末には、商業・手工業の市街地と周辺の農業集落とを合わせて一〇万を超える人口が統合されていた。この点、隣の龍江堡や南海県九江堡と同様に、市鎮社会の一つとして性格づけることができる。また大岡墟は、後述するように龍山堡最大の市場であり、その管理・運営のあり方には堡内の利害が反映されていた。したがって、大岡墟の管理・運営のあり方を探ることで、珠江デルタ市鎮社会の特質の一端を浮かびあがらせることが可能と考えられるからである。また第七節では、清末の龍山堡における図甲制の改革をとりあげ、第三章の仏山堡の事例と比較対照することにしたい。

なお、きわめて短時間ではあるが、現地に赴いて老農民から日中戦争前夜の大岡墟等に関する状況の聞きとりを行った。その聞きとり要旨は、つぎに大岡墟を概観する際に紹介しよう。

第一節　龍山堡および大岡墟概観

1　概観

清代の順徳県における統治体系は、〈県～都（あるいは巡検司）～堡～行政村〉という階層構造がとられていた(1)。一個の堡は制度上において数個の行政村から構成されるが、数個の行政村が実際に堡レベルで社会的に統合されているとはかぎらなかった。ただし龍山堡の場合、年代は確定できないが、明代にはすでに堡内の多数の集落が一個の行政村（＝自然郷）として結びつき、堡レベルでの社会的統合性を有するに至っていた［片山一九九四、頁四］。また宣統二年（一九一〇）の鎮制施行後は、龍山鎮と称するようになった。

龍山堡の面積は六二平方キロ余である［葉・譚　一九八七、頁七六］。戸数・人口数は、嘉慶四年（一七九九）に一万二二八二戸、男子三万六〇八三人（成丁二万四九六五人、未成丁一万一一一八人）、女子を含めた推定総人口は一〇万人といわれている(2)。しかし咸豊年間（一八五一～一八六一）の紅巾の乱と光緒二〇年（一八九四）のペストのため、一九二〇年ごろには一万〇六二五戸、男子二万五九一七人、女子二万八四三〇人に減少していた。(3) 堡内の民間社会は、〈堡~二一埠~多数の社〉という重層構造であった。(4)「社」は片山が定義する自然村に当たり、最も基層の地縁的社会集団である［片山　一九九七、頁四七二］。集落や居住点の多くは、堡の領域のほぼ中央に位置する山地丘陵の山裾に展開し、かつては河川であったその外側に向かって開拓が進むと同時に、中心部の一部では市街化が進んだ。開発の進展につれて人口一人当たりの農地面積が相対的に減少し、多くの男子が外に出て客商活動に従事するようになった。(5)

龍山堡の市場は、嘉慶郷志によれば、大岡墟と螺岡墟の二墟、一〇市、三桑市であり、ほかに大馬頭がある(6)（図五―1、参照）。民国郷志は、螺岡墟が廃れて一市が増えたことを伝えている。(7)

隣の龍江堡の場合、民国『龍江郷志』によれば、三墟、一〇市、五桑市がある。(8) このうち世阜頭の桑市については、一九九〇年の調査で、解放前夜の状況として、①「沙田桑市」とも呼ばれること、②沙田村（この村は行政村と自然村の中間単位）の五社（廻龍・西華・聚龍・鵬鴣・田心の五社）が管理していたこと、(9) ③一一月から二月を除き、毎日午前一〇時から午後一時まで市がたち、取引では商人を介さず、農民同士で直接取引が行われていたこと、④手数料（「傭」）は売手側が「管賬」と「秤手」に払い、その額は取引価格の〇・七～〇・八%であること、⑤「管賬」を決めるのは各社から一人出る父老であること、等を聞きとった［濱島等　一九九四、頁三三四］。すなわち、市場には、複数の自然村（沙田桑市の場合は五社）によって所有・管理されるものがある。

他方、本章が考察対象とする龍山堡の大岡墟（そして螺岡墟）、および第六章でとりあげる龍江堡の金順侯廟前市（相公廟前市ともいう）のごとく、堡内のあらゆる図、あるいは多数の図がその管理・運営に関与している（その意味で全堡的な）ものもある。かかる全堡的な市場は、その絶対数は多くないが、史料は残りやすいのに対して、世阜頭桑市のような自然村が管理する市場は、その数は多いが、史料は残りにくい。

なお、大岡墟についての考察を進める際に、当地域の図甲制が大きな意味をもってくるので、その特徴をあげておく。すなわち、①図甲の各甲は一個の同族から構成されることが多い[10]、②一個の甲の里長戸は、族人の結集・統合の中心として同族組織によって管理されていた、③里長戸は国家に対する税糧納入行為を独占しており、族人の土地所有者は族内の里長戸を通じて税糧を納入しなくてはならなかった、④族人はこれを通じて同族組織に掌握されていた、⑤里長戸をもたない同族は、これをもつ同族に従属していた、⑥里長戸の数は基本的には図の数の一〇倍しかないため、図の増設がなければ里長戸をもつ同族の数は増えない、⑦明末以降、特に清代以降、図の増設が行われた、等である［片山　一九九七］（本章第二章も参照）。

龍山堡の場合、明初の洪武年間に開設されたといわれ、「原図」と呼ばれる第三十六、八十一、八十二、八十三図の計四個の図がある（以下、この四個の図を指して〈四図〉と呼ぶ）。そして四図の里長戸計四〇戸は、「四十排」（以下、〈四十排〉と記す）と呼ばれていた。また康熙年間に開設され、「新増」と呼ばれていた図として第三十八図がある。さらに乾隆年間に開設され、「続増」と呼ばれていた図として第三十九、四十、四十一図の計三個の図がある[11]。

大岡墟については、すでに林和生氏と葉顕恩・譚棣華両氏が言及し、唐宋時代に村頭埠に設立されたものが、明初洪武二九年（一三九六）に金紫峰の北に移転されたこと（図五―1参照）、定期市の開催日（「墟期」）は一・四・七の日であることを指摘している［林　一九八〇、頁八四。葉・譚　一九八七、頁七六、七八〜七九］。このうち林氏は、民国郷志所載の「大岡墟圖」を景観面から検討している（図五―2が「大岡墟圖」であり、後段で分析する）。ただし立地の問題、すなわち山裾に位置し水上交通が便利と思われる村頭埠から、山間に位置し水上交通が不便な金紫峰の北に移転した理由については言及していない。この点は、市場の主要交易品や治安

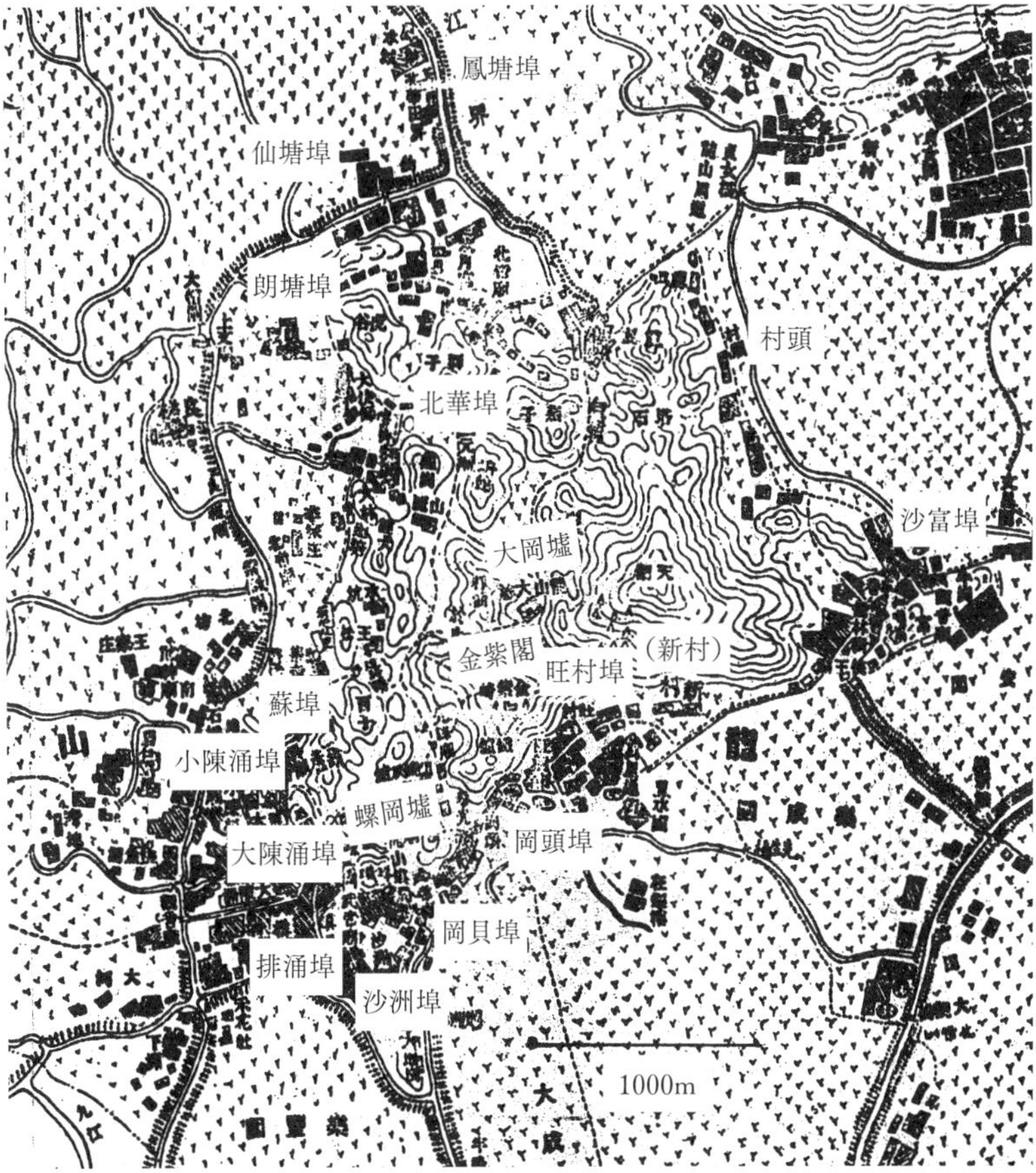

図五—1　19世紀初、龍山堡の埠と大岡墟

出所　民国『順德縣志』付録の「第七區圖」を原図として、これに嘉慶『龍山郷志』の情報を加工。

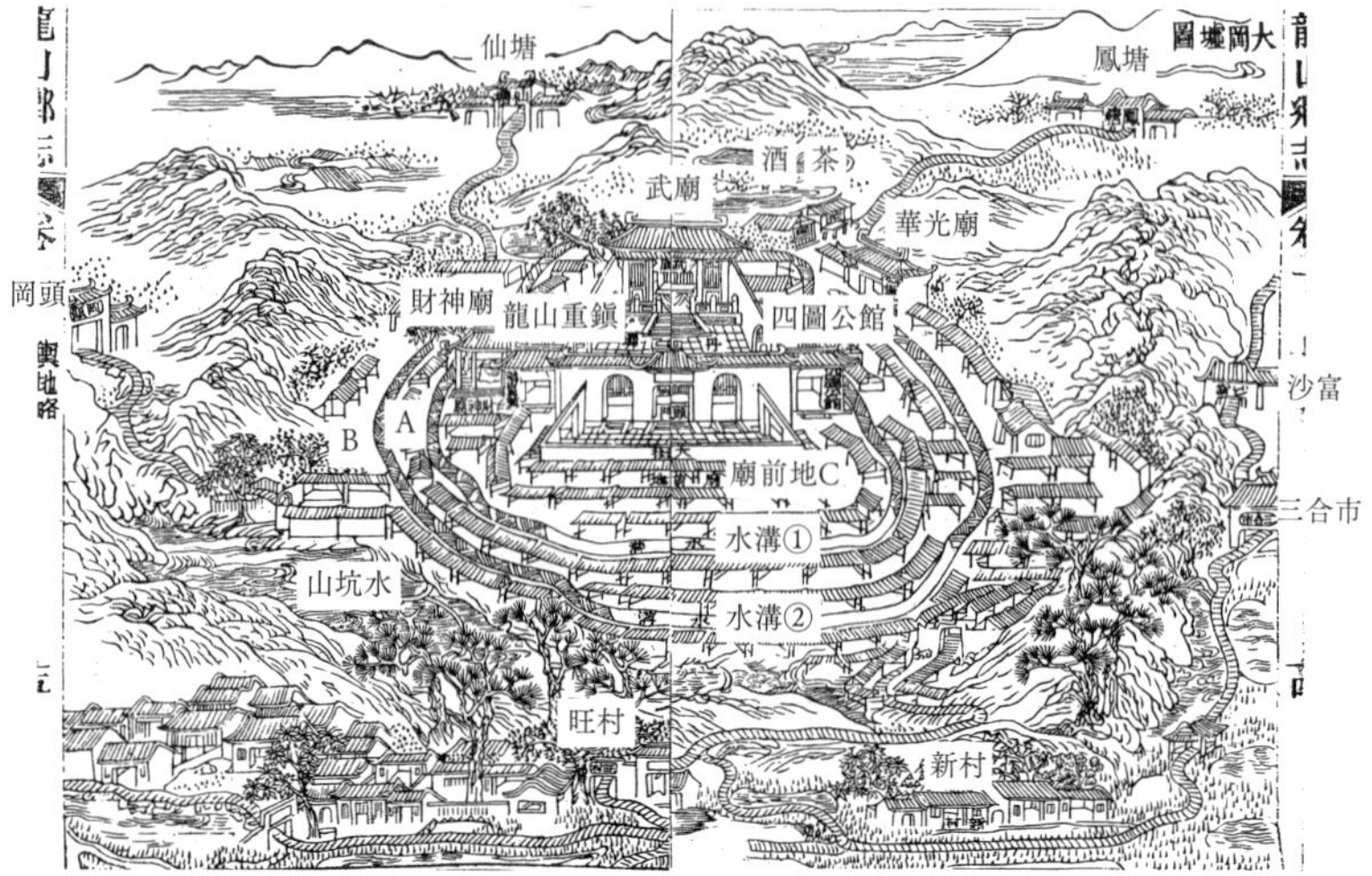

図五―2　「大岡墟圖」

出所　民国『龍山郷志』所収のものに加工。手前から順に「水溝②」「水溝①」「廟前地」（さらに「大街」「頭門」「丹墀」）とある。建物は、武廟（関帝廟）、龍山重鎮、財神廟、四図公館、華光廟、茶（茶店）、酒（酒屋）である。

の問題と関連させて考える必要があり、現地での聞きとりを紹介する時に言及したい。葉顕恩・譚棣華両氏は、洪武年間以降における発展を跡づけて、明清期の龍山堡における最大の市場であったこと、当初は「固定店舗」はなく、「廊肆」[12]のみの定期市中心の市場であったこと、万暦九年（一五八一）以降「富家大戸」が「不断に市場の範囲を拡大し、固定店舗も不断に増加した」と述べる［葉・譚　一九八七、頁七八］[13]。ただし、後段で検討する万暦一七年（一五八九）の大岡墟整備の問題、および嘉慶二〇年（一八一五）の四図（「四十排」）と第三十八図とのあいだの矛盾ならびにその調停の問題については考察していない。しかしこの二つの問題は、大岡墟の構造や管理・運営の実態を考えるうえで不可欠の情報を提供している。そこで以下、この二つの問題を考察していく。ただし前者については、後者の問題に関係する範囲での整理にとどめておく。関係する文字史料が情報を提供する時期的下限は嘉慶二〇年までである。

なお、一九世紀初からいきなり百年後に飛んでしまうが、文字史料で不十分な点を補うために、実地見聞を以下に紹介する。一九九九年四月一日に旧龍山堡の大岡墟跡を訪ね、主に日中戦争前の大岡墟について老農民から聞き取りを行った。大岡墟は解放後養豚場（養豚数は一万頭を超える）になり、訪問時は龍峰山林業弁公室が所在していた。図五―2にみえる景観はすでになく、敷石に転用されている「(關) 帝廟」と刻まれた碑額（図五―3）が大岡墟であったことを示すのみであった。また一九九八年一二月二〇日と一九九九年四月二日に旧龍江堡の龍江大墟跡を訪ね、主に日中戦争前の龍江大墟について老農民から聞き取りを行った。龍江大墟は錦屏崗の裾野に立地し、一番近い埠頭まで歩いて一〇分の距離があったという。訪問時には「墟廊《きょろう》」（後述参照）の土台を確認できるのみであった。以下、本章に関係する部分の要旨を掲げる。

2　龍山堡大岡墟

大岡墟には四本の道が通じており、各道との出入り口には「墟閘《きょこう》」（開閉できる門）があった（四本の道と一つの墟閘は図五―2でも確認できる）。「更夫」が看守し、夜には「墟閘」を閉じる。新村から大岡墟までは陸路で歩いて一〇分ほどである。

大岡墟には二種類の店があった。一つは「舗位《ほい》」という瓦葺きの屋根と壁がある店舗であり、「舗租」を面積に応じて払った。「打鉄舗」（鍛冶屋）二軒のほか、雑貨・食料品、農具、布、酒の店舗などが三〇～四〇軒あり、毎日営業していた。もう一つは「攤位《たんい》」という瓦葺きの屋根はあるが壁のない露店である。この露店が集合している細長い建物を「墟廊」といい、それが所在する土地を「墟地」という。数条の墟廊が半円状に武廟（関帝廟）をとり囲んでいた。墟廊の幅は一丈余（三メートル余）で、屋根の高さは約三メートル。墟廊と墟廊のあいだは幅一・五メートルほどの小路であった。「攤位」は面積ではなく、店の軒数に応じて「地租」を払う。「地租」額は交易額とは関係ない。「舗租」も「地租」も四十排が徴収した。四十排は「墟秤」（大岡墟での取引の際に重さを量る公定のハカリ）も管理していた。交易の手数料を「傭」といい、売主が払い買主は払わない（路上での交易を含めてどの種の交易で手数料を払うのかについては未確認である）。

桑市はなかった。重要な交易品は「蚕紙」（蚕卵紙）であった。蚕紙行は「四図公館」（訪問時の林業弁公室事務所）のすぐ近くにあった。「二繭」も交易された。「二繭」とは高級絹織物には使えない第二級の繭であり、病気になった蚕の繭や機械製糸に使えない繭である。「二繭」の生産量は繭の総生産量の約一〇分の一と少量であり、大岡墟までは小さな竹籠で運べる量である。「一級繭」の繭市は龍山堡にはなく、龍江堡の「十四獅橋」の手前にあったが、のちに「十四獅橋」に移った。大岡墟に桑市と「一級繭」市がないのは、水路がなく運輸に不便だからである。大岡墟には「山坑水」（山からの湧き水）が一条あっただけである。蚕紙行と「二繭」の店は墟廊にあり、「墟期」にのみ営業した。その「攤位」の位置は固定しており、墟期ごとに変わることはなかった。生糸を扱う絲行は四図公館の横にあった。農家が大岡墟に生糸を売りに行き、龍山堡の人が護衛付きで生糸を購入にきた[14]（絲行の店が「舗位」なのか、「攤位」なのかは未確認である。ただし墟期の交易と推測できるから、後者であろう。また、大岡墟の蚕紙行や絲行の場合、後述の龍江大墟の蚕紙行のように雨水を防ぐための壁＝

図五―3　武廟（関帝廟）の碑額　乾隆四六年（一七八一）のもの

「囲墻」があったかどうか、これも未確認である）。

3　龍江堡龍江大墟

墟期は三・六・九日。主要な交易品は蚕紙（「蚕種」）であり、蚕紙行は墟期にのみ営業した。養蚕農家は事前に蚕紙を蚕紙行に予約し、墟期に購入した。龍江堡には、蚕紙行は龍江大墟にのみあり、他の墟市にはなかった。龍江大墟には長方形の瓦葺きの「墟廊」が数条あり、蚕紙行は一箇所に集中しており、その面積は約六分（〇・六畝）であった。蚕紙行の墟廊にのみ、人一人分の高さの雨水を防ぐための壁（「囲墻」）があった。龍江堡には繭市があり、日中戦争前は「十四獅橋」にあったが、戦後は「龍江橋頭」に移った。そこから大良（順徳県城）・順徳県水藤堡・南海県沙頭堡に運ばれて製糸された。絲行は龍江大墟にはなく、龍山大墟（＝大岡墟）にしかなかった。龍江堡にとっては、相公廟前市（＝金順侯廟前市）は日用品の交易が主であり、龍江大墟の方が重要であった。なぜなら龍江堡は養蚕業が主要な産業であったからである。

大岡墟は、図五—1からわかるように山間に立地しており、水上交通は無論であるが、陸上交通の面でもさほどアクセスのよい場所ではない。この点は上記の聞きとりからも裏づけられる。すなわち、①農民が販売する養蚕製糸業の各種商品の市場のうち、桑葉（かさばり安価）と繭（かさばる）を販売する市場は、水上交通の便利な場所に立地していること、②蚕紙（軽量）や生糸（かさばらず軽量で高価）が大岡墟で交易されていたこと、③大岡墟全体で防衛が重視されていたが、重要交易品を扱う蚕紙行と絲行は四図公館のすぐ近くにあり、とくに生糸については、龍山堡の絲行が護衛付きで購入に来たこと、である。以上、大岡墟は交通が不便であるが、むしろ防衛上の利点から軽量高価な商品の市場としての特徴をもつといえよう。

龍山堡の集落の多くは堡の中心に位置する山地丘陵部の周囲に展開しており、大岡墟はこれら集落からほぼ等距離にある。この点で大岡墟は龍山堡のための市場として性格づけることが可能である。ただし日中戦争前夜の龍山と龍江の二堡の範囲では、農民が生糸を販売する場所は大岡墟のみであり、この点、大岡墟へ生糸（農家副業による手繰糸）を売りにくる農民の地域的範囲として龍江堡等を含めて考える必要がある。なお、同治一一年（一八七二）、珠江デルタにおける最初の近代的機械製糸工場が南海県簡村堡で誕生し、その後、珠江デルタ各地で機械製糸工場が設立されていき、光緒年間（一八七五～一九〇八）の中葉から末葉に最盛期を迎える。その結果、珠江デルタの養蚕業で生産された繭の多くは、機械製糸業向けの原料として供給されるようになる［鈴木一九六〇、鈴木　一九八四、程　一九八五］。このため、龍山堡や龍江堡における農家副業としての製糸業（手繰糸）は大きな打撃を受けたと推測される。他方、繭の需要増によって、桑栽培と養蚕業は活況を呈したと思われる。大岡墟における主要な取引品には、後述するように、養蚕に必要な蚕紙と繭を製糸した生糸（手繰糸）とがあったが、繭需要の増大で蚕紙の取引は増加したであろうが、手繰糸の取引は減少したと推測される。ただし、大岡墟について本章がとり扱う時間的下限は、近代的機械製糸業が勃興する前の嘉慶二〇年（一八一五）までであることをおことわりしておきたい。

大岡墟には、「舗租」を払い毎日営業する「舗位」（以下〈店舗〉と呼ぶ）と、「地租」を払い墟期にのみ営業する「攤位」の二種類の店があった。この点は特に重要である。

第二節　万暦一七年の整備(15)

万暦九年（一五八一）に当地域の土地丈量（「清丈」）が終了すると、「富家大戸」（「富強」「里豪」「豪強」等とも呼ばれている）(16)は、自己の土地が大岡墟の「墟場」に隣接していることを利用し、外側から「墟場」の境界を越えて侵入し、棘を植えて囲い込んだり、石を列《なら》べて「店」を設けたりした。(17)そして商人（「商」）から利を貪った。「郷人」は「富家大戸」の「包占」に不満をもっていたが、その勢力を恐れて黙っているだけであったという。

ここで、「富家大戸」が「包占」して利益（「花利」）を得た物的対象は、「店」あるいは「地」であったという。「店」とは前述の石を列べて作った「店」であり、毎日営業する店舗を指すと思われる。「地」とは、前述の棘を植えて囲い込んだ土地であり、屋根のある墟廊か否かは不明だが、墟期における交易場所を指すと思われる。なお、「富家大戸」が「包占」したのは、「墟場」内の「東方」「西方」「北方」であった。[18]

万暦一七年に飢饉が起こると、四十排[19]を中心に「墟場」から「富家大戸」を退出させ、同時に飢饉対策としての義倉の設立・運営に連動させるべく、大岡墟からあがる利益を義倉の貯穀資源とする動きが現われてくる。そして、四十排は挙人柯少茂[20]に働きかけることを通じて知県を動かし、民間経営の義倉設立の許可を得るとともに、大岡墟の敷地については、官の立ち会いのもとで「四至」（「東界基礀、西界水溝、南界山松、北界絶戸蔡亞女」）と「税畝」（七畝五分三厘。東西一二丈、南北四二丈）を画定し、「富家大戸」を退出させることに成功した。[21]

設立された義倉について、大岡墟の管理・運営に関係する諸点を中心に整理すると、次のようになる。すなわち、①大岡墟の「墟場」の「周囲」に店舗五〇軒を設ける。[22]②これら店舗から「店租」として毎年徴収すべき銀三〇両は、銀一銭（〇・一両）につき「郷斗」（地方的度量衡によるマス）で穀七斗（〇・七石）に換算し、計二〇〇石の穀米を冬至の日に義倉に納入させる。③穀米を貯蔵する倉庫は二座建設する。④店租の徴収と倉庫の管理は、四十排と「保長」四八人のなかから、里長四人と保長四人の計八人が毎年輪番で担当する。⑤里長四人は倉庫一座を管理し、「西方」の店租を徴収する。保長四人も倉庫一座を管理し、「東方」と「北方」の店租を徴収する、と。ここで、五〇軒の店舗が設置される場所が「墟場」の「周囲」であり、そのなかの「西方」「東方」「北方」であることから、これらは「富家大戸」が設けて「包占」した店舗を土台としたものと考えられる。なお店租は、後述する「墟租」と呼ばれる大岡墟からあがる収益の一部を成すものである。[23]

店租および貯蔵米の管理・運用によってあがる収益は、大岡墟の敷地の税糧納入（柯廷芳戸を通じて納入）、郷試・会試受験者への「巻資」（受験料として、郷試は銀三銭（〇・三両）、会試は銀一両）、その他賑済・養老・優恤に使われることになった。

ここで、大岡墟の敷地の納税は上記収益から支出されるが、この収益を管理・運用するのが四十排と四八人の保長であること、また、彼らが大岡墟の店租を徴収することから、大岡墟の管理・運営も、四十排と四八人の保長が共同で担っていたと推測される。[24] ただし、その後の明末崇禎年間（一六二八～一六四四）に至ると、龍山堡では「郷兵」が創設される。創設の主体としては、「紳衿里保」（紳衿・里長戸・保長）として保長を含める史料もあるが、「紳衿里老」（紳衿・里長戸・老人）として保長を含めない史料もある。そして里長戸と異なり、保長は郷兵制における特定の任務分担が規定されていない（註38・40所掲史料、参照）。また、後述する清代嘉慶年間（一七九六～一八二〇）には、保長は登場しない。おそらく、保甲制の弛緩により、保長そのものが存在しなくなり、全堡的組織の管理・運用への関与がなくなったと思われる。したがって万暦一七年以降、大岡墟の管理・運用を一貫して担ったのは四十排であった。[25]

第三節　嘉慶二〇年の訴訟と調停[26]

嘉慶二〇年（一八一五）ごろ、第三十八図は監生の左理端[27]を中心に、馮黄氏から土地（場所は不明。地目は「地基」と「魚塘二口」とあるので桑基魚塘である）を購入し、大岡墟とは別に、ここに新墟を開設することを順徳県知県に申請した。[28] 一方、「黄天俊」[29]を始めとする四十排は、嘉慶二〇年にこの申請に反対して県に訴えた。知県李澐（嘉慶一八～二〇年在任。挙人）はこの訴えを認めて新墟開設を却下し、第三十八図が購入した土地を馮黄氏に買い戻させる裁断を下した。しかし第三十八図はこの処置に不満をもち、上級の広州府知府に訴え出た。その後、龍山堡の「紳士」周維祺らが両者のあいだを調停し、調停案八条を作成して知府に提出した。知府からその上級に位置する総督に至る間の検討を経たのち、最終的には両広総督蔣の批准を得て、この調停案が承認された。そして嘉慶二〇年に、知県李澐が調停案を承認する旨の示を出した。しかし翌二一年には、知県王天寧（嘉慶二〇～二五年在任。貢生）が総督蔣の命令にもとづいて、調停案を勒石して遵守せよとの示を出すことになった。[31] 以下、知県王天寧の示「嘉慶二十一年邑侯王公天寧示爲給示勒石永遠遵照事」[32]（史料五―1）に引用されている調停案の内容について、まず本節で初歩的に検討し、第四節で掘り下げた検討を行って、そこから窺える大岡墟の構造と管理・運営の実態とを探ることにする。そして、これを通じて、当時の龍山堡の社会構造にも迫ることにしたい。

調停案は前文と全八条にわたる各条項とから成る。[33] 以下では、本章末尾に掲載した史料五―1原文におけるbの一部とcの全文との和訳を示す。

史料五―1　民国『龍山郷志』巻五建置略、墟市、大岡墟の条、割註、六八b～六九b

（これまでの経緯）馮黄氏は一度は〔第三十八図に〕空地を売却しているので、〔馮黄氏には〕本来〔該地を〕買い戻す道理はない。しかし第三十八図は該地を購入したものの、〔該地に〕墟を建設することを許可されず、さらに〔該地をほかの人に〕購入価格で転売することも難しい状態である。そこで前任知県（李澐）は〔この事情を〕酌量し、馮黄氏が売却代金を〔第三十八図に〕返却して〔該地を〕買い戻させる裁断を下した。

（和解案の前文）ところで今、四十排は、元は鄧姓から購入した〔大岡〕墟内の「廊地」を、第三十八図が一度は「墟亭」[34]を建設しようとした「地基」ならびに「魚塘二口」[35]と相互に交換〔することで和解〕したいと考えるに至りました。〔そこでこの考えに関連して、以下の調停条項八条を作成しました。〕

（第一条）〔知府閣下から順徳〕県に命令し、馮黄氏が一度は〔第三十八図に〕返納した売却代金を、〔もう一度第三十八図から〕支払って馮黄氏に全額を受領させ、〔第三十八図に〕「基地」を買い戻させるようにしてください。これによって当事者双方が売買契約書（第三十八図が馮黄氏から購入した土地の契約書と、四十排が鄧姓から購入した大岡墟の「廊地」の契約書と）を交換して、各々が管業するのに便利なようにします。一年後には〔第三十八図の〕自由裁量に任せて、〔「廊地」の既存の建物を〕公所に改築したり、小さな店舗に改築して雑貨店に賃貸して商売させたりします。〔第三十八図が新墟予定地で〕一度は梅姓に引き渡した店舗の賃貸契約書（「舗契」）は、第三十八図に〔梅姓からとり戻させたうえで県に〕提出させて廃棄処分し、〔店舗は〕四十排に帰属させて管理させます。〔該店舗を〕補修するために第三十八図が費やした工賃・材料費の銀三〇〇両は、〔第三十八図がその代償を四十排に〕求めることを放棄させるので、この点の協議は行いません。

（第二条）該郷（龍山堡）の「壮丁工食銀両」〔という項目〕は、このような項目で支出する必要がもはやなくなっているので、四十排は乙亥（嘉慶二〇年。一八一五）と丙子（嘉慶二一年。一八一六）の二年間の各年の銀二一六両の全額を第三十八図に支払い、公所に改築したり、店舗を建てたりする費用に充てることを希望しています。ただしそれ（嘉慶二二年）以降は、〔この壮丁工食銀両を〕元通り四十排のものとし、「経費」の助けとします。

〔第三条〕第三十八図〔に所属する人〕が科挙を受験する時の郷試・会試の受験料（「巻資」）や餞別（「程儀」）は、むかしから「四十排の墟租」から支給されていましたので、〔四十排は〕おのずと今後も同様に、〔第三十八図の人に対しても〕一律に支給すべきです。

〔第四条〕その他、たとえば〔金〕紫閣の燕喜亭は、本来は「通郷の人士」が登臨・覧勝する場所でした。むかし「四十排戸」が寄付金を出して建設した（「捐修」）ので、燕喜亭のなかに四十排〔が「捐修」したことを示す〕碑額があります。〔しかし〕今後に重修する時には、〔金〕紫閣の銀両を用い、そして「通郷」〔による重修を〕明記するだけでなく、さらに「通郷重修」の石額を立てて、公平さを示すべきです。

〔第五条〕（本条のみ原文を掲載）此外墟内地段・舗宇、既係通郷皆有、應令各管各業。

〔第六条〕大岡墟のなかの「廟地」（武廟＝関帝廟の敷地）は、むかしから四十排が責任をもって納税・収租しており、今後も同様に四十排が責任をもって経営・管理することにします。

〔第七条〕各図が毎年行う宴会については、本来はみずから宴会施設を備えるべきですから、〔各図は〕いずれもとり決めに従って「四十排公館」および〔大岡墟の〕「墟亭」で宴席を設けないことにします。

〔第八条〕そして「四十排公館」のなかに立ててある「搆訟の（訴訟に関する）新碑」は、元来「違例」のものですから、直ちに順徳県に命令して撤去させて「訟藤《ママ》」（訴訟が起こる要因）を断つべきと存じます。

以上を順次整理していこう。「前文」から、四十排が以前鄧姓から購入した大岡墟内の「廊地」と、第三十八図が新墟建設予定地として馮黄氏から購入し、「墟亭」（＝墟廊）を建てようとした空地（および魚塘）とを交換すること、これを四十排が希望するに至ったことが判明する。そして、この希望の実施を調停の根幹として、関連する調停の細目八条が以下に提示される。

第一条は、上の交換を実現させるために、知県李澐が下した最初の裁断を変更することを要請している。すなわち、知府から知県に対して、以前の処断を変更し、第三十八図が一度は馮黄氏に返した土地を、第三十八図に再度買い戻させたうえで、双方がもつ土地の売買契約書を交換する。そして一年後に、第三十八図は「廊地」において、既存の建物を「公所」に改築したり、小店舗に改築して、これを雑貨屋に賃貸して収入を得たりすることができるようにすることを命令していただきたい、と。なお、「廊地」「公所」については第四節で言及する。後半の「梅姓に引き渡した店舗の賃貸契約書」の店舗とは、第三十八図の新墟予定地に所在する店舗（雑貨商への賃貸用）を指すと考えられる。この店舗は第三十八図がすでに梅姓と賃貸契約をしていた[36]。しかし今回の調停にもとづき、新墟予定地を四十排に譲渡する際に、この店舗も四十排に譲渡する。そこで賃貸契約を破棄するために、第三十八図が梅姓に契約金等を返却して契約書をとり戻し、これを県に提出して廃棄処分を行い、そのうえで店舗を土地とともに四十排に渡して経営管理させるのである。なお第三十八図は、この店舗を補修するためにすでに工賃・材料費合計銀三〇〇両を費やしているが、第三十八図がこの費用を四十排に請求するのは放棄させる。その代わりに、第二条で言及されるように、第三十八図が獲得する「廊地」での公所や店舗への改築費（計四三二両）を四十排が提供するのである。

第二条は、第三十八図が四十排に上記の新墟予定地の店舗を譲渡する代わりに、第三十八図が「廊地」で既存の建物を公所や小店舗に改築したりする費用として、嘉慶二〇年と二一年の二年分の「壮丁工食銀両」合計銀四三二両が第三十八図に支払われる。しかし嘉慶二二年以降は、「壮丁工食銀両」を元通り四十排の管理・運用に戻し、「経費」として使用させるという内容である。ここから、「壮丁工食銀両」の管理・運用は以前においても、また今後においても四十排のみが行い、それ以外の第三十八図等は参与できないことが判明しよう。

「壮丁工食銀両」については、これを四十排が管理している点は判明するが、その捻出元は史料五—1には明示されていない。ただし嘉慶郷志によれば、ここにいう「壮丁」とは、明末崇禎年間（一六二八～一六四四）に設置された龍山堡の「郷兵」を指す。(37) その「工食銀両」は、当初は、「居民」七八〇〇余「家」から毎「家」銀二分（〇・〇二両）を、「田産」五三八頃（一頃は一〇〇畝）から毎畝銀五厘（〇・〇〇五両）を徴収して、壮丁四〇名や隊長四名等の「工食銀両」計三七九両余に充当することになっていた。(38) しかし嘉慶郷志の「壮丁」の「原額」の条には、「工食は墟租の餘羨より出づ」(39) とあるので、いつしか「墟租」の余剰から充当されるようになったことが判明する。(40) この「墟租」は、次の第三条に登場する「四十排の墟租」を指す。その財源の一つとして、前述した店舗五〇軒からの店租収入があるが、それのみであったとは考えがたい。(41) この点は第四節で後論したい。

さて、龍山堡出身の郷試・会試受験者に対して、受験料（「巻資」）を与えることは、万暦年間にすでに規定されている。(42) 第三条からは、第一に受験料に加えて餞別（「程儀」）が支給されていること、第二にこれらが「四十排の墟租」から支給されていること、第三に嘉慶二〇年以前において、第三十八図所属の人に対しても受験料・餞別が支給されていたこと、第四に今後も支給されるべきことが確認されたこと、以上が判明する。(43)

ところで第三条において、「墟租」収入の運用全体という枠組みのなかで、第三十八図は受験料・餞別の支給対象としてのみ言及されている。そして「墟租」の管理・運用の主体としては、本条に「四十排の墟租」とあるように、これ以前も、これ以後も四十排が想定されており、それ以外の図は参与できないものと考えられる。したがって第三条は、今後四十排が恣意的に運用・管理しないように、規制・牽制するためのものと思われる。

第四条に登場する燕喜亭は大岡墟ではなく、金紫閣に所在する建物である。嘉慶郷志所収の記事によれば、燕喜亭は万暦年間の大岡墟の整備と時を同じくして、四十排によって創建され、その後の移転や重修も四十排が行ったという。[44] 燕喜亭のなかに四十排の碑額があるのは、このような経緯にもとづこう。ただし創建時には、「里人が歳時や伏臘（一二月）の際に雅集・燕会するのに便利なように」との理念があったという。[45] 本条の「本来は「通郷の人士」が登臨・覧勝する場所でした」との言は、燕喜亭が四十排のみならず、全堡の人に開放されるべきことを主張したものであろうが、それはこの創建時の理念を利用したものと思われる。

さて、本条の「今後に重修」「〔金〕紫閣の銀両」「「通郷」〔による重修を〕明記」は、いずれも今後（嘉慶二一年以降）のこととして言及されている。本条の文意からすれば、「〔金〕紫閣の銀両」とは四十排にかぎらず、他の図を含めた龍山堡全体から集められた性格の資金と推測できる。そして、今後における金紫閣の重修はこの資金を用いて行い、「通郷」による重修であることを（重修時の徴信録にであろうか）明記するとともに、「通郷重修」の石額を立て、全堡的な重修であることを明示して、公平利用に供すべきとする。[46] したがって第四条が作成された背景として、その創建等が四十排によって行われたことにもとづいて、燕喜亭の利用が四十排ないし四十排を構成する同族にかぎられる、あるいは他の同族はその利用を遠慮しなくてはならぬ空気が存在していたことを推測できよう。[47] 第四条は、創建時の理念にもとづき、また今後の重修時における費用負担のあり方を変更することによって、上記の現状を否定し、四十排以外の人々がもつ権利を確認するものといえよう。

第五条には解釈の難しい部分があるので、他の史料も利用して第四節で詳しく扱うことにし、第六条に進もう。第六条の「墟内の廟地」とは、大岡墟内に所在する武廟（関帝廟）の敷地を指す。嘉慶郷志と民国郷志によれば、この武廟は明末崇禎年間（一六二八～一六四四）に「四図」（＝四十排）によって創建され、その後の順治年間（一六四四〜一六六一）と康熙四二年（一七〇三）の重修や乾隆四六年（一七八一）の重建も四十排によって行われている[48]。本条によれば、この「廟地」でも納税（敷地の税糧納入）と収租が行われている。そして納税・収租という、この「廟地」に関する管理は従来どおり四十排のみが行い、第三十八図等は関与しないことが確認されている。なお収租の内容については、「墟租」と同様に第四節で検討する。

第七条の「四十排公館」とは、図五―2にみえる「四図公館」を指す。市場での取引の監視や重さをはかる秤の管理、収租・納税事務など市場管理のための施設と推測される。「墟亭」（＝墟廊）は「前文」にも登場するが、その墟亭は第三十八図の新墟予定地に建設される予定のものであった。だが、その新墟は結局建設されなかったから、本条の「墟亭」は大岡墟に既存のもので、四十排全体、あるいは四十排を構成する各図ないし各排が有している墟廊を指す。本条によれば、四図公館と墟亭（＝墟廊）では、従来、四図全体で、あるいは四図の各々が宴会を行っていたと推測される。しかし以後はこれを禁止するという。宴会禁止の理由は定かでないが、大岡墟での宴会が四十排と第三十八図とのあいだの区別・相違を刺激するからではなかろうか。

第八条の「搆訟の新碑」とは、知県李澐が第三十八図の新墟建設を却下し、馮黄氏への空地返却等を命じた裁断を刻した碑文と思われる。今回の調停によって、これを知県に撤去させるのである。

以上、第五条を除く部分を整理するなら、「前文」と第一・二条は、四十排から第三十八図への「廊地」譲渡ならびに付属施設の改築費提供と、その逆に第三十八図から四十排への新墟予定地およびそこに所在する店舗の譲渡とを規定し、さらに四十排が管理・運用する「壮丁工食銀両」につき、二年分を第三十八図に提供する義務とその後における四十排の従前どおりの管理権を確認したものである。第三条は、「墟租」から支出される受験料・餞別につき、第三十八図が従前から得ていた受領権、および四十排が今後継続すべき支出義務を確認したものである。第四条は、四十排が独占利用していたと思われる燕喜亭を、他の龍山堡民にも開放することを規定したものである。第六条は、四十排が武廟の敷地について有する権利・義務を確認したものである。第七条は、大岡墟における四十排の宴会活動を規制するものである。第八条は、訴訟が再度起こるのを防ぐための処置である。したがって、本調停案はたんに第三十八図への大岡墟「廊地」譲渡のみを定めたものではない。調停条項の多くは、大岡墟を含む堡内における四十排の権益や活動をみなおし、根拠のあるものは認めるが、根拠のないものについては、その利用の公平化や規制を規定したものといえよう。

第四節　大岡墟の構造と管理・運営

ところで今回の調停によって、第三十八図が大岡墟において新たに獲得したものは、「廊地」（およびその付属施設である公所と小店舗）である。そこで、この「廊地」の具体的実体や獲得の意味を考えることにする。しかしその前に、解釈が難しい第五条に代えて、第五条に関連する史料五―2と図五―2とを利用して大岡墟の構造を考察しておこう。まず史料五―2を検討する。これは嘉慶一〇年（一八〇五）刊『龍山郷志』に掲載されており、今回の訴訟・調停のほぼ一〇年前の状況を知ることができる。

史料五―2　嘉慶郷志、巻四食貨志、雑税[49]、第四条、一一b

一、大岡墟の敷地のうち、①四図に帰属している部分は、その税は七畝五分二厘であり、税糧（「糧米」）は柯氏の戸に寄《あず》けて納入している。毎年の収入となる租は、祭祀・工食の費用に充てる。〔その収租と納税の仕事は〕毎年、「排甲」（四十排の各里長戸）が輪番で担当する。②〔大岡墟の敷地のうち〕それ以外の部分の租と税は、いずれも「各姓」に帰属しており、「各姓」がそれぞれ「戸冊」にもとづいて〔収租と納税を管理して〕いるので、ここにはいちいち記載しない。

史料五―2は、大岡墟の敷地を納税・収租の側面から述べたものである。まず大岡墟の敷地が納税・収租の管理主体によって、大きく二種類に分かれていることがわかる。第一は、四図（＝四十排）が管理している部分（以下、Xと呼ぶ）である。その面積は税畝七畝五分二厘であるから、まさに万暦年間に四十排（と保長）によって管理されることになった土地である。納税が柯氏の納糧戸を通じて行われている点も万暦年間と同じである。敷地Xにおける「収租」の内容については後段で検討することにして、ここでは、その「租」収入は「祭祀」「工食」[50]に支出されること、納税・収租等の収支管理は四十排（「排年」）が輪番で担当すること、保長はすでに関与しなくなっていることを指摘するにとどめる。

第二は、四十排以外によって管理されている部分（以下、Yと呼ぶ）である。Yの納税（敷地の税糧納入であろう）と収租は、個々の同族（「各姓」）によって行われている。したがってY全体は、個々の同族が所有する敷地に細分されていたと考えられる。なお「各姓」については、四十排を構成している同族以外に、第三十八図所属の同族なども含まれているのかという問題が残るが、これは後論したい。

以上から、遅くとも嘉慶一〇年までに、大岡墟の敷地は万暦年間以来、四十排が一個の単位として共同管理しているXに加えて、個々の同族が別個に所有・管理している敷地の集合であるYが存在することが判明する。これに第六条の「廟地」、すなわち四十排の管理下にある武廟の敷地（以下、Zと呼ぶ）を加えれば、大岡墟の敷地全体はX・Y・Zの三種類となる。そして、XとZを四十排が一個の主体として共同管理していたのである。

さて図五―2の「大岡墟圖」は、最初に嘉慶一〇年（一八〇五）刊の嘉慶郷志に掲載され、のちに民国郷志に転載されたものである。そして本図には、武廟の横に「財神廟」が描かれている。この廟は乾隆五九年（一七九四）に金紫峯から大岡墟に移転されたものである。つまり、本図が作製されたのは乾隆五九年（一七九四）から嘉慶一〇年（一八〇五）のあいだであり、[51]今回の訴訟・調停が起こる一〇～二〇年前であることがわかる。したがって、本図の景観は嘉慶二〇年の景観と大きな相違はないであろう。そこで三種類の敷地を本図で具体的に確認していこう。本図には武廟をとり囲む水溝が二条ある。水溝が境界線となることが多いこと、また、実際に万暦一七年の大岡墟整備において、敷地Xの西側（図五―2に向かって左側がほぼ西に当たる。註55参照）の境界線は水溝であったことから、[52]水溝を敷地区分の標識と考えて検討しよう。

水溝①の内側部分Cには、武廟および武廟と同時に創建された「四図公館」「龍山重鎮[53]」が所在し、そして「廟前地」の文字がみえる。交易が行われると推測できる屋根と柱のみから成る細長い建物、これが「墟廊」である。それは主に武廟の前面にあり、側面・背面にはあまりない。これは廟の側面・背面には空地を設けず、前面に空地を設けるという廟の敷地の一般的プランが、時代が下るにつれて前面の空地に墟廊が多数作られて崩れてしまった結果と思われる。以上はCが「廟地」Zであることを示唆する。

水溝②の外側部分Bは、水溝①と水溝②のあいだの部分Aに比べると、墟廊の向きや配置にばらつきがみられ、墟廊が途切れた空地も多い。また墟廊とは異質の「華光廟」などの建物もある。以上は、Bが史料五―2にいう「各姓」、すなわち複数の主体によって所有・管理されている敷地Yであることを示唆する。他方、Aは敷地の端から端まで、ほぼ同じ形状の墟廊が整然と並んでおり、空地もほとんどない。墟廊とは異質の建物も僅かである。以上は、Aが四十排によって統一管理されている敷地Xであることを示唆する。(54)

つぎに、図五―2に描かれている景観をどのように解釈するかが問題となる。林和生氏は武廟を何重にも取り囲む多数の建物が、粗末な掘っ建て小屋であり、雨露から商品を守る程度にしか役に立たないと考えられる点、市場に常設店舗や民家が建ち並んで集落化していない点を指摘し、洪武二九年（一三九六）の移設当初の状況を描いたものと考える方が自然であるとする［林　一九八〇、頁八四］。葉顕恩・譚棣華両氏は、これらの建物を交易用の「廊肆」（註12参照）とみて、茶店などの店舗（「固定店舗」）は四～五軒ほどしかみえないとする。ただし酒店等の店舗は現実には多数存在しているが、図五―2には描かれていないという見解をとっている［葉・譚　一九八七、頁七八］。(55)店舗については、万暦一七年に五〇軒が建てられており、また、前述したように日中戦争前には三〇～四〇軒の店舗があったというから、葉顕恩・譚棣華両氏の解釈が妥当であるといえよう。ただし本図がなぜ多数の墟廊を描き、店舗をほとんど描かないのか、その理由は葉顕恩・譚棣華両氏も言及していない。以下、その理由を含めて、第三十八図が獲得した「廊地」について検討を加えよう。

この「廊地」は、前述のごとく元来は鄧姓、(56)すなわち一個の同族に所有されていたものであるから、敷地Y＝Bの一角に所在するものと考えられる。つぎに第一条には、「［「廊地」の既存の建物を］公所に改築したり、小さな店舗に改築して雑貨店に賃貸して商売させたりします」とある。ここで、公所や小店舗は改築されるものとして言及されているから、調停前、この「廊地」には公所や店舗ではない、別の建物があったと推測できる。そして、考えられ得る建物としては墟廊となる。つまり調停前に鄧姓が、ついで四十排が所有・管理していた時には、この「廊地」に所在する建物としては墟廊しかなかったことになる。そして、前述したようにYでも収租が行われていたから、鄧姓ないし四十排のこの「廊地」における収租は、墟廊の「攤位」を対象とする「地租」徴収となろう。つまり「廊地」とは、そこに店舗がないわけではない（和解案第一条で、第三十八図は廊地に店舗を建てることになっている）が、主に定期市のための墟廊が所在する土地といえよう。(57)

さて前述したように、日中戦争前における大岡墟の重要交易品は蚕紙・生糸であり、それらは四図公館に近い墟廊で交易されていた。嘉慶一〇年ごろの様子については、嘉慶郷志、巻四食貨志、田塘に「郷の大墟（＝大岡墟）に蚕紙行有り」とあり、民国郷志、巻五建置略、廟宇、華帝廟（＝華光廟）には、図五—2にみえる華光廟について、「大岡墟の蚕紙行の前に在り」とある。前述の聞きとりおよび図五—2の景観をも合わせ考えるなら、蚕紙行は華光廟に近く、かつ四図公館に近い敷地、したがってX＝Aの墟廊内の「攤位」で営業していたと推測される。(58)

生糸については、嘉慶郷志、巻四・食貨志、田塘に「製糸した生糸（「絲」）の大部分は自分では織布せず「肆」で販売する。毎月の一・四・七が墟期である。〔墟〕期ごとの生糸の交易額（「絲価」）は常に〔銀〕万〔両〕以上になる」とある。当地方では養蚕・製糸業が盛んであったが、農家で製糸された生糸は、大岡墟の墟期の時に「肆」へもって行って売られるのである。この場合、生糸が交易される「肆」は墟期の時にのみ営業すると推測できるから、毎日営業する店舗＝「舗位」ではなく、墟廊内の「攤位」であろう。(59)

さて、第三十八図が獲得した「廊地」のY（＝B）内部における位置は不明である。しかしYの一角である点と、蚕紙・生糸交易の利を四十排が譲ったとは考えにくい点とから、四図公館付近のような有利性のある場所ではなかったと思われる。しかし第三十八図は、この「廊地」獲得によって訴訟をとり下げているから、一定程度の利益が得られる場所にあると思われる。ところで、この「廊地」は四十排が鄧姓から購入したものであった。

したがって、ここでもし仮に第三十八図がこの土地を、購入という手段で獲得する資格を有していたならば（資金面にかぎれば、新墟建設の計画を有しており問題ないであろう）、第三十八図は必ずしも新墟建設に向かわなかったであろう。すなわち「廊地」という種類の土地は、第三十八図にとってぜひとも獲得したい土地であったが、購入という手段では獲得できなかったものと推測できる。[60] つまり、「廊地」は四十排全体、もしくは四十排を構成する個々の同族のみが独占しており、それ以外の同族は購入・所有できなかったことが推測されるのである。[61] 以上から、図五―2の「大岡墟圖」が店舗をほとんど描かず、墟廊に重点をおいて描いているのは、大岡墟における主要な交易の場は店舗ではなく、墟廊であったこと、また収租対象として重要なものも、軒数の少ない店舗ではなく、圧倒的多数を占める墟廊の「攤位」であったからと推測される。

第五節　紳士と里長戸

ここまでの検討から、大岡墟の管理・運営に関わる権益は、四十排が一個の単位として有するもの、四十排の個々の同族が有するもの、第三十八図が新たに獲得したもの、以上の三種類に大別できる。他方、調停を行った挙人周維祺を始めとする「紳士」層については、郷試・会試受験の際の援助という支給される権益はあるものの、管理・運営に関わる権益は管見の史料ではみあたらない。つまり大岡墟の日常的管理・運営については、嘉慶二〇年以前も、以後も「紳士」身分としての関与は推測できないのである。[62] そして、史料が語らぬ水面下については不明であるが、「紳士」層の関与は、訴訟時の堡内利害調整や官との交渉という非日常的かつ一時的な場面にかぎられていたと思われる。この点は、万暦年間の挙人柯少茂についても、ほぼ同様のように思われる(63)。なぜなら、義倉設置をめぐって、大岡墟への「里豪」侵占を抑制し、四十排の権益確認、あるいは権益付与を官に承認させる場面には登場するが、その後の日常的管理・運営は、一時期保長も加わっていたが、嘉慶年間に至るまでほぼ四十排によって担われていたと考えられるからである(64)。

〈はじめに〉で述べたように、林和生氏は明清時代の広東の市場の設立・運営に関して、「郷紳」の役割に重きをおいている。また葉顕恩・譚棣華両氏も「士紳」および「封建宗族勢力」の関与を重視している。西川喜久子氏も市場権益をめぐる矛盾の調停役として紳士に注目している。本章での検討からも、権益再配分や官との交渉という非日常的場面については、上記諸説が妥当することがわかる。ただし大岡墟の場合、日常的管理・運営は一貫して四十排が担っていた。四十排は、明初開設といわれる四図において里長戸を有する有力同族の連合体であり、確かに葉顕恩・譚棣華両氏がいう「封建宗族勢力」に該当する。しかし、四十排をたんに有力同族（＝「封建宗族勢力」）の連合体と捉えるだけでは不十分であろう。なぜなら、今回大岡墟の権益を獲得した第三十八図も、新興の有力同族の連合体と推測でき、その意味では葉顕恩・譚棣華両氏のいう「封建宗族勢力」に該当するが、嘉慶二〇年までは大岡墟の権益とは無縁であったからである。大岡墟の場合、万暦一七年時点の大岡墟整備の際に、この整備を主導した当時の里長戸を有していた有力同族によって、それ以降権益が握られていったというべきであろう。

ただし、今回の調停によって第三十八図が大岡墟の管理・運営に参画した点、そして第三十八図が康熙年間に里長戸身分を得た同族の連合体である点、さらに、嘉慶二〇年時点ではすでに開設されていた第三十九、四十、四十一図の「続増」の三図が大岡墟の権益をまったくもっていなかった点に着目すれば次のようになろう。すなわち、龍山堡では堡レベルの市場の管理・運営に参画するには、里長戸身分を有することが最低限必要であったが、里長戸身分を得ればおのずと参画できるわけでもなかった、ということになる。(65)

第六節　紳士と都市性

嘉慶二〇年（一八一五）の大岡墟の権益をめぐる調停において、「紳士」周維祺らの関与は、少なくとも史料から窺えるかぎりでは一時的なものであり、市場の日常的管理・運営は四十排や第三十八図等が担うことになった。しかし、周維祺ら「紳士」による調停が龍山堡社会においてもつ意味については、別の観点から検討する必要があろう。まず最初に検討するべき点は、調停役の中心であった周維祺はいかなる出自の人であったかである。

嘉慶年間当時、第三十八図の里長戸のなかには、一つの里長戸を複数の同族で共有しているものも含めて、周姓のものはない。一方、四十排のうち周姓の里長戸としては、第三十六図第九甲の周命新戸がある。嘉慶郷志によれば、龍山堡の同姓異宗の周姓は二族ある。(66)また、民国郷志によれば、周姓の祠堂は、沙滘埠に一座あり、他に蘇埠に一六座あるから、(67)この二つの周姓が異宗の二族に当たると考えられる。このうち周命新戸を有するのは、比較的大きな同族であると推測できるから、蘇埠の周姓がこれに当たろう。

さて、周維祺は蘇埠の人である（註30参照）。したがって、周命新戸を有する大姓の一員と考えられる。だが調停において、周維祺は必ずしも四十排側の立場には立たず、むしろ四十排が第三十八図に譲歩する内容の調停る。

を進めた。そこで、彼がこのような行動を選択した理由をどのように説明するかは、一つの興味あるテーマとなる。

ここで、当時の龍山堡社会の人口構成について、龍山堡を本籍地とする「土籍」の者と、外部から龍山堡に移住して来たが、まだ本籍地としていない「客籍」の者とに類別して検討しよう。嘉慶郷志に「土〔籍〕と客〔籍〕を合計すると、〔人口数は〕十余万人を下らない[68]」とあり、また「商人（〔商民〕）が雑居しているが、幸い土〔籍〕と客〔籍〕が互いの領分を侵すことはない[69]」とある。さらに民国郷志に「吾が郷は土地が広く人口も多いので、赤貧も少なくない。特に行商や坐賈として〔龍山堡に〕僑寓している者が多い[70]」とある。大岡墟を始めとする市場の増加・整備により、商人・手工業者など多数の外来人口の来住をもたらし、「僑籍」（客籍）の定住人口がかなり増加していたと思われる。

しかし、前述した大岡墟の管理・運営体制から考えるなら、これら客籍の商人・手工業者は、少なくとも大岡墟においては四十排の管理下にあり、決してみずからリーダーシップを握ることはできなかったであろう。なぜなら四十排以外の同族が、大岡墟において四十排の管理下から脱するには、第三十八図がそうであったように、里長戸の獲得が必要であり、そして里長戸の獲得には、まず客籍から「土籍」（本籍）への転化が必要であったからである[71]。しかも里長戸を獲得するだけでは十分とはいえず、さらに四十排が保持する権益を譲渡してもらう、あるいは新しい市場を建設する必要があった。いずれにしろ客籍であるかぎり、堡レベルの市場に管理する側として参画することが困難であることは、大岡墟の事例から推測できよう[72]。

また、史料五—1の第四条に登場した燕喜亭は、龍山堡において文人が節季に集会する場所と考えられる[73]。しかし前述したように、嘉慶二〇年まで、客籍の文人については言及がないが、第三十八図に所属している本籍の者であっても、そこを利用することが困難な状態であった。そして、嘉慶一〇年（一八〇五）刊行の嘉慶郷志では、四十排が燕喜亭の移転や重修を行った記事のみを採録していた。すなわち、明初に開設されたといわれる四図の里長戸を有する同族以外は、たとえその後に新設図の里長戸を有したとしても、燕喜亭という文人集会の場から排除されていたのである。

ところで、龍山堡における客籍の事情は、珠江デルタにおいて普遍的であったかといえば、少なくとも仏山堡においては異なっていた。仏山堡は広州を除き、清代の珠江デルタにおいて最も「都市」的要素をもっていたといわれる。それは製鉄・陶磁器生産などの手工業が発達し、外部から多数の工人が来住していたこと、また、外部から多数の商人が移住していたこと、すなわち多くの客籍定住人口が存在していたことに象徴される。しかし、たんに客籍定住人口が多いだけなら、龍山堡にも一定程度妥当しよう。そこで、仏山堡における客籍に対する遇し方をみよう。

史料五―3　乾隆一七年（一七五二）刊『佛山忠義郷志』凡例、第一・二条

一、〔仏山〕郷は都会の地である。土籍と僑籍が雑居しているが、当初から両者を区別することはなかった。本志の選挙志（巻四・五）と人物志（巻八・九）では、いずれも土籍の者と客籍の者を一律に採録する。というのは、君子が天下に普遍的に通ずる志をもち、天下を治めることができるのは、郷レベルにおいて土籍と僑籍とを差別せず、僑籍に対しても対等に接し、このような態度を順次天下レベルまで推し広めるからである。（第一条）

一、僑籍のなかには才徳で有名になった者〈人物志〉や、また名爵で有名になった者〈選挙志。挙人・知県

以上〉もいるので、僑籍の者を採録する場合には、その人の原籍（＝本籍地）も記す。その出自（本籍地）を示すことで、「本始の義」（郷レベルから始めて天下に押し広めることの意義）が明らかになろう。（第二条）

ここでは、郷志編纂に当たり、選挙志と人物志に登載する人物について、客籍の者[74]を登載すべきか否か、また登載する場合の基準が議論されている。第一条は、土籍と客籍を差別せずに登載することを規定している。それでは、差別をしない根拠をなにに求めているかといえば、右に訳出したように、「君子」（＝紳士）が天下を治める態度で郷も治めるべきであるとの言説に求めている。すなわち、選挙志・人物志に登載されるような者、したがって主として文人や大商人に関しては、「土籍」と「僑籍」を差別しないことが乾隆年間には浸透していることが窺えよう[75]。第二条は具体的な基準として、選挙志の場合には挙人・知県以上の経歴をもつことを規定している。ここで、選挙志に登載される「僑籍」は、当然に登載される条件を備えているから登載されるのであろうから、一般的には挙人・知県以上の経歴をもつ者は上記「君子」の条件をもつことが比較的多いと推測される。なお、人物志の場合は明示されていないが、「才徳」によって仏山の発展に貢献した者となろう。

ここで、乾隆一七年（一七五二）刊『佛山忠義郷志』から約五〇年後の嘉慶一〇年（一八〇五）刊『龍山郷志』凡例、第一二條に、「〔龍山〕郷にはむかしから僑籍の者はいない。採録する才徳・名爵の者は、いずれも〔龍山堡を本籍地とする〕同郷の者ばかりである」とある。この条が、乾隆『佛山忠義郷志』の凡例を意識して書かれたことは、「僑籍」「才徳・名爵」という語句の使用から明らかであろう。しかし龍山堡の場合、以前より「僑籍」の者はいないという。前述したように、龍山堡にはかなりの数の「客〔籍〕」「僑寓」（＝「僑籍」）が存在したから、これは人物志や選挙志に登載される対象となる、「僑籍」で定住している文人や大商人がいないという意味であろう。そして、これまでの考察からするなら、龍山堡では、人物志や選挙志に登載されるような文人や大商人は、文人・大商人となる過程で、少なくとも「僑籍」から「土籍」へと転化せざるを得なかったことを推測できよう。

それでは、当時の仏山堡の状況を考慮しつつ、周維祺が四十排に対して第三十八図に譲歩するようにさせた動機や理由を考えてみよう。乾隆『佛山忠義郷志』は、挙人・知県以上の経歴をもつ者は「君子」たる条件を備えていることが多いことを前提にしていた。「君子」とは儒教的知識とともに、みずから故郷を離れ、異境で「僑籍」の経験をする機会があること、これも理由の一つであろう。そして、周維祺はまさに挙人であり、内閣中書（従七品）の官歴をもっていた。その意味で「君子」としての志向を備えていた可能性は大きい。

また、調停案の第三条において、万暦年間以来続いている四十排の同族か否かを問わずに、龍山堡出身の郷試・会試受験者への「巻試」「程儀」（受験料・餞別）の援助が再確認されていることにも注意したい。民国郷志、巻一二列伝、周維祺の条（二五ａ）は、この嘉慶二〇年の調停そのものには言及していないが、「郷（龍山堡）中の郷・会試を受験する者のなかには、家が貧しいので受験に赴かない者が多い。維祺は多数の人と相談し、資金を集めて利息を生ませ、旅費を助けたり、受験料を支給したり、加えて方法を講じてその資金が永遠に残るようにした」と述べる。つまり、調停案の第三条が作成されたのは偶然ではなく、調停案作成に関与した周維祺の積極的な思惑があったと推測できる。その思惑とは、個別同族や図甲からの援助ではなく、全堡的に醵出された資金の援助によって郷試・会試を受け、それに合格した挙人・進士ならば、個別同族や図甲の利害を超えて、「君子」としての観点から堡内の政治を行う可能性が大きいことであると思われる。(76)

ここで、「土籍」と「僑籍」のあいだにあまり大きな差別がないことを都市性と考え、そのあいだに大きな差別が存することを農村性と考えることができるならば、清代の仏山堡については、一定程度の都市性があったといえよう。それに対して龍山堡については、「僑籍」定住人口のかなりの存在にもかかわらず、税糧・徭役の徴収や全堡的な市場の日常的管理・運営の実権を握っていたのは、里長戸という「土籍」のなかの特定階層であった。その意味で、いまだ農村性が卓越した社会であったといえよう。ただし一八世紀後半以降、里長戸（その基盤は同族組織）に代わって「紳士」が、龍山堡における図を超えた全堡的な諸事業の日常的管理・運営を担う傾向が増えていく。以下では、その一つの事例として、光緒四年（一八七八）における、図甲制そのものの改革への紳士の参与を考察する。

第七節　図甲制の改革と紳士の参与

第三章で南海県仏山堡における清末同治年間の図甲制改革を考察したが、龍山堡でも光緒四年（一八七八）に似たような改革が行われている。その改革の経緯や内容について、図甲の側（とくに紳士）の立場から叙述しているのが次の史料である。以下、改革前の状況・問題点と改革の内容とついて検討していくが、そこでは図甲の外から受ける弊害が中心に語られており、図甲内部に矛盾や問題点があったか否かについては言及がない。この点には留意しておく必要がある。

最初に改革を行ったのは、大岡墟から「墟租」を得ていた原設の四図である。史料中に登場する「四十戸」は

「四十排」を指す。また「逓年当役の甲」（あるいは「逓年当役の戸」）とは、一図十甲のうちで、いわゆる「現年」となって里長を選出し、一図分の税糧を官へ納入する徭役の順番に当たっている甲（あるいはその甲の総戸）を指す。

史料五—4　民国『（順徳縣）龍山鄉志』巻六経政略、図甲、一九b～二〇b

a　さて、光緒四年（一八七八）に、本鎮（龍山堡）四図所属の紳耆《しんき》である周兆璋・温黻廷等が、順徳県知県の林灼三に公呈文を提出した。その内容は、毎年の四図の税糧について、二月から十月までの各月の「卯《ぼう》」（県への分割納税の各期限）に分割納税し、十月までに全額を完納することで、胥吏・図差から受ける種々の金銭的要求（「需索」）の弊害を防ぎたいという嘆願である。そして知県林から批准を得た。その後、第三十八・四十一等の図も、四図の方法を範とし〔て同様の嘆願を行い批准され〕た。それで長年の悪習（「陋規《ろうき》」）が改められ、国の徴税にとっても民の暮らしにとっても均しく稗益を与えた。

〈四十排の公呈具呈

b　龍山郷四図所属の紳士である、進士同知銜甘粛即用知県の周兆璋、戸部主事の温黻廷等が、規定に従って税糧を完納することで、積年の弊害をとり除くことを嘆願いたしますとともに、合わせて国からの課税を尊重するとともに、民力を緩める〔意図を示す〕ために、書面で指示を出し、また〔県衙門に〕記録に残していただきたく、お願い申し上げます。

c　私見によれば、龍山郷は明の洪武初年に、第三十六・八十一・八十二・八十三の四個の図が設置されました。図ごとに各々十甲から成るので、〔戸の数は〕全部で四十戸です。郷人はこれを四十排といい、税糧はこの四十排を通じて納めています。乾隆・嘉慶年間（一七三六～一七九五、一七九六～一八二〇）以前は国力が盛んで民も醇朴でしたので、未納になることを心配して〔期限どおりに〕納入しておりました。しかし道光・咸豊年間（一八二一～一八五〇、一八五一～一八六一）になると、水害が頻発し、戦争も度々起きたので、税糧の滞納（「積欠」）額が大きくなってしまいました。そこで胥吏・図差は、滞納していることを口実に、「逓年当役の戸」に対して、多額・小額ないまぜにして金銭をせびるようになりました。このため民は苦しみ、戸は欠糧するようになりましたが、〔税糧を滞納しているので、知県に訴えるわけにもいかず、〕講ずべき手立てはありませんでした。

d　その後、四図所属の紳士・耆老は、種々の方法を講じ、各甲の同族に早めに納税するように勧告したところ、幸いにも〔各甲の同族は〕勧告に従ってくれました。昨年（光緒三年。一八七七）も米穀価格が騰貴したので、民の食糧事情は苦しくなりましたが、四十排は十月の〔最終納入〕期限までに、規定どおり完納し、一文も欠額はありませんでした。とはいえ胥吏・差役の積弊は極に達しているので、完全に免れることはできません。私見では、「税糧を完納しなければ、差役による追求から逃れるわけにはいきません。しかし一方で、長年の悪習（「陋規」）を改めないと、ゆくゆくは税糧（「正供」）〔の徴収にとって〕の妨げとなるでしょう。〔税糧の完納と悪習の除去という〕二つの課題をいずれもうまくやろうとするならば、その方途はそれぞれについて最善の道を尽くすこと」と考えます。

e　ここに貴台が民政の充実に勤め、民がさかんに賛美しておりますので、そこであえて詳しく述べさせていただき、ならびに税糧完納と弊害除去についての条例を添えて上申いたしますので、合わせて書面にてご指示いただき、〔県署に〕記録として残して実施し、胥吏・図差が悪さをできないようにし、また税糧を早めに完納できるようにして、徴税と民生の両面において万世に永く依拠できるものとするようにお願い申し上げます。税糧完納と弊害除去の条例は次のとおりです。書面でご指示をいただき、記録に残し、実行していただくことをお願い申し上げます。

f　一（第一条）四図の税糧関係の業務は、〔図レベルでは〕「逓年当役の甲」が要請という形で「催輸」一人を選出する。また各甲がそれぞれ推薦で殷丁一人を選出し、〔各殷丁が甲内の税糧の〕催促・徴収を行い〔一甲分を〕とりまとめたうえで〔催輸に〕納める。四図の全四十甲分の税糧は、二月の「卯」から分割納入を始め、〔各月の「卯」ごとに納め、〕十月までに完納する。もし〔十月の最終期限までに〕完納できない場合には、欠額を出した甲の「殷実紳耆」が責任を負う。各図の紳士は必ず税糧の督促に協力し、必ず四十排が完納するように務め、一文も欠額がないようにして、弊害除去と民衆救済の至意に従う。

g　一（第二条）四図の「逓年当役の戸」は、それぞれの戸が「房規銀」（糧房の胥吏への謝礼）二十元、「抄実征銀」（実徴冊の抄写代）八元を〔糧房の〕胥吏に払う。元ごとに銀〇・七両で換算する。税糧の納税通知書と領収証明書（「由・串」）は、従前の規定に照らして一セットごとに銀〇・〇八両を〔図差に〕払う。〔図差からの〕それ以外の名目や規定額以上の要求（「差規銀」）は認めない。一切の規定額以上〔を要求する〕長年の悪弊は、すべて除去し悪さを防げば、まことに徳政といえましょう。以上をお願い申し上げます。（第二条）

h　指示（「批」）。周兆璋等の龍山郷四図の銭糧については、受け取った上申書に、「二月から「卯」ごとに分割納入して完納します」と声明しているので、上申書の内容を許可して記録に残す。遅延や欠額（「拖欠《たけん》」）が起きた場合には、その責任は該郷（龍山堡）の約紳に対してのみ問う。付属文書を添付しておく。〉

史料五—5　民国『龍山郷志』巻一二列伝二清、温皾廷の条（三八b〜三九a）

a　温皾廷、字は組雲、号は藻裳、小陳涌の人。同治六年（一八六六）の挙人、翌七年に進士に合格し、戸部主事となった。まだ壮年だったが、老いた母が気がかりなので退職して故郷に帰り、無為に過ごしていた。（中略）四十排が悪習を改革した件は、今でも温のおかげをこうむっている。かつての悪習では、県から差役が龍山堡に税糧を督促しにきて、〔現年の役に当たる甲に〕不法に金銭を要求する弊害がひどかった。そのため〔現年の〕役に充当する者はその被害に堪えられなかった。そこで温は、書簡を知県の林灼三に送り、差役による被害をとり除くことを相談した。林は同じ年に進士に合格した「同年」であったので、温の提案を誉めて採用した。

b　しかし、「国税に関係することなので、必ず税糧の滞納を清算し、それから差役による督促をなくすべきである。差役の弊害を除去するとともに、税糧を完納する手立てを講じる必要がある」と考えた。そこで多数の者から十分な資金を集め、まず「卯」（税糧の納入期限）ごとに〔その資金で立て替えて〕完納してしまい、その後に各戸から回収することにした。これは官にとっても民にとっても便利な方法であった。しかも資金を蓄積して余剰がでれば、それを凶作時の税糧納入用に備えた。今、四十排に「積餘堂」があるのはこういう経緯によるものである。

史料五—6　民国『龍山郷志』巻一二列伝二清、周兆璋の条、三七b〜三八a

周兆璋、字は熊占、号は雲瑑、蘇埠の人。光緒二年（一八七六）の進士。候補知県として甘粛省に赴き、正式に知県になるのを待っていたが、光緒四年（一八七八）に、故郷の龍山堡で四十排の納糧戸が「差費」を革除することを議論していることを知ると、温皾廷や廕生左啓等に、官への嘆願書の筆頭に署名する旨を申し出た。

1　光緒四年以前の状況

龍山堡においても、清末に至るまで図甲が存続し、一図分税糧の官への納入という徭役を、図内の各甲が輪番で担当していたこと、これを具体的に確認できる。(77) また、「各甲の同族」（「各甲族姓」）という表現も登場するので、龍山堡でも一個の甲が一つの同族を中心に構成され、同族組織を通じて甲内の税糧が徴収されていたことが推測される。

つぎに、清中葉以降の図甲制をめぐる諸矛盾について検討しよう。乾隆・嘉慶年間（一七三六～一七九五、一七九六～一八二〇）以前については、史料中では言及されていない。ただし多少の矛盾があったとしても、税糧は基本的には完納されており、胥吏・図差による弊害はさほどではなかったと思われる。だが道光・咸豊年間（一八二一～一八五〇、一八五一～一八六一）以降、アヘン戦争・太平天国運動に関連する戦乱、あるいは水害の頻発等により完納できなくなり、「税糧の累積滞納額が大きくなっていった」（「積欠遂多」史料五―4―c）。そして、胥吏・差役、とりわけ図差が税糧の滞納にかこつけて、「逓年当役の戸」に種々の金銭的要求（「訛索《かさく》」）を行うようになり、弊害が生じてきた。(78) しかし図甲側は、滞納の弱みがあるため、この弊害の除去を知県に訴えることはしなかった。

滞納額が増加し、胥吏・差役の訛索がひどくなってくるなかで、さまざまな手段を講じ、税糧完納のために奔走したのは、「図内の紳耆《しんき》（紳士・耆老）(79)」であった。ここで、改革前から、紳士・耆老が中心になって税糧完納のために活動していることを確認しておこう。とりわけ光緒三年（一八七七）に日々の食糧にも苦しむ[80]なかで、税糧を早期に完納したにもかかわらず、胥吏・差役の弊害はやむことがなかった[81]。そこで、周兆璋らは税糧完納の達成を根拠として光緒四年に、胥吏・差役の弊害を除去することを知県に訴えた。その際、四図の税糧徴収・納入方法と、その責任の所在とを明確にして、弊害除去の実現を図った。そして、この改革案は知県によって裁可された。つぎに、その改革内容を検討しよう。

2　胥吏・差役の弊害除去

各図の「逓年当役の戸」が、胥吏に支払う「房規銀」（胥吏への謝礼）と「抄実征銀」（実徴冊の抄写代）とを、それぞれ銀二〇元、銀八元（一元を銀〇・七両（「七銭」）に換算）に定額化し、その他の名目の手数料・賄賂を禁止する。差役が「由単」（納税通知書）、「串票」（税糧領収書）を図甲に給付する際の手数料は、一セットごとに銀〇・〇八両（「八分」）に定額化する。それ以外の差役からの要求（「差規銀」）は禁止する[82]。そして、これらの胥吏・差役に対する経費は、「逓年当役の戸」が負担する。なお、「税糧を完納しなければ、差役による追求から逃れるわけにはいきません」（史料五―4―d）、「県から差役が龍山堡に税糧を督促・徴収しにきて、〔現年の役に当たる甲に〕不法に金銭を要求する弊害がひどかった」（史料五―5―a）、「故郷の龍山堡で四十排の納糧戸が「差費」を革除することを議論している」（史料五―6）とあり、胥吏から受ける弊害よりも、差役のそれが図甲にとって大きな問題であったことがわかる。

3　税糧の徴収・納入方法

甲レベルでは、各甲がそれぞれ「殷丁」[83]を一名選出し、殷丁が甲内の税糧を催促・徴収し（「催収」）、とりまとめてこれを「催輸」に納入する（「彙納」）。図レベルでは、「逓年当役の甲」が「催輸」一人を選出する。[84]催輸という名前から判断して、その仕事は図内各甲の「殷丁」に甲ごとの税額を通知・催促し、これを徴収してとりまとめ、県へ納入（「輸将」）することと考えられる。ただし二月から十月までの九回の分割納入であるので、殷丁、催輸ともに上記の作業を年に九回行うことになる[85]（史料五―4―fの第一条）。ここで、いかなる者が殷丁や催輸の仕事に就くのか、これを問題としてあげておきたい。

ところで、史料五―5―bによれば、実際に採用された県への納入方法は、いま紹介した第一条（史料五―4―f）の方法とは若干異なるようである。すなわち、多数の人から資金を工面して「公産」（後に積餘堂と呼ばれる）を設定し、官に対してはこの公産から四図分税糧をあらかじめ納入し、後に各戸からこの立て替えた税額を徴収するというものであった。そして、この公産運営に余裕ができるようにし、凶作時にたとえ各戸から徴収できなくとも、官への完納を確保できるようにする。これは、胥吏・差役の図甲に対する恣意的干渉の排除を保証するために、期限どおり、税額どおりの官への税糧完納を実現する方法である。[86]

4　官への納入責任の所在と紳士・耆老

周兆璋らが提出した公呈文第一条に、「もし〔十月の最終期限までに〕完納できない場合には、欠額を出した甲の「殷実紳耆」が責任を負う」とある。これは、県に対する責任の所在を述べたものではなく、図内における責任の所在を述べたものであろう。すなわち、図内のある甲に欠額が生じた場合、図がその責任を問う直接の対象は、欠糧した土地所有者本人ではなく、当該の甲の「殷実の紳耆」であることをいったものである。ここでは、甲内の税糧を催促・徴収する殷丁ではなく、紳士・耆老が責任者になっている。しかし前に注意を向けたように、改革前から紳士・耆老が完納のために各甲の同族にはたらきかけていたことを考慮すれば、紳士・耆老が各甲の殷丁の仕事に就いていたと考えるのが妥当であろう。

つぎに、「各図の紳士は必ず税糧の督促に協力し、必ず四十排が完納するように務め、一文も欠額がないようにし」の一文が続く。ここでは「紳耆」ではなく、さらに「紳士」により限定されている。すなわち紳士の場合、自己の所属する甲に欠額が生じた時に、図から責任を問われるだけでなく、毎年つねに四図分税糧の完納に協力しなくてはならないのである。なお、一図分をとりまとめ、県へ納入するのは催輸の仕事であるが、ここで「各図の紳士」が登場するのは、殷丁の場合と同じく、各図の催輸の仕事に就くのが紳士だからであろう。

ところで、知県林灼三の批文には、四図の税糧について、「遅延や欠額（「拖欠《たけん》」）が起きた場合には、その責任は該郷（龍山堡）の約紳に対してのみ問う」とある。「約紳」とは、龍山堡の「郷約」（「公約」とも呼ぶ）を運営・管理する紳士を指す[87]。つまり、知県は四図の税糧の納入責任を「各図の紳士」（＝催輸）に対して個別に問うのではなく、四図分をまとめて、これを郷約の紳士に問うことにした、と解釈できる。「四図所属の紳士・耆老は、種々の方法を講じ、各甲の同族に早めに納税するように勧告し」ていたから、これを追認した規定になったのであろう。

さて、「紳耆」（紳士・耆老）であれ、「紳士」であれ、これらの名目は、「里長戸」「里長」「殷丁」「逓年当役の甲」等の名目とは異なり、従来までの国家的制度としての税糧徴収・納入機構（図甲制）上において、明確な位置づけがなされていなかったものである。にもかかわらず、改革後において、甲の図への納入責任は甲内の「殷実の紳耆」が負うことになり、さらに県への納入責任は「紳士」が負うことになった。このことをいかに考えるべきであろうか。いま、この問いに十分な解答を用意することはできないが、以下、手がかりとなる諸点をいくつか述べておきたい。

さしあたり、「耆老」と「紳士」に分けよう。「耆老」は、「郷老」等とも呼ばれ、一般に郷村の指導層を指して用いられることが多い。そして郷村内、あるいは同族内の税糧額の把握と徴収とに実際に携わり、かつ「里長」「殷丁」等に充当していたのは、彼ら「耆老」であったと考えられる(88)。ただし、「耆老」という語は、あくまでも郷村内の社会的地位を表現したものであり、国家的制度としての図甲制上においては、「耆老」という社会的名辞そのままでは登場せず、必ず「里長」「殷丁」といった制度上の名辞を冠して登場していた。それが、改革以後は、「耆（老）」という名辞で図甲制上に位置づけられることになったわけである。

つぎに「紳士」を、ここではさしあたり、生員以上の科挙合格者と考えておくが(89)、歴史的には以下の諸点が指摘できる。これまでの研究成果によれば、いわゆる里甲制の規定では、紳士といえども、税糧の徴収と官への納入等の里甲正役を免除されていなかつた。しかし時代が下るにつれ、実際には紳士はその特権を利用して、これに就くことを拒否していた(90)。珠江デルタの図甲制においても、「紳士」は、基本的には「里長」「殷丁」等の税糧徴収・納入の職務には就かず、形式的には税糧徴収・納入機構の外に居り、図甲運営に直接的には関与していなかった、と推測される(91)。

しかし龍山堡においては、道光・咸豊期以降、「紳士」が、税糧の徴収・納入に積極的に関与するようになった。そして今回の改革に際し、図甲の側が「紳士」に図甲制上における一定の位置づけを与えただけでなく、知県の側も「紳士」を図甲側の最終的納入責任者とし、これに明確な位置づけを与えている。科挙制度を根拠とする身分保持者であり、この身分のみでは図甲制における位置づけを与えられていなかった「紳士」が、「里長」等の制度的職名を冠することなく、図甲制上における重要な位置を占めるに至ったのである。

これらの一連の過程を考察するには、「紳士」が主として掌握していた（あるいは掌握するようになった）堡全体の公産の意義、また、「紳士」の関与を必要とした図甲内部の諸事情等の検討が必要になるが、これらは他日に期したい(92)。

なお、これまで検討してきた光緒四年の改革は、のちに第三八図と第四一図がこれにならった改革を行っているが、さしあたりは原設の四図が一体となって行ったものである。この点、ならびに大岡墟の権益をめぐる問題が示唆するように、同じ龍山堡の図ではあっても、原図の四図と清代に開設された他の四個の図とでは、若干の相違が存在する。この点を各図の公館・公所の保有や創建時期から検討しよう。

史料五―7　民国『(順徳縣)龍山郷志』巻五建置略、各図公館

四図公館は大岡墟の関帝廟の左に在る。光緒九年（一八八三）に重修した。第三十八図卯館は大岡墟口搾油岡の北に在る。道光二五年（一八四五）に創建し、光緒元年（一八七五）に重修した。第四一図公所は大岡墟旺村路口に在る。光緒三〇年（一九〇四）に創建した。

これら各図公館のもつ機能については史料中に説明がないが、四図公館については、すでに論及したように、

大岡墟という市場を管理する施設としての要素をもつことが判明している。また第三十八図卯館も、大岡墟の出入り口付近に位置しており、本章で論及したように、四図公館と同じく、大岡墟に得た廊地の管理をする施設の要素をもつと考えられる。加えて「卯館」と税糧納入期限を意味する「卯」が冠せられていることから、税糧の徴収・納入時期にその業務を処理する施設としての要素をもつことも推測される。[93]また第四十一図公所の所在地は大岡墟の出入り口付近であり、第四十一図も清末までに大岡墟に権益を得たと思われる。以上から、第四十一図公所を含め、この三つの公館・卯館・公所は、大岡墟など、各図が有する権益についての管理を行ったり、各図の税糧の徴収・納入の業務を処理したりする施設と考えられる。

他方、第三十九図と第四十図については、公館に関する記述がない。この二図は公館を有していなかったと思われる。

以上から次の点を指摘できよう。すなわち、公館を有するのは、いずれも光緒四年以降に、前述の改革を行った図である。改革を行うには、義会や公産によって税糧の立て替え納入を行う資産が必要である。したがって、これら六図と公館をもたない二図との間には、経済的基盤の相違が存したと考えられる。

おわりに

以上の龍山堡について検討してきたことを、第三章の仏山堡の状況と比較すると、紳士の登場などの点で共通点をみいだせるが、相違点もある。図甲制の問題に限定すれば、仏山堡では胥吏・差役という図甲外部からくる矛盾だけでなく、「另戸」の「詭寄」といった図甲内部からくる問題も存在した。それに対して龍山堡の場合は、第七節で検討したように、図甲内部からの問題はほとんど登場してこないことである。これは、龍山堡では客籍人口はそれなりに存在していても、大岡墟の権益について考察したように、いまだ土着の、しかも図甲制の里長戸（総戸）を有する同族が大きな意味をもつ郷鎮社会であったのに対して、仏山堡が人口三〇万人の都市で、客籍人口がかなり多く、土着と客籍のあいだの差別が少なくなっている、同時に同族等の規制力も弱化している、都市性の強い社会であったことによる違いと思われる。この点は、次の第六章で龍江堡について検討する時にも留意したい。

註

1 清代珠江デルタの巡検司については、西川喜久子氏の著書の第九章「佐弐官・属官・雑職官」が包括的な研究をしている［西川 二〇一〇、頁六三七〜六九二］。

2 嘉慶『龍山郷志』（以下、嘉慶郷志、と略称する）巻四食貨志、戸口、一b〜三a。女子が男子の二倍という人口構成については、客商として外に出ている男子が多いこと、女子に養蚕・製糸業という生業があり、間引きがみられないこと、等が要因と考えられる。

3 民国『龍山郷志』（以下、民国郷志、と略称する）巻六経政略、丁口、六a〜六b。

4 片山 一九九四、頁五〜六、参照。龍山堡の「埠」は他堡における行政村サイズに相当する。

5 嘉慶郷志、巻四食貨志、物産、一七a。

6 嘉慶郷志、巻二郷事志、墟市、六b〜七a。

7 民国郷志、巻五建置畧、墟市、六八b〜七〇a。

8　民国『龍江郷志』巻一、坊里、一三a～一五a。本郷志は、道光一八年（一八三八）に編集された『龍江志畧』五巻（抄本）を、民国一五年（一九二六）に刊行したものである。ほんの僅かの加筆を除き、その内容は基本的には道光年間の抄本のままである。

9　沙田村を構成する五社の社名は、民国『龍江郷志』巻一、坊里、一四aの沙田坊の社名と一致する。

10　同族の概念については、第二章第二節、頁九四、および筆者の別稿［片山　一九九七、頁四九五の註8］参照。

11　民国郷志、巻六経政略、図甲、一a。

12　「廊肆」は「固定店舗」ではないので、葉・譚両氏は「墟廊の肆《みせ》」（後述の「攤位」）を指すと考えている。

13　なお、「富家大戸」と大岡墟との関係についての葉・譚両氏の解釈には疑問があり、後段で検討する。

14　旧稿［片山　二〇〇一、頁二〇二］では「龍江堡の人」と書いたが、本章において「龍山堡の人」に訂正する。

15　本節の主な依拠史料は、嘉慶郷志の次の五箇所である。①巻八・人物志、徳業、柯少茂の条（九b～一〇b）、②巻一〇・芸文志、序（三九b～四一a）所収の柯少茂「儒林郷義倉錄序」、③巻一一・芸文志、雑著（四〇a～四六a）所収、柯少茂「呈建義倉條議」、④同前（四六a～四七a）所収の「通堡里排・甲保・耆老勘結」、⑤巻一一・芸文志、記（一六a～一六b）所収の闕名「重修大岡墟武廟碑記」。

16　「富家大戸」として、馮某、黎某、梅某、左某と「排年の左某」があげられている。最後の「左某」は特に「排年」（＝里長戸）の語が冠されている。しかし、前四者にはこの語が冠されていないので、当時は里長戸をもたない同族であったと思われる。ここで、清代康熙年間に開設された第三十八図には、馮姓、梅姓、左姓の里長戸が含まれている。したがって、万暦年間に里長戸は有していなかったが「富家大戸」であった馮姓、梅姓、左姓が、第三十八図開設によって里長戸を得た可能性がある。なお、これら四個の姓は明代には進士を出していない。また、上記の黎姓と同宗であると断定できないものの（龍山堡には同姓異宗の黎姓が二族あるため）、黎姓からは挙人が出ている。ただし万暦年間には死亡している。同じく上記の馮姓・黎姓と同宗とは断定できないものの、当時、馮姓と黎姓には貢生が存在していた。「富家大戸」としての力量は、あるいは科挙身分を背景とするのかもしれない。

17　葉・譚両氏が解釈するごとく［葉・譚　一九八七、頁七八］、大岡墟にはそれまで店舗（＝「舗位」）はほとんどなく、墟廊（「攤位」の集合）が大部分であったと思われる。「墟場」とは、墟廊の敷地を指すと思われる。

18　註15前掲の④。なお、柯少茂「呈建義倉」（嘉慶郷志、巻一一芸文志、雑著、三九b）に、「富家大戸」の侵入・占拠によって、「龍山堡第一の市場がほとんど肆《みせ》に変わってしまった」（「首市幾易肆」）とある。「肆」は「廊肆」という用法もあり、墟廊内の「攤位」を指すこともあるので、一概に店舗＝「舗位」を指すとはいえない。ただし「富家大戸」の侵入・占拠によって、店舗であれ墟廊であれ、屋根付きの施設が増加したとはいえるであろう。

19　「富家大戸」のなかにも里長戸が含まれている（註16の「排年の左某」）が、これを除く四十排であろう。ほかに、保正副・耆老などが中心となっている。

20　柯少茂、字は廷芳、号は玉宇、万暦壬午（一〇年。一五八二）の挙人である（嘉慶郷志、巻八人物志、徳業、柯少茂の条、九b～一〇b）。

21　敷地の四至と税畝七畝五分三厘が画定したのは、この時である。葉・譚両氏は、この敷地（四至）の画定が明初であるかのように叙述している［葉・譚　一九八七、頁七八］が、誤りである。万暦九年以前について、註15前掲、④「通堡里排・甲保《ママ》・耆老勘結」に、「初無糧税」とあり、税糧負担はなかった。また葉・譚両氏は、「富家大戸」によって「市場（「墟市」）の範囲」は拡大し、「固定店舗」も不断に増加した、とあたかも内側から外側へ向かって拡大したかのように述べる［葉・譚　一九八七、頁七八］。しかし事態としては、外側から内側への「侵占」であったと解釈すべきである。

22　第二節で言及するように、「富家大戸」から没収したものも含まれよう。

23　註15前掲、③柯少茂「呈建義倉條議」によれば、万暦一七年以前における大岡墟の収益について、「むかしから墟場は利益を出していた」（原文「原日墟場出有花利」）と述べるから、店租（＝「舗租」）とは別に、墟廊の「攤位」から「地租」が徴収されていたと考えられる。万暦一七年からの義倉運営における「地租」の役割については、管見した史料には明確な言及がない。ただし後段で登場する「墟租」は、店租のみならず「地租」を含むと考えられる。また、註15前掲、①巻八・人物志、柯少茂の条（一〇a）は、「富強」によって「包占」された対象を「大岡墟租地」とする。「租地」とは店舗ではなく、屋根があるか否か別にして、墟期における交易場所を指すであろう（「租地」の「地」は「攤位」から徴収する「地租」の「地」に通ずるであろう）。したがって、「包占」以前は店舗は少なかったと推測される。

24　「侵占」していた「排年の左某」も、管理・運営に参加していたと思われる。

25　大岡墟を管理する主体について、嘉慶郷志は万暦一七年以降のそれについては四十排や保長が登場する記事を載せており、これらを正当な管理主体と認識していることがわかる。しかし、万暦一七年以前にだれが管理していたかを示す記事は載せていない。これは、万暦一七年以前は四十排が必ずしも正当な管理主体ではなかったこと、万暦一七年に至って四十排（や保長）が正当な管理主体としての地位を獲得したことを示唆する。

26　本節における主要な依拠史料は後述の史料五―1である。

27　第三十八図側の代表者と思われる「監生の左理端」なる人物については未詳である。四図には左姓の里長戸が二戸あるが、第三十八図第八甲にも「左茂新」という里長戸が一戸ある。嘉慶郷志、巻三郷俗志、氏族によれば、龍山堡には同姓異宗の左姓が五族あるから、里長戸「左茂新」の左姓一族は、四図の左姓とは同姓異宗の可能性がある。左理端は第三十八図側の人物と推測されるから、「左茂新」戸に属する左姓の族人と考えられる。

28 県が墟の開設許可権を有していたことについては、林和生氏［林 一九八〇］、葉顕恩・譚棣華両氏［葉・譚 一九八七、頁八六］が指摘している。

29 「黄天俊」は四図の中の第八十二図第三甲の里長戸名であり、人物名ではない。

30 周維祺は龍山堡蘇埠人。乾隆五三年（一七八九）の挙人で、官は内閣中書である（民国郷志、巻一〇選挙表、一九b、及び同、巻一二列伝二清、周維祺の条、二五a）。

31 前任知県の李は嘉慶二〇年時点で示を出している。にもかかわらず嘉慶二一年に、総督蔣は改めて知県に勒石させている。これは李が示を出したものの、必ずしも調停案どおりに実行されていなかったからと考えられる。とりわけ四十排側の調停案に沿った実施が遅れていたため、これを第三十八図側が訴え出たのではないかと思われる。

32 民国郷志、巻五建置略、墟市、大岡墟の条、割註、六八b～六九b。

33 史料五―1では、調停案全八条の各条の分別が明示されていない。咸豊『順徳縣志』巻五建置畧二、墟市、江村〔巡検司〕属、龍山堡、割註、三一bには、知県李が出したと推測できる嘉慶二〇年の「示」が抜粋されている。この抜粋には調停案全八条の内容が要約されていると思われるが、やはり各条の分別は明示されていない。そこで、これと史料五―1とに共通する内容を手がかりに、引用者が各条の分別を行った。

34 「墟亭」については、順治一四年（一六五七）刊、同治一三年（一八七四）重刊『（南海縣）九江鄉志』（広州、中山図書館蔵）巻一、墟市、墟、二九aの「裏海墟」「良村墟」「岳灣墟」「龍涌墟」の各条が参考になる。たとえば裏海墟について、「朱中憲移廟前墟於此、建墟亭二十餘楹。今單日趁」（朱中憲が

〔天妃〕廟前墟をここ（裏海）に移し、墟亭二十餘楹を建てた。現在、〔墟期＝定期市開催日は〕奇数の日である）とある。「亭」の原義は、屋根と柱から成り、壁の部分がない、あるいは少ない建物を指す。また「楹」の原義は柱であるが、建物の棟数や部屋の間数を数える助数詞にもなる。ここでは建物としての墟亭の棟数を示す助数詞である。墟亭について、定期市における交易用ではなく、管理用の建物と想定すると、それを二〇棟余りも建てることは考えられない。ここではまさに定期市における第一の目的である交易用の建物として、二〇棟余りを建てたと解釈できる。すなわち、「墟亭」は定期市において交易が行われる建物、つまり「墟廊」と同義と考えられる。なお「朱中憲」とは、九江堡出身で万暦二年（一五七四）の進士、朱譲を指す（順治九江郷志、巻三、選挙、進士、二a）。また「裏海墟」以外にも、良村墟について「建墟亭二十餘楹」、岳湾墟について「建墟亭二十餘楹」、龍涌墟について「建墟亭十餘楹」とある。

35　当時の龍山堡では、水田を改造した土地利用形態として、桑畑と淡水魚養殖池をセットにした「基地・魚塘」（桑基魚塘）が多かった。「前文」の「地基」は「基地」＝桑畑を、「魚塘」は淡水魚養殖池を指す。

36　嘉慶郷志、巻三郷俗志、氏族によれば、龍山堡の同姓異宗の梅姓は四族ある。第三十八図には、第三甲梅宗興および第六甲梅其魁の二個の梅姓里長戸がある。ここに登場する梅姓は、第三十八図新設の墟の店舗を賃借するので、四図に属する同族とは考えにくいから、第三十八図の二つの里長戸のどちらかの同族であろう。

37　嘉慶郷志、巻六郷防志、壮丁、三b〜四aには、壮丁について、「原額壮丁四十名〈即大墟舊額〉。隊長四名。毎名壮丁月給工食銀六錢、歳應給銀二百八十八両。隊長月給工食銀八錢、歳應給銀三十八両四錢〈工食出自墟租餘羨〉」とある。壮丁の数が四〇名で、毎名毎月の工食銀が六銭であり、また隊長数が四名で、毎名毎月の工食銀が八銭であることは、明末に陳邦彦（陳巖野先生）等が創設した「郷兵」の兵数と毎名毎月の工食銀の額、および隊長の数と毎名毎月の工食銀の額と一致する。すなわち、ここにいう「壮丁」は陳邦彦等が明末に創設した「郷兵」を指す。

38 註37前掲、嘉慶郷志の最後に〈工食出自墟租餘羨〉とある。なお、清代の康熙年間以降の「承平」によって壮丁の必要性が減少し、さらに乾隆四四年（一七七九）の郷約設置によって、壮丁数は一二名となった。史料五―1の第二条がいう「壮丁工食銀両」の項目における支出の必要性の減少は、これを指している。嘉慶年間には、壮丁一二名で毎年計一四四両、隊長四名で毎年九六両、総計二四〇両であり、二一六両より二四両多いが近い数字である。

39 陳邦彦「龍山堡議設郷兵則例」（嘉慶郷志、巻一一芸文志、雑著、四七b～五〇a）の第二条。

40 民国郷志、巻六経政略、兵防、「陳邦彦龍山堡議設郷兵盟詞」に続く割註（二六a）に、陳邦彦の息子の陳恭尹が黄天襄に宛てた書が引用されている。その書のなかに「郷兵」（「壮丁」）設置後のこととして、「自設營以來、墟租日多、而田畝・戸口倶可免派。支四十兵糧之外、尚多數百餘羨、豈不可商量增設乎」と書いていることが紹介されている。すなわち、郷兵や隊長の工食銀は、当初は田畝・戸口から捻出することになっていたが、郷兵設置以後、大岡墟の墟租収入が増大したので、田畝・戸口から捻出せず、墟租から工食銀を出すようにしたこと、そして工食銀に支出してもなお、墟租には銀数百両の余剰があったことが分かる。すなわち、郷兵設置後に墟租収入が増加したので、工食銀を墟租から手当したことがわかる。

41 店舗五〇軒からの店租収入は、当初は銀三〇両である。その後の賃貸料増加を考慮しても、店租のみで「壮丁工食銀両」三七九両、さらに第三条に登場する郷試・会試の受験料・餞別を賄うのは困難と思われ、別途の財源が存在すると推測される。

42 当初は、郷試受験者に巻資銀三銭（〇・三両）、会試受験者に巻資銀一両の援助であり、「程儀」（餞別）についての言及はない。なお万暦年間には、図としては四図のみが存在していた。したがって、四図以外の図に所属する人に対しても付与するか否かの問題を考慮する必要はなかった。ただし四図に属する者の中で、里長戸を有する同族と里長戸を有していない同族とのあいだに区別があったか否かは問題となろう。しかし、嘉慶以前に第三十八図の人でも付与されていたことから考えれば、里長戸以外の同族の者でも付与されていた可能性が高い。

43　「続増」の三個の図に属する人々も、同様に受領できたと思われる。

44　温汝能「重修燕喜亭碑記」（嘉慶郷志、巻一一芸文志、記、三三b～三四b）。

45　鄧瑚「重修燕喜亭碑記」（嘉慶郷志、巻一一芸文志、記、二一b～二二a）は乾隆九年の部分的重修時の碑文であるが、創建時の理念を紹介している。雅集・燕会するのは主に文人たちであろう。

46　旧稿［片山　二〇〇一、頁二〇五、二〇七］では、第四条における「通郷重修」を嘉慶二〇年以前の過去の事実と解釈したが、今後（すなわち嘉慶二〇年以降）のこととして解釈するべきであるので、ここに訂正する。

47　註44前掲、温汝能「重修燕喜亭碑記」は、四十排による重修であることしか記述していない。なお「紫閣の銀両」を指している可能性がある財源として、以下のものがある。嘉慶郷志、巻四食貨志、雑税、一一aに「一、紫閣田塘地税〈約壹拾柒畝五厘。税載劉積達戸。租約肆拾柒両柒錢〉」とあり、「田・塘・地」を合計した土地が、税畝で一七・〇五畝あること、それらの土地を出租して得られる地代（「租」）がおよそ銀四七・七両であることがわかる。また同、一一bに「一、金紫會租〈租約壹拾陸両〉」とあり、「金紫会」なるものが組織されており、該会が不動産を出租することで、年間およそ銀一六両の収入を得ていることがわかる。この金紫会は出資者の出資金によるものであろう。さらに民国郷志、巻五建置略、廟宇に「金紫堂箱」の条がある。

48　嘉慶郷志、巻一〇芸文に収められている武廟関係の諸史料、および民国郷志、巻五建置略、廟宇、関帝廟の条、三一b、参照。

49 「雑税」の項には、龍山堡所属の諸団体が所有する土地のうち、順徳県から徭役負担免除の措置を受けているもの、および他県所在の土地等が列挙されている。柯少茂「呈建義倉條議」（嘉慶郷志、巻一〇芸文、雑著、四四a）の第一一条「議税糧」には、義倉設立時に、義倉穀物の財源となる大岡墟の敷地税畝七畝五分三厘と螺岡墟の敷地税畝一畝四分とを、徭役免除の対象とする申請を出したことが記されている。この申請が承認されたものと思われる。

50 「祭祀」とは武廟の祭祀を、「工食」とは「壮丁工食銀両」を指すと思われる。

51 図五―2の「大岡墟圖」について、林和生氏は、洪武二九年の移設当初の状況を描いたものと考える方が自然であると指摘する［林 一九八〇、頁八四］。景観そのものについてはひとまず措くとして、本図の作製時期を確定しておこう。第一に、本図は嘉慶一〇年（一八〇五）刊の嘉慶郷志に掲載され、それを民国郷志がそのまま転載したものである。つまり本図は、嘉慶一〇年までに作製されていることが判明する。第二に、本図には武廟などいくつかの建物がみえるが、図の作製年代を推定するのに適当なものは、武廟の横の「財神廟」である。民国郷志、巻五建置略、廟宇、三一aに、「財神廟は大岡墟の〔龍山〕重鎮の右に在る。乾隆甲寅に金紫峯より移転された」とある。つまり、財神廟が大岡墟に存在するのは、乾隆甲寅（五九年。一七九四）以降である。したがって本図は、乾隆五九年（一七九四）から嘉慶一〇年（一八〇五）のあいだに作製されたことになる。

52 嘉慶『龍山郷志』（巻首、大岡墟図説、一五b）に、「(前略)至萬歴《（ママ）》間、柯君廷芳呈建義倉、復偕四圖里老清釐原址、歳取資焉。東界基磡、西界水溝、南界山松、北界絶戸蔡亞女。地東西一十二丈、南北四十二丈、税七畝五分二釐、載在柯戸。公地之旁、方屬各姓、瞭如也」とあり、大岡墟の敷地を二種類に大別している。すなわち、第一は、税畝「七畝五分二釐」の「公地」であり、第二は、その「公地」の傍らに所在する「各姓」の敷地である。そして「公地」の境界に標識があるからであろう、二種類の敷地のあいだの境界も「はっきりしている（「瞭如」）」と述べている。このうち、「公地」の西側の境界は水溝である。

53　「龍山重鎮」は、明末の崇禎年間（一六二八〜一六四四）に龍山堡、とくに大岡墟の防衛のために創設された郷兵の詰め所である。

54　水溝②のうち、図の左側にある部分が、万暦一七年時点の西側の境界線であろう。

55　ただし葉・譚両氏の、この図に向かって左側を北、右側を南とする方角解釈はおかしい。武廟の位置について、闕名「重修大岡墟武廟碑記」（嘉慶郷志、巻一一芸文志、記、一六a）に、「〔大岡〕墟の北に関帝廟がある」とある。また財神廟の位置について、陳応魁「財神廟碑記」（嘉慶郷志、巻一一芸文志、記、二七a）に、財神廟を乾隆五九年に金紫峰から移転・新築する際の場所として、「武帝廟の西、〔龍山〕重鎮営の右を選んだ」とある。したがって、武廟が大岡墟の北部に位置しており、そして財神廟が武廟の西側に位置していることが明白であり、図に向かって左側が西、右側が東である。

56　後述する理由で、この鄧姓は四図所属の里長戸を有する同族と考えられる。四図の鄧姓の里長戸として、第八十一図第二甲と第八十二図第十甲の二戸がある。

57　この「廊地」を鄧姓が、また四十排が所有していた時には公所や店舗がなく、第三十八図が獲得する際に公所や店舗を設けるのはなぜであろうか。後述するように、鄧姓は四十排を構成する同族と考えられる。したがって、公所のような管理施設については、鄧姓自身が設けなくても、それを四図公館が代替していたと思われる。そして四十排が所有してからは、四図公館が直接管理するようになったと推測される。また鄧姓がY全体において所有する「廊地」は一箇所とはかぎらないから、必ずしもこの「廊地」に店舗を設ける必要はなかったのではなかろうか。それに対して第三十八図の場合は、後述するように大岡墟において所有する敷地はこの「廊地」のみであるので、管理施設としての公所を設ける必要が生じるのである。店舗、とくに雑貨店を設ける必要の詳細は不明であるが、墟廊へ交易に来る客を対象とする商売が利益を生むからであろう。そして第三十八図の場合は、この「廊地」にしか店舗を設ける敷地がないからである。

58 他の場所には蚕紙行はなかったと思われる。嘉慶郷志、巻首、「大岡墟圖説」(一五b)に「〔墟期に〕商品が集まる際には行(業種)ごとに〔定められた区画に〕列《なら》べられ、〔他の区画で交易するような〕侵害行為が行われることはない」(原文「貨聚行列、莫敢侵欺」)とある。林氏が紹介する民国『佛山忠義郷志』「墟有廊、廊有區、貨以區聚」〔林　一九八〇、頁九一、および頁九三の註39〕と同じことをいったものであろう。

59 生糸交易が行われる墟廊の位置は、史料では確認できないが、その交易額が墟期(大岡墟の場合は一旬(一〇日)のうちの一・四・七の三日を指す)ごとに銀一万両以上あることと日中戦争前の状況とから、四図公館近くの墟廊であったと思われる。つまり、第三十八図が獲得した「廊地」では、蚕紙や生糸等の重要交易品はとり扱われていなかったと思われる。註58参照。

60 万暦年間に「富家大戸」はX(＝A)の外側から、つまりY(＝B)からXへ向けて「侵占」していったから、当時すでにYには「富家大戸」の店舗が存在したと思われる。そしてYからも「富家大戸」を退出させた万暦一七年に、Yにおける「各姓」の管理が始まると思われる。なお、「廟地」Zの四十排による管理は、崇禎年間の武廟移転に始まると思われる。

61 ここで調停案第五条を検討しておこう。第五条の「此外墟内地段・舗宇」とは、大岡墟内の敷地・建物のうち、第四条までの内容に登場するものと、第六条で別途にとりあげられる「廟地」Zとを除外した部分を指す。ところで、第二条の「壮丁工食銀両」と第三条の受験料・餞別とは「四十排の墟租」から支出される。そして「四十排の墟租」は四十排が共同管理する敷地から捻出されるものであるから、XとZになるが、上記のごとく第六条で登場する「廟地」Zは該当しない。したがって「此外墟内地段・舗宇」とは敷地Yを指す。ここで「地段」とは、敷地Y全体の一区画を指すのか、それとも敷地Yをさらに細分した下位レベルの区画(複数の区画)を指すのか不分明である。しかし第五条の最後に「各管各業」とあり、複数の主体が管理していることから、後者が妥当である。そこで「それ〔敷地Xと第六条の敷地Z〕以外の〔大岡〕墟のなかの各敷地や各建物は、今や四十排の同族にかぎらず、他の者（第三十八図）も所有するに至ったのであるから、各所有者にそれぞれ自己の敷地・建物を管業させるべきである」と訳しておく。

62　紳士が、四十排あるいは第三十八図の成員の立場から関与する可能性はあろう。

63　大岡墟は存続し、墟租収入による蓄積も増大したにもかかわらず、義倉そのものは長続きしなかった。これは四十排の目的が義倉経営ではなく、大岡墟の権益獲得にあった可能性を示唆する。なお、敷地Xの税糧は万暦年間から嘉慶年間に至るまで、柯氏の戸（ただし、一貫して柯廷芳戸であったどうかは確認できない）を通じて納税されている。納税に関与することで何らの権益を得た可能性もあるが未詳である。

64　隣の龍江堡で乾隆一四年（一七四九）に創設された金順侯廟前市（相公廟前市）の場合も同様である（第六章、参照）。

65　第四十一図も清末までに大岡墟での権益を得たようである。第七節、参照。

66　嘉慶郷志、巻三郷俗志、氏族、七a。

67　民国郷志、巻五建置畧、祠堂、一四b、二六a～二七a。

68　嘉慶郷志、巻四食貨志、物産、一七b。

69　嘉慶郷志、巻三郷俗志、習尚、一b。

70　民国郷志、巻五建置畧、善堂、方便所、四a。

71　当時の珠江デルタを含む広府人社会における客籍から土籍へ、さらに土籍の中での甲首戸から里長戸への転化がもつ意味については、片山　二〇〇〇、参照。

72　隣の龍江堡にある金順侯廟前市（相公廟前市）についても、大岡墟と同様のことがいえる（第六章、参照)。

73 註44前掲、温汝能「重修燕喜亭碑記」、および註45前掲、鄧瑚「重修燕喜亭碑記」。

74 たんに客籍である者ではなく、仏山に定住している者を想定していると推測される。

75 この点は、羅一星氏や井上徹氏によって、「僑籍」の人々、とくに文人・商人層が「土籍」に転化することなく、「僑籍」のままで仏山の政治的経済的リーダーシップをとるに至ったことが具体的に提示されている[羅 一九九四、井上 一九八九]。ただし、土籍が当初から客籍を差別していなかったわけではなく、客籍勢力の増大に伴う結果であった。

76 おそらく里長戸以外の同族や客籍を許容することが、仏山堡のごとく、龍山堡の社会・経済的側面に何らかの積極的メリットをもたらすのであろうが、現時点ではこれを史料に即して明らかにできない。

77 順徳県の県城である大良堡でも、原図が九図あり、これらの総戸もまた「九十戸」、あるいは「九十排戸」と呼ばれており(咸豊『順徳縣志』巻五建置略二、壇廟、崇報祠の条、参照)、やはり清末・民国期に至るまで存続していた。ただし、清末になると図甲による税糧の徴収・納入方法に変化が生じる。民国『順徳縣志』巻二四雑志に、『鳳城識小録補編』を引用した一文があり、それによると「原設九図」について、①共有資産として「五沙沙骨」があり、②当初、この資産は里長充当者の負担軽減のための援助金等として用いられた。しかし同治年間には、③里長が一図分税糧をとりまとめて官へ納入する方法は行われなくなっており、④各甲が里長を媒介せずに、独自にかつ直接に官へ納入する方法が行われていたこと、⑤そのため「五沙沙骨」から里長充当者へ補助する必要がなくなった、⑥清末におけるこの資産の管理は、「図紳」と呼ばれる人々によって行われていたこと、等が判明する。なお、その詳細については、片山の指摘をもふまえて西川喜久子氏が詳細な研究を行っている[西川 二〇一〇、頁一一九~一二〇、一五一~一六七]。

78 この時の図差による「訛索」の内容は不明であるが、「積欠」を前提にしたものであるから、①「積欠」

を黙認する代わりのさまざまな名目の賄賂の要求、②追徴のために龍山堡へ赴く費用の要求、③追徴金の私的増額、等が考えられる（第三章の仏山堡および第四章の香山県の事例、参照）。

79 「紳耆」とは、「紳士・耆老」の意味である。このうち「耆老」は、郷村の指導層を指して用いられることが多い。「図内の紳耆」が完納のために講じた手段の具体的内容は明らかではないが、同族組織による族人に対する規制の強化、族産を用いた欠糧分の立て替え、他の族への義捐、等が考えられる（第三章の仏山堡の事例、参照）。

80 清末の龍山堡では、水田稲作はほとんど行われなくなっており、その土地利用形態は水田を改造した「桑基魚塘」と呼ばれるものであった。そして桑栽培、養蚕、生糸の紡績が主要産業であったので、食糧は龍山堡の外からの供給に依存していた。

81 今回は、「積欠」を前提としたものではないこと、および改革の内容から判断して、胥吏の場合には、①「房規銀」（胥吏への手数料）の増額、②「抄実征銀」（実徴冊の閲覧・書写のための手数料）の増額、ないし閲覧の拒否等が、差役の場合には、①由単・串票の給付手数料の増額、等が考えられる。

82 改革後においても、差役の職務内容そのものは変化がなかったと思われる。したがって、龍山堡の差役（とりわけ図差）の職務内容は、由単・串票の図甲への給付、欠糧の場合の追徴・逮捕、が主であったと考えられる。この点、第四章に登場する香山県の図差とはかなり異なっているので、注意しておきたい。

83 「殷丁」は、第三・四章で扱った南海県の仏山堡（および九江堡）や香山県の場合にも登場するが、清代の図甲制において、甲内税糧の催促・徴収の任にある者である。

84 「催輸」については、「逓年当役の甲」が「要請する」という形で就任してもらう（史料五―4―f）ことから、身分の高い者が就くことが想定されていることがわかる。後述、参照。

85 「毎年の四図の税糧について、二月から十月までの各月の「卯《ぼう》」（県への分割納税の各期限）に分割納税し、十月までに全額を完納する」（史料五―4―a）とあり、第一条（史料五―4―f）や知県林の批

（史料五―４―ｈ）にも同じ内容が書かれている。この県への分割納税の方法は、次の第六章の龍江堡の場合とほぼ同じである。分割納税の各回の期限が「卯」である。隣の龍江堡の場合、二月から一一月まで毎月「卯」があり（すなわち一〇回の分割納入）、一一月が最終の納入期限である。他方、龍山堡も二月が最初の「卯」であるが、最終納入期限は一〇月のようである。

86 この方法は、第三章で考察した南海県仏山堡等の〝連図納糧の法〟に類似している。ただし龍山堡の場合には、図甲内の恒常的欠糧を前提にしているかどうかは、不明である。

87 龍山堡の「郷約」（公約）は、乾隆三九年（一七七四）に、堡内外の匪徒から郷村を防衛することを目的として始まった。そして、道光七年（一八二七）には、堡内子弟の科挙受験を経済的に援助すること、さらに同治六年（一八六七）には、葬式の際の費用を援助すること、等をもその活動内容に加えている。その経費は、郷約所有の公産である田地からの租収入、および堡の義倉である倉田会の租収入等より、年間約二千両を調達していた。そして郷約の運営・管理は「紳士」が行っていた（民国『龍山郷志』巻五建置略、郷約、および民国『順德縣志』巻三建置略、団局公約、龍山公約の条、参照）。

88 第二章、頁八八、九六～九七、および第二章の註15、第三章の註26等、参照。

89 清代の珠江デルタにおける「紳士」、あるいは註４の「図紳」等の用語に関する厳密な概念規定は、今後の課題としたい。

90 さしあたり、森正夫氏の研究、参照［森　一九七五、頁四八～四九］。

91 註77で用いた順徳県大良堡の史料では、文脈上、「図紳」は里長への補助金支給を決定する主体ではあっても、それを受領する客体ではない、と判断できる。また南海県仏山堡では、少なくとも乾隆三年（一七三八）と乾隆二二年（一七五七）の二度にわたり、公産を侵蝕する「里民」（「殷丁」と同義）を、「紳士」が官に告発したことを記す碑文が建てられている。これらの碑文では、「紳士」と「里民」とは明確に区別されており、「紳士」が里長・殷丁に充当することはなかった、と判断できる。第四章の香山県の場合でも、林謙はかなり勉強したのちに、はじめて図甲制の諸矛盾を知ることから、彼ら紳士が図甲の現場に身をおくことがなかったことがわかる。

92　その他、桑園囲の広域管理への紳士の参与については片山　一九九三、団練については西川　一九八八、参照。

93　第六章で紹介するが、龍江堡第二五図の公所は、税糧の徴収・納入の業務を行う施設である。

参考文献

井上徹　一九八九「宗族の形成とその構造―明清時代の珠江デルタを対象として」。『史林』第七二巻第五号

片山剛　一九九三「珠江デルタ桑園囲の構造と治水組織―清代乾隆年間～民国期」。『東洋文化研究所紀要』（東京大学）第一二一冊

片山剛　一九九四「珠江デルタの集落と「村」―清末の南海県と順徳県」。『待兼山論叢』（史学篇）第二八号

片山剛　一九九七「華南地方社会と宗族―清代珠江デルタの地縁社会・血縁社会・図甲制」。森正夫等　編『明清時代史の基本問題』汲古書院

片山剛　二〇〇〇「清代中期の広府人社会と客家人の移住―童試受験問題をめぐって」。山本英史　編『伝統中国の地域像』慶應義塾大学出版会

片山剛　二〇〇一「珠江デルタの市場と市鎮社会―十九世紀初頭順徳県龍山堡の大岡墟」。森時彦　編『中国近代の都市と農村』京都大学人文科学研究所

加藤繁　一九七四「清代に於ける村鎮の定期市」。加藤繁『支那經濟史考證』（下）東洋文庫、一九五二年初版、一九七四年第三版。原載は『東洋学報』第二三巻第二号、一九三六年

鈴木智夫　一九六〇「清末・民初における民族資本の展開過程―広東の生糸業について」。東京教育大学アジア史研

究会 編『中国近代化の社会構造』教育書籍、一九六〇年第一刷、汲古書院、一九七三年第三刷
鈴木智夫 一九八四「草創期広東製糸業の経営特質──『循環日報』の「告白」より見る」。『近きに在りて』第六号。のちに、鈴木 一九九二、第四編第二章、転載
程耀明 一九八五「清末順徳機器繅絲業的産生、発展及其影響」。広東歴史学会編『明清広東社会経済形態研究』広州、広東人民出版社
西川喜久子 一九八三「『順徳北門羅氏族譜』考（上）」（『北陸史学』第三二号。のちに、西川二〇一〇、転載
西川喜久子 一九八四「『順徳北門羅氏族譜』考（下）」（『北陸史学』第三三号。のちに、西川二〇一〇、転載
西川喜久子 一九八八「順徳団練総局の成立」。『東洋文化研究所紀要』（東京大学）第一〇五冊。のちに、西川二〇一〇、転載
西川喜久子 一九九〇「珠江三角洲の地域社会と宗族・郷紳──南海県九江郷のばあい」。『北陸大学紀要』第一四号。のちに、西川 二〇一〇、転載
西川喜久子 一九九六「珠江デルタの地域社会──新会県のばあい、続」。『東洋文化研究所紀要』（東京大学）第一三〇冊。のちに、西川 二〇一〇、転載
西川喜久子 二〇一〇『珠江デルタの地域社会──清代を中心として』私家版
濱島敦俊・片山剛・高橋正 一九九四「華中・南デルタ農村実地調査報告書」『大阪大学文学部紀要』第三四巻
林和生 一九八〇「明清時代、廣東の墟と市──伝統的市場の形態と機能に関する一考察」、『史林』第六三巻第一号
増井経夫 一九四一「廣東の墟市──市場近代化に關する一考察」。『東亞論叢』第四輯、文求堂
森正夫 一九七五「日本の明清時代史研究における郷紳論について（1）」。『歴史評論』第三〇八号。のちに、森 二〇〇六、転載
葉顕恩・譚棣華 一九八七「明清珠江三角洲農業商業化与墟市的発展」。明清広東社会経済研究会 編『明清広東社会経済研究』広州、広東人民出版社。なお原載は、『広東社会科学』一九八四年第二期。

羅一星　一九九四『明清佛山経済発展与社会変遷』広州、広東人民出版社

史料

史料五―1　民国『（順徳縣）龍山郷志』巻五建置略、墟市、大岡墟の条、割註、六八b～六九b

以下の割註は、嘉慶二一年（一八一六）に順徳知県の王天寧が四図と第三十八図とに対して、前年の嘉慶二〇年に前任知県の李澐が出した「示」の内容を、碑に刻むことを通告したものである。内容面から引用者が適宜に改行してa等の記号を付けるとともに、（　）内に前略部分の概容を記したり、標題を付けたりした。なお、本文で和訳する範囲は、b二行目下部の「査、馮黄氏…」からcの第八条までである。

「嘉慶二十一年邑侯王公天寧示爲給示勒石永遠遵照事」

a（両広総督の「勒石せよ」との批が広州知府を経て順徳知県に届く）

現奉府憲、「轉奉總督兩廣部堂蔣批、『據監生左理端等與黄天俊等互控大岡墟和款一案、前經訊詳批結、仰卽給示勒石』」等因、行府到縣奉此。

b（知府が関係者を訊問・審理して総督に上申し、同時に知県に下達した内容を、知県が要約）

査本案、先奉府憲訊詳、「據紳士周維祺等、開列八款、簽名畫押、帶同兩造、列摺呈繳。訊無抑勒情事。査、馮黄氏原賣空地、本無回贖之理。因三十八圖承買此地、既不准其建墟、又難照價轉賣、是以該前縣酌斷馮黄氏繳價贖回。

c（和解案の内容。前文と八条）

『今四十排已將原買鄧姓墟內廊地與三十八圖將《ママ》原建墟亭地基幷魚塘二口、彼此易換。

（第一条）應請飭縣將馮黄氏原繳契價、給馮黄氏照數領回、贖出基地、以便兩造各繳賣契互相執管。俟一年後、任從修改建立公所・小鋪租賃雜貨生理。從前原交梅姓鋪契、押令三十八圖繳出注銷、歸四十排收管。原補三十八圖工料銀三百兩、毋庸議追。

（第二条）至該郷壯丁工食銀兩、既因無需此項支用、四十排情願將乙亥・丙子兩年每年銀二百一十六兩、照數繳出交三十八圖、作爲修建公所・鋪舍之費。此後仍歸四十排、以資經費。

（第三条）其三十八圖每科郷試・會試卷資・程儀、向在四十排墟租内支用、自應仍令照舊一體支送。

（第四条）其餘如紫閣燕喜亭、本係通郷人士登臨・覧勝之所。前因四十排戸捐修、是以亭内存有四十排碑額。日後重修、既用紫閣銀兩及簽題通郷、亦應仍立通郷重修石額、以昭平允。

（第五条）此外墟内地段・鋪宇、既係通郷皆有、應令各管各業。

（第六条）墟内廟地、向歸四十排輪税・收租者、仍歸四十排經管。

（第七条）至各圖每年宴会、原應自備宴所、均照議不得在四十排公館及墟亭設席。

（第八条）而四十排公館内所豎搆訟新碑、本屬違例、應卽飭縣撤去、以斷訟藤《ママ》』。

d （知府による全八条に関する意見、周維祺等の要請の引用、上級から受けた裁断）

以上各條、覆核均屬公允。既據『兩造衆議、簽同出具、輸服遵依、籲懇息銷。似應俯如所請、准予銷案、并飭縣出示曉諭、以杜爭端』等由、詳奉各憲『批行遵照』等因」。

e （順德知県王天寧の第三十八図と四十排に対する諭）

業經李前縣出示曉諭在案。茲奉前因「合行給示勒石」、爲此示、諭龍山三十八圖及四十排紳民人等知悉。「爾等務須査照原奉憲議、飭行各款勒石、永遠遵守。愼勿復滋訟端、致干重咎。毋違」。特示。

史料五―2　嘉慶『（順德縣）龍山郷志』巻四食貨志、雜税、第四条、一一b

一　大岡墟地、①屬四圖者、該税七畝五分二釐、糧米寄柯氏戸辦納。歳所入之租、收爲祭祀・工食之費。遞年排甲輪値。②其餘租・税、悉歸各姓。各有戸冊、不具載。

史料五―3　乾隆『（南海縣）佛山忠義郷志』凡例

一　（第一条）郷爲都會地。土・僑參錯而居、初無珍域《ママ》之分。志内選擧・人物、倶一體採輯。惟君子爲能通天下之志、蓋必自同人於郷始矣。

一（第二条）僑籍有以才德著者〈人物志〉、有以名爵顕者〈選擧志。擧人・知縣以上〉、仍追紀其原籍。不没其所自而本始之義昭焉。

史料五—4　民国『（順德縣）龍山郷志』巻六経政略、図甲、一九b～二〇b

a　謹按、光緒四年戊寅（一八七八）、本鎮四圖紳耆周兆璋、温獻廷等公呈林邑侯灼三、請將毎年四圖錢糧、自二月起按卯攤納、至十月全行埽《ママ》數、以杜書〔吏〕・〔圖〕差需索之弊、蒙林邑侯批准。自是以後、三十八・四十一等圖多以四圖爲法。歴年之陋規一旦永革、而國課・民生均有裨益矣。

〈四十排公呈具呈

b　龍山郷四圖紳士、進士同知銜甘肅卽用知縣周兆璋、戸部主事温獻廷等、呈爲遵例完糧、請蠲積弊、聯懇批示・存案、以重國課而寛民力事。

c　切、龍山郷於明洪武初、開設三十六・八十一・八十二・八十三四圖。圖各十甲、共四十戸。郷人謂之四十排、國賦由此上納焉。乾〔隆〕・嘉〔慶〕以前、世盛民醕、輸將恐後。道〔光〕・咸〔豐〕之際、水潦頻仍、兵荒洊至、積欠遂多。房・差因而藉端、向遞年當役之戸訛索銀多少不等。民困戸欠、莫可如何。

d　邇来、圖内紳耆多方設法、勸令各甲族姓趕早上納、幸而遵勸。雖以去年穀米騰貴、民食維難、圖内四十戸亦於十月期内、遵例完納、無有滯欠。惟房・差積弊究、難盡免。竊思「國課不完、固屬難逃差擾、而陋規不革、終恐有礙正供。事欲兩全、道須各盡」。

e　茲際仁台勤求民瘼、孔邇興歌、用敢縷陳、並粘具完糧・革弊條例、聯懇批示・存案・遵行、將胥・役無從滋擾、糧務可以早完、國計・民生萬世永頼矣。計粘完糧・革弊條例一紙、乞批示・存案・遵行。

f　一（第一条）四圖糧務、遞年當役之甲合請催輸一人。毎甲各推一殷丁催收・彙納。所有四十甲糧銀、自二月起按卯攤納、至十月掃數全完。如有逾限不完、爲該甲殷實紳者是問。各圖紳士定必協力督催、務使四十戸遵例掃數、並無一毫滞欠、以仰副除弊・恤民至意。

g　一（第二条）四圖遞年當役之戸、各送房規銀貳拾圓、抄實征銀捌圓。毎圓柒銭兌足。由〔單〕・串〔票〕照舊例、毎對交銀捌分、勿許加多餘外差規銀。一切額外陋弊、乞概革除、以杜滋擾。至爲德便。

h 批。周兆璋等龍山鄉四圖錢糧、既據稟明「自二月起按卯完納」、准如稟存案。儻有拖欠、即惟該鄉約紳是問。

粘單附〉

史料五—5 民国『(順德縣)龍山鄉志』巻一二列伝二清、温猷廷の条(三八b~三九a)

温猷廷、字組雲、號藻裳、小陳涌人。(中略)同治丁卯擧於鄉、逾年成進士、授戸部主事。年方壯、顧以母老、乞退課、徒自給。(中略)其四十排革陋規一事、尤至今賴之。舊俗、縣差下鄉催征、需索煩苛。當役者不堪其擾。猷廷以書抵邑令林灼三、謀革除之。令故同年、韙其議。然以「事關正供、必民欠清、而後差催可免。事欲兩全、道須各盡」。乃集衆籌款、先按卯完糧、後收之各戸。吏・民兩便。且積有餘款、以備歉時之上供。今四十排有積餘堂、是也。

史料五—6 民国『(順德縣)龍山鄉志』巻一二列伝二清、周兆璋の条(三七b~三八a)

周兆璋、字熊占、號雲瑑、蘇埠人。(中略)光緒丙子成進士、以知縣分發甘肅。(中略)光緒四年、鄉内四十排糧戸議革除差費。兆璋已需次甘垣、聞其事、寓書主事温猷廷・廕生左啓等、請於官首先署名。事詳温猷廷傳中。

史料五—7 民国『(順德縣)龍山鄉志』巻五建置略、各圖公館

四圖公館在大岡墟關帝廟之左。光緒九年重修。第三十八圖卯館在大岡墟搾油岡之北。道光二十五年創建、光緒元年重修。第四十一圖公所在大岡墟旺村路口。光緒三十年創建。

第六章　図甲経営と地域社会（順徳県龍江堡）

はじめに

珠江デルタでは、明初に全国的に施行された里甲制が二〇世紀に至るまで存続していた。本書の第一～四章は、この存続の事実を紹介するとともに、各甲が一つの同族を中心に構成されていることに着目して存続要因の解明を試みた。一方、岩井茂樹氏は明極初において明朝が想定していた税糧（土地税）の官衙《かんが》等への運搬・納入の理念を明らかにし、また近世日本の「村」と異なり、明清時代の特に江南デルタの里甲制が公課負担を吸収する装置たりえなかったことを指摘した。岩井氏がいう明朝が想定していた理念とは次のごとくである。すなわち、明初において、一個の里の税糧を指定された倉庫まで運ぶ業務は現年の里長・甲首が担う。従来、この業務に要する経費は、業務を直接的に担う現年の里長・甲首が負う、と一般的には理解されてきた。これに対して岩井氏は、『大誥續編』所収の太祖朱元璋の指示を引用して、明朝は、①かかる経費は、当該里内の税糧負担者からそれぞれの税糧正額に対して定率の追加徴収（別言すれば、〝通里毎畝均等負担〟の方法——片山）を行って捻出することを想定していたこと、②現年の里長・甲首のみが一身に負うことは想定していなかったこと、を明らかにした［岩井　一九九四、頁一五～一六、岩井　一九九七、頁一八四］。

本章は岩井氏の論考に啓発を受け、珠江デルタの里甲制が存続した要因の一つを、清代の里レベルにおける、税糧の官への納入に伴う付随的経費の調達方法（序章第三節1、参照）について検討する。(1) 珠江デルタでは、里甲は図甲と呼ばれていたので、以下、図甲と呼ぶことにする。具体的には順徳県龍江堡の第二十五図をとりあげるが、その理由は民国三七年（一九四八）重刊『九如堂國課記畧』（広州中山図書館蔵、不分巻。以下『九如堂』と略す）という恰好の材料が存在するからである。九如堂とは、第二十五図を構成する十甲のうち、第五甲を除く九個の甲が嘉慶七年（一八〇二）に設立し、一九四八年時点でも存続していた協同組織である。九如堂の設立経緯や協同内容等は行論のなかで言及していくことにしたい。(2)

なお一九世紀の龍江堡には計七個の図が存在していた。このうち第二十二図・第三十七図・第六十六図・第六十七図の計四個の図は、明初の洪武年間に開設されたといわれており、また四個の図のあいだの結束も強く、史料では「四図」と呼ばれて登場することが多い（以下、この四個の図をまとめて指す時には〈四図〉と呼ぶ）。他方、本章で主にとりあげる第二十五図は、乾隆七年（一七四二）に開設されたものである。残る第二十三図と第二十四図の二個の図は、具体的年次は不明だが、乾隆八年から乾隆末年（一七九五）までのあいだに開設されたもので、「続増」と呼ばれていた。(3) 以下、第一節では第二十五図内部の経営を、第二節では第二十五図と四図との計五図で設立された組織の経営を考察し、第三・四節では第二十五図における税糧等の徴収のあり方を検討する。

本論に入る前に、『九如堂國課記畧』の構成を紹介しておこう。分量は、序一葉を除き、全二七葉である。（　）内は葉数を示す。○印を付したものは本章でとりあげる史料である。

○二十五圖九如堂國課記畧重刊序　民国三十七年（一九四八）一月吉日（序a～序b）史料六―1

○龍江堡二十五圖九甲九如堂　道光元年辛巳歳（一八二一）仲秋吉日　二甲龍驤馬歩瀛秉良氏謹識（一a～三a）史料六―2

○九如堂合同（道光元年。右の「龍江堡二十五圖九甲九如堂」と同時期に作成と推測される）（三b～五a）史料六―3。

・另序送出基地引（道光元年。醵金の募集終了後における不動産4の寄付と三股三〇両の応募）（五b～六a）

・九如堂聯會序　道光元年（六a）史料六―4　不動産購入のために醵金を募り、またその返済と購入した不動産の租収入を管理する組織として「聯會」を設置。

・（九如堂聯會）會友芳名　道光元年（六a～七b）会股銀を醵出した四六名の一覧。省略

○（九如堂聯會）條例　全一二条。道光元年（七b～九a）史料六―4　会股銀の返済方法や金利、購入した不動産の租収入の使途などについての規定。

・新科份金赴宴序　道光元年（九a）省略

・各甲捐出份金芳名開列　三八位。三八大元。道光元年（九b～一一a）省略

・原日龍江堡二十五圖記畧　道光元年（第二十五図を開設した乾隆七年ごろに作成した手書きの「公同」を、道光元年ごろに刊行して配布）（一一a～一七a）

○五圖新立章程總部抄　全五条。光緒十八年歳次壬辰（一八九二）吉日　五図公啓（一七b～一八b）史料六―5　「五図公箱」に関する、四図と第二十五図によるとり決め。

・第二十五図の債務（道光年間の河澎囲修理に関する「四図代捐息銀」と光緒年間の「海礪」の不足分）完済に関する証明書（光緒一八年五月二八日）一九a～一九b　省略
○二十五圖合同　全九条（光緒一八年（一八九二）ごろか（二〇a～二一b）史料六―6
・不動産1の売契　道光元年（一八二一）三月七日（二二a～二二b）第四節、参照
・不動産4の送帖（寄付）道光元年（一八二一）一〇月二六日（二三a）第四節、参照
○不動産5の売契　光緒一〇年（一八八四）一〇月五日（二三b～二四a）図六―4、参照
・不動産6の売契　光緒二六年（一九〇〇）又八月六日（二四a～二四b）第四節、参照
・不動産7の売契（財星會との共同購入によるもの）民国二七年（一九三八）二月一九日（二五a～二五b）第四節、参照
・「設簽領胙」の資格者に関する整理　（民国三三年（一九四四）一〇月二二日ごろ）（二六a～二七b）省略

第一節　第二十五図の開設とその経営

1　乾隆七年、図の開設(4)

第二十五図は、乾隆七年（一七四二）に開設が許可されると、翌八年からの実務開始に向けて準備を行い、取り決めを定めた。第一に、本図の構成員になる者が所有している田土は、従来、他の図甲に登録されていたから、これら田土を本図へ移管する作業が行われた。第二に、移管によって本図管下となる田土に対して、毎畝銀〇・一二両を課すことが決められた。これは一回かぎりの徴収で、徴収された資金は「図本」と呼ばれた。これ

を商人に貸し付ける、あるいはその運用を委託する等の方法で利息・利益（「図息」）を得て蓄積していくのである。[5] 以下、この図本を〈十甲図本〉と呼び、その利息・利益を〈十甲図息〉と呼ぶことにする。[6] 第三に、「現年」として本図全体の税糧を官衙へ納入する責任を負う甲は、本図管下の田土から毎年毎畝銀〇・〇二五両を「役銀」として徴収し、「公費」の支出に備えることが決められた。役銀は十甲図本と異なり、毎年徴収されるものであり、その使途は現年の甲が処理する「公費」という項目の支出である。[7] 「公費」という史料用語が指す具体的内容は、『九如堂』には明示的言及がないが、[8] 本節3で考察するように、一八～一九世紀前半においては、主に税糧の図内からの徴収とその県への納入にかかる経費である。以下、この役銀を〈十甲役銀〉と呼ぶことにする。なお乾隆七年に本図管下となった田土総数（税畝総数）は不明であるが、註16を参考に、乾隆七年時の田土総数を一〇〇〇畝と仮定すると、図本の総額は銀一二〇両、十甲役銀の毎年の徴収総額は銀二五両になる[9]（表六―1も参照）。

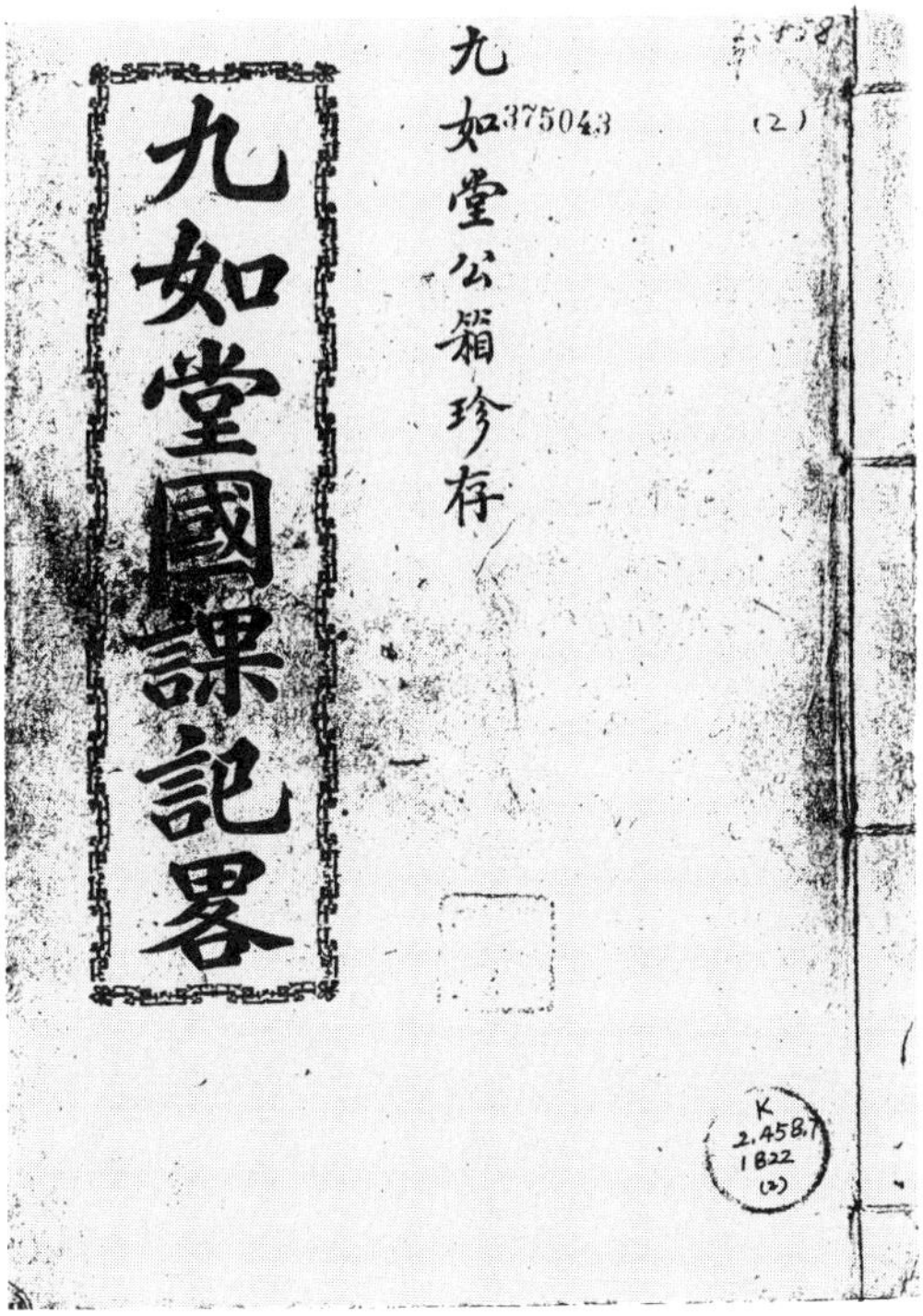

図六―1　『九如堂國課記畧』封面

表六—1　龍江堡第二十五図と九如堂の構成・運営

	①1742年 戸名　関係者数	②1821年 a 醵金額	③1821年 b 醵金額	④1822年 「合同」	⑤1932年 管下税畝	⑥1944年 胙肉受給者
第一甲	総戸名　彭蕭梁　5爪あり					
爪1	彭萬興4名	なし	なし	記載なし	記載なし	記載なし
爪2	彭東開7名	40両	4大元	参加	50畝	4名
爪3	蕭福田13名	なし	なし	参加	記載なし	蕭姓で計
爪4	蕭維新3名	なし	なし	参加	19畝	4名
爪5	梁　興2名	20両	2大元	参加	34畝	2名
第二甲	総戸名　馬薛區　4爪あり					
爪1	馬　隆8名	63両*	10大元	参加	37畝	6.3名**
爪2	薛　用2名	薛姓で	薛姓で	参加	「薛用榮」の	薛姓で
爪3	薛　榮3名	計46両*	計2大元	参加	名で計50畝	計4.3名**
爪4	區祖政2名	13両*	なし	参加	3畝	2.3名**
第三甲	総戸名　蔡喜長　爪なし					
	蔡喜長16名	100両	9大元	参加	62畝	10名
第四甲	総戸名　馬　秀　爪なし					
	馬　秀21名	70両	1大元	参加	61畝	7名
第五甲	周徳全　九如堂不参加　④の時は周徳・周全の2爪で参加					
	周徳全16名	（無関係）	（無関係）	参加	317畝	（無関係）
第六甲	総戸名　余業盛　爪なし					
	余業盛22名	30両	3大元	参加	45畝	3名
第七甲	総戸名　莫晩成　爪なし					
	莫晩成14名	20両	2大元	参加	3畝	2名
第八甲	総戸名　李黃林　3爪あり					
爪1	李　錦5名	20両	1大元	参加	55畝	2名
爪2	黃正中5名	なし	なし	参加	43畝	4名
爪3	林　相2名	なし	なし	参加	2畝	1名
第九甲	総戸名　陳孔同　4爪あり					
爪1	陳世昌8名	陳姓	陳姓	記載なし	「陳同」	陳姓
爪2	陳　達4名	で計	で計	参加	の名で	で計
爪3	陳　宗2名	20両	2大元	参加	計5畝	2名
爪4	孔　文5名	なし	なし	参加	記載なし	2名
第十甲	総戸名　廖　富　爪なし					
	廖　富16名	20両	2大元	参加	27畝	2名

出所　⑤を除き、民国37年（1948）重刊『九如堂國課記畧』。⑤のみ、民国壬申（1932）刊『南順桑園圍修基所續刊徵信錄』上集・第三冊（通し頁数で、204b–206a）。

凡例

① 1742年（乾隆7年）、図甲開設時の里長戸名・爪名とその関係者数（11a–17a）。

② 1821年（道光元年）、九如堂聯会への醵金額（6a–7b）。

③ 1821年（道光元年）、定例宴会費義捐額（9a–10b）。

④ 1822年（道光2年）、「第二十五図合同」作成への参加有無（21b）。

⑤ 1932年（民国22年）、里長戸・爪の管下税畝数。

⑥ 1944年（民国33年）、九如堂配布の胙肉の受給資格者数（26a–27a）。

註

* 第二甲の醵金者名のうち、「公衆」を「馬隆」「薛用」「薛榮」「區祖政」から成ると解釈し、その醵金額50両の4分の1（13両）を各爪に（薛姓は計26両）付加した。

** 第二甲の受給者名のうち、「馬薛區」の分は3姓間で等分されたと解釈し、各姓に0.3を付け加えた。

その後、嘉慶七年（一八〇二）までの六〇年間については、次のように推移する。すなわち、十甲役銀は徴収されたが、公費支出には不十分であった。そこで十甲図息を流用して補塡した。しかし公費支出が増大する一方で、十甲図息の収入は年々減少し、収入が支出に不足した（「諸務費繁、圖息日短、入不供出」[10]）ため、さらに十甲図本をとり崩して補塡した。そして嘉慶七年ごろには、十甲図本がいずれ費消され、現年の甲が公費支出を賄えなくなる事態が危惧されていた。

さてこの間、現年の甲が公費支出に充当した資金は、基本的には十甲役銀であり、それで不足すると十甲図息や十甲図本が流用された。ここで、十甲図息は十甲図本から生まれる利益・利息である。そして、その十甲図本は本図管下の田土から〈毎畝銀〇・一二両〉を徴収されたものである。また十甲役銀も、同じく本図管下の田土から毎年〈毎畝銀〇・〇二五両〉を徴収されているものである。つまり、公費支出のための財源は、元をたどればすべて本図管下の田土から供出されたものである。これは、公費支出の全額を第二十五図管下の田土が毎畝均等に負担する〝通図毎畝均等負担〟の体制であったことを意味する。ただし、図内の各甲における管下田土数は異なるから、各甲が供出する十甲図本の額や十甲役銀の額は不均等である。その意味で〝毎甲均等負担〟ではない。また現年の甲の役割は、公費の全額を負担する、あるいは他の甲よりも多く負担することではない。それは、十甲役銀を全図から徴収し、十甲図本と十甲図息の流用も考慮しつつ公費支出を執行することである。公費負担の如上のあり方は、前述のごとく、岩井茂樹氏が指摘した明朝の本来的理念に合致するものといえよう。

2　嘉慶七年、九如堂の創設[11]

十甲図本・十甲図息が減少していくなか、嘉慶七年（一八〇二）に現年となった第一甲彭蕭梁戸は、十甲役銀を従来の毎年毎畝銀〇・〇二五両から〇・〇五両に値上げすること、値上げした十甲役銀の公費支出後における余剰は十甲図本の蓄積に回すことを提案した。この提案に対し九甲が賛同した。しかし第五甲周徳全戸は、自甲の管下田土数が近年増大し、「人群」（他の九甲の平均管下田土数）をはるかに突出していることを理由に反対した。そして九甲が現年に当たる年は、従来の毎畝〇・〇二五両しか現年に納めないこと、その代わりに第五甲が現年に当たる年は、他の九甲からは従来の毎畝〇・〇二五両しか徴収しないことを主張した[12]。

九甲は第五甲の主張に譲歩せざるを得なかった。そして、十甲が従来どおり毎年十甲役銀を供出する体制は続く。だがその一方で、第五甲を除く九甲は、十甲役銀とは別に、九甲管下の田土から毎年毎畝銀〇・〇二五両を追加供出して九甲の図本とし、この図本を「九如堂」と名づけることを決めた。以下、九甲管下の田土から毎年徴収されるこの資金を〈九甲役銀〉と呼び、その運用益を〈九甲図息〉と呼ぶことにする[13]。

この結果、嘉慶七年以降における、公費に充当する資金の捻出・支出の体制は次のようになった。すなわち、第五甲が現年の年は、第五甲は自甲を含む十甲から十甲役銀（毎畝〇・〇二五両）を徴収し、それで不足する場合は十甲図息・十甲図本を流用し、十甲図息・十甲図本を費消してしまえば、第五甲が内部的に補塡する[14]。一方、他の九甲が現年の年は、現年は第五甲を含む十甲から十甲役銀を徴収し、それで不足する場合は十甲図息・十甲図本を流用し、十甲図息・十甲図本を費消してしまえば、九甲管下の田土から毎畝均等額の追加徴収を行う[15]、と。十甲役銀の徴収は続いているが、それでは公費支出総額の一部しか賄えない。そして、公費支出の不足分を最終的に補塡する責任主体は第五甲と他の九甲との二つに分かれた。つまり、公費支出の全額を〝通図毎畝均等負担〟で賄う体制が崩壊したのである。

その後、第五甲が現年となった嘉慶一一年に、十甲図本と十甲図息は費消され消滅した。嘉慶一二年に現年となった第六甲余業盛戸は九甲内で相談し、その結果、十甲役銀で公費支出に不足する場合、原則は九甲管下の田土からの追加徴収（註15、参照）であるが、便宜的に嘉慶一二年分の九甲役銀を流用して公費支出に充て、嘉慶一三年（現年は第七甲）に十甲役銀に余剰が出れば、その余剰で借用した九甲役銀を返済することになった。しかし嘉慶一三年以降も、九甲が現年の年には、九甲役銀を公費支出に流用しなくてはならない状況が続いた。

さて、九甲役銀は嘉慶一二年から公費支出に流用されることになったが、それより前、すなわち嘉慶七～一一年の五年分の九甲役銀は、第二・三・四甲の三甲に委託して運用され、利益を得て蓄積が進んだ。他方、嘉慶一二年以降は、第五甲が現年となる嘉慶二一年（一八一六）以外は、前述のごとく九甲役銀を蓄積に回す余裕はほとんどなかったと思われる。だが嘉慶二二年、蓄積に回されていた九甲役銀の元利合計額は三七〇余両となった。[16]そこで九甲は、この蓄積で不動産をいつでも購入できるように、今後は貸し付けや運用に出さず、手元に置くことを決めた。[17]しかし蓄積額が少ないため、不動産購入はなかなか実現しなかった。

3　道光元年、九如堂聯会の結成[18]

道光元年（一八二一）初頭、現年になった第十甲廖富戸は「九如堂聯会」の設立を提案し、「股」（株）ごとに銀一〇両の醵金を募ることが決まった。その結果、四三股の応募があり、銀四三〇両が集まった。これに既存の蓄積金三七〇余両を加えて、資金総額は八〇〇余両となったので、同年三月に不動産1～3が購入された（表六―2）。同年一〇月には、三股三〇両が追加醵金され（会股銀は計四六〇両となる。表六―1の②、参照）、また不動産4も寄付された[19]。そして道光元年末に、九如堂の今後の経営に関する全一二条の「條例」が定められた（史料六―4「(九如堂聯會)條例」）。その内容の基本点を二項目に分けて整理しよう。

不動産の租収入と聯会の会股銀返済　収入のうち、不動産の「租」（地代と店舗賃貸料）収入は、会股銀四六〇両の元金とその金利の返済に充て、道光二年からの一〇年間で完済する。この一〇年間は他の用途に充てない。完済後の道光一二年からは、十甲役銀を補って公費支出に充当する（第一、一〇、一二条）。返済期間中は毎年、元金の一〇分の一（四六両）を返済し、また未返済元金の利息を払うが、第一条は年利を元金残額の一〇％単利としている（「逓年加壹算息、惟利不加利」）ので、試算では、道光二年の返済額（元金返済分＋金利分）は四六両＋四六両＝九二両、道光三年は四六両＋四一両＝八七両、最後の道光一一年は四六両＋五両＝五一両となる。毎年の租収入額について、正確な数値は未詳であるが、不動産1～4の総価値（計八九五両）の一二％と仮定すると[20]、約銀一〇七両になる。

公費に関する収支　広義の公費支出のうち、通常の支出項目とみなせるものは、①「科差費用」、②正月一八日と一二月一二日の年二回の「設席」（小宴会）、③「排酌」（「排宴」。大宴会）である。①については、「所有《すべて》の科差費用」とあるから、税糧の徴収と官への納入に関係するあらゆる支出が含まれている。そしてこれは、現年に支給される「現年催輸酧金四拾両」から支出される（第九条）。②の「設席」に出席するのは、主催する現年のほかに、各甲の殷丁一〇名、そして自費で宴席金を出す者（第三・四条）と少数であるので、小宴会と呼んでおく。各甲の殷丁は、税糧と十甲役銀（および九甲役銀）とを甲内から徴収し、これを現年に納める公務を担っている（後段、参照）。第三・四条は、現年が殷丁を、毎年正月と一二月に税糧の徴収・納入にかかわる仕事のために招く（「設席」）ことを定めており、この小宴会は公務の一環として催される。したがって、その経費（現年と一〇名の殷丁分）は前述の①「科差の費用」に含まれており、前記の「現年催輸酌金四拾両」から支出されると推測される。

他方、③の「排酌」は、これを開催できる建物として、九如堂公所の建設が計画されており（史料六―3―g）、また現年や一〇甲の殷丁以外にも、義援金を拠出して「宴席に参加できるくじ」（「赴席之簽」）をもっている者たちも参加する（第二・七条）ので、大宴会と呼んでおく。この「排酌」（大宴会）の経費は、狭義の「公費」支出には算入されていない[21]。そして、経費が多額であるため[22]、道光二年からの一〇年間は、支出節約のためにこの大宴会は停止することになっている（第二条[23]）。したがって当初一〇年間の支出は、「現年催輸酌金四拾両」と若干の雑費になろう。

当初一〇年間のうち、九甲が現年となる年の通常の収入項目としては十甲役銀と九甲役銀があり、註16の試算では合計五〇両弱になる。この二種の役銀は、公費支出以外に充当しないこと、余剰がでれば、それを会股の返済に向けることが定められた（第八条）。当初一〇年間の通常の支出項目は、前述の四〇両と若干の雑費だから、五〇両弱の収入があれば若干の余剰がでよう。なお「意外の公務[24]」が生じて、十甲役銀と九甲役銀では支出に不足の場合は、九甲管下の田土から追加徴収することになっている（第一一条）。そして会股銀完済後の道光一二年からは、不動産の租収入を大宴会を含む公費支出に充て[25]、代わりに九甲役銀の徴収を停止することが決められた（第一〇、一二条[26]）。

会股銀の完済や九甲役銀の徴収停止等の計画が予定どおり実現したか否か、『九如堂』をみるかぎりこれを確

表六―2　九如堂保有不動産

番号	取得年次		地目	税畝基準の面積（畝）	取得方法	価値（銀）	1948年の保有状況
	西暦	元号					
1	1821	道光元年	桑基魚塘	中税6.2畝	購入	560両	○
2	1821	道光元年	店舗一間	中税0.2畝	購入	115両	
3	1821	道光元年	桑基魚塘	中税3.0畝	典買	100両	
4	1821	道光元年	桑基地	中税1.0畝	受贈	120両	○
5	1884	光緒10年	桑基魚塘	中税7.5畝	購入	583両	○
6	1900	光緒26年	桑基魚塘	中税3.0畝	購入	210両	○
7	1938	民国27年	桑基魚塘	中税5.0畝	購入	1300元毫券	○

〈1948年の保有状況〉欄の○印は1948時点で保有していることを示す（『九如堂』22a～25b）。

番号２の面積は、店舗の床面積ではなく、店舗の敷地面積である。

番号７は、財星会（未詳）との共同購入によるものである。


認できない。ただし表六―２の不動産購入状況によれば、光緒一〇年（一八八四）に、九如堂は不動産５（五八三両）を買い足している。その場合、不動産２・３（計二一五両の価値）の売却金を利用したとしても、三〇〇両以上を捻出する必要があるから、多少の遅れはあったかもしれないが、道光元年以降の九如堂の経営は比較的順調であったと考えられる。

4　経営体としての九如堂

嘉慶七年以降の九如堂の経営内容を、各収入項目とその支出・蓄積との関係に即してモデル化してみよう。ただし十甲役銀は第五甲も関与しているので、限定的にとりあげることにする。収入項目として、まず九甲管下の田土から提供される九甲役銀がある。嘉慶一二～道光元年における九甲役銀は、第五甲が現年となった嘉慶二一年以外は、公費支出に充当されて余剰はほとんど残らなかった。このように収入源を他者（九甲所属の田土所有者）に依存し、かつ余剰は残らずに蓄積が進まない経営、これを経営Aと呼ぶことにする。一方、それ以前の嘉慶七～嘉慶一一年における九甲役銀は、これを商人へ貸し付ける、あるいは運用を委託することで収益をもたらし、九如堂の蓄積を増加させていた。このように収入源を他者に依存するが、蓄積を増加させる経営、これを経営Bと呼ぶことにする。なお道光二～一一年には、前述した「排酌」の停止によって若干の余剰が出たと思われる。そして道光一二年から九甲役銀は徴収停止になる。

次の収入項目として不動産の租収入（年間一〇七両）がある。道光一二年以降、九甲が現年になる年（一〇年間に九年）には、租収入は公費中の通常項目①③の支出に充当される。①③の総額を五〇両とすると、別に十甲役銀三〇両弱の収入があるので（註16、参照）、年間の租収入は八〇両以上が余剰となり、さらなる蓄積が可能である。租収入の源泉である不動産は、寄付されたものを除き、蓄積に回された九甲役銀・九甲図息の銀三四〇両余と会股銀四六〇両によって購入されたものである。後者の会股銀は九如堂にとっての負債であるが、道光一一年に完済される。前者の九甲役銀・図息については、出資者（九甲所属の田土所有者）が九如堂に対する債権を放棄していると考えることができる。その場合、道光一二年以降の九如堂は負債をもたず、不動産1～4を保有して租収入を得る存在となる。このように債務がなく、自己資産を収入源とし、かつ支出後に余剰が残って蓄積が進む経営、これを経営Cと呼ぶことにする。九如堂は光緒一〇年に不動産を買い足しているが、その購入資金は経営Cの蓄積によるものであろう。

珠江デルタでは多数の図甲が二〇世紀まで存続した。だがなかには消滅した図もあるし、また一個の図内で、管下田土数が増大する甲もあれば、減少する甲もある。一個の図を存続させていくには、たとえ管下田土数が減少する甲が出ても、図レベルにおいて公費支出額を上回る収入があることが必須である。その場合、図そのものが経営Cの経営体となることが、最も確実な方法であろう。第二十五図の場合、十甲図息と十甲図本は、増大する公費支出のためにとり崩されてしまった。だがもし十甲図息の収益が順調で、それと十甲図本とで不動産を購入することができたならば、第二十五図は十甲役銀を必要としない経営Cを内包する組織に移行したかもしれない。ただし第二十五図の場合、十甲図本の消滅や第五甲管下田土額の突出という事情のため、九甲のみが参与する九如堂のなかに経営Cが形成された。その意味で九如堂は特殊であるが、他の図において経営Cの経営体が十甲を母体として形成される可能性、および経営Cを形成した図が長期に存続する可能性を示唆している。

第二節　第二十五図と四図との関係

1　乾隆一〇年、金順侯廟前市の創設

民国『龍江郷志』（巻一、坊里、一三a）によれば、一九世紀の龍江堡には、市場《いちば》として、墟（定期市）が三個、市（毎日市）が一〇個、桑市が五個あった。桑市の名前はそれぞれ世阜頭（別名は沙田）・長路・坦田・龍江頭・逢涌であり、図六―2から窺えるように、堡の中心に位置する錦屏崗の周囲に、直線距離一～二キロ間隔で分布している。[27] しかし計一八個の市場のうち、文献史料で概要が判明するのは毎日市の一つ「金順侯廟前市」（金順侯廟の前にある市場）のみである。金順侯廟は相公廟、雷侯廟、忠臣祠ともいわれる。主神の金順侯は、明代中期の黄蕭養の乱から龍江堡を守った神異を有するので、明朝はこの廟を公認して祀典に列し、清朝もそれを継承した。そしてこの廟は堡レベルの結集の紐帯となっていた。[28]

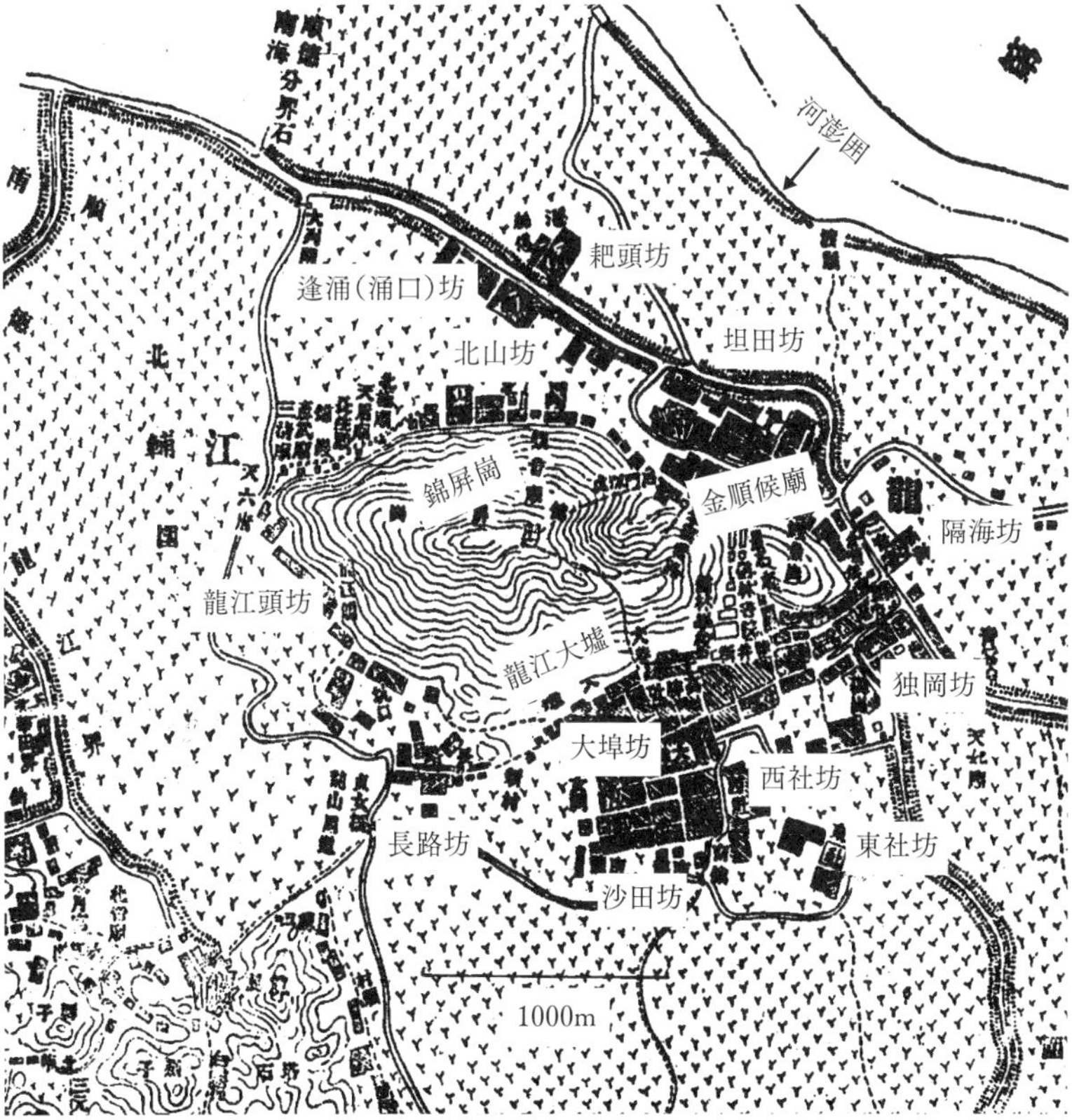

図六―2　19世紀初、龍江堡の坊と市場

出所　民国『順德縣志』付録の「第七區圖」を原図として、これに民国『龍江鄉志』の情報を加工。

この市場は、第二十五図が実務を開始した二年後の乾隆一〇年（一七四五）に、当時龍江堡に存在した五個の図（四図と第二十五図の計五個。以下、〈五図〉と呼ぶ）がすべて参加して創設された市場である。創設に関する二件の碑文が乾隆一七年に「紳衿排戸」によって立石されているので(29)、この二つの碑文を利用して、市場創設と複数の図から成る組織（後述の「五図公箱」）とについて検討しよう。

金順侯廟は河岸（「海濱」）近くに立地し、この河岸は龍江堡の交通の要衝（「一郷之津梁」）であったので、皇帝の詔を受けたり、立身出世した人を迎えたりする時に、堡の文人が集まって「會」を催すのは、きまってこの金順侯廟であった。しかし河岸にある「渡頭」(30)から廟までの道路は、魚塘や小溪谷に挟まれて湿気が多く、幅も三〜四尺（一〜一・二メートル）と狭かった。昔からこれを整備しようという声はあったが、実現されぬままであった。乾隆一〇年の冬、龍江堡の「紳衿」と里長戸等（「排戸」）が集まり、道路整備のために「戸」ごとに銀五五両を醵金することを決めた。賛同したのは全部で「五十五家」で、合計「二千《（ママ）》餘金」(31)が集まった。そしてこの醵金で、魚塘を購入して埋め立て、道幅を廟の幅まで広げ、さらに「甬道」（石あるいは瓦敷きの道）に変えた。また廟の付属施設を整備するとともに、醵金の余りで甬道と河岸に沿って三八間の店舗を建て（図六―3）、坐賈（行商ではなく店舗で商売する商人）を住まわせ、客商に商品を運び入れさせた。これはこの市場を龍江堡の「總市」(32)とするためであった。さらに廟の東側に石橋を架けて万里橋と名づけ、橋の両岸に「埠頭」（註30、参照）を設けて近隣から市場への水陸のアクセスを便利にした。

この工事は四年後の乾隆一四年に竣工した。工事監督は「蕭占恒・康將萬・張與搴・黄桓思・陳清士・彭作長」の六名が担当し、財務会計は「蔡捷之・蕭淮五・彭興齊」の三名が担当した。店舗三八間は一一股に分け、各股に「子曰學而時習之不亦説乎」から漢字一字を充てた。この一一股に対応して、醵金した「五十五家」を

「五家」ごとに計一一組に分け、各組に一股を分配して所有させた。各組は店舗を賃貸（「批佃」）し、賃貸料収入を得ることになった。市場全体の敷地に課される税糧（「糧差」）も一一股に分け、各股が中税銀五分五厘（〇・〇五五両）を納入することにした（史料六―8も参照）。各股の字号、醵金者名、配分店舗数、税糧の納糧戸をまとめたのが表六―3である。

完成後に五図は全三条の章程を定めた（史料六―7）。第一・二条は渡頭・埠頭の収入に関する規定である。すなわち、①河岸の「各渡頭」の収入（「租銀」）は五図の「現年」が輪番で管理し、龍江堡から進士合格者が出れば、これから一五両を祝儀（「花紅金」）として給付する。②渡頭収入の残りは金順侯廟の祭祀用とし、その支出については五図が随時に相談（「公議」）する。③万里橋両岸の埠頭は、南岸の埠頭は李姓の所有とし、その停泊料収入は李姓のものとする。北岸の埠頭は「衆」の所有とし（すなわち特定の姓の所有とはせずに）、その停泊料収入は五図のものとする。④「五十五家」の醵金は金順侯廟の祭祀のためになされたのであるから、各渡頭や北岸の埠頭の収入は、たとえそれが公的性格のものであっても、金順侯廟の祭祀以外の「別項の公費」[33]に支出してはならない、等である。第三条は、醵金した「排戸」の姓名を碑に刻み、永遠に変更しないことである。

以上から窺えることを整理しよう。第一は、隣の龍山堡の大岡墟が賊匪からの防衛等を考慮して山間に立地し、郷兵を備えているの[34]とは対照的に、この金順侯廟前市は陸上・水上交通の便を考慮した立地であり、郷兵など防衛を考慮した様子も窺えないことである。清代の康熙・雍正年間を経た治安の向上がこの相違をもたらしているのではなかろうか。

第二は、金順侯廟付属施設の整備や廟前の道路の拡張とともに、常設店舗三八間の新設による坐賈・客商の誘引、アクセスの便宜向上のための万里橋や埠頭の整備等、市場の繁栄をもたらすための方策が講じられているこ

表六―3　乾隆10年（1745）龍江堡金順侯廟前市の創設

番号	字号	醵金者名と所属図甲					配分店舗数	納税戸
①	子	張　超 22-1	蕭日高 22-5	鄧張衆 22-6	張顕承 22-7	張承祖 22-9	3.0間	鄧張衆
②	日	鄧紹皐 37-1	麦朝鸞 37-7	蔡　広 37-8	黄大同 37-9	黄　士 66-6	3.0間	黄大同
③	學	蔡必昌 67-1	劉成有 67-2	黄餘慶 67-3	薛侯章 67-4	譚國祚 67-5	3.5間	蔡必昌
④	而	李得暘 66-1	黄業隆 66-2	葉　松 66-3	劉自昌 66-7	蕭于蕃 66-4	3.5間	李得暘
⑤	時	張智一 ※	蕭景峰 ※	彭良遽 ※	簡懐屏 ※	蔡文軒 ※	3.5間	簡懐屏
⑥	習	劉宗翰 22-4	陳同昇 22-8	劉　相 66-5	陳復隆 66-8	陳有道 66-9	3.0間	陳同昇
⑦	之	彭蕭梁 25-1	馬薛區 25-2	蔡喜長 25-3	馬　秀 25-4	周德全 25-5	3.0間	彭蕭梁
⑧	不	余業盛 25-6	莫晩成 25-7	李黄林 25-8	陳孔同 25-9	廖　富 25-10	3.5間	余業盛
⑨	亦	蔡　登 37-2	郭　新 37-3	鍾李同 37-4	凌維高 37-5	劉兆隆 37-6	4.0間 ＋10両	劉兆隆
⑩	説	蔡隆興 22-2	康紹隆 22-3	康逸巌 ※	鍾永昌 22-10	彭萬禄 66-10	4.0間 ＋10両	康紹隆
⑪	乎	尹邦寧 67-6	朱家乗 67-7	張仞昌 67-8	劉漢光 67-9	薛昌祚 67-10	4.0間 ＋10両	張仞昌
							計38間	

出所　「金順侯廟前排年舗舎條議」（民国15年重刊『龍江郷志』巻１、2b-4a）
凡例
・〈22-1〉は、第22図第1甲の総戸（里長戸）であることを示す。以下、同じ。
・※の記号は、総戸（里長戸）ではないものを示す。
註　⑨～⑪の「＋10両」は、醵金額が銀10両多いことを示す。⑨～⑪の醵金額が多いので、配分店舗数も①～⑧よりも多くなっている。ただし①②⑥⑦と③④⑤⑧とは、醵金額は同じにもかかわらず、配分店舗数が異なっているが、その理由は未詳である。『龍江鎮五圖舗舎之原始』（1938年刊）所載の図甲表では、⑨第37図第５甲の総戸名は「凌簡高」に変わり、凌姓と簡姓の共有になっている。同じく、②第66図第６甲は「黄盧同」に、③第67図第５甲は「譚葉同」に変わっている。

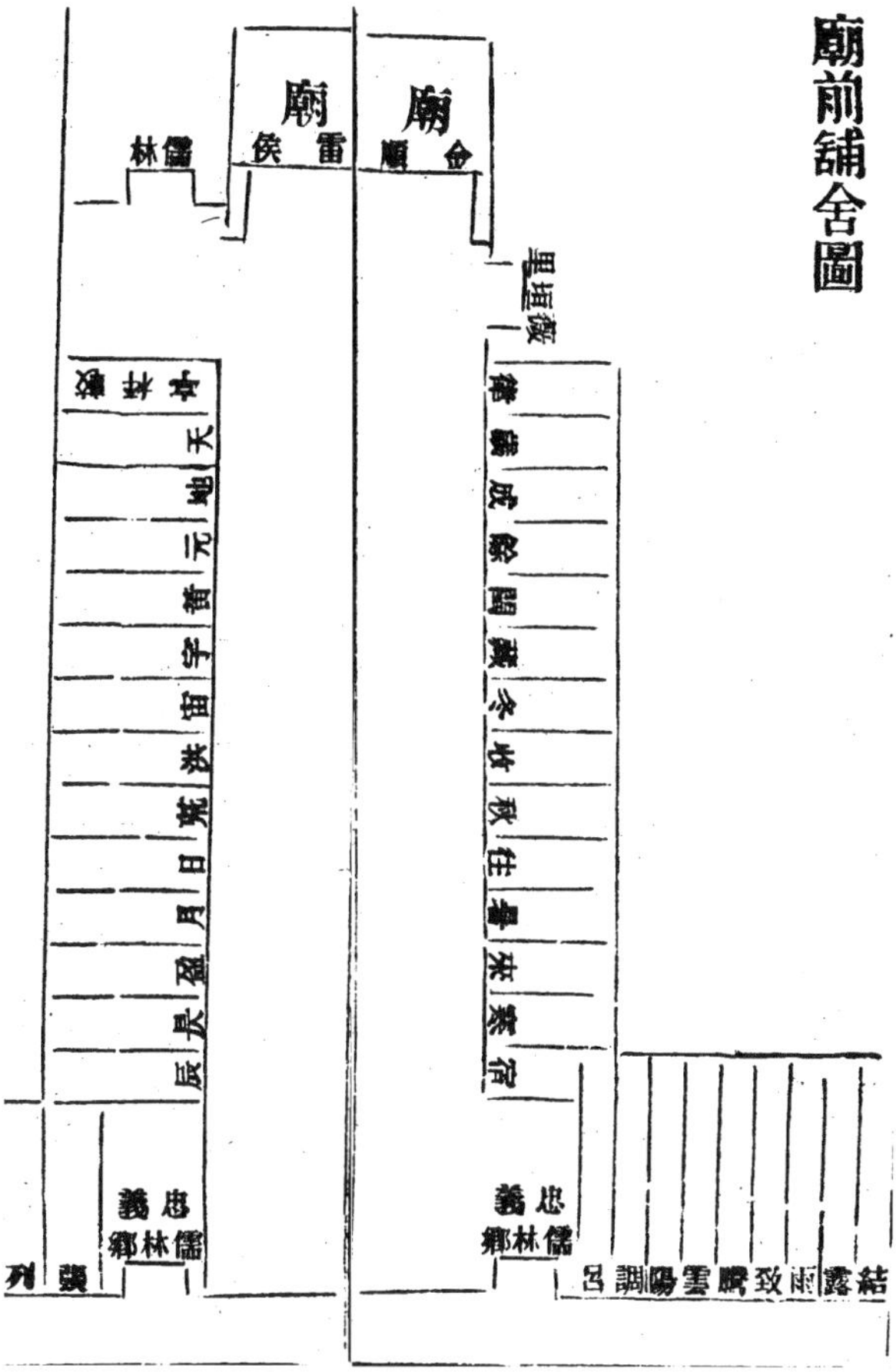

図六―3　「廟前舗舎圖」

出所　民国『龍江郷志』巻一、述典、三a～三b

とである。

第三は、事業の発起者「紳衿」と「排戸」の役割についてである。史料中の個人名と思われる工事監督六名と財務会計三名を、民国『龍江郷志』（巻二、選挙目録）と対照したところ、黄桓思が康熙四九年（一七一〇）の文生員であり、蕭淮五が康熙四七年（一七〇八）の文生員で、後に例貢となっており、彭興齊が康熙六〇年（一七二一）の文生員であることが判明する。「紳衿」に該当する可能性があるのは、この三名だけである。「排戸」については、「排」は里長戸（「排年」）、「戸」は子戸（＝甲首戸）を指すと思われる。具体的には表六―3に整理した醵金者五五戸を指す。五五戸のうち四九戸を里長戸が占めている。醵金していない里長戸は、第三十七図第十甲の左朝科のみである。(35) 残りの六戸（表六―3で※印を付した、番号⑤の五戸と番号⑩の一戸）については、発起した「紳衿」が所属する子戸、工事監督や財務会計担当者が所属する子戸等の可能性があるが、確認できる材料はない。(36) 今のところ醵金者についていえるのは、その大部分が里長戸であること、「紳衿」の個人名による醵金は確認できないことである。また史料とした二件の碑文の標題（註29、参照）に、「排年」（＝里長戸）の語は登場するが、「紳衿」の語は出てこない。さらに渡頭・埠頭の出納については、五図が管理することになっており、「紳衿」の関与は窺えない。以上から、市場創設の発起や官との交渉の場面では、「紳衿」が役割を演じたであろうが、工事費負担や創設後の日常的管理等の実質的側面は五図が担っているといえよう。(37)

第四は、開設されたばかりの第二十五図の里長戸を含めて、当時龍江堡に存在する五個の図の里長戸が、一戸を除き、すべて参加している。これは龍江堡という地域社会における比較的大きな事業と里長戸の参与との関係という問題を示唆する。ただし本章では、里長戸レベルではなく、図レベル以上と地域社会における諸事業との関係について、本節2以下で検討することにしたい。

第五は、各渡頭収入および万里橋北岸の埠頭収入の管理主体についてである。これは五図の現年が輪番で管理することになっているが、後代の光緒一八年（一八九二）作成「五圖新立章程總部抄」（史料六―5）によれば、渡頭収入や埠頭収入を金順侯廟の祭祀等に支出して余った場合、これを「統《す》べて公箱に存して経理す」（第二条）、「その租銀、五図に帰《き》す」（第三条）、「箱内に貯《たくわ》えて積蓄す」（第四条）等と記している。すなわち、五図それぞれの会計単位とは別に、五図を母体構成員とし、〝五図公箱〟と呼ぶことができる会計単位（＝経営体）が存在する。つまり、五図の現年が輪番で渡頭収入等を管理するとは、実務的には、五図の現年がこの五図公箱を輪番で引き継ぐことを意味する。その場合、埠頭は今回の工事で作られたものであるから、その管理者は工事以前には存在しない。工事の醵金者は里長戸等の五五戸であり、五図公箱自体は醵金していない。だが五図公箱が埠頭の管理者となっている。また渡頭は今回の工事以前から存在するが、少なくとも第二十五図は乾隆七年開設であるから、それ以前には渡頭の管理に与っていない。しかし工事後に第二十五図をも母体構成員とする五図公箱が、その管理を行うようになった。つまり五図公箱は、それ自体は醵金することなく、渡頭と埠頭の収入の管理者となっている。このようにそれ自身は出資することなく、その母体から収益をあげる資産を得ているという五図公箱の特徴は、道光二年以後の九如堂のそれと基本的に同じといえよう。

2　道光九年、河澎囲の修理[38]

道光九年（一八二九）に、龍江堡が管理責任を負う北江沿いの大堤防の河澎囲が修理された。この時、「四圖」（ここで特に「　」を付したのには理由がある。後述、参照）が工事費の銀三〇〇両を立て替える形で醵出し（「捐」）、その後にこの三〇〇両を五図に均等に割り当てた（「攤派」）。第二十五図も六〇両の割り当てを受けたが、すぐには納めず、道光一二年正月になってやっと「四圖」に納めた。しかし四図は「第二十五図は四図の立て替え期間中の利息も払うべし」と、二年余の利息を要求する碑を立てた。そしてこの負債は、光緒一八年

（一八九二）に第二十五図が一〇両を「四圖」に払うことで完済される。[39] 光緒一八年における完済の事情は本節3で検討することにして、ここでは道光九～一二年の事情について検討しよう。

河澎囲は龍江堡を北江の洪水から守る堤防であり、その意味で全堡的利害にかかわる施設である。したがって、その維持・管理事業は公共的性格をもつといえよう。ただし今回の工事費を割り当てられたのは五図のみであり、乾隆末年（一七九五）までには開設されていた「続増」の二図は割り当てられていない。これは、少なくとも道光九年において、図という点では同じであるが、河澎囲の維持・管理――龍江堡という地域社会の全堡的公共事業――への参画の点では、五図と「続増」の二図とのあいだに相違があることを意味する。この相違を考えるうえで注目したいのは、工事費の割当額が五図均等という点である。[40] 当時、五図のあいだには管下田土数の格差があり、特に第二十五図の田土数は四図の各図のそれに比べて少なかったと思われる。[41] ではなぜ割り当てが五図のあいだで均等になったのか。

この問題を、第二十五図が工事費を図内でどのように割り当て、そして捻出したのか、これを検討することを通じて考えたい。前述したように嘉慶七年（一八〇二）に、第五甲は公費負担方法に関して〝通図毎畝均等負担〟の原則を、既存の十甲役銀（毎畝銀〇・〇二五両）の供出に限定することを主張し、これが認められた。したがって、今回の工事費割り当てが〝通図毎畝均等負担〟であったとは考えにくい。そして次の本節3で検討する光緒一五年（一八八九）の河岸改修費の割り当てが、第二十五図内部において第五甲が十分の一、九甲全体で十分の九となっていることから、今回の場合も、第五甲が十分の一の六両、九甲全体で十分の九の五四両の割り当てになったと思われる。

では九甲内ではどのように捻出されたであろうか。ここで参考になるのは、第二十五図が六〇両を納めたのは道光九年ではなく、道光一二年であったことである。前述のように、九如堂にとって道光九年は会股銀の返済期間中に当たり、一方、道光一二年は返済が完了して、不動産の租収入を返済以外の用途に使用できる最初の年であった。不動産の租収入を年一〇七両、徴収が停止される九甲役銀を二〇両と仮定すれば（註16、参照）、租収入が九甲役銀の代わりに通常公費支出のうちの二〇両分に充当されても八〇両以上は残り、工事費五六両に充てることは可能である。[42]ところで註39を参考にすると、本節2の冒頭において「　」で括った「四圖」が、工事費三〇〇両を即座に立て替えた点、および第二十五図の返済先（＝第二十五図にとっての債権者）が四図そのものではなく、「四圖箱」「四圖値理」であった点からすれば、この三〇〇両は、工事費捻出を目的に四図管下の田土から新たに徴収されたのではなく、四図箱という四図を母体とする組織がその不動産の租収入や蓄積金等から捻出したと推測される。この捻出方法をも考慮するなら、九甲の割り当て分を九如堂が捻出した蓋然性は高いと思われる。

右の推測が正しければ、工事費割り当てが五図均等であったのは、九如堂の経営が不動産取得を契機に順調になり、第五甲を含めた第二十五図の経営力が強化され、図を超えて堡レベルの事業への参画が可能になりつつあったからと思われる。開設後まもない「続増」の二図に工事費が割り当てられなかったのは、この二図各々の図レベルの経営力がまだ十分ではないからであろう。以上から、龍江堡の堡レベルの共同事業が増加する前提として、図レベルの経営力が強化された図が増加してくること、これを指摘できるように思われる。

3　光緒一五年、河岸の改修[43]

金順侯廟前の河岸は、前述したように、遅くとも乾隆一四年以降は五図が管理する資産（「五圖税業」）であり、その渡頭収入は五図公箱の収入として五図の現年が輪番で管理することになった。光緒一五年（一八八九）に、河岸を石積みの強固なものに改修する工事が行われることになり、その工事費五八一・四九八両が、五図に均等に毎図一一六・二九九六両割り当てられた。そして今回も工事費総額を「四圖」（四図箱）がまず立て替えたようである。第二十五図ではその年のうちに、九如堂が一〇〇両を、第五甲が一二両を四図箱に払ったが[44]、残額四両余りは未納となった。その結果、道光九年からの利息分とともに、第二十五図は四図箱に対する負債を二件もつことになった。

さて渡頭収入の利益は、以前はあまり多くなかった。しかし河岸改修の結果、利用する定期船が増加したのであろう、毎年の渡頭収入が数倍に増えた。そのため渡頭収入の管理・運用に関する章程を、五図のあいだでとり決める必要が生じたが、実現しないままであった。その事情を「五圖新立章程總部抄」（史料六―5）から推測すると、第二十五図が四図箱に対して負債をもつため、特に道光九年河澎囲工事の立替金の利息分が未返済であるため、第二十五図は道光年間より渡頭収入の輪番管理から外されていること、これに起因すると考えられる[45]。つまり、河澎囲工事費に関する会計は、渡頭の収支と同じく五図公箱という会計に帰属しており、この会計における債務者たる第二十五図は渡頭収入の管理権を失っているのである。そして光緒一八年に第二十五図が二件の債務を完済すると、再び渡頭収入の管理に参与できるようになった。そこで五図が新章呈全五条を作成する運びとなる。

この章呈で新たに定められたのは、①金順侯廟の祭祀費用を毎年銀二〇両とし、渡頭収入を輪番で管理する「五図の現年の殷丁」にこれを渡して支出させる、②支出後に残った渡頭収入や万里橋北岸の埠頭収入は、五図公箱に貯蓄し、六〇〇両になったら今回の工事で各図が醵金した一一六両余を返済する、③その後は、毎年の渡頭収入を貸し出して金利を得、元利合計が一〇〇〇両に達したら不動産を購入する、である。②の醵金を返済する点、③の将来不動産を購入して租収入を得ようとしている点は、五図公箱が渡頭収入の増加を契機として、経営Cへの移行を目指していることを示唆している。

なお、この章呈には、増大した収益を五図公箱の母体たる五図（あるいは五図所属の田土所有者）に還元することを示唆する規定はない。一方、同じく経営Cに移行した九如堂の当面の目標は、資産増加・収益増大によって九甲管下の田土所有者の公費負担軽減（九甲役銀の停止）にあった。しかしそれを実現した後については、九如堂の場合も、前述した全一二条の「條例」（史料六―4）をみるかぎり、増大した収益を母体の九甲管下の田土所有者に還元することを示唆する規定はない[46]。ここで第二十五図の九甲について、河澎囲工事費のみならず、今回の河岸改修費も九如堂の収益から捻出されたという推測が正しければ[47]、それは九如堂にとっての次の課題が、堡レベルの事業へ参画する、あるいは参画させられることを示唆しよう。

第三節　光緒期の税糧・役銀の徴収と納入

光緒四年（一八七八）、隣の龍山堡では、胥吏・差役（特に差役）からこうむる弊害を避け、同時に税糧を完納するために、まず原設の四図が、集めた資金の利息や購入した不動産の地代等を用いて四図全体の税糧全額を立て替えて完納する方法を採用した。そしてその後、第三八・四一図もその方法を採用した（第五章第七節、参照）。それでは当時の龍江堡の状況はどうであったか。史料六―6「二十五圖合同」にこれに関係する記述がある。なお「二十五圖合同」は、第五甲をも含む、第二十五図の全十甲が交わした契約（「合同」）である。この「二十五圖合同」は、史料の配列でいえば、『九如堂』のなかで、光緒一八年「五圖新立章程總部抄」の次に配置されており、また冒頭の（前文）には、光緒一五年の河岸改修における工事費醵出を想起させる話が出てくるので、時間的には光緒一八年「五圖新立章程總部抄」のあとに作成されたものと推測される。また、冒頭の「合同」のタイトルは、「（官から）納税の督促を受けないこと」であり、（前文）から「卯《ぼう》」（税糧の納入期限）や早期完納（「國課早完」）に関連して作成されていることがわかるので、隣の龍山堡で胥吏・差役の弊害が大きくなったころに作成されたと推測できる。加えて第二条には、光緒四年以降に龍山堡で設置された「催輸」を念頭においた文言も出てくるので、光緒一八年か、その直後くらいに作成されたものと推測される。契約は（前文）を除き全九条から成る。

最初に本契約の概要と登場する用語について述べておこう。本契約は、第二十五図全体の税糧（ならびに十甲役銀）を、第五甲を含めた十甲で〝早期完納〟するために作成されたものである。この時点で九甲役銀の徴収は終了しており、また九如堂とは関係のない第五甲を含む契約なので、史料に出てくる「役銀」は、十甲全体にかかわる十甲役銀を指す。史料中の「現年」は、「現年の甲」から選出されて「里役」（主に一図十甲分の税糧のとりまとめと県への納入）に充当する者を指す。「殷丁」は各甲に一名おり、その任務は自甲内の税糧（および十甲役銀）を徴収し、これを現年に納めることである。

つぎに条文ごとに細かく検討しよう。

第一条

・光緒四年当時、龍山堡の納税のあり方は、二月から一〇月までの九回の分割納税であった（第五章第七節）。しかし龍江堡第二十五図の場合は少し異なり、二月から一一月までの一〇回の分割納税となっている。(48)

・現年は、図内の各戸・爪の本年度分の仮の税糧額を、前年度の実徴冊を抄写したもの(49)にもとづいて計算し、これに各戸・爪の本年度分の、やはり仮の「十甲役銀」額を加えた合計額を算出する。そしてこの合計額を、一〇回の納付期限に分けて十分の一ずつ割り振る。

・二月が最初の納付期限で、そのあと毎月一回の期限があり、一一月が一〇回目の最終期限となる。

・毎月一〇日に現年が「票」（甲ごとに納入すべき額が書いてあるのだろう）を各甲の殷丁に配布する。殷丁は一六日に公所に赴き、全十甲が一斉に各月分の税糧と十甲役銀を完納する。現年は、殷丁が納める額が納付すべき額以上ならば受け取るが、少ない場合には受け取らない。

・本年度分の実徴冊が完成し、本年度分の各戸・爪の税糧額が正式に決定したら、現年はそれを抄写する。そして、各戸・爪の納めるべき税糧額と十甲役銀額をもう一度計算し、それにもとづいて各期限に納入すべき額を算出しなおして各戸・爪に通知する。

第二条

・翌月の納付期限の日に、現年は前月分の各甲の納付額を公表する。第二十五図では、現年が各甲の殷丁を回って徴収するのではなく、殷丁が公所に赴いて現年に納入する方法を採用している。つまり、現年には各殷丁を回って徴収する責任はなく、殷丁が公所へ赴いて納入する責任があることを示している。これは、「催輸」（おそらく龍山堡のそれ）が各甲の殷丁を回って徴収することとの違いを意識したものと思われる。
・そして、どんなことがあっても、現年は必ず期ごとに県へ上納しなくてはならない。

第三条
・毎年の「排酌」（大宴会）は、道光二年（一八二二）の前例に照らし、一〇年間停止する。これは税糧の早期完納を優先するためであろう。正月一八日が現年の交替時期である。新年度の現年は茶果を用意して各甲の新年度の殷丁を集め、各殷丁が各甲の責任者である旨の署名をさせる。その際、殷丁は必ず本名で署名し、祖先名や堂名を書いてはいけない。これは責任の所在をはっきりとさせるためであろう。殷丁が署名のために参集しない時には、その殷丁とは一緒に仕事をしない。

第四条
・各甲の殷丁で、納付日の毎月一六日に各期の満額以上を納めない者がいれば、翌一七日から銀一両ごとに罰銀〇・三両を課し、翌月の納付日に罰金額全額を納付させる。二回続けて満額以上を納めない場合には、全図に通知したうえで図差（「差」）に引き渡す。三回続けて納めない場合には、図として各甲連名で官に報告して逮捕・拘禁してもらう。

第五条
・県に対して期限どおりに完納できた時には、殷丁に褒美を給付する。早期完納を大慶と捉えていることがわかる。

第八条（第六・七条は省略）
・第二十五図の総徴簿（「總征部」）一部を設けて、各甲・各爪の管下にある税畝数を記入する。各甲・各爪の税畝数に増減があれば、現年がそれを書き加えて、点検に便利なようにする。爪がない甲の場合には甲レベルまで、爪がある甲の場合は爪のレベルまで（つまり社会的実体としては、各同族のレベルまで）の税畝数を、現年を含めて他の甲や爪が把握できるようにしているわけである。それを超えた丁レベルについては、他の甲は把握できない。点検作業としては、とりあえずは抄写してきた実徴冊との対照などがあろう。なお、税畝数の増減をだれが現年に報告するのか、また報告しなかった場合の罰則規定等は本条そのものでは言及されていない。ただし「合同」の最後に、「各々（各甲・爪）は以上の条項を遵守すること。もし違反すれば、全図に通報して罰し、決して情実にとらわれない」がある。

第九条

・現年が毎年支出する公費の各経費は、いずれも十甲役銀から支出する。余剰が出ても、不足しても、現年が自己責任で処理する、とある。第九条は、この契約が第五甲を含むものであることの特徴が出ている。ここにいう役銀は十甲役銀を指す。その額は三〇両弱で余剰が出ることはまずなく、年間の公費支出には不足する（本章第二節、参照）。この点を踏まえたうえで、実際には、第五甲から現年が出る年は、不足分を第五甲が補塡して処理し、また他の九甲から現年が出る年は、すでに九甲役銀の徴収は停止されているので、九如堂が保有する不動産の租収入で補塡して処理すべきことを述べたものである。

この「合同」は、おそらく図差等による、未納・滞納時の勒索《ろくさく》が苛烈になってきているのであろう、期限内の納入についてかなり神経を使っていることがわかる。そして、全九条のうち、税糧の早期完納の実現に関連して、殷丁の甲内からの徴収と現年への納入について、殷丁を対象とする条項の規定は比較的厳しい。これに比べて、第八条の規定は税畝数の増減を現年に報告する義務がだれにあるかが明記されておらず（おそらく各甲の殷丁だろうが）、また本条のみを対象とする罰則が書かれていないことから、あまり厳しくないといえる。したがって、各戸・爪の税畝数、そして各甲の税畝数の増減については、各甲（の殷丁、戸・爪）が把握しており、それが逐一現年に報告されていたのではないかと推測される。なお各戸・爪の税畝数、そして第二十五図全体の管下にある税畝数は、十甲役銀の収入額にも影響するから、その意味でも管下税畝数の把握が求められることに改めて留意したい。そして、この点を前提にして、次節に進むことにしたい。

第四節　売契からみる第二十五図の過戸推収

民国三七年（一九四八）時点で九如堂が保有している、あるいは保有していた不動産物件をリストアップしたものが表六―4である。番号1～7のうち、番号2・3は道光元年（一八二一）に入手したものであるが、どこかの時点（道光一二年以降と思われる）で手放している。したがって、この時点で所有しているのは番号1と番号4～7の計五件である。この五件については、それらを入手（購入と受贈）した際の契約書が『九如堂』（二二一a～二二五b）に転写されている。そこで、これらを利用して土地所有者（「丁」）と納糧戸との関係（合わせて、不十分ながら「税契」と「過戸推収」の実施如何）を探ることにしたい。なお「税契」とは、不動産（土地・建物）取引を行った時に、州県衙門で「契税」（不動産取得税）を払い、取引契約書に紅印を捺してもらう手続きである。「過戸推収」とは、土地取引にともない、税糧を負担する戸（納糧戸）の変更を州県衙門に届け

表六―4　龍江堡九如堂購入・受贈物件の契約書

番号	取引時期		売主・寄贈者		売却前・寄贈前の納糧戸	売却時の税契	備考
	西暦	元号	姓名	所属図甲			
1	1821	道光元年	張鄧氏	22図7甲張顯承戸丁	22図7甲張顯承戸	?	
4	1821	道光元年	彭璋成 彭璋就	(25図1甲彭蕭梁戸)	25図1甲彭蕭梁戸	?	受贈
5	1884	光緒10年	蕭禹堂	25図1甲蕭維新戸丁	22図2甲蔡隆興戸丁燕楚	?	
6	1900	光緒26年	薛家勤	(67図10甲薛昌祚戸)	67図10甲薛昌祚戸	○	
7	1938	民国27年	黄若霖 (黄誠德堂)	(表記なし)	(表記なし)	?	財星会との共同購入

番号4は、売買物件ではなく、寄贈物件（九如堂にとっては受贈物件）である。
番号7は、九如堂と財星会とによる共同購入の物件である。

出て、税糧の課税台帳（実徴冊などと呼ばれる）上における納糧戸を変更する手続きである。なお州県衙門において、税契を担当する部署と過戸推収を担当する部署は同一ではなく、異なっている。詳しくは第七章を参照されたい。

・不動産1　道光元年（一八二一）購入

取引物件は「桑基魚塘一口」、税畝数は「中税六畝三分」、売却価格は「銀五百六十両正。成元司碼」である。

売主が所属する図・甲・戸および売却前の納糧戸に関する情報は以下である。

売　主　「張鄧氏係順徳縣江村司龍江堡二十二圖七甲張顯承（「承」は引用者補充）(50)戸丁」（張鄧氏は順徳県江村巡検司龍江堡第二十二図第七甲張顯承戸の丁である）

納糧戸　「其基塘該實中等民税六畝三分、載在二十二圖七甲張顯承戸内。自賣之後、任由九甲九如

堂割税歸戸收租管業」（その桑基魚塘は、中等民税六畝三分で、〔実徴冊上で〕第二十二図第七甲張顕承戸の負担となっている。売却後に九甲九如堂の裁量で過戸推収し、小作料を徴収して収益を得ることができます）

売主の張鄧氏は第二十二図第七甲張顕承戸に所属している。売却前に税糧納入のために用いていた戸（納糧戸）も、同じく第二十二図第七甲張顕承戸である。所有者の所属する戸が納糧戸になっていることがわかる。このように、所有者が所属する戸と、その所有する土地の税糧を納入するための納糧戸とが一致している場合を〈正規の類型〉と呼ぶことにする。なお、税契と過戸推収が行われたか否かについては、煩雑になるので註に譲る。(51)

・不動産4　道光元年（一八二一）受贈

この受贈物件は「桑基地一小坵」、税畝数は「中税一畝」、原価は「番銀（メキシコ銀）一百二十両正」である。売主の所属および売却前の納糧戸に関する情報は以下である。

寄贈者　「彭璋成・彭璋就」

納糧戸　「桑基地一小坵。該中税一畝。其税載在本圖一甲彭蕭梁戸」（桑畑一筆。中税一畝。その税糧は〔実徴冊上で〕本図（第二十五図）第一甲彭蕭梁戸の負担となっている）

寄付者の彭璋成・彭璋就については、後掲史料では省略したが「會友芳名」（『九如堂』六a）に「第一甲彭蕭梁戸」内の会股銀醵出者として「彭章《ママ》成一股、彭章《ママ》就一股」とあり、第二十五図第一甲彭蕭梁戸に所属していることを確認できる。そして寄付前の納糧戸も同じく彭蕭梁戸であり、所有者の所属する戸と納糧戸とが一致していることがわかる。これも正規の類型である。

なお寄付の場合にも税契を行う義務があったが、税契を行った証拠である契紙番号は表示されていない。過戸推収については、第二十五図内での寄贈・受贈なので、九如堂が受贈したあとの納糧戸も、そのまま第二十五図第一甲彭蕭梁戸であった（つまり、過戸推収は行われなかった）と推測される。以上は道光元年の事例であるが、つぎに清末民国期の事例を検討しよう。なお、不動産5は後段で扱う。

・不動産6　光緒二六年（一九〇〇）購入

本物件は「桑基魚塘一口」、税畝数は「中則民税三畝正」、売価は「銀二百一十両正、九九六平碼」である。売主の所属および売却前の納糧戸に関する情報等は以下である。

売　主　「薛家勤」

納糧戸　「該中則民税三畝正。其税載在六十七圖十甲薛昌祚戸」（中則民税三畝正。その税糧は〔実徴冊上で〕第六十七図第十甲薛昌祚戸の負担となっている）

税　契　「紅契丸字第五號」

売主の薛家勤が所属する戸は記されていない。売却前の納糧戸は第六十七図第十甲の薛昌祚戸である。売主が薛姓であり、その納糧戸も薛姓であることから、売主の薛家勤の所属も第六十七図第十甲薛昌祚戸と推測される。所有者の所属する戸と納糧戸が一致しているので、売契では省略したものと推測される。これも正規の類型である。

税契を行った証拠として、売契に契紙番号の「紅契丸字第五號」が明記されている。ただし九如堂に売却したあとの納糧戸をどこにするかは、売契に明記されていない。第七章で得られる清末民国期の過戸推収の要件を適用すると、過戸推収は行われなかったことになる。

・不動産7　民国二七年（一九三八）財星会との共同購入

売主の名義として、「黄誠徳堂」と「黄若霖」の二種類が記されている。黄誠徳堂は堂名で、実際の所有者は黄若霖ということであろう。売主が所属する戸や納糧戸に関する情報は売契には一切記されていないので、分析対象とはしない。[52]

以上、情報が不十分な不動産7を除く三件は、売主・寄贈者の所属する図・甲・戸と、売却・寄贈前に用いていた納糧戸の図・甲・戸とが一致する正規の類型であった。清代珠江デルタにおける、所有者の所属する戸とその所有する土地の納糧戸とが、このように常に一致しているのならば、当時の統治構造や社会構造を解析するのは比較的容易かもしれない。しかし実際には、正規の類型とは異なるケースが存在しており、それらをどう性格づけるか、またその解析を通じて、当時の統治構造や社会構造を解明することが課題となる。

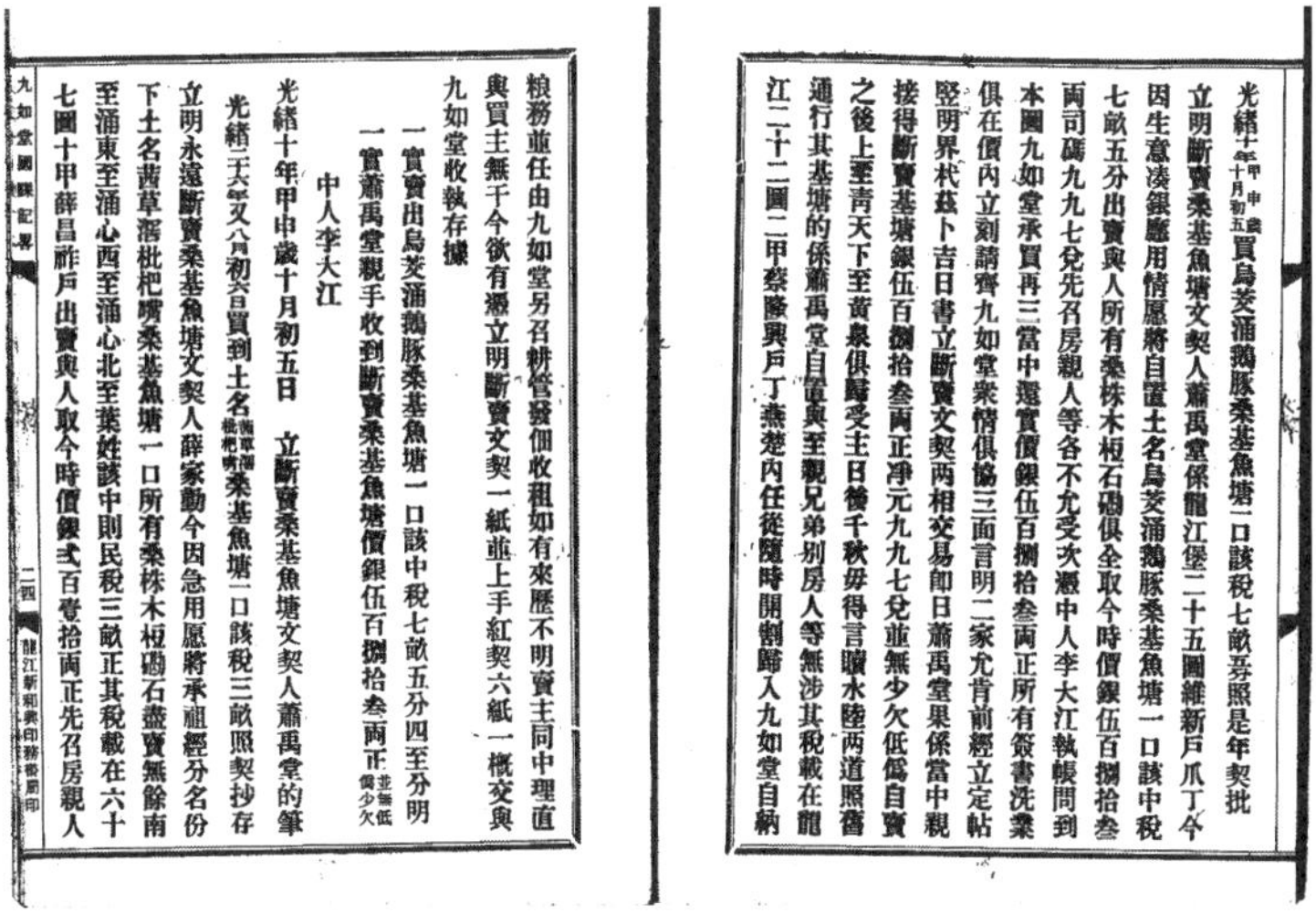
光緒十年甲申歳十月初五買烏茇涌鵝豚桑基魚塘一口該税七畝五分照是年契批
立明斷賣桑基魚塘文契人蕭禹堂係龍江堡二十五圖維新戸爪丁今
因生意湊銀應用情願將自置土名烏茇涌鵝豚桑基魚塘一口該中税
七畝五分出賣與人所有桑株木柦石碣俱全取今時價銀伍百捌拾叁
両司碼九九七兌先召房親人等各不允受次憑中人李大江執帳問到
本圖九如堂承買再三當中還實價銀伍百捌拾叁両正所有簽書洗業
俱在價内立刻請齊九如堂衆情俱協三面言明二家允肯前經立定帖
竪明界杙茲卜吉日書立斷賣文契兩相交易即日蕭禹堂果係當中親
接得斷賣基塘銀伍百捌拾叁両正淨元九九七兌並無少欠低偽自賣
之後上至青天下至黄泉俱歸受主日後千秋毋得言贖水陸両道照舊
通行其基塘的係蕭禹堂自置與至親兄弟別房人等無渉其税載在龍
江二十二圖二甲蔡隆興戸丁燕楚内任從隨時開割歸入九如堂自納
糧務並任由九如堂另召耕管發佃收租如有來歷不明賣主同中理直
與買主無干今欲有憑立明斷賣文契一紙並上手紅契六紙一概交與
九如堂收執存據
一實賣出烏茇涌鵝豚桑基魚塘一口該中税七畝五分四至分明
一實蕭禹堂親手收到斷賣桑基魚塘價銀伍百捌拾叁両正並無低偽少欠
中人李大江
光緒十年甲申歳十月初五日　立斷賣桑基魚塘文契人蕭禹堂的筆
光緒二十六年又八月初六日買到土名茜草滘枇杷嘴桑基魚塘一口該税三畝照契抄存
立明永遠斷賣桑基魚塘文契人薛家勳今因急用愿將承祖經分名份
下土名茜草滘枇杷嘴桑基魚塘一口所有桑株木柦石碣盡賣無餘南
至涌東至涌心西至涌心北至葉姓該中則民税三畝正其税載在六十
七圖十甲薛昌祚戸出賣與人取今時價銀弍百壹拾両正先召房親人
九如堂圖課記畧　二四　龍江新和興印務局印

図六―4　九如堂保有「売契」

右ページの1行目から左ページの7行目までが蕭禹堂作成の売契である。

・不動産5

最後に、興味深い事例として不動産5の売契を検討しよう。光緒一〇年（一八八四）一〇月五日、九如堂は桑基魚塘一筆を購入する。その契拠の写しが図六―4である（『九如堂』の「不動産5の売契」二三b～二四a）。物件は「桑基魚塘一口」、税畝数は「中税七畝五分」、売却価格は「銀五百八十三両、司碼九九七兌」である。売主の所属と売却前の納糧戸に関する情報は以下である。

売　主　「蕭禹堂係龍江堡二十五圖維新戸爪丁」（蕭禹堂は龍江堡第二十五図維新戸爪の丁である）

納糧戸　「其税載在龍江二十二圖二甲蔡隆興戸丁燕楚内。任從隨時開割歸入九如堂自納粮務、並任由九如堂另召耕管發佃收租」（その税糧は、〔実徴冊上で〕龍江堡第二十二図第二甲蔡隆興戸の丁である燕楚の負担となっている。〔買主の九如堂が〕随時に過戸推収して〔蔡隆興戸丁燕楚から〕九如堂の負担に移し、〔九如堂が〕みずから税糧を納入することができます。また九如堂は新たに〔当該桑基魚塘を〕経営する佃戸を探し、小作させて小作料を徴収することができます）

まず、売主の蕭禹堂が所属する図・甲・戸について確認しよう。龍江堡第二十五図の第一甲の総戸名は「彭蕭梁」であるが、そのなかは五個の爪に分かれており、爪の一つが「蕭維新」である（表六―1、参照）[53]。つまり蕭禹堂は、第二十五図第一甲の「蕭維新」爪に所属する人物である。

つぎに、九如堂に売却する前の納糧戸「龍江二十二圖二甲蔡隆興戸丁燕楚」について確認しよう。龍江堡第二十二図第二甲の総戸名は「蔡隆興戸」である[54]。そして、「燕楚」は、「蔡隆興戸」所属の蔡姓の族人の名と推測される。また売契に、蕭禹堂はこの土地を「本人が購入した」（「自置」）と書いている。本物件を蕭禹堂がだれから購入したのかは明記されていないが、納糧戸が「二十二圖二甲蔡隆興戸丁燕楚」である点から、蕭禹堂の一つ前、ないしはそれ以前の所有者が蔡燕楚であった可能性がある。

ところで本売契には契紙番号が表記されていない。また第七章で詳述するように（註51、参照）、売買後に過割が予定されている場合には、売契（の売却者が記入する箇所）に過割予定先の納糧戸が明記されるはずであるが、本売契にはそれがない。以上、転写された売契をみるかぎり、税契と過割を行った形跡は窺えない。ただし、抗日戦争後に「不動産の契約書もなくなってしまった」（史料六―1―b）とあるので、契約書の正本等は亡失し、『九如堂』所載のものは副本である可能性もあり、税契・過割を行わなかったとまでは断言できない。

さてここでは、蕭禹堂から九如堂への売却ではなく、蕭禹堂が本物件を購入した時[55]および購入後のことを考えてみたい。売契から次のことがわかる。蕭禹堂は、本物件を購入した時に、その納糧戸として、本人が所属する図・甲・戸である第二十五図第一甲の蕭維新爪を用いることが可能であった。しかし九如堂へ売却するまで、蕭禹堂は第二十二図第二甲蔡隆興戸を納糧戸として用いていた。つまり蕭禹堂は、納糧戸を蕭維新爪に移す（過割する）ことは可能であったが、これを行わないまま、九如堂に売却したわけである。

正規の類型ならば、本物件の納糧戸は第二十五図第一甲蕭維新爪になり、そして蕭維新爪は蕭禹堂から税糧だけでなく、第二十五図管下の土地に対して一律に課されている十甲役銀も徴収することになるはずである。しかしそうなっていない。それでは、蕭禹堂のかかる行為はどのように性格づけることができるか。これは、第三章で紹介した「另戸」（＝「附甲」）のごとく、所属する同族の納糧戸をあえて用いない、同族の規制から離脱した事例であろうか。そうだとすれば、最終的には官に納入される税糧はさておき、第二十五図の「公費」の財源となる十甲役銀を、第二十五図は徴収できないことになる。

しかし売契の内容から、また第三節でみた当時の第二十五図内における税糧と十甲役銀の徴収の状況からすれば、第二十五図の規制から離脱していたとは考えがたい。理由は以下である。売却先となる九如堂は第二十五図第一甲蕭維新爪を含む組織である。もし蕭禹堂が第一甲蕭姓の族的規制から離脱し、ひそかに第二十二図第二甲蔡隆興戸を利用していたならば、九如堂への売却によってそれが露見してしまう。加えて、十甲役銀を納入していなかったことも発覚し、なんらかの罰を受けることになると推測されるからである。[56] すなわち、もし蕭禹堂が本物件の購入を所属図甲に報告せずに、無断で行ったのならば、九如堂へ売却するようなことはしなかったであろう。つまり、九如堂へ売却したという事実は、蕭禹堂が所属図甲に報告し、その了解を得て蔡隆興戸を納糧戸として継続使用したことを示唆する。

したがって、事態は以下のようであったと推測される。蕭禹堂はこの土地を前所有者から購入する際に、①蕭維新爪に報告し、蕭維新爪から第二十五図の現年に報告された。②そして、購入後に過割せず、蔡隆興戸をそのまま用いる方法が選択された。選択した主体が蕭禹堂なのか、蕭維新爪なのか、あるいは現年なのかは判然としないが、税契や過割費用の節約という観点で考えると、蕭禹堂になろう。③購入後の税糧納入は、蕭禹堂↓第二十五図第一甲の蕭維新爪↓第二十五図第一甲の殷丁↓第二十五図の現年↓第二十二図の現年というルートで行われる。また十甲役銀も同じルートで第二十五図の現年に渡る。これは、第二章で示した図甲制における〃過戸推収せず〃のあり方である。

この場合、税糧の徴収・納入の流れのなかに、納糧戸となっている第二十二図第二甲蔡隆興戸が位置づけられていないことがわかる。つまり納糧戸であることがまったくの形式上の存在にすぎないわけである。また逆に、納糧戸である蔡隆興戸が所属していない図である第二十五図に十甲役銀が入っていることにも注意したい。

図甲は税糧を徴収して官へ納める組織である。図内から徴収して官へ納入するまでに要する経費を、九如堂は「公費」と呼んでいた。そして、その財源の捻出方法は図によって異なるであろうが、なんらかの形で捻出されているはずである。第二十五図の場合は十甲共通のものとして十甲役銀があり、そして第五甲以外の九甲に共通するものとして、少なくとも道光一一年までは九甲役銀があった。すなわち、ある土地を所有した場合、その税糧本体の負担（たとえば不動産5の「中税七畝五分」）そのものは、どの図、どの甲に所属する者であっても同額である。しかし「公費」負担については、どの図、どの甲に所属するかによって異なってくる。第二十五図内部でも、第五甲所属か、他の九甲所属かで異なるし、また、資産の多い四図所属か、第二十五図所属かで異なる。(57)したがって、「公費」の財源確保のために、各図甲組織は当該図甲に所属する者の土地移動に関心をもつはずである。それは、所属する者が〃過戸推収せず〃の形で入手した土地であっても同じであり、第二十五図所属の者が所有することになった土地については、十甲役銀の確保を条件として、〝過戸推収せず〟が認められることになるはずである。このように図と図のあいだにおける相互の権利の承認を経たうえでなければ、〝過戸推収せず〟は成立しない。その意味で図甲制における〝過戸推収せず〟は、個人的なものではなく、すぐれて組織間の行為として性格づけなくてはならないであろう。

さて蕭禹堂のケースは、蕭禹堂が所属する図（第二十五図）と納糧戸である蔡隆興戸が所属する図（第二十二図）とが緊密に連絡しあっている場合にのみ可能である。それでは第二十五図と第二十二図とはそのような関係にあったか。この点をピンポイントで実証してくれる史料は管見ではない。しかし、第二十五図と第二十二図を含む四図とのあいだの関係については、第二節で跡づけてきた。乾隆一〇年の渡頭・埠頭（五図箱）の共同管理に始まり、道光九年には河澎囲の修理費を、四図とともに、第二十五図も一個の図として醵出している。これらは、第二十五図の経営が安定してきていることを、四図が一定程度認めているからであろう。したがって、第二十五図と四図とのあいだで、土地売買等による税糧負担の増減を精算し、加えて「公費」財源の保証について緊密に連絡するシステムが稼働していた可能性は十分にあろう。

おわりに

以上、第一・二節では、九個の甲を母体とする図（＝里）レベルの経営体として九如堂を、また複数の図を母体とする経営体として五図公箱を検討してきた。(58) 九如堂については、自己資産の収益力が図全体の公費（さしあたりは通常項目であるが、のちには河澎囲修理費や河岸改修費に至る）の支出を賄うまでに達している経営体であることが判明した。九如堂と五図公箱とでは若干の相違はあるが、共通性もある。それは、当該経営体の収益事業は母体構成員の出資によって開始されるが、事業収益によって出資金を返済したり、その出資を寄付等の形で帳消しにしたりすることで、当該経営体がその母体から相対的に独立した存在（経営C）になっていることである。これによって当該経営体は、たとえその母体構成員の一部が脱退・衰亡しても、経営を継続させていくことができるのである。

ところで清代珠江デルタには族田が広く存在していた。族田経営は、祖先自身ないしその子孫の田土寄付を契機に、その祖先を所有名義人として形成されることが多い［田仲　一九八五、頁九三九以下、田仲　一九八八、（解題）頁八～九］。その場合、祖先は死亡しており、子孫の田土供出は寄付であるから、族田経営は祖先への祭祀費支出を除けば、当初から債務をもたずに収益を得られる経営Cとなる。つまり経営Cは、清代珠江デルタでは決して稀な経営形態ではなかったのである。珠江デルタで図甲制が二〇世紀まで存続した一因として、甲（同族）レベルの族田経営から始まり、図さらに堡（複数の図）の各レベルまで、経営Cを有する経営体が多数形成されたこと、そしてそれらが税糧の官への納入に伴う付随的経費（序章第三節1、参照）を吸収したうえで余剰をだしていたことが重要と思われる。

岩井茂樹氏が提起したのは、第一は、里甲が一個の組織として存続していくには、龍江堡第二十五図の十甲役銀のような〝通図毎畝均等負担〟によって捻出される財源が不可欠であること、第二に、「公費」負担の増加傾向が進むなかで、これに対して組織として対処するか、それとも組織の解体へ進むか、と整理できる。江南デルタでは後者の組織解体の道が選択されたようであるが、龍江堡第二十五図は、当初は十甲役銀のような〝通図毎畝均等負担〟によって、のちには前述の経営Cを内包する九如堂のような組織を形成することで、一九四八年まで存続した。江南デルタにおける里甲解体の道と、珠江デルタにおける図甲存続の道と、同じ中国ではあるが、かかる相違をもたらした要因をさぐる必要が求められる。ただし、珠江デルタについてたんに同族組織の優勢だけで片付けることができるか。珠江デルタ社会そのものの形成にさかのぼり、その歴史的個性をさぐる必要があろう。

第三節では、税糧完納という、仏山や龍山でも課題になっていた問題について、第二十五図がどのような対応をしていたかを検討した。仏山も龍山も、図レベルの公産による税糧本体の立て替えの手段を講じていたが、第二十五図にはそれがみられない。甲レベル、すなわち各同族レベルで立て替えが行われていた可能性はあるが、少なくとも図レベルでは行われていない。また龍山と同じく、図甲組織（あるいは同族組織）の規制から離脱する動きも史料上には現れてこない。この点、仏山とは異なり、そして龍山と同じく、龍江堡も郷鎮社会として性格づけることができよう。

最後に第四節では、図甲制の特質として筆者が提起している〝過戸推収せず〟の問題にとり組んだ。材料の制約で、ピンポイントで実証はできなかったものの、視野に入れるべき観点を増やすことができたのではないかと思料する。すなわち、図甲制の図・甲、そして納糧戸について考える場合、たんに税糧本体の徴収・納入の窓口の面だけで捉える［劉　一九九七、頁二五四～二五六］と、図甲制を支えていた、「公費」財源の確保の問題が抜け落ちてしまう。珠江デルタの場合には〝過戸推収せず〟の方法を採用していても、「公費」財源を確保できた可能性があることに留意したい。

これは珠江デルタに特殊に存続した図甲制だけでなく、明代に全国的に施行された里甲制を考えるうえでも留意すべき問題である。賦役黄冊編造後に土地所有者が交替した場合、次の賦役黄冊編造までの一〇年間について、たんに税糧がどのように徴収・納入されていたかだけでなく、官への税糧納入のための必要経費である「公費」が、土地を売却した側の里甲と購入した側の里甲とのあいだでどのような調整がなされるのか、またそれはどのような条件や地理的範囲のなかで成立するのか、これらについて里甲経営の〝現場〟に即した想像をはたらかせながら考える必要があろう。

註

1　土地税たる税糧は日本語の〝公租〟に該当する。他方、本章で検討する〈税糧の官への納入に伴う付随的経費〉には、〝公課〟に該当するかどうか判然としないもの（後段の大宴会費など）も含まれているので、本章では公租・公課の語は用いずに行論していくことにする。

2　『九如堂國課記畧』は、最初道光元年（一八二一）ごろに刊行されて九甲に配布された。しかし日中戦争時にその多数が散逸し、また九如堂が所有する資産の契約書等も一九四五年夏の長雨で傷んだため、各種とり決めや資産保有の証拠を残すために一九四八年に重刊された（本章末尾の史料六―1―b）。詳細は行論のなかで説明していく。

3　咸豊『順德縣志』巻三輿地略、図所属堡、続増図、一二b～一三b。民国『（順德縣）龍江鄕志』巻一、述典、二a～二b。

4　本節1は、主に史料六―2―a、史料六―3―aに依拠して叙述する。

5　『九如堂』には、十甲図本で「図息」（利息・利益）を得る方法についての明示的記述はない。ただし、のちの九如堂の場合には、九甲役銀を「二・三・四甲に携帯」させて「利息・利益」を得ている。おそらく第二・三・四甲内に商人がおり、彼らに資金運用を委託する、あるいは資金を貸し付けることを通じて利益・利息を得ていたと推測される。その場合、当時の官による塩商・典商への貸付けによる金利（「発商生息」）は、最低でも月利一分（一％）であった［安部　一九七二］。本章では金利の減少を考慮して単利で年一〇％と仮定しておく。

6　十甲図本を基礎に蓄積していく目的について、『九如堂』には明示的言及がない。しかし後述する九如堂の諸事業から推測すれば、利益・利息による蓄積を進めたうえで不動産（土地や店舗）を購入し、不動産の地代・賃貸料収入を、つぎに述べる「公費」の支出に充てるためと考えられる。

7　順治一二年（一六五五）に新設された南海県雲津堡第二十二図でも、図の開設に当たり、該図に移管された田地から「貼費」（毎年）を徴収して「現年」の徭役負担を援助することを規定している［片山　一九九七、頁四九八の註35］。

8　「公費」（史料六―2―a）は、「諸務費」（史料六―2―a）、「値年公費」（史料六―2―b）、「圖中公費」（史料六―2―c）、「公用」（史料六―2―c）ともいい換えられている。

9　本図管下の田土数は売買に伴って増減するから、毎年の十甲役銀の総額は一定ではない。

10　公費支出が増大した原因や図息が減少した理由については、未詳である。

11　本節2は主に史料六―3―bcd、史料六―2―bcdに依拠して叙述する。

12　表六―1の⑤は一九三二年における管下田土数（税畝数）を示したものである。第二十五図全体の税畝数は八一三畝であり、そのうち、九甲の税畝数合計は四九六畝である。一方、第五甲の税畝数は三一七畝であり、九甲全体の六三％に匹敵する。このような格差が、おそらく乾隆八年から嘉慶七年にかけて生じたのであろう。第五甲が提案に従わなかったのは、自甲管下の税畝数が増大したので、十甲役銀を毎年毎畝〇・〇五両出すよりも、一〇年のうち九年を毎畝〇・〇二五両負担し、現年になる年だけ自甲内の毎畝負担額を増やす方が得策と判断したからであろう。註16の試算と本節3の検討にもとづき、第五甲の税畝数を三〇〇～四〇〇畝、毎年の公費支出を五〇両、十甲役銀の収入額を三〇両と仮定しよう。すると第五甲の負担は、毎畝〇・〇五両の場合、一〇年間で一五〇～二〇〇両となるが、毎畝〇・〇二五両の場合、九年間の六七・五～九〇両と現年の年の二〇両（五〇両―三〇両＝二〇両）で、計八七・五～一一〇両で済む。

13 九甲の図本は、当初は貸し付け金利あるいは資金運用益を得るためのものであった。だが嘉慶一二年以降は公費支出に流用され、「新收役項」（史料六―2―b）、「義擧加收之役銀」（史料六―2―cd）、「加收新役」（史料六―3―cd）、等といわれるようになるので、本章では〈九甲役銀〉と呼ぶことにする。

14 第五甲の場合、最終的補塡方法として、該甲管下の田土に対する付加徴収や周姓族産の流用が考えられる。

15 九甲における補塡の原則は、「理合攤派税畝」（史料六―3―c）であった。

16 九甲役銀が公費支出に流用されず、蓄積に回ったのは、嘉慶七～一一年の五年間と第五甲が現年に当たる嘉慶二一年である。年利一〇％（註5、参照）と仮定して複利計算すると、毎年の九甲役銀の総額は銀二〇両となり、九甲管下の田土数は八〇〇畝となる。当時の第五甲の田土数を三〇〇～四〇〇畝と仮定すると、十甲役銀は二七・五～三〇両で、九甲役銀との合計は四七・五～五〇両となる。また第五甲の田土数が増加しているのを勘案すれば、乾隆七年時の全図田土数は一〇〇〇畝前後と思われる。

17 貸し付け金利や運用益を得る方向から、不動産購入に転進した理由は未詳である。さしあたり、「十甲図息」の収入が減少した点から貸し付け金利や運用益が低下したこと、現金よりも不動産の方が資産として安全であることが考えられる。また不動産の租（地代・店舗賃貸料）収入の方が貸し付け金利や運用益より高収益である可能性もあろう。

18 本節は主に史料六―2―efg、史料六―3―efg、史料六―4によって叙述する。

19 『九如堂』「另序送出基地引」による。

20 註5・16で述べたように、商人に資金運用を委託した、あるいは資金を貸し付ける場合の収益が低下傾向にあるので、年一〇%と仮定した。不動産を購入し、その租収入（地代ないし店舗賃貸料）を得るのは、それよりも安全、かつ収益も若干多いからと推測されるので、年一二%と仮定した。

21 史料六―4の第一〇条に「公項・排酌」とあり、「排酌」は狭義の「公項」（公費）とは別の項目になっている。

22 以上の①（②を含む）と③の支出は、道光元年までは、十甲役銀と九甲役銀の合計で賄われていた。①の合計は「現年催輸酧金四拾両」に収まる。したがって③の額は、註16を参考にすると、十甲役銀と九甲役銀の合計五〇両弱から、四〇両を引いた一〇両弱になる。ただし、道光元年に「大宴会に参加できるくじ」（「赴席之簽」）をもつ者が三八名増加した（『九如堂』九a〜一一a）ので、道光一二年以降の大宴会の経費は一〇両以上に達すると思われる。

23 「二十五圖合同」（史料六―3）は、第五甲を含む第二十五図のとり決めで、その作成時期は光緒年間と推測される。その第三条によると光緒年間にも「排酌」（大宴会）が停止されていることがわかる。

24 「意外の公務」については未詳だが、第二節でとりあげる河澎囲や河岸改修の工事費等を指していると思われる。

25 具体的には「現年の公項・排酌の費用」とある。「公項」は「科差費用」（小宴会を含む）を指すであろう。

26 「(九如堂聯會）條例」（史料六―4）の第七条と「新科份金赴宴序」（『九如堂』八b〜一一a）によれば、公費支出を支援するための補助的収入項目として、義捐の形で募集された「赴席之簽」がある。一回目（時期未詳）は毎股銀一両一銭（一・一両）で、その義捐合計額は未詳。二回目（道光元年。一八二一）は毎股銀一大元で、その義捐合計額は銀三八大元であった。この「赴席之簽」を義捐すると、会股銀が完済されたのちに再開される「排酌」（大宴会）の席に参加する資格を与えられるというものである（表六―1の③、参照）。

27 世阜頭の桑市については、聞き取り記録がある［濱島等　一九九四、頁三三四］。

28 民国一五年重刊『龍江郷志』巻一、祠廟、忠臣祠、一〇a。

29 「排年舗舎碑記〈在金順侯廟西庁〉」（民国『龍江郷志』巻五、芸文、五一a～五一b）、および「金順侯廟前排年舗舎條議」（同、巻一、述典、二b～四a）。各々の一部は、史料六―7、史料六―8として本章末尾に掲載している。碑文の立石については、史料六―8に「紳衿排戸同立石于　侯廟西廳、以誌其事」とある。

30 「渡頭」は、龍江堡と県城の大良や広州等の都市とを結ぶ定期船の波止場を指すと思われる（民国『龍江郷志』巻一、津渡、九a～九b）。後述の章呈には「各渡頭」と表現されているので、その数は複数である。これに対して後段で登場する「埠頭」は、渡頭のある河川とは別の「桂溪」沿いの波止場であり、「涌口渡船」（小河川を航行する舟。『九如堂』一八a）用とされているから、近隣住民が市場に来る時に利用する波止場と考えられる。

31 「排年舗舎碑記」（史料六―7では（前略）の箇所）には「二千餘金」とあるが、五五家が各々五五両を醵出すれば三〇二五両となる。「三千餘金」の誤りであろう。

32 「總市」とは、多様で豊富な商品をとり扱い、他の毎日市の上に位置する市の意味であろうか。

33 ここにいう「別項公費」は、金順侯廟の祭祀とは無関係であるが、他の収入を用いて五図の「現年」が支出する費目を「公費」と呼んでいると考えられる。その場合、税糧の徴収・納入とは必ずしも関係があるとはかぎらないであろう。

34 大岡墟については、本書第六章、参照。

35 左朝科戸は絶戸になっていたと思われる。

36 工事監督と財務会計の計九名のうち、「紳衿」三名を除いた六名の姓は張・蕭・彭・康・蔡・陳である。一方、里長戸以外の醵金者六戸の姓は張・蕭・彭・康・蔡・簡であり、五姓が一致している。

37 同様のことは龍山堡の大岡墟にも妥当する。本書第六章、参照。

38 本節2は主に「五圖新立章程總部抄」(史料六―5)に依拠している。「部」は「簿」の意味である。また、龍江堡が河澎围の維持・管理に責任をもっていることは判明しているが、より具体的な責任の所在は未詳である[片山 一九九三、頁一五六]。

39 返済先は「四圖値理」あるいは「四圖箱」となっている(完済証明書の箇所『九如堂』一九a～一九b)。四図箱は四図が設立した、五図公箱と同じ性質の会計単位=経営体と考えられる。

40 『九如堂』は道光九年以外の年における河澎围工事費の割当てについては言及していない。したがって、河澎围の工事費負担方法が常に五図の均等負担であったかについては未詳である。

41 五図を構成する各図の当時における管下田土数は不明であるが、一九三二年には、最多の第二十二図(第十甲は絶戸)が九二七〇畝、第二十五図が八一五畝であり、一〇倍以上の差があった(表六―1所掲『南順桑園圍修基所續刊徵信錄』上集・第三冊)。また、民国『順德縣志』巻五経政略、図甲表、龍江堡(三四b～三五a)でも、糧米額において、第二十二図が一四六石余り、第二十五図が一三石余りと、約一〇倍の差がみられる。

42 元金返済時に、なぜ利息分を一緒に返済しなかったのか。その理由については、約六〇年後になるが、史料六―6「二十五圖合同」の(前文)を参照すると、当初の計画では、道光一二年に会股銀が完済されることになっていたが、税糧の官への納入に伴う付随的経費が増大し(「近糧務疲繁、弊端百出」)、実際には計画どおりに完済できなかったことが推測される。なお、光緒一八年に完済した時の利息額一〇両はいかに算出されたのか、この点は未詳である。

43 本節3も主に前掲「五圖新立章程總部抄」(史料六―5)に依拠している。

44　第二十五図への割当額は、図内において第五甲に十分の一、九甲に十分の九と割り振られた。第五甲の「四圖」への支払い額は、割当額より〇・三七両多かったので、光緒一八年に九如堂が第五甲に返済して清算している。

45　光緒一八年に第二十五図が完済し、「五図各々虧欠《きけん》無し」となったので、今後の五図の収入や利息の管理については「均しく五図の管理に帰す」とある（史料六―5―d）。つまり、完済まで第二十五図は五図箱の管理から外されていたと推測される。

46　註26で言及した「赴席之簽」の義捐者を、「排酌」（定例の大宴会）へ招待することは規定されている。

47　註44に書いたように、第五甲へ返済した〇・三七両は、九甲管下の田土から新たに捻出されたのではなく、九如堂から払われている。このことから、一〇〇両も九如堂の資金から捻出されたと推測される。

48　「卯」という税糧の納入期限が、龍山堡は九回、龍江堡は一〇回と、どちらの堡も非常に多いのは当地域の農事と関係しよう。当時の当地域の土地利用形態は「桑基魚塘」である。「桑基」は桑畑で、桑葉を用いた養蚕業が盛んである。亜熱帯で桑葉を年に六～七回摘むことができ、養蚕もそれだけの回数が行われるので、農家の収入機会が年間を通じて分散的に存在している。水田耕作のように収穫期が年に二回程度とは異なることを反映しているのであろう。

49　龍山堡の事例から、実徴冊の抄写代を県署の胥吏に払って抄写するのであろう。

50　史料原文は「張顯戸丁」であるが、「顕」と「戸」のあいだに漢字一字が小さく書き加えられている。判読が困難だが、次の納糧戸の情報から「承」の漢字一字と推測される。

51　転写された売契をみるかぎり、税契を行った証拠となる契紙番号は表示されておらず、また九如堂が購入したあとに用いる納糧戸も明記されていない。したがって第七章で得られる、清末民国期の東莞県を対象にした税契・過戸推収についての分析結果を適用すると、本取引では税契は行われず、また過戸推収も行われなかった（九如堂の購入後も、納糧戸は第二十二図第七甲張顕承戸のままであった）ことになる。ただし清末民国期の東莞県における税契・過戸推収の要件が、道光元年の順徳県にも妥当するとは断言できない。他方、史料六―2―fによれば、道光元年の三件の入手（購入二件、典得一件）物件に関する購入経費等について、「別に契約書に印を捺してもらい（＝税契）、税糧を推収した（＝過戸推収）」（「另印契・收税」）とある。しかしこの記述が、道光元年入手の三件の物件すべてに妥当するか判然としない。したがって現時点では、税契・過戸推収が行われたか否かについての確たる判断はできない。なお、「自賣之後、任由九甲九如堂割税歸戸收租管業」の「任由」については〈裁量で〉と和訳した。これは「任由」という文言について、田仲一成氏が「直ちに名義變更する」ことを指す表現ではなく、「その實行を買主の裁量に委ねるという含みのある表現」であると指摘している［田仲　一九八八、（解題）頁七］ことにもとづく。

52　黄若霖は香港在住なので、売契に代理人としてその姉やその子が登場する。第二十五図第八甲の総戸名は「李黄林」で、三個の爪のなかに「黄正中」という爪があるので、第二十五図第八甲所属の可能性があるが、龍江堡の他の図にも黄姓の総戸があるので、確定できない。売契に契紙番号が表記されておらず、また売却前の納糧戸も売却後の納糧戸も記されていないので、税契・過戸推収を行った証拠はみつからない。

53　史料六―6「二十五圖合同」の末尾に、「合同」に同意した爪として「蕭維新」が登場する。

54　民国『龍江郷志』巻一、述典、二a、および民国『順徳縣志』巻五経政略、三四b。

55　いつ購入したかは不明である。購入後すぐに九如堂に転売した可能性もある。

56　「二十五圖合同」そのものには、かかる行為を罰する規定はないから、罰を与えるのは第一甲の蕭維新爪になろう。

57　その格差が一定程度以上大きくなると、王朝は「均田均役」という政策を採る。

58　複数の図が均益会・三益会（詳細は未詳）を設立して出資金を募り、貸し付けや不動産購入によって金利や租収入を得、それで税糧の完納を図った事例として、清末の「聯圖納糧」がある。本書第三章、参照。

参考文献

安部健夫　一九七一　「清代に於ける典當業の趨勢」。安部健夫『清代史の研究』創文社、一九七一年二月第一刷、一九七二年七月第二刷
岩井茂樹　一九九四　「徭役と財政のあいだ――中国税・役制度の歴史的理解にむけて（三）」。『経済経営論叢』（京都産業大学）第二九巻第二号。のちに、岩井　二〇〇四、転載
岩井茂樹　一九九七　「公課負担団体としての里甲と村」。森正夫等　編『明清時代史の基本問題』汲古書院
片山剛　一九九三　「珠江デルタ桑園囲の構造と治水組織――清代乾隆年間～民国期」。『東洋文化研究所紀要』（東京大学）第一二一冊
片山剛　一九九七　「華南地方社会と宗族――清代珠江デルタの地縁社会・血縁社会・図甲制」。森正夫等　編『明清時代史の基本問題』汲古書院
田仲一成　一九八五　『中国の宗族と演劇――華南宗族社会における祭祀組織・儀礼および演劇の相関構造』東京大学出版会
田仲一成　一九八八　「解題二」。科大衛　監修、黄永豪　主編、濱下武志・田仲一成　参修『許舒博士所輯　廣東宗族契據彙録（下）』（東洋学文献センター叢刊　第五四輯）東京大学東洋文化研究所附属東洋学文献センター
濱島敦俊・片山剛・高橋正　一九九四　「華中・南デルタ農村実地調査報告書」。『大阪大学文学部紀要』第三四巻
劉志偉　一九九七『在国家与社会之間――明清広東里甲賦役制度研究』広州、中山大学出版社。とくに第五章

史料（史料六—7・8を除き、民国三七年（一九四八）重刊『九如堂國課記畧』所収）

史料六—1　「二十五圖九如堂國課記畧重刊序」（序a～序b）

a　「國課早完、即囊橐《のうたく》無餘、自得至樂」、此朱柏廬先生之遺訓也。我九如堂之組織、始自遜清乾隆年間、隷屬我鎮二十五圖。此外尚有二十二圖、三十七圖、六十六圖、六十七圖、合稱五圖、毎圖十甲。蓋圖甲之設、其用意是聯絡感情、共完田賦、鼎力輸將、務使國帑・軍糈兩皆充裕、民人安輯亦愛國益羣之善策也。斯時本圖馬秉良先生等及圖衆諸公、合羣策之力、因輯九如堂國課記畧一書。

「税糧を早期完納すると、財布は空っぽになってしまうが、しかしこのうえない自己満足を得ることができる」。これは朱柏廬先生の遺訓である。我が九如堂の組織は、清の乾隆年間から始まり、我が龍江鎮の第二十五図に所属している。〔龍江鎮には〕このほかに第二十二・三十七・六十六・六十七図があり、合わせて五図と呼んでおり、図ごとに十甲から成る。思うに、図甲を設置するその意味は情を通じて、一緒に力を合わせて税糧を完納し、国の財政と軍事費をいずれも豊かなものにして、〔それで〕民が安楽になることで国を愛し、人口を増加させるものであり、まことに善策である。この時（道光元年）、本図の馬秉良先生たちと図内各甲の諸公は協力して、『九如堂國課記畧』の一書を編輯した。

b　當時各甲原有分藏、縁於民國二十七年淪陥後、抗戰八載、多數散失。迨至勝利民國三十四年乙酉歳夏、淫雨兼旬、遂被白蟻侵蝕、連契劵均皆無存。同人等恐日久失傳、僉云「須從各甲捜集。如有藏本、盡量貢獻」。幸而一甲梁興戸英兄、二甲馬隆戸熙甫兄、八甲黄正中戸景岐兄、各獻一本。共殘篇破帙三本、總繼其成。僉云「即行付梓、並將九如堂管業基塘五號（内有一號合財星會置各半）付刊於巻末、以保業權」。共翻印四十本、毎甲分送四本。其餘四本、儲藏公箱、以垂久遠、俾知前人之初衷、後人之繼志、以誌不忘、云爾。

当時、各甲が所蔵していたが、民国二七年（一九三八）の日本軍による占領後に、抗日戦争が八年続いたため、多数が散佚してしまった。民国三四年（一九四五）夏に抗日戦争に勝利したが、長雨が二旬にわたってあったため、白蟻の害をこうむり、不動産の契約書もなくなってしまった。同人たちは時間が経って、〔九如堂の〕

由来がわからなくなることを心配し、みなが「各甲から捜し出して、所蔵本があればすべて提供せよ」といった。幸いに第一甲、第二甲、第八甲が一部ずつ供出してくれ、残巻三部を合わせて完全なものになった。みなが「すぐに刊行しよう。九如堂所有の桑基魚塘五件（うち一件は財星会との折半）も巻末に載せて、「業権」を保全しよう」といった。全部で四〇部印刷し、各甲に四部を配り、残部四部は〔九如堂の〕公箱に収蔵して永く保管し、前人の初心や後人の継承の気持ちを忘れないようにした。

民國三十七年歳次戊子（一九四八）元月中浣穀旦

九如堂同人謹識

史料六―2　「龍江堡二十五圖九甲九如堂」（一 a〜三 a）

史料六―2の内容は、次の史料六―3とほぼ同じであるので、史料六―3に和訳をほどこした。ただし史料六―2― aの全体、および他の箇所の傍線部を引いた場所には、史料六―3に出てこない重要な内容があるので、それらについては和訳を作成した。

a　開圖定甲、完國賦以利輸徴、遵例守規、廣税業而無滋累。原我本圖創自乾隆七年。幸逢盛世、仰荷聖朝大典、恩准民間開籍、聯呈懇縣列冊通詳、蒙王撫憲咨明戸部、註入版圖、知照同縣、着令冊内税畝撥入本圖輸納。衆議、收税入圖、毎畝起科銀壹錢貳分、以積圖本、毎年毎畝議收役銀貳分伍釐、以滋公費。年來收役、不足敷支、即將圖息充補。後緣日久諸務費繁、圖息日短、入不供出。是以又將圖本支充公、歴年消削、圖中聲本日薄日深、正慮將來輪甲難當。

図甲を設置するのは、税糧を完納するうえで、納入する〔民の〕側にも、徴収する〔官の〕側にも便利なようにするためである。規則を遵守するのは、〔本図管下の〕税畝数を増やし、〔公費財源を拡充して現年を助け、現年が差役等から〕追及されないようにするためである。本図の創設は乾隆七年（一七四二）にさかのぼる。幸いにも平和で繁栄した時代であり、朝廷の大典の恩恵、また特別なご配慮を得て〔本図を〕開設するべく、連名で〔順徳県の〕知県に本図の開設を懇願し、〔知県から〕上級の各衙門に上申し〔て広東巡撫まで上がり〕、当時の広東巡撫の王閣下が、戸部に対して新たに本図（第二十五図）を開設することを要請してくださり、〔戸部から許可を得たので、〕開設の命令が〔順徳県の〕知県にくだされた。そして知県に対して、〔新図所属となる者たちが、他の既存の図の〕実徴冊に登録している税畝を抜き出し、〔それらを新たに作成する〕本図（第二十五図）〔の実徴冊〕にくり入れ、〔それから、それらの税糧を本図から官へ〕納入させるように命令した。私たちは、それら税畝を過戸推収して本図にくり入れるに当たり、〔本図管下となる税畝に対して、〕畝ごとに銀〇・一二両を課し、図本として蓄積していくこと、〔現年の甲は、〕毎年畝ごとに役銀として〇・〇二五両を徴収し、〔それによって〕公費〔支出の予算〕を増やすこと、等をとり決めた。〔しかし〕ここ数年来、役銀を徴収しても、〔公費の〕支出に足りないので、図息（図本が生みだす利益・利息）を流用して〔公費支出を〕補った。その後、年が経つにつれて公費支出が増大する（「諸務費繁」）一方で、図息の収入は年々減少し、〔役銀と図息による〕収入が〔公費の〕支出に不足するようになった。そこで、さらに図本をとり崩して公費支出に充てるようにしたが、年々とり崩されるので、図本の残高も減っており、将来、順番が回ってきて現年の甲になっても〔公費のための収入不足で〕仕事に支障をきたすことが危惧される状況である。

b

續於嘉慶七年、彭蕭梁一甲排長輪值當年、爰集同人衆議、毎年毎畝起科役銀伍分、以幇值年公費。若有盈餘、充積圖本。九甲欣然就議、以爲善後良謀、萬全之法也。惟五甲周德全、近年業增税廣、達出人羣、不從此議、要照舊例毎畝貳分伍釐交出、輪至伊五甲值年、仍依舊例貳分伍釐收回。我九甲見伊不允、難以強爲。九甲慨然曰「勿可因一人之偏執、失斯時之善議、便失萬載之良圖」。惟我同心同德者、卽於是年毎畝照舊例役銀貳分伍釐歸衆、另行義擧毎畝加役銀貳分伍釐、積充存底、以爲九甲圖本、名曰九如堂。

ただ第五甲の周徳全のみは、自甲の管下田土数が近年増大し、「人群」（他の九甲の平均管下田土数）をはるかに突出しているので、この〔毎畝銀〇・〇五両の〕提案に賛成しなかった。そして〔九甲が現年に当たる年には、〕従来の毎畝〇・〇二五両しか現年に納めないこと、〔その代わりに〕第五甲が現年に当たる年も、〔他の九甲からは〕従来の毎畝〇・〇二五両しか徴収しないことを主張した。

c　由嘉慶七年起科、積至嘉慶十一年。毎歳所存新收役項、公推攜帶。幸賴二甲三甲四甲鼎力安全。而圖中公費、舊日所存本息、卽於是歳輪値五甲周德全現年、一應支消、淸繳無存耳。嘉慶十二年輪至六甲、公費不敷、無以彌補、衆議暫將九如堂本年加收弍分伍釐之役銀、借充公用、待次年餘溢、照數補還。誰料連年公費、入不敷支。仍將九如堂義擧加收之役銀、借補充入圖中公費、而無羨餘矣。

d　嘉慶二十二年、又輪六甲余業盛、排酌集衆、陳前所存義擧加收之役銀、向蒙二三四甲諸君攜帶、已歷多年、肩任甚重、殊深感佩。是年會計本息、共存銀参佰柒拾餘金、卽議置業。其銀於是歳停止利息。迨後年復一年、買業未就。

e　爰於辛巳恭逢聖天子登極道光初元、民康物阜、適輪週十甲排宴之暇、我九甲謀議、雖是贄本無幾、開設硬會亦可濟美。於是九甲排衆欣然稱善、合意同謀。於斯時也、有薛君道輝、蔡君聲培、族兄明度、廖君廷芬、而步瀛亦隨數君、運籌决策、不惜馳驅。復邀圖内彰君顯中、家叔錦圖、蔡君兼善、族叔燦垣、余君迎善、莫君昭和、李卓儀、陳君賢昌等、議以毎股先捐會本番銀壹拾両正、成員圖碼、共埋四十三股、計銀肆佰参拾両正、連上日存留、合共實存銀捌佰両有奇。斯誠前有詒謀、今能振作者也。

f　爰置得土名洲頭涌桑基魚塘半口、該中税六畝弍分、該價銀伍佰陸拾両正。又置得土名佛堂最高處、坐東向西、瓦盖磚墻舖壹間壹連兩進、該中税貳分、該價銀壹百壹拾伍両正。又典得土名鬼洛桑基魚塘壹口、該中税参畝、典價銀壹百両正、另印契收税。

〔不動産の購入費〕以外に、税契（「印契」）と過戸推収（「収税」）の手続きを行い、〔支出した〕。

g　公費諸需、一應詳載在九如堂總簿。然思一簣既成、籌畫已非朝夕、一勞永逸、處置又須綿長。於是將會預先拈鬮、分列次第、卽席註明會部、遞年加壹算息、利不加利、照依次第派收。公擧薛君道輝、蔡君兼善、族兄明度、蔡君聲培、步瀛暨數君、權收租項。其現年亦須協同幇辦催收役銀、除去當年公費、所存多寡、卽要逐一脱還會股、餘事無得動支。衆議暫停排酌十載、省費一週。緣上日圖衆老本徹底支完、輪値當年所需浩費、若非設法積充、何以善後也。茲幸振作、一擧而成。復冀會股供完十年、滿足我九甲所存圖本、卽照舊日設辦排宴、以觀厥成、以敦排序。務宜克儉從廉、依例攜簽赴席。所願賦税多收腴田於萬億畝、國課早納、洗部永沕、初冬則胥吏可免追呼。皇仁均普率育、此則志同道合承先裕後之意歟。

〔九如堂としての〕公費の支出項目は、すべて九如堂の総簿に詳細に記載することにした。……醵金（「會」）〔の返済〕については、あらかじめくじを引いて〔返済の〕順番を決め、その場で聯会の帳簿（「會部」）に記録しておく。〔醵金の〕利息は、毎年〔元金の〕一割として計算するが、利息に利息を加えない〔単利〕法とし、順番にもとづいて返済して受領させる。

道光元年辛巳歳仲秋吉日　二甲龍驤馬歩瀛秉良氏謹識

史料六—3　「九如堂合同」（三b～五a）

a　立合同龍江堡二十五圖九如堂一甲彭蕭梁、二甲馬薛區、三甲蔡喜長、四甲馬秀、六甲余業盛、七甲莫晩成、八甲李黄林、九甲陳孔同、十甲廖富、我九甲等、爲圖甲久長、聯志捐積貲本、置業生息、輪幇値年公費、以垂永遠事。原我本圖于乾隆七年、仰荷聖朝令典例准民籍報册開圖、所頼前人合志同謀、聯呈稟縣、詳憲轉咨戸部、准開圖籍、實爲萬世之福。初時規制殊爲盡善、日久廢馳、未免疎曠、以至日前積蓄圖本屢歳補充公費、年削年深、慮將徹底一空、愈難支持。

龍江堡第二十五図九如堂の第一甲彭蕭梁、第二甲馬薛区、第三甲蔡喜長、第四甲馬秀、第六甲余業盛、第七甲莫晩成、第八甲李黄林、第九甲陳孔同、第十甲廖富、われら九甲は、図甲が長久に続き、志を一つにして醵金・蓄積すること、不動産を購入して収益を生み、輪番で充当する現年の公費を助けること、以上を永遠に続けるための契約書を作成する。われらが本図は乾隆七年（一七四二）に、民籍の図として開設された。当初は規則・制度が非常に整っていたが、次第に緩み、顧みられなくなり、そのため以前から蓄積してきた十甲図本は次第に公費の補充に回り、年々減少して、ついに底をつきそうなので、公費の工面がいよいよ困難となることが憂慮される。

註　規則・制度が次第に緩み、という箇所は、公費を宴会、とくに大宴会で浪費したことを指すのではなかろうか。

b　於嘉慶七年、一甲彭蕭梁會衆酌議、毎畝起科役銀伍分以幇公費、餘羨亦可充入圖本。九甲欣然樂從。惟五甲周德全、自見伊本戸業廣税繁、不從伍分之議、定照舊日役銀貳分伍厘。所幸我九甲義議同心、要舊額役銀貳分伍厘歸衆、又加收毎畝役銀貳分伍厘、積少成多、留爲九甲圖本、名日九如堂。數年積蓄、公推二三四甲攜帶、本利資生深爲厚望。

嘉慶七年（一八〇二）、第一甲の彭蕭梁が他の甲を集め、畝ごとに役銀〇・〇五両（「銀五分」）を課して公費を助け、余剰がでれば十甲図本に組み込むことを協議した。九甲は喜んで賛成した。ただ第五甲の周徳全のみは、自甲管下の田地、すなわち税畝が増加しているので、この毎畝銀〇・〇五両の提案に賛成しなかった。それで従来どおり、毎畝の役銀〇・〇二五両（十甲役銀を指す）を続けることになった。しかし幸いなことに、われら九甲は心を一つにし、従来の役銀（十甲役銀）の〇・〇二五両を一図全体（「衆」）のために供出するだけでなく、さらに毎畝〇・〇二五両の役銀も追加徴収し、これを蓄積のために九甲図本として留保し、九如堂と名づけた。数年間蓄積し、みなで第二・三・四甲の者を推挙して運用してもらい、元本とそれから生まれる利益とに大きな期待が寄せられた。

註　第二・三・四甲に商人がおり、彼らに元本および運用利益の運用を委託したと推測される。

c　嘉慶十一年輪値五甲周德全當年、而上日圖中老本、於是歳徹底支完。次年六甲余業盛輪値、所收舊額役銀、不足敷支、理合攤派税畝、而九甲衆議權變、就將九如堂現年加收之役銀、暫挪借補、以充公費、滿擬遞年收支微有餘貲、可以彌補此數。詎料連年所入、不供所出。於是甲甲相承、將九如堂加收新役之項、補充圖衆公費。詎十數年來役銀僅幇圖中借（ママ）費、無所溢存矣。

嘉慶一一年に第五甲の周徳全が現年の番となり、従来からの十甲図本はこの年にすべて使い切ってしまった。翌年、第六甲の余業盛が現年の番となったが、十甲役銀だけでは〔公費の〕支出に不足したので、本来なら〔九甲〕管下の税畝（＝田土）から〔不足分を〕徴収することになる（「理合攤派税畝」）が、九甲は相談して一時しのぎとして、九如堂の現年が追加徴収している役銀（九甲役銀）を、公費の支出用に臨時に回し、翌年の公費収支で余剰がでれば、回した分を返済することにした。しかしその後、収入は常に支出に不足した。そのため〔九甲の〕各甲はいずれも〔現年になった時に〕、九甲役銀を公費支出の補充用とすることを続けた。なんと九甲役銀は十数年間、図の公費を助けるだけであり、蓄積が全然進まないことになるとは、思いもよらなかった。

d　嘉慶二十二年、又輪六甲余業盛、排宴之日、衆陳上年義擧加收新役已歴多年、盤算本息多寡、實計共存銀参百餘金、籍其攜帶多蒙鼎力、卽於是歳停止利息、以俟置業。迨後寛延歳月、而業有合意者、價又不合。是以事由躭擱。

　嘉慶二二年、再び現年となった第六甲の余業盛は、十甲の排宴（大宴会）の日に、九甲役銀〔のうち、運用に回していた分〕は長年の運用のおかげで、元本・利益の合計が実に銀三〇〇両余りになったこと、これは運用してくれた者のおかげであることを報告した。そして、本年から利益を得るために運用に回すのを停止し、この元利合計金で不動産を購入することにした。しかしその後、〔不動産を購入する方針にはなったものの〕適当な価格のものがなく、購入が実現しないままであった。

e　茲於道光元年、欣逢盛世、海晏河清、又値輪週十甲現年廖富、復議如何安置、明知貲本留存、雖屬無幾、盍毋開設硬會、或成美擧。於是九甲樂從、合議以每股先捐出會本番銀壹拾両正、成員圖碼、共埋四十三股、計銀肆佰参拾両正、連上日存留、合共計實銀捌佰両有奇。

　道光元年（一八二一）、現年の輪番が回ってきた第十甲の廖富は、不動産を購入する方法について協議し、このまま資金を留め置いてもなんら利益を生まないので、「硬會」を設けるのがよいことを提案した。九甲は喜んで賛成し、「股」（株）ごとに、硬会の「會本」としてメキシコ銀一〇両を醵出することになり、全部で四三株、合計銀四三〇両が集まった。これに以前からの留め置き分を加えて銀八〇〇両余りとなった。

f　爰置得土名洲頭涌桑基魚塘半口、該中税六畝弍分、該價銀伍佰陸拾両正。又置土名佛堂最高處、坐東向西、瓦蓋磚墻舖壹間壹連兩進、該中税貳分、該價銀壹百壹拾伍両正。又典得土名鬼洛桑基魚塘壹口、該中税三畝、該典價銀壹佰両正。

そこで、桑基魚塘半筆を銀五六〇両で、店舗一間を銀一一五両で購入し、さらに銀一〇〇両で、桑基魚塘一筆を「典得」（売主に買い戻し条件が付帯する）の形で購入した。

g　其會遞年加壹算息、先拾定次第、註明會部、挨次輪收。遞年所獲租銀・役銀、除去公費外、留爲供會之需。俟會股完滿之日、其有盈餘、統歸置業。以明年一甲爲始、十甲輪週、即將九如堂業租、撥歸九甲現年、挨甲輪收、以幇公費。餘事不得借支。各宜從廉行事、以待豐饒。另行公議、擇買地段、建造九如堂公所、以便議事、並啓當年排宴、共樂一堂、則萬載千秋永垂不朽。第合同既立、會本備收、編列條欵、用付梓行、俾九甲各執一本、奉爲良規、足見和衷共濟、保本培根之謀、聲應氣求、衆志成城之擧、云爾。

この会〔の運営規則や方針は以下である〕。醵出金に対する年利を一割とする。返済する順番を決めて会の帳簿に記入し、順番にもとづいて返済して受領させる。毎年の不動産による賃貸料収入（桑基魚塘の小作料、店舗の賃貸料）と役銀（九甲役銀）は、公費用に支出する以外は、「會」の支出（醵出金の返済）に回す。そして醵出金を完済して余剰があれば、すべて不動産の購入に回す。翌年の第一甲から運営を始め、一回りする一〇年後から、九如堂の不動産賃貸料収入は、九甲の現年に渡して、公費の助けとし、他の経費には使わない。現年になった者は節約に努め、余裕が生まれる日を待つ。また別途に相談し、会議用ならびに現年が排宴（大宴会）を催すのに便利なように、適当な土地を購入して九如堂公所を建てることを決めた。契約書（「合同」）が作成され、醵出金も十分に用意でき、規定も制定されたので、印刷して九甲それぞれに一部を配布することにした。

史料六―4　「九如堂聯會序」（六a～九a）

（前文）斯會之設、固廣前人開創圖籍之心、更喜後人綿長輪將之計、保世滋大盡善盡美之擧歟。原我二十五圖歷來十甲、何以別名九如、非無爲也。緣甲中有意議不同、公私繫念、不顧聯屬之義、姑爲專家之謀、雖其志不能強同、願其事務圖久遠。爰設此會曁泐同會芳名、併録條例於後。

會友芳名（六a～七b。省略）

條例（七b～九a）道光元年作成、道光二年から実施。

一（第一条）議、會股預先拾定次第、注明會部。遞年加壹算息、惟利不加利、如租銀收。便即論月計、挨次派回、不得稱言對週年份乃收。

概要 醵金（「會股」）〔の返済〕については、あらかじめ〔くじを〕引いて〔返済の〕順番を決め、聯会の帳簿（「會部」）に記録しておく。〔醵金の〕利息は、毎年〔元金の〕一割として計算するが、利息に利息を加えない〔単利〕法とし、不動産の賃貸料収入のごとく扱う。月ごとに計算し、順番にもとづいて返済していくので、一年分まとめて受け取りたいなどといってはならない。

註「部」は「簿」の意味である。

一（第二条）議、排酌暫行停止、壹週俟納滿會股、輪匀十甲、即照辦同排宴、依舊携簽赴席。

概要〔現年が催す〕大宴会は暫く停止し、「壹週」（一〇年）して醵金を完済し、〔現年の順番が〕ちょうど一〇甲を一回りするのを待って、〔とり決めどおり〕大宴会を設け、〔その際には〕以前どおり「簽」を持参して大宴会に赴くこととする。

一（第三条）議、遞年正月拾捌日設席、邀請各戸殷丁書名、以便納粮・收役・公事有賴。公衆限補送同席金肆両正。

概要〔現年は〕毎年正月一八日に小宴会を設け、各甲の総戸（「各戸」）の殷丁を招き〔その場で、殷丁の姓名を〕署名してもらい、〔その年度の〕税糧の納入、〔九甲・十甲〕役銀の徴収および公務における責任の所在をはっきりさせておく。殷丁以外の者（「公衆」）については、宴席金として銀四両正を別に出した者にかぎって参加できる。

註「收役」の「役」は役銀。九如堂の九甲を対象とする役銀なので、九甲役銀と十甲役銀の両方が対象となる。「收」は徴収の意味。

一（第四条）議、遞年十二月十二日設席、邀請各戸殷丁繳部交盤。粮・役銀両、務要歸楚、毋得拖欠。公衆限補送同席金参両正。

概要　〔現年は〕毎年一二月一二日に小宴会を設け、各甲の総戸（「各戸」）の殷丁を招き〔その場で〕帳簿（「部」）を提出させ、〔次年度の殷丁への〕引き継ぎを行う。〔殷丁は〕税糧と〔九甲・十甲〕役銀を必ず完納し、滞納してはいけない。殷丁以外の者（「公衆」）については、宴席金として銀三両正を別に出した者にかぎって参加できる。

一（第五条）議、遞年役銀、即要隨輸納粮米之日、如數交出。毋得逗遛、先粮後役。倘有拖延、任從現年催輸、開名稟官追比。

概要　毎年の〔九甲・十甲〕役銀は、税糧納入の日に、全額を払うこと。滞納したり、税糧を優先して、〔九甲・十甲〕役銀を後回しにしたりしてはいけない。もし〔九甲・十甲役銀を〕滞納した場合には、督促するか、それとも名前を書き出して官に報告し、追求してもらうかは、現年の判断に委ねる。

一（第六条）議、原日赴席之籤、詢査間有遺失、即行聲明。如有舊籤通行繳同、另設新籤、仍照舊日原名書派、以昭畫一。

概要　元々の「大宴会に参加できるくじ」については、調査して遺失したものがあれば、すぐに〔遺失の〕声明を出させる。もし通用している古いくじを返却すれば、別途に新しいくじを用意し、元々の名前を書き込んで渡し、画一性を保つ。

一（第七条）議、會股份内、愿添入新簽者、捐出席金銀壹大元、以補公費。俟十年之外、排宴之日攜簽赴席、如做會股者。派簽後不准添入。

概要　醵出金（「會股」）を出した者で、新しいくじを購入したい者がいれば、公費の助けとするために、宴席金として銀一大元を寄付すること。一〇年後の大宴会の日にくじを持参すれば、醵金した会員と同じ扱いにする。くじの配布後には購入できない。

一（第八条）議、遞年所收役銀、除去公費之外、毋論存銀多寡、即要留貯供納會股。餘事需用、不得濫支。

概要　〔現年が〕毎年徴収する〔九甲・十甲の二種類の〕役銀は公費の支出に充当するが、余剰が残っても、その多寡に関係なく、留保して聯会の醵金の返済に充てなくてはいけない。公費以外に支出の必要があっても、それらの支出に勝手に充当してはいけない。

一（第九条）議、遞年當役所有科差費用、倶在現年催輸酧金肆拾両之内支出。毋得另指開消數項。

概要　〔現年が〕当役する時に、「科差」（十甲からの税糧徴収とその官庁への納入）に必要な経費は、いずれも「現年催輸の酧金（報奨金）」予算の四〇両から支出すること。別の予算項目から支出してはいけない。

一（第一〇条）議、遞年基舗租銀、收來供納會股。俟完滿之日、十年之外、由一甲起首、挨甲輪收、幇補現年公項・排酧費用。

概要　毎年の不動産（桑基魚塘と店舗）の賃貸料収入は、〔当初の一〇年間は〕聯会の醵金（「會股」）の返済に充てる。醵金を完済するのを俟って一一年目からは、第一甲から輪番で〔現年になる者が不動産の賃貸料収入を〕受領し、それを現年の公費・大宴会の経費の支援に回す。

一（第一一条）議、現年當役、恐有意外公務、仍照税畝匀派。不得私將基舗契券付執與人、揭借銀両挪支。如有此等情弊、即將該甲出圖、永不共酧。

概要　現年が役に当たっている（「當役」）時に、予想外の「公務」が生じ〔九甲・十甲役銀では不足す〕る可能性がある。その時には従来どおり〔九甲管下の〕税畝に対して毎畝一律に割り当て〔て補塡す〕る。勝手に不動産の契約書を担保にして借金し、支出に充ててはならない。もしかかる不正行為が起きたら、その現年を出している甲を本図から追放し、永遠に仲間としない。

一（第一二条）議、遞年役銀、俟會股完滿、十年之外、基舗租銀、公費應支有餘、仍照舊日、毎畝收回貳分伍厘。

概要　毎年の役銀（九甲・十甲役銀）については、〔一〇年後に〕聯会の醵金が完済され、一一年後からは、不動産の賃貸料収入が公費支出に充当されても余剰が残るはずなので、そうなれば〔九甲役銀を徴収する必要はなくなるので、嘉慶六年」以前のように、［十甲役銀の］毎畝〇・〇二五両のみを徴収することにする。

史料六—5　「五圖新立章程總部抄」（一七b〜一八b）

a　我本鄉雷侯廟前甬道及海濱、俱五圖税業。其渡頭租銀亦爲五圖所應收。前人已將各排戸姓名勒碑存據。但渡頭租入息無多、向歸各圖殷戸支用、俵分未盡平允。

b　光緒己丑年（十五年。一八九九）修建海磡、五圖各科銀壹佰壹拾陸両弍錢玖分玖厘六毫。遞年租銀亦增數倍。固當年亟爲妥議設立章程也。

c　查前道光己丑年（九年。一八二九）修補河澎囲、四圖先捐銀参百両、按照五圖攤派、則二十五圖應派捐銀陸拾両、尚未交出。後道光壬辰年（一二年。一八三二）正月、四圖勒碑載明、「此項善與人同頃下存數收還、而二十五圖以應補回四圖代捐息銀」。

d　今二十五圖補回與四圖息銀壹拾両、作爲清訖、並將此欵叙明、以見五圖各無虧欠。凡嗣後五圖入息、均歸五圖管理。今將章程開列于左。

e（章程。第一条〜第五条）

一　各渡頭租銀、五圖中每圖輪管兩年。鄉中遇有新登進士第者、照上例、以渡頭租銀壹拾伍両作花紅金送之。（第一条）

一　每年將渡頭租項、兑給五圖值年殷丁銀弍拾兩、作爲神誕及祭沙・辛工等項支用。除外尚有盈餘、統存公箱經理。（第二条）

一　萬里橋兩岸、南李北衆。涌口渡船、在南便灣泊者、其租銀歸李家、在北便灣泊上落者、其租銀歸五圖。（第三条）

一　渡頭租項銀兩、除給五圖值年殷丁弍拾兩外、盡貯箱内積蓄。倘積至陸佰金之數、先將五圖塾修海磡工程銀壹佰壹拾陸兩弍錢玖分玖厘六毫陸毫派回。以後遞年所入租銀、存儲生息、毋得絲毛濫支。如輪値該圖管理必須上清下接。倘有虧短、爲該圖是問。（第四条）

一　將來每年所入租項積至千金、須集五圖公議妥置產業。以後日積月累、不難馴至巨欵。所有一切未盡事宜、可以隨時秉公酌議。（第五条）

五圖公議執管箱開列

f

壬／癸兩年二十二圖管理　甲／乙兩年六十六圖管理　丙／丁兩年六十七圖管理

戊／己兩年三十七圖管理　庚／辛兩年二十五圖管理

輪流管理週而復始　公議遞年催收鞋金銀四大員

光緒十八年歲次壬辰吉日　五圖公啓

g（後略。光緒十八年壬辰五月廿八日における利息返済証明書を付載）

史料六―6　「二十五圖合同」（二〇a～二一b）

（前文）立合同人二十五圖等、爲設法善後、以省催科事。緣近糧務疲繁、弊端百出、每當里役多方應卯。既厄漏之難塡、再遇鄉征到處呼庚、又鞭長之莫及。費用則五圖均派、欠數則十載拖延、貽累無窮、遷流何極。爰集衆友共設良規、皆屬至當而至公、便宜善終而善始。伏望和衷共濟、咸踴躍以爭先、將見國課早完。惟輪將其恐一勞永逸、百變不渝。豈不美哉。所有章程、臚列于左。

（前文）契約を結ぶ第二十五図等が、善後策を講じて、〔官からの〕納税の督促を受けないようにするための件。近ごろ〔官への〕税糧納入の問題で疲弊し、弊害が続出しており、「里役」（輪番で官へ税糧を納入する業務）に充当すると、手を尽くして「卯」（税糧の納入期限）に間に合うよう精を出さなくてはならない。それだけでも大変であるが、さらに龍江堡内での割当て（「鄉征」）があり、あちこちで悲鳴が聞こえており、まったく思うにまかせない。〔龍江堡内での〕費用負担は五図に均等に割当てられ、債務は長期にわたって延び延びになり、禍根はきわまりない。ここに図内の仲間を集め、ともに規則を作成したところ、どの規定も妥当で公正なものなので、きっとうまく運ぶだろう。みなが協力して助け合い、勇んで先を争うようになれば、税糧の早期完納を果たせるであろう。税糧の納入というのは一度苦労すればあとは長く楽ができる。なんとすばらしいことだ。左にすべての規定を列記する。

註　「龍江堡内での割当て（「鄉征」）」とは、光緒一五年の河岸改修工事における醵出金（第二十五図の九甲の負担は銀一〇四両余）を指し、「債務」は、光緒一八年に完済された二件の債務、すなわち、①道光九年の河澎囲修理の際に生じた「四圖」（「四図箱」）に対する二年間余の利息と、②光緒一五年の河岸工事の際に生じた四両余りの未納金とを指すと推測される。

一　（第一条）糧照上年實征、連役銀、統計若干、攤分十限。自二月起、毎月一限。初十日派票通知、於十六日一律收齊。收長不收短。出實征後、再行派算。如上日有代過銀両、亦照分十限展扣。

概要　〔本年の現年は、各戸・爪の本年度分の仮の〕税糧額を、前年の実徴冊〔を抄写したもの〕にもとづいて計算し、これに〔本年度分の十甲〕役銀を加えた合計額を算出したうえで、この合計額を一〇回の納付期限に分けて〔十分の一ずつ〕割り振る。二月が最初の期限で、そのあと月ごとに一回の期限があり、〔一一月が一〇回目の最終期限となる〕。各月の一〇日に「票」を〔各甲の殷丁に〕配布して通知し、一六日に〔各甲の殷丁に〕一斉に〔各月分の税糧と十甲役銀を〕完納させる。納付すべき額以上を納める場合には受け取るが、少ない場合には受け取らない。〔前年度から本年度にかけての過戸推収が反映された〕本年度分の実徴冊が完成（本年分の各戸・爪の税糧額が正式に決定）したあとは、もう一度〔各戸・爪の納めるべき税糧額と十甲役銀額を算出し、それにもとづいて各期限に納入すべき額を〕計算し直して各戸・爪に通知する。もし〔田地売却後に過戸推収を行った売主で、実徴冊が完成する〕前に〔買主に代わって〕納めた税糧（「代過銀両」）がある場合は、その分を考慮に入れて一〇回の期限ごとの金額を差し引く。

一　（第二条）、現年設立公所、按月收銀。毎月十六日各甲殷丁攜銀到交。用圖碼兌。下期上期糧、由呈堂以示至公。不設催輸到收、免至推委。若遇事冗、亦要期上納、毋得藉端攬塞。

概要　現年は公所を設け、〔二月から一一月まで〕毎月〔税糧と十甲役銀とを十分の一ずつ〕徴収する。毎月十六日に各甲の殷丁は銀を持参して〔公所に〕行き、〔現年に〕納付する。〔現年は〕「圖碼」（第二十五図の計量用分銅）で〔銀の重さを〕量って領収する。翌月の納付期限の時に、〔現年は〕前月分の納付額について〔九如〕堂に報告し、公正であることを示す。〔こうすれば、各甲の殷丁の所までわざわざ〕赴いて徴収する「催輸」の者を設けなくても〔各甲の納入実績がはっきり分かるので、未納の甲があった場合でも、〔現年が〕責任を転嫁したりせずにすむ。もしやっかいな事が起きても、〔現年は〕必ず期ごとに〔県へ〕上納し、口実を設けて納税を滞らせてはいけない。

一（第三条）遞年排酌、照道光壬午年事例、暫停一週。定期正月十八日交盤。現年預備茶果、傳請各甲殷丁簽名。毎爪送利《ママ》是銀壹錢。洗部後、毎甲送鞋金銀柒錢弍分。甲内爪份多者、自行分派。至各甲殷丁、務求眞實之人、必要親自書名、毋得照舊用祖名堂。如不到簽、衆不與共事。

概要　毎年の大宴会は、道光壬午（道光二年。一八二二）の事例に照らし、「一週」（一〇年間）暫く停止する。正月十八日を〔現年や殷丁の〕交替時期とする。〔その年度の〕現年は茶果を用意し、各甲の殷丁に通知して来てもらい〔本年度の各甲の責任者である旨を〕署名させる。爪ごとに薄謝を〔現年に〕贈り、その額は銀〇・一両である。帳簿の確認（「洗部」）後に、甲ごとに足代（「鞋金」）として銀〇・七二両を〔現年に〕贈る。甲内に爪が多い甲は、自分たちで爪ごとの割当額を決める。各甲の殷丁については、まじめな人を選び、必ず自分で〔自分の〕名前を署名させ、昔のように祖先の名や堂名を書かせない。〔殷丁のなかに〕もし参集して署名しない者がいれば、「衆」（現年や他の殷丁）は、その殷丁とは一緒に仕事をしない。

一（第四条）到期不納者、十七日起、毎両罰銀三錢、下期照數歸欵。如二次不納、通傳交差。三次不納、聯名稟官押追。至上期未納、下期到納、僅夠一限者、該銀作爲上期之數、是期仍作違限論、毎両罰銀三錢。所罰之銀、補作現年費用。

概要　〔各甲の殷丁で〕納付期限になっても納めない者がいれば、〔納付期限の翌日の〕十七日から、一両ごとに罰銀を〇・三両とし、翌月の納付期限の時に、罰銀全額を納付させる。もし二回続けて納めない場合には、全図に通知したうえで図差に引き渡す。三回続けて納めない場合には、〔図として各甲の〕連名の形で官に訴えて捕捉し、税糧を督促してもらう（「稟官押追」）。前回の納付期に納めず、次の納付期に納めても、それが一期分の額である場合には、納付分を前期分のものとみなし、今期分は未納として扱い、未納分一両ごとに銀〇・三両の罰金を課す。徴収した罰金は、現年の費用の補充に充てる。

一（第五条）各甲果能依限全完、可湧躍急公、洗部時、毎石米送回殿丁花紅銀三錢。其已經罰過者、花紅折半。罰至三次者、後雖能依限全完、花紅銀全行罰去。所罰之銀將來各甲均分。

概要　各甲が期限までに〔税糧と十甲役銀を〕完納できれば、それは〝公事第一〟（「湧躍急公」）といえるので、帳簿を確認（「洗部」）する時に、〔納入した税糧の〕米一石ごとに〔各甲の〕殿丁に祝儀（「花紅」）として銀〇・三両を返還する。〔その年に滞納で〕罰を受けた〔殿丁に〕対しては祝儀を半分とし、罰を三度受けた〔殿丁に〕対しては、たとえ罰を受けたあとに期限どおり完納しても、罰として祝儀は一文も与えない。罰として差し引いた祝儀金は、いずれ各甲のあいだで均等に分配する。

一（第六条）遞年十一月初三日、撥銀三両、置辦祭品恭祝金順侯千秋。毎爪派胙一份。其甲内無爪份者、派胙肉二份。現年承辦糧務者、派胙肉一份。倘該戸錢糧末《ママ》清、不準領胙。

概要　毎年一一月初三日に、〔現年は〕銀三両を支出して祭祀用品を購入し、金順侯の誕生日を祝う。〔購入した祭祀用品から〕爪ごとに胙肉《ひもろぎ》一個を配分する。爪のない甲については、〔該甲に〕胙肉二個を配分する。現年として税糧の徴収・納入の仕事（「糧務」）を担当している者には、胙肉一個を配分する。税糧を完納していない甲・爪（「戸」）に対しては胙肉を配分してはいけない。

註　金順侯は龍江堡全体の守護神。「末《ママ》」は誤植で、正しくは「未」。

一（第七条）甲内向有空米者、務須照税畝均匀、毋得互相推攤。

概要　甲内に従来から「空米」がある場合は、〔その負担すべき税糧額を甲内の〕税畝数に応じて均等に割りつけて捻出するべきであり、責任を押しつけあってはいけない。

註　「空米」については判然としない。元来は税糧を負担するに足る収益のある土地であったが、それを道路や堤防に転換したため、収益はないが税糧負担だけ残ったものを指すのではなかろうか。

一（第八条）設立總征部一本、將各甲各爪名下税畝註明。如有新收開除、現年添註入內、以便稽查。

概要　総徴簿（［總征部］）一部を設け、各甲・各爪の管下にある税畝数を記入する。〔各甲・各爪の税畝数に〕増減があれば、現年がそれを書き加えて、点検に便利なようにする。

註　爪がない甲の場合には甲レベルまで、爪がある甲の場合は爪のレベルまで（つまり社会的実体としては、各同族のレベル）の税畝数を、他の甲や爪が把握できるようにしている。それを超えた丁レベルまでは、他の甲は把握できない。

一（第九条）遞年開支各費、俱在役銀內開銷。有餘不足、現年自行辦理。

概要　〔現年が〕毎年支出する〔公費の〕各経費は、いずれも〔十甲〕役銀から支出する。余剰が出たり、不足したりした場合でも、現年が自己責任で処理する。

註　この第九条は、第五甲を含めた規定であることの特徴が出ている。本合同は第五甲をも含めた規定であるので、ここにいう役銀は十甲役銀のみを指す。その額は三〇両弱で、年間の公費支出には不足する（余剰が出ることはほとんどない）。この点を踏まえたうえで、第五甲が現年となる年には、不足分を第五甲内で補塡して処理すること、また九甲のいずれかの甲が現年となる年には、道光一一年以前なら九甲役銀で補塡し、道光一二年以降なら、九如堂が保有する不動産の租収入で補塡して処理することを記したものである。

以上條欵、各宜遵守。倘有抗違、務必通傳照罰、決不徇情。須至合同者。

概要　各〔甲・爪〕は以上の条項を遵守すること。もし違反すれば、全図に通報して罰し、決して情実にとらわれない。

一甲　彭東間　聘賢／蕭福田　經亮／蕭維新　煥經／梁　興　駿聲
二甲　馬　隆　進祥／薛　用　錫慧／薛　榮　禮光／區祖政　文杰

三甲　蔡喜長　璧光
四甲　馬　秀　作儀
五甲　周　德　子田　有榮／周　全　恒遠
六甲　余業盛　信剛　式群
七甲　莫晩成　占和
八甲　李　錦　潤彰／黃正中　政行　湛屏／林　相　壯行
九甲　陳　宗　敬昭／陳　達　祥泰／孔　文　繼倫
十甲　廖　富　凌漢

註　傍線部は各甲の総戸名、あるいは爪名。総戸名・爪名に続く傍線を引いていない、名のみのものは、各総戸・爪の責任者を示す人名と推測される。

史料六—7　「排年舖舍碑記〈在金順侯廟西廳〉」。民国『龍江郷志』巻五、記、五一a～五一b

（前略）


一（第一条）各渡頭租銀係五圖現年輪流管理。鄉中有新登進士者、以渡頭租銀一十五兩、作花紅金送之。其餘留爲祀典、支消隨時公議。萬里橋兩岸、南李北衆。

一（第二条）各戸所捐份金、皆嘗祀所關。如遇別項公費、毋得挪移。倘借端挪移、排衆共攻。

一（第三条）排戸姓名、勒定碑上、永遠不得更改。廟前坑外甬道、永遠不得搭蓋。

一（第一条）河岸の各渡頭の収入（「租銀」）は、五図の現年が輪番で管理する。〔龍江堡から〕進士合格者が出れば、渡頭収入から銀一五両を祝儀（「花紅金」）として給付する。残りは金順侯廟の祭祀用に留保し、その支出については五図が随時に相談する。万里橋両岸の埠頭は、南岸の埠頭は李姓の所有とし、その停泊料収入は李姓のものとする。北岸の埠頭は「衆」の所有とし（すなわち特定の姓の所有とはせずに）、その停泊料収入は五図のものとする。

一（第二条）〔「五十五家」の〕醵金は金順侯廟の祭祀のためになされたのであるから、たとえ公費であっても、金順侯廟の祭祀以外の公費に支出してはならない。もし口実を設けて流用すれば、〔五図の〕排年たちが追求する。

一（第三条）〔醵金した〕「排戸」の姓名は石碑に刻み、永遠に変更してはいけない。金順侯廟の前面にある「甬道」（石あるいは瓦敷きの道）には、永遠に小屋や建物を建ててはならない。

史料六―8　「金順侯廟前排年舗舎條議」乾隆一七年（一七五二）一二月。民国『龍江郷志』巻一、述典、二b～四a

（前略。図六―2、表六―3、参照）

一　原上則民税二畝四分七厘、中則民税二畝二分五厘、東至海心、西至舊石磡、南至涌心、北至李草路。原本堡二十二圖四甲葉登戸内、共串中税六畝、撥開割入十一股戸内、毎股該中税五分五厘、各自辦納糧差。

一〔以上の金順侯廟やその周辺施設の敷地の税畝は、〕もともとは上則民税二・四七畝と中則民税二・二五畝とであり、（四至は省略）納糧戸は龍江堡第二十二図第四甲葉登戸であった。〔今回、税糧負担を一一股に分割する便宜のために、上記の二つの税畝を〕統合して中税六畝とする旨を官に申請したうえで、納糧戸を葉登戸から「十一股」の戸に移して、各股の税畝数を中税〇・五五畝とし、各股が税糧を納入することとする。

註

民国『龍江郷志』（巻一、述典、二a）および民国『順徳縣志』（巻五経政略一、図甲表附、三四b）では、龍江堡第二十二図第四甲の総戸名はいずれも「劉宗翰」となっている。「葉登戸」は子戸と考えられる。

乾隆十七年歳次壬申季冬紳衿排戸同立石于　侯廟西廳、以誌其事。

第七章　清末民国期の立戸・税契・過戸推収

『許舒博士所輯　廣東宗族契據彙錄』所収史料を用いて

はじめに

『許舒博士所輯　廣東宗族契據彙錄』（上・下）は、旧香港政庁の高官で、著名な歴史学者でもある許舒（James W. Hayes）博士が収集した、清末民国期の広東省珠江デルタにおける、土地の売買等に関係する民間文書・官方文書等、総計二九二件を内容別に分類整理し、句読点を施して刊行された史料集である（以下、本史料集と略す）(1)。

土地の売買文書という史料には、たとえば、その地域で生活している人々の姓名が、売買の当事者として登場する。広東の場合、土地売買文書から、売買の当事者である売主・買主の姓名だけでなく、時にはこれら当事者が所属する「図・甲・戸」(2)に関するデータを得ることができる。これらのデータを、関係する族譜などの史料と照らし合わせると、「契據」（売買等の契約書や官庁発行の証明書などを指す。以下、史料原文を除き、〈契拠〉

と表記する）のうえでは売主となっている人物が契約締結時にはすでに死亡していたり、また、「戸」名が数十年間、数百年間不変であったりすることを発見し、[3]かかる現象が当たり前であることの理由や背景について、推測を重ねることになる。契拠に登場する売主・買主は果たして売買当時に実在している必要があるのか、また、「戸」の社会的実体はなにか。歴史研究は、このレベルの問題から問い直していく必要がある。その意味で、本史料集所収の契拠類は、これらの基礎的問題に解答を与えてくれる貴重な史料である。

本史料集は、清末民国期の珠江デルタにおける、土地売買等に関連する多数の契拠を包括的に収録・整理したものとしては、世界で最初のものであり、[4]当時の珠江デルタにおける社会慣行や、県衙門での事務手続きのありかたを知るうえで貴重な文書を含んでいる。本章では、主として二〇世紀初頭以降の官庁、とくに県衙門での〈立戸・税契・過戸推収〉に関する諸手続きについて、本史料集所収の文書を用いて考察することにしたい。検討を始める前に、本史料集、ならびに本章で使用される土地売買に関連する用語について、あらかじめ簡単な説明をしておこう。

土地売買に関連して州県衙門で行われる諸手続きのうち、「税契」手続きとは、土地・建物の売買等において、官庁に「契税」（不動産取得税）を納めて売買契約書等に赤い官印を捺してもらう、あるいは「契尾」と呼ばれる証明書を契約書に貼ってもらうものである。これを経た契拠が「紅契」であり、経ていない契拠が「白契」である。「過戸推收」（「過戸」「推收」「過割」ともいう。本史料集所収の契拠では「推收」の語が用いられているものが多いので、本章の行論では〈推収〉を用いる）手続きとは、土地税である「税糧」（「錢糧」「田賦」ともいう）の課税台帳上における負担名義を変更するものである。清末民国期の広東では、「實徵册」（「徵册」「征冊」とも呼ばれる税糧の課税台帳）上における負担名義の最小単位は「戸」（総戸と子戸の別がある）、あるいは「爪」「柱」と呼ばれるものであった。筆者はこれらをまとめて納糧戸と呼んでいる（以下、〈納糧戸〉、あるいはたんに〈戸〉と表記する）。つまり〈推収〉とは、税糧負担の単位である「戸」を、売主が所属する「戸」から買主が所属する「戸」へ変更する手続きを指す。「立戸」手続きとは、納糧戸の設立をいう。「税畝」とは、「畝に税す」（土地に課税する）、すなわち土地税たる税糧を課すことである。[5]「執照」とは、官庁から発行される許可書・証明書の類である。

さて、土地売買が行われた場合、制度的には、①売買当事者間での契約書作成→②官庁での税契手続き（官印を受けて紅契となる）→③官庁での推収手続き、という順序で推移する。[6]そして、以上の手続きが済んで、はじめて税糧の負担名義が売主の戸から買主の戸に変わり、以後は買主の戸のもとへ税糧の納入通知書（「易知由單」）が届くことになる。

ところで清代の珠江デルタでは、〈過戸推収せず〉という現象が普遍的に存在していた。つまり、上記③の手続きはあまり行われていなかった。また、〈戸名不変〉という現象も普遍的で、総戸のなかには数百年にわたって戸名がまったく変わらないものがあった。[7]その結果、立戸手続きもほとんど行われていなかった。ところが清中葉以降、とりわけ清末～民国期に、上記現象も一定程度続いていたが、次第に推収や立戸（とくに子戸の設立）が増加する傾向を窺うことができる。[8]

しかし推収や立戸が、官庁（直接的には州県衙門）において、実際にどのように行われるかについては、史料不足もあり、ほとんど考察されてこなかった。この点は、広東省以外の地域についても同様である。すなわち、税契手続きについては、中国の他地域を対象に、「契尾」「斷賣契紙」といった、税契手続きの際に発給される文書を利用して、比較的研究がなされているものの、立戸・推収の手続きそのものについて、また立戸・税契・推収という三つの手続きの連関性については、官が発給する立戸・推収に関連する文書に即した研究は不十分なのである。

本史料集には、少ないながらも立戸・推収に関係する文書が収録されている。そこで本章では、立戸・推収を行う際に、州県衙門（具体的には東莞県の衙門）において、どの部署が、どのような文書を発給し、各文書はどのような役割をもっているか、また立戸・税契・推収の三つの手続きはどのように連関しているか、これらに焦点を合わせて考察していきたい。県衙門における実際の事務システムがどうであったかを知ることは、前述の現象が存続していく、あるいは減少していく理由を考えるうえで、一つの基礎的前提を提供すると考えられるからである。

第一節　立戸・推収文書の種類と役割

表七―1は、本史料集所収の立戸・推収手続きに関係する文書をAからEまでの五種類に類別したうえで、それらを①～⑨の案件ごとに整理し、さらに各案件に関連する白契・紅契や執照等を示したものである。最初に、東莞県県長（あるいはその代理）が「爲給照事」と題して発行しているA文書五件を検討しよう。各文書の発行年次、人名等に相違はあるが、文書の形式・内容はほぼ同一である。たとえば、案件①の文書四一（本章末尾の史料、参照）は、張亮釆の立戸申請に対し、東莞県県長代理（「署理東莞縣事」）が、その申請を許可した「執

照」（許可書）である。

張亮采の申請の概略は次のごとくである。彼は「廣東清佃沙捐兼官田總局」から官田の[9]払い下げを受ける（＝購入する）際に、納糧戸（税糧負担名義）として「〔東莞縣〕十都一啚八甲張祖若戸」の戸名を用いた[10]。しかし「徴冊」上に、張祖若戸の戸名が載っていないため、納糧戸を張祖若戸に移して税糧を納入することができない。そこで、東莞県県長に対し、第十都第一図第八甲に、新たに張祖若戸を立てることを許可してもらい、同時に、県長から房（庫房を指す）に対し、張祖若戸を「徴冊に編入し」（すなわち、まず徴冊上で立戸し、つぎに購入した田地の税糧額をこの戸にくり入れ）て税糧を納入できるよう命令してもらいたい、と申請した。そして、東莞県県長代理は、この申請を許可するに当たり、「除帖付庫房立戸編徴外、合給執照」（帖もて庫房に付し[11]、立戸・編徴せしむるを除くの外、合《まさ》に執照を給すべし）と述べている。すなわち、張亮采に許可書を発行すると同時に、県衙門内の庫房に対しても、張祖若戸を立てて徴冊に編入することを命令する「帖」形式の文書を発行しているのである[12]。

なお、文書四一～四三から、光緒三〇年（一九〇四）における、東莞県の立戸・推収担当部署が庫房であること、また文書四四、一七八から、民国一〇年（一九二一）と民国二三年（一九三四）におけるそれが編籍股であることが判明する。

以上より、「爲給照事」と題されたA文書は、直接には「新戸」（あるいは「新柱[13]」）の設立申請に対する、県長の申請許可書であることがわかる[14]。そして、この許可書を申請者へ発給すると同時に、県長から庫房（光緒期）、あるいは編籍股（民国期）に対し、新戸の設立とそれにともなう推収を命令した「帖」文書が、別個に発行されることが判明する。

表七—1　『許舒博士所輯　廣東宗族契據彙錄』所収の立戸・推收関係文書

種別	大字横書の文書名	本文冒頭の題名	案件別の文書								
			①	②	③	④	⑤	⑥	⑦	⑧	⑨
A	（なし）	「爲給照事」	41	42	43	44			178		
B	“付庫房推收”	「爲推收税畝事」					106				
C	“業戸知照”	「爲推收税畝事」					105	177*	179	180	207
D	（なし）	「本年奉帖准立新收」							184		
									185d		
E	“買主收照”	「爲税畝事」						182*	185e	181	206
関係する白契							8	169	167	164	
								170	168	165	202
										166	
関係する紅契・執照等			36			40	19	175	174	173	205
						82	30				

本表は、たとえば案件⑤に関係するものとして、〈106、105、8、19、30〉の文書が収録されていることを示している。

空欄は該当する文書がないことを示す。

案件⑥の＊については註44、参照。

案件⑦の〈185d〉〈185e〉は、文書185にＤ文書とＥ文書の両方が含まれていることを示す。


つぎに、B・C・Eの各文書を相互に対比しながら、各文書の性格を検討しよう。「爲推收税畝事」と題され、〝付庫房推收〟という大字横書の文書名をもつB文書は一〇六[15]の一件のみである。[16]同じく「爲推收税畝事」と題され、〝業戸知照〟という大字横書の文書名をもつC文書は、一〇五をはじめとして五件ある。ここで一〇五と一〇六とは、対象となる土地・売主・買主、さらに契紙番号が同一であり、また、関連する紅契である文書一九[17]を参照することもでき、対比に便利であるので、まずこの二者を比較してみよう。

第一に、紅契一九は、土地の売買価格である銀「壹百五拾兩」に対して六%の税契銀「玖兩」（「玖」は

「九」）を徴収した証明書である。第二に、紅契一九の発給日（税契銀を徴収した日）は「光緒參拾年捌月　日」（「捌」は「八」）である。文書一〇五・一〇六の発給日は、いずれも「光緒三十年八月　日」で、紅契一九と同じである。第三に、紅契一九には、発給の際に契紙番号「宙字第肆號」（「肆」は「四」）が付記されているが、一〇五・一〇六のいずれにも「宙字第四號」が付記されている。以上から、紅契一九と文書一〇五・一〇六とは、いずれも税契手続きが完了した時に同時に発行された文書であることがわかる。なお紅契一九は、前述したように、税契銀を領収したことを買主に対して証明する文書である。それでは一〇五・一〇六はいかなる文書であろうか。

第四に、B文書一〇六とC文書一〇五は、ともに「爲推收税畝事」の題名をもち、本文の形式・内容もほぼ同じであるが、横書文書名の〝付庫房推收〟と〝業戸知照〟とが異なっている。つまり同一の内容を、異なる対象に向けて発給したものである。このうち、C文書一〇五の〝業戸知照〟が業戸＝買主を対象に発給されたことは明白である。以上の点をふまえ、B文書一〇六の〝付庫房推收〟（「庫房に付して推収せしむ」）という語の意味を検討しよう。まず庫房とは、A文書の考察でみたように、光緒年間における立戸・推収を担当する県衙門の部署である。つぎに「付」には、衙門内において、房から房へ、あるいは県長から房へ文書を交付する意味がある。[18] すなわち〝付庫房推收〟の意味は、税契担当部署（あるいは県長）から庫房に対し、推収することを指示（あるいは命令）することと考えられる。したがって、題名の「爲推收税畝事」とは、推収が終了したことを意味せず、これから処理すべきこととして、推収（と「税畝」）を指示（あるいは命令）していると解釈すべきである。[19] なお、この文書の宛先は庫房になっているが、買主（＝張輯善堂）の手元に残り、そしてHayes博士が収集するに至る。このことから、税契担当部署、あるいは県長から庫房に対して直接に渡されるのではなく、業戸＝買主を媒介にして渡される。しかし買主が庫房に渡さず（すなわち推収手続きを行わず）に買主の手元に残った、と考えられる。[20]

C文書の〝業戸知照〟については、大字横書の文書名が〝買主收照〟（題名は「爲税畝事」）となっているE文書とも対比したうえで、その性格を考えよう。ここでは、比較の便宜のために、契紙番号が同一であるC文書一八〇の〝業戸知照〟とE文書一八一の〝買主收照〟との対比を行う。[21] 形式・内容ともにほぼ同じであるが、E文書一八一の〝買主收照〟には「照税科則、編造民國貳肆年分糧冊、合給執照爲據。須至執照者」（税の科則に照らし、民国二四年分の糧冊に編造すれば（税糧をくり入れたので）、合《まさ》に執照を給して拠（証拠）と為《な》すべし。須《すべから》く執照をうくる者に至るべし」）の字句が追加されている。そして、同じE文書の二〇六の〝買主收照〟にも、この字句（ただし、年次は異なる）がある。[22] したがって、E文書の〝買主收照〟とは、庫房・編籍股が買主に発給する、推収手続き完了の証明書であることがわかる。また、題名の「爲税畝事」とは、「税畝」が、「畝」（＝所有する土地）に税糧を課税する意味であるから、推収が完了したので、今後は税糧を納入せよ、と指示・命令しているのである。

さて、文書一八〇を始めとするすべてのC文書（大字横書の文書名は〝業戸知照〟、題名は「爲推收税畝事」）には、E文書の〝買主收照〟に登場する「照税科則、編造民國＊＊年分糧冊、合給執照爲據。須至執照者」のような字句がない。したがって、推収完了を証明する文書ではない。そして、B文書〝付庫房推收〟の題名「爲推收税畝事」の意味は上記のごとくであり、また、「知照」という語は、下級機関、あるいは人民に通知する意味であるから、「爲推收税畝事」の題をもつ〝業戸知照〟は、税契担当部署が業戸＝買主に対して発給する、税契手続きは完了したからつぎは推収（し、その後は税糧を納入）せよ、と指示・命令した通知書ということになろう。

参考のために、他の史料を調べてみると、『清代廣東各縣征收雜錄』[23]の「第六節　雜税　第一款　契税」に、宣統年間（一九〇九〜一九一一）の広東省陽山県における税契手続きの規則、ならびに手続き完了後に発給される三連の文書の雛型が掲載されている。これによると、まず、税契手続きは、県衙門内の戸司の典房で行われていることがわかる。つぎに、三連になっている文書の各々の横書き文書名は、右から順に〝買主執照〟〝總書知照〟〝賣主執照〟と並んでおり、題名はすべて「爲推收税畝事」となっている。このうち〝總書知照〟は、文書名から、まず、総書[24]に対する通知書であることがわかり、つぎに、本文中に「合行飭撥爲此票給總書、遵照推收。毋錯。」とあるから、戸司典房が総書に対して推収を指示・命令するものであることがわかる。〝買主執照〟〝賣主執照〟の内容も、税契手続きの完了を証明する（この意味で〝執照〟である）とともに、次の推収手続きを指示する内容を含んでいる。すなわち、陽山県においても、税契手続き完了の際に、税契担当の部署（戸司典房）から、買主と売主、そして推収を担当する書吏（「總書」）に対して、次の推収手続きを指示・命令する文書が発給されていることを確認できる。なお、この三種類の文書は、三連になっているので、税契手続きを行った買主に三種類全部が渡され、〝賣主執照〟は買主から売主へ、〝總書知照〟は、B文書が買主経由で庫房に渡されるのと同様に、推収の際に買主から総書へ渡されると考えられる。

最後に、「本年奉帖准立新收」の書出しで始まるD文書一八四・一八五d[25]の二件について検討したい。二件とも本文が不鮮明であるため、不分明な点もあるが、書出しに、「謹んで帖を受け取ったところ（「奉帖」）、立戸（「立」）して新たに推収する（「新收」）ことを許可する（「准」）」とあり、また、文書一八五dは、文書そのものがE文書一八五eの〃買主收照〃と一体になっているから、県長より「立戸編征」すべき旨の「帖」（この「帖」文書は、A文書が発行される時に、これと同時に発行される、あの「帖」文書である）を受け取った編籍股が、立戸・推収した時に、買主に対し発給した立戸・推収手続き完了を意味する文書と考えられる。文書一八五で「本年奉帖准立新收」と〃買主收照〃とが一体になっているのは、編籍股が、「帖」文書に対応する形で「本年奉帖准立新收」を発給する一方で、B・C文書に対応する形で、推収の完了のみを証明する〃買主收照〃も同時に発給したからであろう。

以上をまとめると、東莞県の場合、税契から推収完了まで、次のような手順で行われていたことがわかる。①契拠をもって税契担当部署[26]に赴き、契税を納入して紅契の発給を受ける。同時に、推収手続きを指示・命令した〃業戸知照〃と〃付庫房推收[27]〃とを受け取る→②〃業戸知照〃と〃付庫房推收〃とをもって[28]、推収担当部署（光緒期は庫房、民国期は編籍股）に赴き、〃付庫房推收〃を渡して推収を行い、〃買主收照〃の発給を受ける。

なお、新たに戸を設立する（「立戸」）場合については、次の第二節で検討することにしたい。

第二節　立戸・税契・推収の連関性

第一節では、清末民国期の〈立戸・税契・推収〉に関して、各場面で発行・発給される官方文書の種類とその

表七—2　案件⑦　黎炳華の梁包遠等からの土地購入関係文書

文書の種類	文書番号	作成・発給の日付	買主黎炳華に関する記述、その他
A	178	民国23年12月18日	黎福安堂戸の設立申請に対する東莞県の承認
白契	167	民国24年1月18日	「黎炳華」
	168	民国24年1月18日	「五都十一啚九甲戸長黎福安堂丁黎炳華」
紅契の民間部分＊	174民	文書168と完全に同じ	文書168と完全に同じ
紅契の官側部分＊	174官	民国24年2月　日	契紙番号「朝字56号」を発給
B　“付庫房推收”	（なし）		
C　“業戸知照”	179	民国24年2月　日	契紙番号「朝字56号」に対応したもの
D	184	民国24年　月　日	
	185d	民国24年　月　日	
E　“買主收照”	185e	民国24年　月　日	（不鮮明部分多い）

＊については註36、参照。
白契・紅契以外の文書の種類は、表七—1の分類による。

役割について検討した。第二節では、これら文書に対する具体的分析によって窺うことができる、税契手続きと推収手続き、さらには立戸手続きとの連関性を考察する。

案件⑦において、「東莞県第五都第十一図第九甲の戸長黎福安堂の丁である黎炳華」は、「東莞県第十三都第七図第五甲の戸長梁永興の丁である梁包遠と梁亜女」（以下、〈梁包遠等〉と略す）から、民国二三年（一九三四）ごろ[29]に土地を購入した。黎炳華の土地購入ならびに官庁への諸手続き関係の文書を、ほぼ年月の順に整理したのが表七—2である。

A文書一七八（末尾の史料、参照）は、東莞県県長が、黎炳華の立戸申請を許可した証明書（「執照」）

である。一七八によると、黎炳華による申請の概略は以下のごとくである。すなわち、彼はこれまで「戸籍」[30]をもっていなかった。そして、梁包遠等から土地を購入する際に、彼は第五都第十一図第九甲に「附居」しているので、その図甲を「權借」し[31]、黎福安堂の戸名を契拠に書きこんで購入した。しかし、「征册」にはもともと黎福安堂の戸名が載っていないので、推収をすることができない[32]。そこで、「契單」（白契ではなく、紅契と推測される）[33]を貼りつけて提出し、黎福安堂戸の設立を許可してもらい、税額どおり推収して完糧できるようにしたい、と申請したのである。そして県長は許可するに当たり、「帖」形式の文書を編籍股に向けて発行して立戸・推収（「編征」）させるが、黎炳華にもこの執照を発行〔して立戸承認の証明と〕するので、ただちに規定に照らし、「契」（＝「契單」）を持参して[34]編籍股に赴き推収せよ、と述べている。

まず、東莞県第五都第十一図第九甲の黎福安堂戸は既存の戸ではなく、民国二三年（一九三四）一二月一八日[35]に、県長から正式にその設立が認められたものであることを確認しておこう。また、立戸を申請する際に黎炳華が「貼りつけて提出し」た「契單」は、当然ながら、県長の許可が下りる民国二三年（一九三四）一二月一八日より前に作成されたものになることも確認しておきたい。

さて表七―2には、民国二四年一月一八日付の白契と紅契の民間部分とが、文書一六七・一六八・一七四民[36]と、合わせて三件あり、民国二四年二月付の紅契の官側部分が文書一七四官の一件ある。ここで、表七―2に整理した文書の作成・発行の日付が記載どおりならば、A文書一七八に登場する「貼りつけて提出」された「契單」（すなわち、土地購入の際に黎福安堂戸を記載した契約書）は、前述のように、民国二三年（一九三四）一二月一八日より前に作成されたはずであるから、文書一六七・一六八の白契や一七四の紅契（民国二四年一月一八日作成、民国二四年二月発給）とは別物である。[37]つまり、立戸が承認されたのちに改めて三件の契拠を作成し、このうちの文書一七四民を提出して、再度紅契の発給を受けたことになる。なぜ改めて契拠を作成し、そして紅契を再申請したのであろうか。この問題を考える糸口として、表七―2の白契・紅契の内容を検討しよう。

三件の白契と紅契の民間部分とは、内容はほぼ同じであるが、買主についての記載に大きな相違がある。文書一六七は買主について、たんに「黎炳華」と記すだけであるが、文書一六八は「五都十一図九甲の戸長黎福安堂の丁である黎炳華」と、黎炳華が所属する図甲・戸名（「戸長黎福安堂」が戸名である）を記載している。そして、紅契を申請する際に使用したのは、文書一六八と完全に内容が同一の文書一七四民であった。二回目の紅契申請にあたり、なぜ文書一六七ではなく、文書一六八と内容が同一の文書一七四民を用いたのであろうか。文書一七四民に「五都十一図九甲の戸長黎福安堂」という図甲・戸名の表記がある点が、一つの鍵になろう。この問題を他の事例も参照しながら検討しよう。

さて、案件⑧の黎桂英も同じく「五都十一図九甲の戸長黎福安堂」の戸名を使用し、「東莞県十二都四図五甲の戸長黄亜敬の丁である黄明楽堂」から土地を購入している。黎桂英の土地購入ならびに官庁への諸手続き関係の文書を整理したものが表七―3である。(38)

作成された契約書として、白契の文書一六四・一六五・一六六と紅契の民間部分（文書一七三民）とで計四件ある。その内容はほぼ同じであるが、四件のあいだには、作成年月の早晩と、買主黎桂英が所属する図甲・戸名の表記の有無との二点において相違がある。すなわち、文書一六四の作成は民国二〇年（一九三一）一二月であり、これには「五都十一図九甲の戸長黎福安堂の丁である黎桂英」の表記がある。文書一六五は民国二三年一二月二二日、文書一六六は民国二三年一二月であり、この二件には文書一六四のような図甲・戸名の表記はなく、「黎桂英」という表記のみである。文書一七三民は、作成が民国二三年一二月で、文書一六五・一六六と同じ時

表七—3　案件⑧　黎桂英の黄明楽堂からの土地購入関係文書

文書の種類	文書番号	作成・発給の日付	買主黎桂英に関する記述、その他
A	（なし）		
白契	164	民国20年12月　日	「五都十一啚九甲戸長黎福安堂丁黎桂英」
	165	民国23年12月22日	「黎桂英」
	166	民国23年12月　日	「黎桂英」
紅契の民間部分＊	173民	民国23年12月　日	「五都十一啚九甲戸長黎福安堂丁黎桂英」
紅契の官側部分＊	173官	民国24年２月　日	契紙番号「朝字55号」を発給
B “付庫房推收”	（なし）		
C “業戸知照”	180	民国24年２月　日	契紙番号「朝字55号」に対応したもの
D	（なし）		
E “買主收照”	181	民国24年２月　日	契紙番号「朝字55号」に対応したもの

白契・紅契以外の文書の種類は表七—１の分類による。
＊については註36、参照。

期であるが、この二件と異なり、「五都十一図九甲の戸長黎福安堂の丁である黎桂英」と図甲・戸名の表記がある。ここでも紅契申請に当たり、なぜ文書一六四・一六五・一六六ではなく、文書一七三民が用いられたのかという疑問が生じる。

まず、契拠作成の日付の問題から考えよう。民国二四年二月に発給された文書一七三官（「斷賣契紙」）は、広東省政府財政庁発行にかかるものであるが、そこに「廣東現行契税章程」が引用されており、①土地購入後六か月以内に税契手続きをすること、②期限を過ぎても手続きをしなかった場合、他人が告発すれば章程に照らして処罰し、本人自らが申し出れば罰金を徴収する、等が規定されている。[39] したがって、文書一六四を提出すると罰金をとられることになり、この理由から文書一六四が提出されなかったことを推則できる。そして、文書一六四が提出できないので、契税章程に合わせるべく、民国二三年一二月に改めて契拠が作成されたのであろう。[40]

つぎに、日付の面では問題のない三件のうち、なぜ文書一七三民が紅契申請時に使われたのかを検討しよう。上述のごとく、三件の中で文書一七三民には黎桂英の所属図甲・戸名の表記がある。この点は、案件⑦における黎炳華の二度目の紅契申請の場合と同様である。

さて、本史料集所収の他の紅契を調べてみると、紅契の民間部分に、買主の所属図甲・戸名が表示されていないものが約半数あることに気づく。[41] つまり、紅契の発給を受けるためだけならば、買主の図甲・戸名を記載する必要のないことが判明する。[42] したがって、図甲・戸名表示のある契拠をことさらに作成して紅契申請するのは、紅契申請以外の目的があり、しかもその目的が紅契申請を媒介としないと遂行できない性質のものだからであること、これを推測できよう。

ここで、紅契発給、すなわち税契手続きの〝場〟は、紅契発給のみでなく、次の推収手続きのための指示・命令文書であるB・C両文書を発給する〝場〟でもあったことを想起したい。表七―1にあげたB・C文書と、それに関係する紅契・執照（表七―1に表示）とを対比検討すると、次のことが判明する。①B文書一〇六とC文書一〇五には図甲・戸名が記載されていないが、この二件の文書に関係する紅契の文書一九民にも図甲・戸名の表示がないこと。[43] 一方、②一〇五以外のC文書（B文書は一〇六以外にはない）には、すべて図甲・戸名が記載されており、各々に関係する紅契の民間部分にも図甲・戸名の表示があること。[44] ここから、紅契申請に用いる契拠に買主の図甲・戸名の記載が有るか無いか、これがB・C文書（およびE文書）に買主の図甲・戸名が記載されるか否かを規定する、と推測できる。

ところで、図甲・戸名表示のないB・C文書（および紅契）を庫房・編籍股に持参した場合、はたして庫房・編籍股は推収を行ったであろうか。この点については、推収に関する史料数の制約からはっきりとしたことはわからないが、推収に必要な情報は不十分であり、庫房・編籍股が推収を拒否したとしてもおかしくはない[45]。そうであるならば、推収を行うためには、紅契申請時に図甲・戸名表示のある契拠を提出し、図甲・戸名表示のあるB・C文書を獲得する必要がある、といえよう。

以上、税契手続きと推収手続きとは、県衙門内における各々の担当部署が異なっている点、税契手続きの〝場〟そのものにおいては、推収に必要な図甲・戸名の表示には無関心である点、そして税契手続きだけを行って、推収手続きをしないこともある点（たとえば、註43で指摘したように、推収担当部署宛のB文書一〇六が買主の手元に残っていることは、買主が推収を行わなかったことを示唆している）、等から考えれば、この二つの手続きの間には必ずしも有機的な連関があるわけではない。しかし、手続きの進行順序としては深く連関しており、税契手続きなしには、推収を行うために必要なB・C文書を得ることができないのである。

最後に、立戸と税契・推収との連関について考えておきたい。案件⑦において、黎炳華が立戸の許可を得た際に、県長は、彼にA文書一七八を発給し、編籍股に向けて立戸と推収とを命令する「帖」文書を発行している。つまり、この場で発行されるのは、A文書と「帖」文書のみであり、B・C文書は発行されない。ところで、立戸申請の際に彼は紅契を貼付していた。その紅契を彼が受領する時には、B・C文書も発行されており、それらには図甲・戸名が表記されていたと推測される。しかしその時点では、「戸長黎福安堂」はまだ戸として認められていないから、彼がそのB文書を用いて推収しようとしても、編籍股は推収を拒否するであろう。では、立戸許可が下りてから、その古いB文書を用いて推収を行えばよいとも思われるが、なぜか彼は再度税契手続きを行い、新たにB文書とC文書一七九を得て推収を行っている。その間の事情を推測すると、黎炳華は一度、B・C文書を持参して編籍股に出向き、そしてB文書を提出した。編籍股は黎福安堂戸が登録されていない戸であることを発見し、推収不可と判断するとともに、B文書を彼に返却せずに没収した。そこで彼は立戸申請を行い、この申請が許可されてから二度目の紅契申請を行い、B文書とC文書一七九を新たに得ることにした、となろう。

以上から、立戸と推収とを同時に行う場合、A文書と「帖」文書だけでは不十分であること、そして民田の場合には、すでに税契手続きを行い、紅契をもっていたとしても[46]、再度税契手続きを行って税契担当部署が発給する新しいB・C文書（とくにB文書）を獲得する必要があること、これを推測できる。すなわち民田の場合には、立戸・税契・推収の諸手続きの進行順序も深く連関しており、手続きの順序は次のようでなくてはならない。①立戸申請のための証明書となる紅契を得るために、税契担当部署で手続きを行って紅契（およびB・C文書）を受け取る→②紅契を添えて立戸申請の手続きを行い、県長から立戸の許可[47]を得てA文書（と「帖」文書）を受け取る→③税契担当部署で再度手続きを行い、立戸許可後の日付を有する新しいB・C文書を受け取る→④A文書（および「帖」文書[48]）と新しいB・C文書とを持参し、編籍股（あるいは庫房）で立戸と推収の手続きを行い、D・E文書を受け取る。なお官田の払い下げを受ける場合には、「廣東清佃沙捐兼官田總局」が発給する払い下げ証明書（「官田執照」）があるので、①の手続きは不要かもしれないが、実例がないので判然としない。

本章では、本史料集所収文書の一部を用い、そこから窺える清末民国期の官庁における立戸・税契・推収の諸手続きについて検討を加えた。本史料集収録の資料を、地方志、族譜、所謂地方《じかた》文書などとともに利用・分析すれば、当時の珠江デルタ社会、およびその官庁とのあいだの関係の実態に関して、大きな果実を得ることが可能であろう。(49) 筆者を含め、本史料集を用いた成果が今後多数発表されることを期待したい。

註

1　本史料集は、東京大学東洋文化研究所附属東洋学文献センターにおけるセンター叢刊の第四九・五四輯として、上冊が一九八七年に、下冊が一九八八年に刊行されている。科大衛（監修）、黄永豪（主編）、濱下武志・田仲一成（参修）等の編者が、貴重文書を利用しやすい形に編集し、かつ読者の便のために序言・附録・解題を提供している。本章で本史料集所収の文書に言及する場合は、史料集での表記と同じく漢数字を用いて〈文書四一〉等と表記するが、横書きの表では、〈41〉等と算用数字で表記する。とくに史料原文を参照する必要がある場合には、本章末尾の〈史料〉に掲載した。なお、本史料集所収の各文書に編者が仮の標題を命名しているが、命名の誤りも散見される。本章で用いた文書に命名の誤りがある場合には、その点を記しておく。

2　珠江デルタでは、明初に施行された里甲制が、同族結合を基礎とする地縁結合によって、清末民国期まで維持され、図甲制と呼ばれていた。そして、土地所有者はいずれかの図・甲・戸に所属し、戸の丁として（某県某図某甲某戸の某丁などと表記される）、税糧を納入することになっていた。註3参照。なお、清末民国期の変化については、田仲一成氏が本史料集等を用いた詳細な分析を行っている［田仲一九八八、頁五～六］。

3　文書八、一九、三〇、一〇五、一〇六に登場する「張靜軒」は、本史料集下冊の「附録Ⅰ　文件關係人物記錄」、頁〔二一六〕の註4より、遅くとも道光年間（一八二一～一八五〇）には死亡していたことがわかる。しかし文書八等では、死亡後五〇年以上を経た光緒三〇年（一九〇四）の売却側の当事者として登場している。戸名については、後述、ならびに本史料集を用いた田中一成氏の分析［田仲　一九八八、頁三～九］、参照。

4　その後二〇〇〇年には、譚棣華・冼剣民　編『廣東土地契約文書（含海南）』（広州、暨南大学出版社、二〇〇〇年）が出版されている。ただし収録されている文書には、表七―1で分類するA～E等の官方文書は少ない。

5　なお「税畝」には、土地の実測面積ではなく、課税面積を指す用法もある。本史料集所収の文書に登場する土地面積は、すべて「税畝」＝課税面積であり、実測面積ではない。

6　中国における研究には、税契と推収の二つの手続きが、いずれも土地売買に関連して、しかも州県衙門で行われることから、この二つを混同して一つの手続きと理解しているものもある（註49、参照）。かかる混同が起こるのは、土地売買に関連して州県衙門が発行・発給した文書があまり収集されておらず、衙門内における税契・推収を担当する部署がそれぞれどこで、そして各部署がいかなる文書を発行・発給しているかを具体的に考察することが不十分だからである。

7　かかる現象が存続する社会構造的な理由は、図甲制（里甲制の特殊存続形態）が、同族結合を基礎とする地縁結合によって維持されていたことである。本書第一～四章、参照。

8　この点については、筆者［片山　一九九二］、および田仲一成氏の研究［田仲　一九八八、頁三～九］、劉志偉氏の研究［劉　一九九七、頁二六一～二七五］を参照されたい。なお、土地売買が行われたからといって、必ずしも税契・推収の手続きが行われるわけではないことに留意しておきたい。

9　官田とは、無主の未墾地、または人民から没収して官有にした土地を指す。珠江デルタでは、その多くは、珠江の土沙が堆積してできた沙田である。「廣東清佃沙捐兼官田總局」は、これら沙田を丈量のうえ人民に払い下げる機関である。

10　文書三六は、「廣東清佃沙捐兼官田總局」が官田を払い下げる時に張亮采に発給した「執照」で、発給日は「光緒參拾年五月貳十九日」である。そこに「廣州府東莞縣業戸張亮采係拾都一啚八甲張祖若戸丁」とある。なお「計開」の最後の句が「該税陸拾畝正」となっているが、正しくは「該税壹頃陸拾畝正」であるべきで、「壹頃」が脱字になっている（文書三七、参照）。

11　清代における地方官（特に知県）の執務心得（「官箴《かんしん》」）の一つである、黄六鴻『福恵全書』（版本は、山根幸夫氏の解題・索引編纂付きの汲古書院、一九七三年版）巻四蒞任部（一七a～一七b）に、「帖の式」の説明があり、小畑行簡は、「下属に催取するには帖を用ふ」と訓訳している。つまり、属下に対し、遅滞している処理を速やかに行うよう督促する場合の文書形式である。なお「付」については註18、参照。

12　文書四二・四三にも「帖付庫房立戸編徵」（「編徵」は「編入徵冊」の略で、課税台帳にくり入れる意味である）とあり、また民国期の文書四四・一七八には「付編籍股立戸編徵」とある。

13　文書四四、一七八によると、民国期には「准立戸柱」という字句を用いて立戸が請願されている。「柱」は、戸と同じ意味の場合と、戸の一つ下のレベルの税糧負担単位の場合とがある。

14　この意味で、文書四一～四四の仮の標題を「承買官田執照」とするのは不適当で、後述のD文書に対応させて、「准立新收執照」とした方がよいと考える。文書一七八の標題も、「執照」、の前に「准立新收」を加える方がよいであろう。

15　文書一〇六の本文一行目の「府州府」は「廣州府」の誤りであろう。

16　一件しか収集されなかった理由については註43、参照。

17　文書一九を写真撮影したものが、本史料集の上冊に口絵③として掲載されている。

18　「付」について、『福恵全書』巻四蒞任部（一七b～一八a）に、「付子の式」の説明があり、小畑行簡は、「付子」を「いいつけ」と訓じたうえで、「交受の事件は付子を用ふ。此、房が房に付するに係はる。或は印官の付を用ふること有り」と訓訳している。「印官」とは正印官であり、この場合には県の

19 長官（知県・県長）を指す。
20 したがって、文書一〇六の標題は「東莞縣向庫房所給推收付子」とした方がよい。
21 文書一〇六が、本来、庫房に渡るべきものでありながら、買主（＝張輯善堂）の手元に残った理由については、註43を参照されたい。
22 文書一八〇の契紙番号は「朝字五十五號」である。文書一八一の契紙番号は「□字五五號」であり、不鮮明な部分があるが、どちらも文書一七三の紅契が対象としている土地購入に関係するものであり、文書一八一の契紙番号も「朝字五五號」と考えてまちがいあるまい。
23 文書一八二・一八五e（記号eについては註25参照）の〃買主收照〃では、この字句の部分が不鮮明なため確認できない。また、文書一八一・二〇六の文末には、契紙番号とは別の番号が記載されている。これは推収完了を記録するための番号であろう。
24 宣統年間刊、広州市の中山図書館蔵。なお、書名は所蔵機関による命名である。本書の第一葉には「度支科行政　巻二」と書かれてあり、宣統年間の広東省政府度支科の執筆によるものと考えられる。
25 陽山県の総書については不分明であるが、一般に、徴冊を管理し、推収や納税通知書の作成に従事することが多い。
26 文書一八五は、DとEの二種類の文書が一緒になっているので、Dの方を文書一八五d、Eの方を文書一八五eと呼んで区別しておく。また、文書一八四と文書一八五dとは、全く同一の文書と思われる。なぜ同一の文書が二件も発給されたのかは不明である。
27 東莞県の税契担当部署の具体的名称は不明である。
28 〃付庫房推收〃は光緒期の文書名であり、民国期に編籍股に向けて発給される文書名は不明である。
29 紅契も持参すると思われる。
後述するように、土地の購入は民国二三年一二月一八日より前と推測できるが、具体的月日は未詳である。

30 ここにいう「戸籍」とは、税糧納入の機能を有する「戸」＝納糧戸を指す。

31 「附居」と「權借」の意味については、次のように推測される。すなわち、「附居」とは、現住地において黎姓がまだ納糧戸を設けておらず、現住地が本貫地になっていないこと（すなわち「寄籍」の状態）を指す。その場合、土地を購入して税糧を納入する方途としては、①土着の宗族が有する既存の納糧戸（この場合、第五都第十一図第九甲の総戸や子戸）を通じて納入する、②みずから納糧戸を立て（現住地を本貫地に替え）て納入する、以上の二つがある。図甲を「權借」するとは、納糧戸をもたない黎姓が、第五都第十一図第九甲の総戸等となんらかの関係（上記の①など）をもっていたので、正式に立戸を申請して許可される前に、当該図甲に納糧戸を有しているかのようにふるまったことを指すと。

32 推収担当部署から推収を拒否されたと推測される。

33 文書四一～四四の場合、立戸を申請する際に、公的証明書として「官田執照」を提出している。文書一七八は、民田の購入にもとづく立戸申請のケースであるので、当然ながら「官田執照」はもっていない。「官田執照」に代わる公的証明書として、税契手続きを終えた紅契が提出されたと推測される。

34 「規定に照らし、契を持参せよ」といっているが、この「契」は紅契を指す。「規定に照らし」は「遵照」を訳したものだが、推収に関する規定は未見である。

35 なお、黎福安堂戸が正式に徴冊上に記載・設立されたのは、文書一八一から、民国二四年二月であったことが判明する。

36 紅契全体のうち、売買の当事者側が記載する部分を、本章では〈紅契の民間部分〉と呼び、断売契紙など官側の記載に係る部分を〈紅契の官側部分〉と呼ぶことにする。そしてたとえば、文書一七四紅契の民間部分を文書一七四民と、官側部分を文書一七四官と略すことにする。

37 つまり、文書一七八が発給される民国二三年一二月一八日より前に土地売買がなされ、別の契拠が作成され、別の紅契が発給されていたのである。

38　なお、文書一八〇の標題中の「業戸黎炳華」は「業戸黎桂英」の誤りであろう。黎桂英の場合、黎炳華の立戸申請により、黎福安堂戸の設立許可が出されたのちに、税契・推収の手続きを行っている。

39　処罰・罰款についての具体的内容は、ここには記載されていない。他の紅契の断売契紙にも、その当時の契税章呈が掲載されている。なお文書二六四は、民国二〇年七月発給にかかる、期限後に本人がみずから申し出て税契した時の罰金の領収書である。

40　つまり、実際の売買は民国二〇年一二月（あるいはそれより前）に行われた、と推測できる。黎桂英はこの時点ですでに黎福安堂戸を用いていたが、先に述べたごとく、この戸はこの時点では官からまだ正式に承認されていない。なお、民国二〇年一二月の契拠作成から民国二四年の紅契発給までのあいだに、黎炳華のように、すでに一度紅契の発給を受けているかどうかは不明である。また、三年間も立戸・推収を行わなかった理由については、これだけの資料では判然としない。なお、民国二〇年一二月から民国二四年二月の推収完了までのあいだは、税糧を売主の戸、すなわち黄亜敬戸を通じて納入していた、と考えられる。

41　本史料集の「甲章　東莞張氏文書」には、「斷賣紅契」が文書一九～二九（「新契紙」に交換された、文書三〇～三二の三件を除く）と、計一一件が収録されている。そのうち、文書一九、二〇、二二、二三、二四、二九の六件、つまり約半数に買主の所属図甲・戸名が表示されていない。

42　断売契紙の官側部分には、売主側の図甲・戸名を記入する箇所はあっても、買主側の図甲・戸名を記入する箇所がないことは、この点を象徴的に示している。つまり、紅契の民間部分に買主側の図甲・戸名が記載されていなければ、紅契全体として、買主の図甲・戸名を表示する箇所はない。この点は、税契手続きが買主の所属図甲・戸名に関して、究極的には推収について無関心であることを示している。

43　文書一〇六〝付庫房推收〟は、本来は推収担当部署である庫房が受け取るものであり、買主の手元には残らないものである。それが他の文書とともに買主に保管されていたのは、①〝付庫房推收〟は直接庫房に渡されるのではなく、買主を媒介として渡されることになっている、②しかし買主が推収に赴かなかったので、そのまま買主の手元に残った、以上を示唆する。推収しなかった理由が、推収をする意思が元々なかったためか、図甲・戸名表示のあるB・C文書の発給を新たに受けるのが煩瑣だったためか、その理由は確定しがたい。

44　表七―1の案件⑥に整理した五件の文書には、買主＝業戸の姓名に、黎炳華（文書一六九・一七〇・一七五）、黎炳義（文書一七七）、黎炳蕭（文書一八二）と若干の相違があり、購入金額に六〇元と一二五元の違いがある。しかし、所属の図甲・戸名、土名、税の科則、契紙番号等で共通性がある。「炳義」「炳蕭」は「炳華」を誤写した可能性もあり、同一の土地に対する、同一の人物あるいはその血縁者に係る文書と考え、案件⑥にまとめた。

45　田仲一成氏は本史料集所収の文書を検討して、清末から民国期にかけて、戸と丁の表示に混乱が起きていることを指摘している［田仲　一九八八、頁五～六］。ここで興味深いことは、紅契の官側部分や官田執照への記入については上記の混乱が多くみられる（つまり県衙門の税契担当部署や「廣東清佃沙捐兼官田總局」は戸と丁の区別についての関心がうすい）が、少なくとも本史料集所収のB・C・D・E文書への記入に関しては、上記混乱がないことである。ここから、戸と丁の区別に対し、推収手続きがいかに厳密であるかを窺うことができよう。

46　黎炳華の場合、以前に紅契の発給を受けている。そして文書一七八に次のようにある。「伊因附居五都十一啚九甲、是以權借該啚甲以黎福安堂書契受業」。すなわち、「該啚甲」（第五都第一一図第九甲）を權借し、黎福安堂の名前を契約書に書いて購入したとのことであるので、紅契の民間部分に、黎炳華という買主の名前以外に、「五都十一啚九甲」「黎福安堂」の情報が記載されていると推測できる。したがって、その時に受け取ったB・C文書にも図甲・戸名の表示があったはずである。それにもかかわらず再度紅契の発給を申請し、新しいB・C文書を獲得しなくてはならなかった。これは、用いた戸＝黎福安堂戸がまだ徴冊に記載されていない戸であったため、一度目のB・C文書による推収が、編籍股によって拒否され、B文書を没収されたからであろう。そこで黎炳華は県に立戸を要請することになった、と考えられる。

47　五件のA文書をみると、いずれの場合も、立戸の申請者は立戸の当為を示すために、すでに保有している「官田執照」、あるいは紅契をあげている。これから判断するならば、民田の場合、立戸申請する以前に、すでに一度税契等の手続きを行っていなくてはならぬことになる。つまり、民田の買主の場合には、推収完了までに二度税契手続きをしなくてはならないのである。

48　県長が庫房・編籍股に向けて発行する「帖」は、県長から直接に庫房・編籍股へ渡されるのか、それとも立戸申請者を媒介として渡されるのか、この点を判断できる文書は管見ではない。〃付庫房推收〃が買主を媒介として庫房・編籍股に渡されることからすれば、立戸申請者を媒介とする可能性はあろう。

49　本章の元になった論文は一九九一年に執筆したものである。その後、清末民国期広東省の契拠類を研究したものとして、譚棣華氏の研究［譚　一九九三］と李龍潜氏の研究［李　二〇〇二］があり、裨益を受けたが、疑問とすべき点もあるので、以下に記しておきたい。なお、各氏について言及する文献は、それぞれ譚　一九九三、ないしは李　二〇〇二であるので、引用・参照箇所については頁数のみ記し、筆者名と発表年次を略すことを断っておきたい。

　譚棣華氏は、図甲制の解明と関連させて、清代に官衙に対して推収の手続きが行われていたか否かに着目している研究者である。そして土地売買に関連して、州県衙門で行われる手続きについて、「田地買賣雙方，在「銀契兩相交訖」之後，並不意味著事情的完結，還要「過戸辦納糧差」，取得封建政府的認可」［頁一一二。標点は原文のまま。以下、同じ］と説明している。すなわち、土地の売買契約が成立し、買主と売主とのあいだで購入代金と売契（この売契は、購入代金と交換した直後の、契税をまだ納めていない段階のものであるので、紅契ではなく白契である）との交換が行われたあと、「封建政府の認可を得る」ために行うべき手続きとして、「過戸」（推収）とその後の税糧納入（＝「辦納糧差」）とをあげるが、紅契に転換させるための税契手続きを独立した手続きとしてあげていない。なお、「封建政府の認可」とは具体的になにを指しているのか、これについてはつぎで検討しよう。

譚氏はまた、「而不辦理過割手續，没有取得封建政府承認的紅契，這種交易是得不到所有權保證的，…」（「過割（＝推収）の手続きを行わず、封建政府が承認した証しである紅契を取得していないと、かかる取引は〔封建政府による〕所有権の保証を得られないものであり、…」）〔頁一一三〕とも述べている。まず、前段で問題にした「封建政府の認可」とは、具体的には紅契を指していることが判明する。そして、〈推収手続きを行うことで、紅契を取得する〉、換言すれば、〈紅契を取得するために推収手続きを行う〉と理解していることが推察される。すなわち、推収手続きという一つの手続きのなかに、推収だけでなく、契税の納入とそれによる紅契の取得も含まれていると理解しているわけである。以上は、税契手続きと推収手続きとが必ずしも明確に区別されていないことを反映していよう。

なお譚氏は、同治三年（一八六四）に東莞県の何兆恩が得た「執照」を紹介している〔頁一一三〕ことを付言しておきたい。この文書は、譚棣華・冼劍民　編『廣東土地契約文書（含海南）』（広州、暨南大学出版社、二〇〇〇年）の頁二三六にも「東莞縣署給何兆恩立戸照照《ママ》」として掲載されている。この執照は内容面から、本章でいうA文書に類別できるものである。

李龍潛氏は、土地売買に関連して官庁で行われる手続きについて、①「民間土地買賣，凡是向官府辦理了登記、過割納税手續，並由官府在契約上加蓋官印發給證明文書，才算合法。這類契約，稱爲紅契。否則，稱爲白契」〔頁四五四〕と述べる。和訳すれば、「民間での土地売買は、〔当事者が〕官府に対して登記・過割（＝推収）・納税（契税の納入――引用者）の手続きを行い、そして官府が契約書の上に官印を捺し、証明文書を発給することで、はじめて合法的な売買と呼ぶことができる。〔官印が捺された」このような契約書が紅契であり、そうでないものが白契である」となる。また、②「清政府重視土地買賣辦理投契納税手續，目的不僅是爲了徵收契税，更重要的是爲了登記產權同時辦理推收過切《ママ》手續，保證田賦的徵收」［頁四六〇］とも述べる。和訳すれば、「清政府は土地売買における税契手続き（「投契納税手續」）を重視した。その目的は、契税を徴収するだけでなく、さらに重要な目的として、産権を登記すると同時に過戸推収手続きを行って、田賦の徴収を保証するためであった」となる。

官府での手続きが、そもそも何回あり、どの部署が担当するのかが説明されていないので不明瞭な点があるが、上の二つの叙述から推察すると、一回と理解しているようである。すなわち、「投契納税手續」（②）において、〈契税の徴収、産権の登記、過戸推収〉（②）のすべてが行われ、契約書に官印が捺され（①）、別に証明文書が発給される（①）と理解している。かかる理解は、本章で各種官方文書を検討してきた結果とは異なる。そして、李龍潛氏が四種類の官方文書を対象に行っている考察についても、疑問とせざるをえない点が多数ある。紙幅の都合もあり、ここですべての疑問をあげることはできないので、李氏が証明文書として紹介している二種類にかぎって検討しておきたい。

推収の完了を証明する官方文書として、頁四六二において、図1として光緒二九年（一九〇三）新会県発行、大字横書文書名「賣主《ママ》推照」（ただし実物ではなく、転写したもの）を紹介し、頁四六一～四六二で説明を加えている。

第一に、図1では、この文書は「賣主推照」と、「賣主」宛の文書になっているが、頁四六一の説明では「是新會縣正堂發給新業主的承糧執照」（これは新会県正堂（＝新会県知県）が新業主（＝買主）に発給した、〔新業主が〕税糧を負担することを認めた証明書）としている。説明のほうが正しいとすれば、図1には文書名の「賣主推照」を含めて、「賣主」が二箇所登場するが、これらを「買主」に代えなくてはならない。ただし「買主」に代えたほうが意味は通る。そうすると、この「賣主《ママ》推照」は本章のE文書「買主收照」に相当するものになる。ただし、図1の文書における本文冒頭の題名は「爲徵収税契事」となっている。本章での検討から窺えるように、題名には今後に行うべき処理が書かれる（B・C文書では、「推収」と「税畝」の連続する複数の処理が書かれている）。図1の文書名が正しくは「買主推照」であり、推収完了の証明書と考えた場合、「税契」手続きは推収の前に完了しているはずである。したがって、題名に「税契」の語が出てくるのは不自然である。また「徴収」とはなにを徴収するのか、等の疑問が生じてくる。以上、図1については、原史料の転写が正確であるかについて不安を覚える。

同じく頁四六二で、図2として、同治年間（一八六二〜一八七四）の開平県発行、大字横書文書名「納戸執照」を紹介している。「執照」であるから、転写が正しければ、なにかの証明書であることはまちがいない。李氏は、税契、推収（および納糧？）の複数の手続き完了を証明するものと解している［頁四六二］。

しかし本章での検討によれば、手続きごとに担当部署が異なるので、各担当部署が発行する「執照」は、当該部署が専管する一種類の手続きの完了を証明するものになる。つまり、税契、推収（および納糧）という複数の手続き完了を、一件の文書で同時に証明するものは管見ではない。そのため李氏の解釈に同意するのは困難である。

また、この「納戸執照」における本文冒頭の題名は「爲税割事」となっている。前述したように、題名には今後に行うべき処理が書かれる（複数の処理の場合もある）。「割」が過割ならば、過割は完了していないことになる。また「税」が税契ならば、税契も完了していないことになる。図2の文書内容を読むと、本文書の受領後に、税契、推収（＝過割）、そして納糧の手続きをせよと指示・命令していると解してもおかしくない。とくに本文書の末尾には「如無此票自是詭飛」（この票＝執照を提示しない場合には、それは「詭寄・飛`灑」の行為とみなす）とある。これは、推収手続きを行う時に、「詭寄・飛灑」ではない証拠として、この文書を提示せよと指示していると解釈できる。したがって、この文書は推収の完了を証明しておらず、これから推収が予定されていると理解される。以上、本文書の性格については明確な結論を出すことはできないが、手続きごとに担当部署が異なる可能性、また題名の意味にも注意して再検討する必要があると思われる。

なお、同治年間（一八六二～一八七四）に、広東省の官府は推収手続きを簡略化して、図1の「賣主《（ママ）》推照」の発給を停止した。そして図2で紹介した「納戸執照」のなかで過戸推収手続きが完了したことを記入するようにした［頁四六一］、と李氏は述べる。しかし、図1の「賣主《（ママ）》推照」は光緒二九年（一九〇三）発行であり、同治年間よりも後代である。したがって、同治年間に発給停止になったはずの「賣主《（ママ）》推照」が、なぜ新会県では光緒二九年に使用されているのか。これも疑問とせざるをえない。ほかに、図1の、「台給票付與賣主《（ママ）》」の「台」の字は誤植で、正しくは「合」である。「契尾」についての議論［頁四五五～四五六］にも、買主と売主を逆にした解釈がある。また、頁四六二に掲載した図1と図2のあいだに、縦書きで「升字第五號」の五字がある。これはなにかの処理を終えて官側が付けた番号であろうが、図1に関係するのか、図2に関係するのか不明である。

以上、稀見史料を紹介しているものの、転写に不安を覚えざるをえず、また行論にも疑問を抱かざるをえず、惜しまれる。

参考文献

片山剛　一九九二「清末珠江三角洲地区図甲表与宗族組織的改組」（中国語）。葉顕恩　主編『清代区域社会経済研究』（上）北京、中華書局

田仲一成　一九八八「解題一」。科大衛　監修、黄永豪　主編、濱下武志・田仲一成　参修『許舒博士所輯　廣東宗族契據彙録』（下）、東京大学東洋文化研究所附属東洋学文献センター（東洋学文献センター叢刊　第五四輯）

譚棣華　一九九三「從廣州愛育堂契約文書看清代珠江三角洲的土地關係」。譚棣華『廣東歷史問題論文集』台北縣、稲禾出版社
李龍潛　二〇〇二「清代廣東土地契約文書中的幾個問題」。李龍潛『明清經濟探微初編』台北縣、稲鄉出版社
劉志偉　一九九七『在国家与社会之間—明清広東里甲賦役制度研究』広州、中山大学出版社。とくに第五章

史料　『許舒博士所輯　廣東宗族契據彙録』(〈文書四一〉等は本史料集における文書番号を示す)

文書四一（史料七—1）　東莞縣署向張亮采所給承買官田執照*　光緒三十年六月（G08）

欽加三品銜、在任候補府、署理東莞縣事、補直隷州正堂、加十級、紀錄十次沈　爲給照事。現據業戸張亮采稟稱、「伊承買土名萬頃沙西側官田、該税一頃六十畝正、以十都一啚八甲張祖若戸、稟請清佃沙捐兼官田總局、憲塡給局照收執管業在案。但徵册原無戸名、無從輸納糧務。理合稟乞、准伊在於十都一啚八甲新立張祖若一戸、以符執照、並飭房編入徵册、俾得照税輸粮」等情、到縣據此。除帖付庫房立戸編徵外、合給執照。爲此照給該業戸張亮采收執、即便遵照輸粮。遞年應納錢粮、務須年清年款、毋得延欠、致干差催。切切須照。

右照給業戸張亮采收執。

光緒三十年六月　　日、戸右房承　　縣　　遵照。

官印

＊　文書四一は「承買官田執照」と命名されているが、「准立新收執照」が適当であろう。

概要　この文書に書かれている内容を時系列的に整理すると、①張亮采は「十都一啚八甲張祖若戸」の戸名を用いて、広東清佃沙捐兼官田総局に対して一頃六〇畝の官田を「承買」(払い下げで購入)することを申請した。②総局はその申請を認めて払い下げを行い、その証明として執照(「局照」)を張に発給した。③しかし徴冊上に「張祖若戸」は登録されていないので、税糧負担を「張祖若戸」にくり入れ、該戸を通じて税糧を納入することができない。④そこで張は東莞県に対して、総局発給の執照と一致させるために、徴冊上の「十都一啚八

甲」に「張祖若戸」を新たに立戸すること、ならびに庫房に対して、徴冊上に「張祖若戸」を立て、購入した土地の税糧負担を該戸にくり入れる命令を出してもらうことを申請した。⑤東莞県はその立戸・推収の申請を認め、「帖」文書で庫房に命令を下すとともに、張には立戸・推収を認めた執照を発給した、となる。本文書自体は、⑤の立戸・推収申請を認めた執照であり、②の官田払い下げ（「承買官田」）を認めた執照ではない。なお、②の総局発給の執照は、文書三六として本史料集に収録されており、そこに「拾都一啚八甲張祖若戸」が確かに登場している。

その他　東莞県への立戸申請に当たり、張亮釆は官田の購入および購入の際に「十都一啚八甲張祖若戸」を用いたことを、総局発行の執照によって証明している点に注意したい。そして本文書中に、「以て執照に符せしむ」（広東清佃沙捐兼官田総局発行の「承買官田執照」の内容と合致させる）とあるので、公的証明書としてこの「執照」を添えて申請したと推測される。なお文書四四は、文書四一と同じく東莞県（県長）が発給した立戸許可の執照である（発行日は民国一〇年一一月二九日）。この場合の立戸申請も官田の払い下げに関連するものである。そこに立戸申請者の言として、「但徵冊原無戸名、無從輸納。理合粘繳執照、叩乞准立戸柱、俾得照税完糧」と引用されている。すなわち、この立戸申請の場合には「承買官田執照」（および民国期の新照）を添えて申請していることが明白である。

文書一〇五（史料七—2）　東莞縣向張輯善堂所給推收税畝知照　光緒三十年八月（G36・a）

業戸知照（業以下四字大字横書）

廣州府東莞縣爲推收税畝事。據　都　圖　甲

戸長　丁張輯善堂買受　都　圖　甲

戸長　丁張靜軒等

土名　長沙、税

價銀壹百伍拾兩　錢。

光緒三十年八月　　日、宙字第四號。

概要　広州府東莞県から新業戸（＝買主）の張輯善堂への通知書である。通知内容は「推收税畝」（推収し、そして税糧を納入せよ）である。受け取った〔税契申請の内容は、〕某都某図某甲の戸長某の丁である張輯善堂は、某都某図某甲の戸長某の丁である張静軒等から、土名が長沙で、税額某の〔土地を〕、売買価格銀一五〇両某銭で購入した、である。光緒三〇年八月に〔税契手続きを完了し、その番号は〕宙字第四号。

文書一〇六（史料七―3）　東莞縣庫房向張輯善堂所給推收税畝收據*　光緒三十年八月（G36・b）

付庫房推收（付以下五字大字横書）

府《(ママ)》州府東莞縣爲推收税畝事。據　都　圖　甲

戸長　丁張輯善堂買受　都　圖　甲

戸長　　丁張静軒等

土名　長沙、税　股份五份、

價銀壹百伍拾兩　　錢。

光緒三十年八月　　日、宙字第四號。

＊　本文書は、文書一〇五と同じく、差出人は東莞県の県長ないしは税契担当部署であり、宛先が庫房である。つまり、差出人を庫房とし、宛先を張輯善堂とする文書名の付け方は誤りである。また、その内容も、これから処理すべきこととして、「推收」を命令ないし指示したものであり、「推收税畝」処理済みの「收據」（領収書）ではない（註19、参照）。

概要　文書一〇五とほぼ同じ内容であるが、広州府東莞県から県衙門内の庫房への指示・命令書である。「課税対象が五株分〔の土地〕」という箇所のみ追加情報がある。

文書一七八（史料七―4）　黎炳華由梁包遠等買受田畝以後、東莞縣長向黎炳華所給執照　民國二十三年十二月（B09）

東莞縣縣長鄧　爲給照事。現據事戸《(ママ)》*黎炳華稟稱、「伊向無戸籍。茲買受十三都七啚五甲戸長梁永興丁包遠・亞女、土名赤沙洲、上税肆畝伍分。伊因附居五都十一啚九甲、是以權借該啚甲以黎福安堂書契受業。但征册原無戸

名、無從推割。理合粘繳契單、叩乞准立戸柱、俾得照税推割完糧」事情《ママ》*前來。除帖付編籍股立戸編征外、合給執照。爲此照給該業戸黎炳華收執、即便遵照、持契赴編籍股、推割歸戸。遞年應納錢糧、務須年清年款。毋稍延缺、致干差催。切切須照。

右照給業戸黎炳華收執。

民國二十三年十二月十八日　縣　遵照。

＊「事戸」は誤りで正しくは「業戸」であろう。「事情」は誤りで正しくは「等情」であろう。

概要　この文書に書かれている内容を時系列的に整理すると、①黎炳華は「十三都七啚五甲」の梁永興戸の丁である梁包遠・亜女から、上則民税四・五畝の民田を購入した。②黎には元来「戸籍」（納糧戸）がなかった。しかし黎炳華は自身の所有する土地の税糧を、「五都十一啚九甲」の既存の納糧戸を通じて納入していた（傍線部が「附居」の意味である）が、今回の土地購入では既存の納糧戸を用いないことにした。そして、これから立戸する黎福安堂戸の所属先として、「五都十一啚九甲」を便宜的に用い（「權借」）、これらの図甲・戸名を購入後の納糧戸として売買契約書に記載してもらった。③だが実際には、その戸名は徴冊上には登録されていないので、税糧負担を梁永興戸から黎福安堂戸に移し（「推割」）、該戸を通じて税糧を納入することができない。④そこで黎は東莞県に対して、「契單」を貼り付けて申請し、徴冊上の「五都十一啚九甲」に「黎福安堂戸」を新たに立戸し、購入した土地の税糧負担を該戸に移すことを命令してもらうことを申請した。⑤東莞県はその立戸・推収の申請を認め、「帖」文書で編籍股に命令を下すとともに、黎には立戸・推収を認めた執照（本文書）を発給した、となる。

その他　文書四一における張亮采の立戸申請は、官田の払い下げに関連して行われたものであった。そのため張は、立戸申請の際に、広東清佃沙捐兼官田総局が発給した「承買官田執照」を公的証明書として添えて申請したと推測される。他方、文書一七八の場合は、民間における民田の売買であったので、土地の購入やどの図甲の納糧戸を通じて納糧するか、これらを公的に証明するものとしては、税契を行って紅契を入手する必要があったと推測される。したがって文書一七八の「契單」は白契ではなく、紅契と推測される。

文書一八〇（史料七―5） 黎桂英由黄樂善堂買受田畝以後、東莞縣署向業戸黎炳華*所給推收税畝知照　民國二十四年二月（B21・b）

業戸知照（業以下四字大字横書）
廣州府東莞縣爲推收税畝事。據五都十一啚九甲
戸長黎福安堂丁桂英、買受□*都四啚五甲
戸長黄亞敬丁明樂堂
土名眠床涡、上税參畝正、
價銀玖拾元正。
民國二十四年二月　日、朝字五十五號。

＊「黎炳華」は誤りで、正しくは「黎桂英」である。「□都」の欠字は、文書一八一にもとづき「十二都」となる。

概要　広州府東莞県から新業戸（＝買主）の黎桂英への通知書である。通知内容は「推收税畝」（推収し、そして税糧を納入せよ）である。受け取った〔税契申請の内容は、〕第五都第一一図第九甲の戸長黎福安堂の丁である黎桂英は、第一二都第四図第五甲の戸長黄亜敬の丁である黄明楽堂から、土名が眠床涡で、上税三畝〔の土地を〕、売買価格銀九〇元で購入した、である。〔税契手続きを完了し、その番号は〕朝字五五号。

文書一八一（史料七―6） 黎桂英由黄樂善堂買受田畝以後、東莞縣長向買主黎桂英所給税畝執照*　民國二十四年二月（B22・a）

買主收照（買以下四字大字横書）
東莞縣縣長爲税畝事。據五都十一啚九甲
戸長黎福安堂丁桂英、買受十二都四啚五甲
戸長黄亞敬丁明樂堂

土名眠床涡、上則民税叁畝正、
價銀玖拾元正。　契税、□＊字五十五號。照税科則、編造
民國貳肆年分糧册、合給執照爲據。須至執照者。
民國貳肆年二月　日給、強字二千八百一八號。

＊「税畝執照」ではなく「推收執照」と命名するべきである（本文、参照）。「□字五十五號」の欠字は、文書一八〇にもとづき「朝」の字となる。

概要　広州府東莞県から新業戸（＝買主）の黎桂英への推収完了の証明書（「收照」）であるとともに、次の手続きとして「税糧を納入せよ」（「税畝」）と指示・命令したものである。六行目の税契手続きの完了番号「朝字五十五號」までは文書一八〇とほぼ同じ。そのあとは、税の科則（上則民税三畝ちょうど）に照らして、民国二四年の「糧册」（税糧の課税台帳）にくり入れたので、その証拠として本執照を発給する。民国二四年二月に推収手続きを完了し、強字二八一八号の執照を発給する、となる。

文書一八四（史料七―7）　黎炳華由梁包遠等買受田畝以後、東莞縣署所立新收税畝記册　民國二十四年□月〔B23〕

本年奉貼（ママ）＊准立新收
上民四畝五分、土名赤沙洲、丁（ママ）＊炳華買受十三都七啚五甲戸長梁永貴丁包遠、五都十一啚九甲黎福安堂。
中 華 民 國 廿四年、□　四□五□、……

＊「貼」は誤読か誤植で、正しくは「帖」であろう。「丁炳華」の「丁」は誤読か誤植で、正しくは「黎」であろう。

概要　東莞県の推収部署から新業戸（＝買主）の黎炳華への立戸・推収の完了を通知する文書である。本年（民国二四年）、〔県長からの〕立戸・推収を許可する「帖」文書を謹んで受領した。上則民税四・五畝、土名は赤沙州〔の土地について〕、黎炳華が第一三都第七図第五甲の戸長梁永貴の丁である梁包遠から購入したので、〔その土地の税糧負担を〕第五都第一一図第九甲に黎福安堂戸〔を立ててくり入れた〕、となる。

文書一八五（史料七―8）　黎炳華由梁包遠等買受田畝以後、東莞縣署所立新收税畝記册及縣長向買主所給執照

民國二十四年□月〔B24〕

本年奉帖准立新收

上□上名《（ママ）》＊赤沙洲。丁《（ママ）》＊炳華買受十三都七啚五甲戸□梁永貴丁包遠。五都十一啚九甲黎福安堂。

中 華 民 國 廿四年、□□□四□五□、・・・

買主收照〔買以下四字横書〕

東莞縣縣長　□□

戸長黎福安堂　□□

戸長梁永興　□□

上名《（ママ）》＊赤沙洲　□□

價銀壹佰陸拾元　□□

民國□□年分糧□□

弎肆

民國□□　□□

＊　二箇所の「上名」の「上」は誤読か誤植で、正しくは「土名」であろう。「丁」は「黎」であろう。

概要　破損箇所が多いためか、文字が起こされていない箇所が多い。「帖」文書にもとづいて処理された立戸・推収の完了を通知するD文書と、B文書にもとづいて処理された推収の完了を通知するE文書とが一緒になっている文書である。内容については文書一八四（史料七—7）、参照。

終章　結論と展望

第一節　結論

以上、第一～七章で、珠江デルタの図甲制（＝里甲制）について、①それが清末民国期まで存続していた事実、②明清時代の里甲制における「戸」は、一九七〇年代までの学界において、暗黙のうちに生活単位としての個別家族（世帯）を指すと理解されていたが、里長戸に相当する「総戸」が、多数の個別家族を包含するもの（日本古代史における「郷戸《ごうこ》」に類似）であり、かつその「戸名」については、数百年間にわたって変わらないものがあること、③加えて、一つの甲が一個の同族を中心に構成され、同族組織が一個の甲の管理運営を担っていたこと、④一〇個の甲から成る一個の図（＝里）は、かかる複数の同族組織が結びついた協同組織体であること等々、中国明清史研究における一九七〇年代までの通説とは異なる諸事実を掘り起こすとともに、新たな研究視角を提示したと思料する。

序論で課題としてとりあげた、岩井茂樹氏が命名した〈公課負担団体〉としての里甲組織が里甲経営に必要な付随的経費を吸収する仕組みについては、第三・五・六章、とくに第六章において、珠江デルタではかかる仕組みが図レベルで作られ、〈公課負担団体〉としての図の協同性が維持・存続される事例を具体的に紹介した。また、一個の同族を中心に構成される各甲では、各同族組織が族産を設置していることが多く、甲レベルではこの族産から得られる収入が、甲としての協同性、そして甲として負うべき責任を保持するうえで重要であったのではないかと推測した。

加えて、第六章の順徳県龍江堡における原設の「四図」を母体とする「四図箱」や、同じく「四図」と第三十八図とから成る「五図」の「五図箱」の事例から、複数の図によって構成される協同組織も形成され、資産が蓄積されて、地域社会の諸課題に対処していく様相も示すことができた。

また、龍江堡の「四図箱」や「五図箱」など、図を超えた協同組織については、その連合している範囲において売買等による土地所有者の移動等の情報が共有され、移動にもとづく各甲の税糧負担額の変動を内部的に精算・調整できる組織としても理解できる可能性、すなわち、官に対してあえて「過割」を行わなくとも、協同している範囲内において、内部的に精算・調整できる仕組みが形成されている可能性を考えた。かかる図を超えた組織体の存在が、珠江デルタ図甲制における〝過戸推収せず〟〝戸名不変〟の現象を可能にした具体的装置であったと推測される。

なお珠江デルタにおけるこのような協同組織としては、いまのところ龍山堡（龍山郷）については原設の「四図」、龍江堡（龍江郷）については「四図」「五図」、仏山堡（仏山郷）については「八図」と、堡レベルに達しているものを確認できる。そして注意したいのは、これらの三つの堡がいずれも「郷《きょう》」と自称している点である。

ここで想起したいのは、第二章で紹介した、平地堡の黄氏における族人の図甲帰属のあり方である。黄氏の族人のうち、学正郷を本貫とする者は、その子戸を学正郷黄氏の総戸のもとに設けていた。しかし麦辺郷を本貫とする黄氏の族人は、麦辺郷を本貫とする麦姓の総戸のもとに子戸を設けていた。学正郷の黄氏と麦辺郷の黄氏は、堡レベルの本貫は同じく平地堡であり、また〝一族〟でありながら、郷レベルの本貫が異なることにもとづいて、子戸を帰属させる総戸（＝甲）が異なっているわけである。これは、ある甲が管下に置いている人と土地について、該甲の総戸が本貫としている郷と同じ郷の人と土地ならば、その総戸が土地の移転等を把握し且つ税糧を新所有者から徴収できるが、郷を超えた人・土地の場合にはそれが困難になることを示唆している。換言すれば、麦辺郷の麦姓の総戸は、族人ではなくとも、麦辺郷に住む黄氏の子戸（が有する土地）を把握して税糧を徴収することが比較的容易であるが、学正郷の黄氏の総戸が麦辺郷の黄氏の子戸（が有する土地）を把握して税糧を徴収するのは容易ではないことを示唆している。

一方で、仏山堡や龍山堡・龍江堡が、その行政体系上の位置は堡であるにもかかわらず、敢えて「郷」と自称しているのは、次の理由によると思われる。すなわち、第一に、原設の図を中心として複数の図から成る協同組織体が形成され、堡域内における土地の移転に関する情報が共有され、税糧負担に関する調整・精算が堡レベルで可能となっているからであり、第二に、民間の側が用いる「郷」の概念は、たんなるサイズの大小（人口数の多寡や郷域の大小）を基準とするものではなく、人や土地の情報を相互に共有したうえで協同することが可能な、すぐれて社会的な範囲を指しているからであると。

この図甲制研究によって示された、官に対する過戸推収が行われなくとも、土地の移転が確実に捕捉・把握されて税糧を徴収できるシステムの実在は、従来の里甲制研究では議論されなかった次の疑問に対する解答に示唆を与える。すなわち、課税台帳たる賦役黄冊は一〇年に一度しか作成されないにもかかわらず、その一〇年間における時々刻々の土地の移転は正確に把握され、そしてその時点の土地所有者から確実に税糧を徴収できるのか、この点について明朝はどのような想定を考えていたのかという疑問である。図甲制の分析によって、この制度史上の疑問に対し、龍江堡の「四図」あるいは「五図」のような、複数の里が協同した組織体が民間に作られ、それらの間で土地の移転に関する情報が共有されて、各甲が負担する税糧額が調整・精算されれば十分に可能であるといえよう。[1]

さて第二章では、〃戸名不変〃〃過戸推収せず〃という、官の媒介・保証を経ない土地所有権の移動が広範に行われている状況下では、現実の土地所有者にとって、その土地所有権を日常的かつ直接的に承認・保証するものは同族組織ないしその連合体ではないか、との仮説を提示した。

ところで近世日本では、田畑永代売買の禁令はあったが、一時的な〈質入れ〉の形態で、さらに公然と〈売買〉の形態で耕地所持者（＝年貢負担者）の移動が広く行われた。そして近年の研究によれば、これらの売買や質入れ等の土地契約の有効性・適法性を公証する役割を担ったのは、名主等の村役人であり、彼らはまた土地移動の結果を検地帳や手元の帳簿に逐一記録していた。領主の手元にある検地帳の場合、土地移動の結果がその都度記録されるわけではないのに対して、村役人が現実の土地所持と土地移動の結果を正確に把握していた［渡辺二〇〇二、頁二四七～二四九］という。土地を所持している農民にとって、その所持を最終的に保証するのは領主であろう。しかし農民にとって、その土地所持を身近でかつ日常的に保証しているのは、村内の土地取引を公証し、かつ取引結果をその都度記録している村（村役人）であると理解できよう。これは、公権力、ならびに日本の村や珠江デルタの図甲（同族組織）という中間組織の性格について、共通性という観点から再考していくことの必要性を示唆していよう。

以上、従来の明清社会経済史研究は江南デルタに偏重した研究が多かったが、本書で明らかにした珠江デルタに関する知見からすれば、江南デルタや珠江デルタ以外の中国の他地域をも対象とする、〈多様な中国社会〉の可能性を切り開くために、また〃散砂のごとき〃イメージを検証するためにも、地域社会史研究を進めていく必要があろう。

第二節　展望

さて、広東省地域は、現在のハノイを中心とするベトナム北部地域とともに、紀元前二世紀の漢の武帝による征服から一〇世紀の唐王朝崩壊まで、一貫して中華王朝の統治下にあった。そして一〇世紀に、ベトナム北部は中華王朝の統治下から独立していく。一方で珠江デルタを中心とする広東省地域でも南漢国が建ち、独立をめざしたが、結果的には北宋によって併合・統一された。ただしそれ以降も、当該地域の住民は中華王朝の統治から離脱せんとする動きを続けていく。彼らが中華王朝という政治・文化的世界への参入を主体的に選択したのはかなり遅く、明代の一五～一六世紀であった。

明朝の地方統治制度である里甲制は、序章で述べたように江南デルタでは清代の一八世紀初には解体する。他方、珠江デルタ地域では、図甲制（＝里甲制）が清末民国期まで存続した。上述した、珠江デルタ地域の住民が中華王朝へ主体的に参入した時期が遅かったこと、とりわけ明代であったことは、彼らと明朝、そしてこれに続く清朝との関係のあり方にどのような影響を与えたであろうか。筆者は、彼らに深い歴史的刻印を捺したのではないかと推測している。この点を考えるうえで示唆的な事柄の第一は、本書でとりあげたように、明朝の制度である里甲制（図甲制）が、一八世紀初頭以降は維持する必要がなくなったにもかかわらず、珠江デルタでは清末民国期まで存続していたことである。第二は、一六世紀以降における珠江デルタの主要居住民である〝広東人〟（「広府人」）のあいだで広く浸透している言説として、彼らの祖先たちが広東省北部の南雄珠璣巷から移住してきたという伝説があり、その伝説において、祖先たちは珠江デルタで定着する際に図甲制に帰属していくと設定されていることである。すなわち、図甲制は珠江デルタの歴史、特に〝広東人〟が歴史の表舞台へ登場してくることと密接な関連をもっており、その意味で、明清時期の珠江デルタ史を研究していくうえで図甲制の研究は不可欠の対象である。

また図甲組織は、第五・六章でみたような地域の市場《いちば》の管理主体としての側面をもつだけでなく、地域を水害から守る堤防を建設・維持する主体としての側面、また地域神の祭祀主体としての側面等々、税糧の徴収・納入にかぎらない、多様な機能・役割も有している。加えて珠江デルタでは、清代以降に科挙の受験者そして合格者が増えていく。そして第三・四・五章でみたように、乾隆年間以降には、挙人・進士等の紳士が図甲制や地域社会において果たす役割が大きくなってくる。その際、科挙の受験資格を証明する「籍貫」（民籍・軍籍などの籍別や本貫の所在表示）が受験枠や受験地を規定するものとして重要となるが、この「籍貫」は所属する図甲にもとづいて決まっており、図甲制は科挙受験資格とも関連している。

以上のように、図甲制がかかわる問題領域はきわめて広範囲にわたっている。その意味で図甲制の研究は、珠江デルタ史研究における展望を開いていく関鍵となる。本書では、まずは図甲制そのものにかかわる基本的問題群をとり扱ったが、上記の広範な問題領域については、本書とは別に準備している研究書でとり扱うことにしたい。

註

1　鈴木博之氏は、明天啓初年（天啓年間は一六二一～一六二七）に、「遼餉」の費用一万両を捻出するために、一〇年ごとに行われていた契税の納入（すなわち税契手続き）が毎年行われるようになり、そして遅くとも崇禎年間（一六二八～一六四四）には、過戸推収も毎年行われるようになっていたが、漏れもあるので、一〇年に一回の賦役黄冊の編造の際に、各戸に「清册供單《せいさつきょうたん》」を配布し、まだ過戸推収していないものだけでなく、過戸推収済みのものを含め、一〇年間における土地所有の変動を総合するようになっていたこと［鈴木　二〇〇五、頁三九七、四〇〇］を明らかにしている。

参考文献

鈴木博之　二〇〇五「明代徽州府の戸と里甲制」。井上徹・遠藤隆俊　編『宋―明宗族の研究』汲古書院
渡辺尚志　二〇〇二「近世的土地所有の特質」。渡辺尚志・五味文彦　編『土地所有史』（新　体系日本史　3）山川出版社、頁二四七～二五八

使用史料一覧

（日本の大学や資料収蔵機関等に未所蔵のものについては所蔵機関名を記した）

地方志　県レベル（書名の五十音順）

『香山縣志』乾隆一五年（一七五〇）刊
『香山縣志』光緒五年（一八七九）刊
『高要縣志』民国二七年（一九三八）刊
『順德縣志』咸豊六年（一八五六）刊
『順德縣志』民国一八年（一九二九）刊
『南海縣志』同治一一年（一八七二）刊
『南海縣志』宣統三年（一九一一）刊
『番禺縣續志』民国二〇年（一九三一）刊

地方志　郷レベル（書名の五十音順）

『（南海縣）九江鄉志』順治一四年（一六五七）刊、同治一三年（一八七四）重刊（広州、中山図書館蔵）

『(南海縣)九江儒林鄉志』光緒九年(一八八三)刊
『(南海縣)佛山忠義鄉志』乾隆一七年(一七五二)刊
『(南海縣)佛山忠義鄉志』道光一一年(一八三一)刊
『(南海縣)佛山忠義鄉志』民国一五年(一九二六)刊
『(順德縣)龍江鄉志』民国一五年(一九二六)刊
『(順德縣)龍山鄉志』嘉慶一〇年(一八〇五)刊
『(順德縣)龍山鄉志』民国一九年(一九三〇)刊

族譜(書名の五十音順)

『(香山小欖)何氏九郎族譜』民国一四年(一九二五)刊
『順德北門羅氏族譜』光緒八年(一八八二)刊。なお一部は光緒一〇年刊。
『南海煙橋何氏家譜』民国一三年(一九二四)刊
『南海學正黃氏家譜』宣統三年(一九一一)刊
『南海羅格孔氏家譜』同治三年(一八六四)刊
『南海廖維則堂族譜』民国一九年(一九三〇)刊
『嶺南冼氏宗譜』宣統二年(一九一〇)刊

その他（書名の五十音順）

『廣東財政説明書』広東清理財政局　編訂、出版機関不明、宣統二年（一九一〇）刊
『九如堂國課記畧』民国三七年（一九四八）重刊（広州、中山図書館蔵）
『清代廣東各縣征收雜錄』宣統年間（一九〇九～一九一一）刊（広州、中山図書館蔵）
『譚文勤公（鍾麟）奏稿』譚鍾麟　撰、『近代中國史料叢刊』第三三輯、台北、文海出版社、一九六九年影印版
『南順桑園圍修基所續刊徵信錄』民国二一年（一九三二）刊（広州、中山図書館蔵）
『不慊齋漫存』徐賡陛　撰、『近代中國史料叢刊』第七八輯、台北、文海出版社、一九七二年影印版
『福惠全書』黄六鴻　撰、小畑行簡　訓点、山根幸夫　解題・索引、汲古書院、一九七三年影印版
『雍正硃批諭旨』台北、文海出版社、一九六五年影印版
『龍江鎮五圖舗舎之原始』民国二七年（一九三八）刊（広州、中山図書館蔵）

編纂史料（書名の五十音順）

『廣東土地契約文書（含海南）』譚棣華・冼劍民　編、広州、暨南大学出版社、二〇〇〇年
『許舒博士所輯　廣東宗族契據彙錄』（上・下）、科大衛　監修、黄永豪　主編、濱下武志・田仲一成　参修、東京大学東洋文化研究所附属東洋学文献センター、一九八七～一九八八年
『中國農村慣行調査』（全六冊）中國農村慣行調査刊行會　編、岩波書店、一九五二～一九五八年初版、一九八一年再刊
『明清佛山碑刻文献経済資料』広東省社会科学院歴史研究所中国古代史研究室等　編、広州、広東人民出版社、一九八七年
「林謙文選」黄彦　輯、『近代史資料』総四四号、一九八一年六月

参考文献一覧

和書（著者名の五〇音順）

足立啓二　一九九八　『専制国家史論―中国史から世界史へ』柏書房

安部健夫　一九七一　「清代に於ける典當業の趨勢」。安部健夫『清代史の研究』創文社、一九七一年二月第一刷、一九七二年七月第二刷、頁三七一～四〇九（原載は、羽田博士還暦記念會　編『羽田博士頌壽記念東洋史論叢』東洋史研究會、頁一～三六、一九五〇年一一月）

天野元之助　一九四二a　『支那農業経済論』（上巻）改造社、昭和一七年再版。のちに書名を改題した改訂復刻版として、『中国農業経済論』（第一巻）、龍溪書舎、一九七八年

天野元之助　一九四二b　『支那農業経済論』（中巻）改造社、昭和一七年。のちに書名を改題した改訂復刻版として、『中国農業経済論』（第二巻）、龍溪書舎、一九七八年

井上徹　一九八九　「宗族の形成とその構造―明清時代の珠江デルタを対象として」。『史林』第七二巻第五号、頁八四～一二三、一九八九年九月。のちに改稿されて、井上徹　二〇〇〇、第九章、転載

井上徹　二〇〇〇　『中国の宗族と国家の礼制』研文出版、二〇〇〇年二月

今堀誠二　一九五六a　「清代における農村機構の近代化について―広東省香山県東海地方における「共同体」の推転過程」（一）。『歴史学研究』第一九一号、頁三～一七、一九五六年一月

今堀誠二　一九五六b　「清代における農村機構の近代化について―広東省香山県東海地方における「共同体」の推転過

程」(二)。『歴史学研究』第一九二号、頁一四~二九、一九五六年二月
煎本増夫　一九七六「検地と百姓」。吉田晶等　編『日本史を学ぶ　3　近世』有斐閣、頁三三~四八、一九七六年七月
岩井茂樹　一九九四「徭役と財政のあいだ—中国税・役制度の歴史的理解にむけて(三)」。『経済経営論叢』(京都産業大学)第二九巻第二号、頁一~六八、一九九四年九月。のちに改題されて、岩井茂樹　二〇〇四、第七章「里甲制と徭役負担」、転載
岩井茂樹　一九九七「公課負担団体としての里甲と村」。森正夫・野口鐵郎・濱島敦俊・岸本美緒・佐竹靖彦　編『明清時代史の基本問題』汲古書院、頁一八一~二〇二、一九九七年一〇月
岩井茂樹　二〇〇四『中国近世財政史の研究』京都大学学術出版会、二〇〇四年二月
大塚英二　二〇〇二「百姓の土地所有」。渡辺尚志・五味文彦　編『土地所有史』(新　体系日本史　3)山川出版社、頁二七四~三〇六、二〇〇二年二月
小山正明　一九七一「賦・役制度の変革」。岩見宏等　編『岩波講座　世界歴史』第一二巻、岩波書店、頁三一三~三四五。のちに、小山正明　一九九二、第一部第四章、転載
小山正明　一九九二『明清社会経済史研究』東京大学出版会、一九九二年二月
片山剛　一九八二a「清末広東省珠江デルタの図甲表とそれをめぐる諸問題—税糧・戸籍・同族」。『史学雑誌』第九一編第四号、頁四二~八一、一九八二年四月(第一章原載誌)
片山剛　一九八二b「清代広東省珠江デルタの図甲制について—税糧・戸籍・同族」。『東洋学報』第六三巻第三・四合併号、頁一~三四、一九八二年三月(第二章原載誌)　中国語訳は、柳憲　訳「清代廣東省珠江三角洲的圖甲制—税糧・戸籍・同族」。劉俊文　主編『日本中青年學者論中國史(宋元明清巻)』上海、上海古籍出版社、頁五三九~五七一、一九九五年一二月
片山剛　一九八三「清末広東省珠江デルタにおける図甲制の諸矛盾とその改革(南海県)—税糧・戸籍・同族」。『海南史学』(高知海南史学会)第二一号、頁一~二五、一九八三年八月(第三章原載誌)　中国語訳は、金世龍　訳「清末

広東省珠江三角洲地区図甲制的矛盾及其改革（南海県）―税粮、戸籍、宗族」。明清広東省社会経済研究会　編『明清広東社会経済研究』広州、広東人民出版社、頁三四一～三六九、一九八七年六月
片山剛　一九八四ａ「明・清」。『史学雑誌』「一九八三年の歴史学界―回顧と展望」第九三編第五号、頁二一一～二一八、一九八四年五月
片山剛　一九八四ｂ「清末広東省珠江デルタにおける図甲制の諸矛盾とその改革（順徳県・香山県）―税糧・戸籍・同族」。中国近代史研究会　編『中国近代史研究』第四集、頁一～四七、一九八四年一二月（第四章および第五章第七節原載誌）
片山剛　一九九一「『許舒博士所輯・廣東宗族契據彙録』（上・下）を読んで―清末民国期の立戸・税契・過割」。『「東京大学東洋文化研究所附属東洋学文献センター報」センター通信』（東京大学東洋文化研究所附属東洋学文献センター）第三一号、頁四～一五、一九九一年三月（第七章原載誌）
片山剛　一九九二「清末珠江三角洲地区図甲表与宗族組織的改組」（中国語）。葉顕恩　主編『清代区域社会経済研究』（上）北京、中華書局、頁四九八～五〇九、一九九二年八月
片山剛　一九九三「珠江デルタ桑園囲の構造と治水組織―清代乾隆年間～民国期」。『東洋文化研究所紀要』（東京大学）第一二一冊、頁一三七～二〇九、一九九三年三月
片山剛　一九九四「珠江デルタの集落と「村」―清末の南海県と順徳県」。『待兼山論叢』（史学篇）（大阪大学大学院文学研究科）第二八号、頁一～三〇、一九九四年一二月
片山剛　一九九七「華南地方社会と宗族―清代珠江デルタの地縁社会・血縁社会・図甲制」。森正夫・野口鐵郎・濱島敦俊・岸本美緒・佐竹靖彦　編『明清時代史の基本問題』汲古書院、頁四七一～五〇〇、一九九七年一〇月。中国語訳は、欒成顕　訳「華南地方社会与宗族―清代珠江三角洲的地縁社会、血縁社会、図甲制」。周紹泉・欒成顕　等訳『明清時代史的基本問題』北京、商務印書館、頁四二二～四四九、二〇一三年八月
片山剛　二〇〇〇「清代中期の広府人社会と客家人の移住―童試受験問題をめぐって」。山本英史　編『伝統中国の地域

像』慶應義塾大学出版会、頁一六七～二一〇、二〇〇〇年六月
片山剛　二〇〇一「珠江デルタの市場と市鎮社会―十九世紀初頭順徳県龍山堡の大岡墟」。森時彦　編『中国近代の都市と農村』京都大学人文科学研究所、頁一九五～二二二、二〇〇一年三月（第五章第一～六節原載誌）
片山剛　二〇〇二「清代珠江デルタの里甲経営と地域社会―順徳県龍江堡」。『待兼山論叢』（史学篇）（大阪大学大学院文学研究科）第三六号、頁一～二六、二〇〇二年一二月（第六章第一・二節原載誌）
片山剛　二〇〇九「自然の領有における階層構造―字（あざ）の世界と一筆耕地の世界」。森時彦　編『二十世紀中国の社会システム』京都大学人文科学研究所附属現代中国研究センター、頁三一五～三四一、二〇〇九年六月。中国語訳は二種類作られ、三種類の雑誌・書籍に掲載されている
布和　訳「擁有土地自然的重層構造―20世紀前期広東農村的単位地名及単宗農田的領域」。劉傑　編『日本当代中国研究　二〇一〇』日本　人間文化研究機構（ＮＩＨＵ）当代中国地区研究基地聯合項目核心基地　早稲田大学現代中国研究所、頁六〇～八一、二〇一〇年一〇月
袁広泉　訳「対自然的擁有形態的多重結構―〝塱坊及涌源〟与〝単宗耕地〟範疇及其相関権益帰属」。森時彦　編、袁広泉　訳『二十世紀的中国社会』（上）（日本京都大学中国研究系列　二）北京、社会科学文献出版社、頁三四八～三七六、二〇一一年一二月
袁広泉　訳「対自然的擁有形態的多重結構―〝塱坊及涌源〟与〝単宗耕地〟範疇及其相関権益帰属」。日本　人間文化研究機構現代中国区域研究項目　編『当代日本中国研究』（第一輯　歴史・社会）北京、社会科学文献出版社、頁二〇〇～二二五、二〇一三年九月
加藤繁　一九七四「清代に於ける村鎮の定期市」。加藤繁『支那經濟史考證』（下）東洋文庫、一九五二年初版、一九七四年第三版、頁五〇五～五五七（原載は『東洋学報』第二三巻第二号、頁一～五二、一九三六年二月）
木村礎　一九八三ａ『村の語る日本の歴史　近世編①』（そしえて文庫９）そしえて、一九八三年一二月
木村礎　一九八三ｂ『村の語る日本の歴史　近世編②』（そしえて文庫10）そしえて、一九八三年一二月

栗林宣夫　一九七一　『里甲制の研究』文理書院
佐伯富　一九五七　「明清時代の民壮について」。『東洋史研究』第一五巻第四号、頁三三～六四、一九五七年三月。のち、佐伯富　一九六九、第一八章、転載
佐伯富　一九六九　『中國史研究　第一』東洋史研究會、一九六九年五月
佐々木正哉　一九五九　「順徳縣郷紳と東海十六沙」。近代中國研究委員會　編『近代中國研究』第三輯、頁一六一～二三二、一九五九年八月
斯波義信　二〇〇二　『中国都市史』東京大学出版会、二〇〇二年六月
清水泰次　一九五四　「明代福建の農家経済―特に一田三主の慣行について」。『史学雑誌』第六三編第七号、頁一～二一、一九五四年七月
鈴木智夫　一九六〇　「清末・民初における民族資本の展開過程―広東の生糸業について」。東京教育大学アジア史研究会　編『中国近代化の社会構造』教育書籍、一九六〇年第一刷、汲古書院、一九七三年第三刷、頁四五～七一
鈴木智夫　一九八四　「草創期広東製糸業の経営特質―『循環日報』の「告白」より見る」。『近きに在りて』第六号、頁五九～七一、一九八四年一一月。のちに改題して、鈴木智夫　一九九二、第四編第二章「草創期広東器械製糸業の経営特質―『循環日報』の「告白」より見る」、転載
鈴木智夫　一九九二　「広東器械製糸業の成立」。鈴木智夫　一九九二、第四編第一章、頁四一九～四六〇
鈴木智夫　一九九二　『洋務運動の研究―一九世紀後半の中国における工業化と外交の革新についての考察』汲古書院、一九九二年一二月
鈴木博之　一九八九　「明代徽州府の族産と戸名」。『東洋学報』第七一巻第一・二合併号、頁一～二九、一九八九年一二月
鈴木博之　二〇〇五　「明代徽州府の戸と里甲制」。井上徹・遠藤隆俊　編『宋―明宗族の研究』汲古書院、頁三八三～四〇七、二〇〇五年三月

田仲一成　一九七三「十五・六世紀を中心とする江南地方劇の変質について」(一)。『東洋文化研究所紀要』(東京大学)第六〇冊、頁一一三～一七五、一九七三年三月
田仲一成　一九七四「十五・六世紀を中心とする江南地方劇の変質について」(二)。『東洋文化研究所紀要』(東京大学)第六三冊、頁一～四〇、一九七四年二月
田仲一成　一九七五「十五・六世紀を中心とする江南地方劇の変質について」(三)。『東洋文化研究所紀要』(東京大学)第六五冊、頁一一三～一八二、一九七五年二月
田仲一成　一九八五『中国の宗族と演劇―華南宗族社会における祭祀組織・儀礼および演劇の相関構造』東京大学出版会、一九八五年三月
田仲一成　一九八八「解題二」。科大衛　監修、黄永豪　主編、濱下武志・田仲一成　参修『許舒博士所輯　廣東宗族契據彙録(下)』(東洋学文献センター叢刊　第五四輯)東京大学東洋文化研究所附属東洋学文献センター、巻末の附録、解題、頁一～一五、一九八八年三月
田仲一成　二〇〇五「明代徽州宗族の社祭組織と里甲制」。井上徹・遠藤隆俊　編『宋―明宗族の研究』汲古書院、頁三五一～三八二、二〇〇五年三月
鶴見尚弘　一九七一「明代における郷村支配」。岩見宏等　編『岩波講座　世界歴史』第一二巻、岩波書店、頁五七～九二、一九七一年二月
夏井春喜　一九七八「「大戸」・「小戸」問題と均賦・減賦政策」(上)。『中国近代史研究会通信』第八号
西川喜久子　一九八一「清代珠江下流域の沙田について」。『東洋学報』第六三巻第一・二合併号、頁九三～一三五、一九八一年一二月。のちに増補されて、西川喜久子　二〇一〇、第一章「清代珠江デルタの沙田について」、転載
西川喜久子　一九八三「『順徳北門羅氏族譜』考(上)」。『北陸史学』第三二号、頁一～二二、一九八三年一一月。のちに増補され、西川喜久子　二〇一〇、第二章「『順徳北門羅氏族譜』考」、転載
西川喜久子　一九八四「『順徳北門羅氏族譜』考(下)」。『北陸史学』第三三号、頁二一～三八、一九八四年一一月。の

ちに増補されて、西川喜久子　二〇一〇、第二章「『順徳北門羅氏族譜』考」、転載
西川喜久子　一九八八「順徳団練総局の成立」。『東洋文化研究所紀要』（東京大学）第一〇五冊、頁二八三～三七八、一九八八年二月。のちに、西川喜久子　二〇一〇、第三章「順徳団練総局の成立」、転載
西川喜久子　一九九〇「珠江三角洲の地域社会と宗族・郷紳―南海県九江郷のばあい」。『北陸大学紀要』第一四号、頁一二九～一四九、一九九〇年。のちに増補され、西川喜久子　二〇一〇、第四章「南海県九江郷の地域社会」、転載
西川喜久子　一九九六「珠江デルタの地域社会―新会県のばあい、続」。『東洋文化研究所紀要』（東京大学）第一三〇冊、頁一～七二、一九九六年三月。のちに、西川喜久子　二〇一〇、第六章「新会県の地域社会」、転載
西川喜久子　二〇一〇『珠江デルタの地域社会―清代を中心として』私家版、二〇一〇年一二月
西村元照　一九七六「清初の包攬―私徴體制の確立、解禁から請負徴税制へ」。『東洋史研究』第三五巻第三号、頁一一四～一七四、一九七六年一二月
濱島敦俊・片山剛・高橋正　一九九四「華中・南デルタ農村実地調査報告書」。『大阪大学文学部紀要』第三四巻、一九九四年三月
林和生　一九八〇「明清時代、廣東の墟と市―伝統的市場の形態と機能に関する一考察」、『史林』第六三巻第一号、頁六九～一〇五、一九八〇年一月
深谷克己　一九八八『大系　日本の歴史　9　士農工商の世』小学館、一九八八年一〇月
牧野巽　一九四九「廣東の合族祠と合族譜」。東京大学東洋史學會　編『オリエンタリカ』第二号、頁一六三～一八六、一九四九年一一月。のちに「広東の合族祠と合族譜（一）」と改題され、牧野巽　一九八五、転載
牧野巽　一九八五『牧野巽著作集　第六巻　中国社会史の諸問題』御茶ノ水書房、一九八五年一〇月
増井経夫　一九四一「廣東の墟市―市場近代化に關する一考察」。『東亞論叢』第四輯、文求堂、頁二六三～二八三、一九四一年六月
松田吉郎　一九八一「明末清初広東珠江デルタの沙田開発と郷紳支配の形成過程」。『社会経済史学』第四六巻第六号、

頁五五～八一、一九八一年三月。のちに改稿されて、松田吉郎　二〇〇二、第一章、転載
松田吉郎　二〇〇二『明清時代華南地域史研究』汲古書院、二〇〇二年二月
松本善海　一九三九ａ「明代」。和田清　編著『支那地方自治発達史』中華民國法制研究會、頁八四～一二七、一九三九年一二月。のちに書名を改題した影印復刻版として、和田清　編著『中國地方自治発達史』(汲古書院、一九七五年五月)、所収
松本善海　一九三九ｂ「清代」。和田清　編著『支那地方自治発達史』中華民國法制研究會、頁一二八～一八二、一九三九年一二月。のちに書名を改題した影印復刻版として、和田清　編著『中國地方自治発達史』(汲古書院、一九七五年五月)、所収
滿洲帝國協和會地籍整理局分會　編　一九三九『土地用語辭典―日本・中國・朝鮮』一九三九年第一刷、一九八一年巌南堂書店第二刷
村松祐次　一九六二「清末蘇州附近の一租棧における地主所有地の徴税小作関係―江蘇省呉県馮林一桟関係地丁漕糧簿冊について」。『一橋大学研究年報　経済学研究』第六巻、頁一三三～三八三、一九六二年三月。のちに、村松祐次　一九七〇、第五章、転載
村松祐次　一九七〇『近代江南の租桟―中国地主制度の研究』東京大学出版会、一九七〇年八月
森正夫　一九七五「日本の明清時代史研究における郷紳論について（1）」。『歴史評論』第三〇八号、頁四〇～六〇、一九七五年一二月。のちに（2）（3）を合わせて、森正夫　二〇〇六、「15　日本の明清時代史研究における郷紳論について」(頁五六一～六三五)、転載
森正夫　二〇〇六『森正夫明清史論集　第一巻　税糧制度・土地所有』汲古書院、二〇〇六年四月
森田明　一九六四「広東省南海県桑園囲の治水機構について―村落との関連を中心として」。『東洋学報』第四七巻第二号、頁六五～八八、一九六四年九月。のちに改題されて、森田明　一九七四、第四章「広東における囲基の水利組織―桑園囲を中心として」、転載

森田明　一九七四『清代水利史研究』亜紀書房、一九七四年三月
山本英史　一九七七「清初における包攬の展開」。『東洋学報』第五九巻第一・二合併号、頁一三一～一六六、一九七七年一〇月。のちに増補改訂され、山本英史　二〇〇七、第一章「税糧包攬の展開」、転載
山本英史　一九八〇「浙江省天台県における「図頭」について―十八世紀初頭における中国郷村の支配の一形態」。『史学』第五〇巻記念号、頁四二一～四四九、一九八〇年一一月。のちに改題され、山本英史　二〇〇七、第一二章「浙江天台県の図頭について」、転載
山本英史　二〇〇七『清代中国の地域支配』慶應義塾大学出版会、二〇〇七年五月
渡辺尚志　二〇〇二「近世的土地所有の特質」。渡辺尚志・五味文彦　編『土地所有史』（新体系日本史　3）山川出版社、頁二四七～二五八、二〇〇二年二月

中文書（著者名のピンイン順）

陳翰笙　主編　一九三四『廣東農村生産關係與生産力』上海、中山文化教育館、一九三四年一二月
程耀明　一九八五「清末順徳機器繅絲業的産生、発展及其影響」。広東歴史学会編『明清広東社会経済形態研究』広州、広東人民出版社
李龍潛　二〇〇二「清代廣東土地契約文書中的幾個問題」。李龍潛『明清經濟探微初編』台北縣、稻鄉出版社、頁四四三～四七七、二〇〇二年七月
劉志偉　一九九七『在国家与社会之間―明清広東里甲賦役制度研究』広州、中山大学出版社。特に第五章「清代的図甲制」
羅一星　一九九四『明清佛山経済発展与社会変遷』広州、広東人民出版社

譚棣華　一九九三ａ「從廣州愛育堂契約文書看清代珠江三角洲的土地關係」。譚棣華『廣東歴史問題論文集』台北縣、稲禾出版社、頁九九～一一六、一九九三年六月

譚棣華　一九九三ｂ『清代珠江三角洲的沙田』広州、広東人民出版社、一九九三年一二月

葉顕恩　二〇〇一『珠江三角洲社會經濟史研究』台北縣、稲鄉出版社、二〇〇一年一月

葉顕恩・譚棣華　一九八七「明清珠江三角洲農業商業化与墟市的発展」。明清広東社会経済研究会　編『明清広東社会経済研究』広州、広東人民出版社、頁五七～九七、一九八七年六月（原載は、『広東社会科学』一九八四年第二期）

鄭振満　一九九二『明清福建家族組織与社会変遷』長沙、湖南教育出版社、一九九二年六月

英文

Chen, Han-Seng（陳翰笙）, 1936, *Landlord and Peasant in China : A Study of the Agrarian Crisis in South China*, New York, International Publishers.

あとがき

本書は、ちょうど四〇年前の一九七八年夏、修士課程二年次に開始し、一九七九年一二月に東京大学大学院人文科学研究科に提出した修士論文「清末広東省の図甲表とそれをめぐる諸問題―税糧・戸籍・同族」に結実した研究を土台とし、これにその延長線上に展開した研究を加え、一冊にまとめたものである。

本書の冒頭（第一章）で紹介した図甲表は、珠江デルタにおいて中核的位置を占める南海・順徳両県の清末・民国期の地方志、たとえば同治一一年（一八七二）と宣統三年（一九一一）の『南海縣志』、民国一八年（一九二九）の『順徳縣志』に、それぞれ三〇頁前後にわたって掲載されており、当該時期の珠江デルタ史研究を志す者ならば必ず目に留まるものである。私自身も学部生の時に一度ならずみたことがある。そして修士二年の夏、地方志を改めて閲読していくなかで、この図甲表と再会した。図甲表を構成している各要素、すなわち図や甲、そして戸は、それぞれどのような役割をもっているのか、また表全体はいかなる制度を指し示したものなのか。再会した当初はそのような関心をもつこともなく、これから執筆することになるであろう修士論文とは無関係なものとして、ただ漠然と眺めていた。ただ少しだけわかってきたことは、三〇頁前後にわたって掲載されているにもかかわらず、この図甲表をとりあげた研究は、どうも日本にはないようだということ、そして江南デルタなど、中国の他地域の地方志には、図甲表を掲載しているものはないようだということであった。

しかし、そもそも「図甲」という史料用語が、里甲制の「里甲」を指すのか、里甲制とは別の制度である保甲制の「保甲」を指すのか、あるいは里甲・保甲のいずれとも関係のない第三のものなのか、ということすら不明であり、やはり遠くから眺めているままであった。

そんな時、ゼミの先輩である濱下武志さんから、「地方志だけでなく族譜も見たほうがいいよ」といわれた。この一言がきっかけで珠江デルタ地域の族譜をみると、図甲表あるいはそれに準ずるもの（史料一―1―⑫⑬）が掲載されていた。この発見は私に大きな転換を促した。族譜は、学部生時代の恩師・山之内靖先生が私に勧めていた同族（宗族）の研究に関連する史料である。そこに図甲表が載っており、とりわけ史料一―1―⑫では、一つの甲に所属する四四個の戸のうち、四〇戸を廖姓が占めており、この事実は図甲表と同族結合との連関を示唆した。かくして、図甲（ないし図甲表）を同族結合との関連から解明していくことができるのではないか、という見通しを立てることになった。

そこで図甲表や図甲について調べていくと、図甲表は土地税である税糧を徴収し、これを官へ納入する制度に関係して作成されたものであること、そして図甲は税糧の徴収・納入を担う組織であり、「里甲」とほぼ同義であることがわかってきた。これは私に二つの問題を突きつけた。一つは、里甲制は清初の一八世紀初には解体した、というのが当時の通説であったので、里甲（図甲）制が清末民国期まで珠江デルタで存続しているという私の検討結果を、どのように判断したらよいかという点である。換言すれば、私の検討結果には、なにか根本的な欠陥が潜んでいるのかもしれないという点である。もう一つは、私が里甲制に対して、自身が研究するのはもちろんだが、関連する先行研究を読むことからも、できれば距離をとっておきたい気持ちが強かったことである。なぜなら、里甲制関連の講義を聴いても、論文や本を読んでも、数多くの用語・概念が登場し、しかもそれらの用語・概念を理解して、自分の頭のなかで具体像を結ぶことがむずかしいので、修士一年次に、この研究分野からはなるべく遠ざかっておこうと決意したばかりだったからである。

しかし同族結合との連関という魅力ある見通しを得たことで、一度は逃げ出した里甲制の分野とも適度におつきあいをしていくこととなった。かくして、里甲制が苦手な者による図甲（里甲）制の研究が始まり、図甲制が同族結合と深く連関して存在していたこと、図甲制は里甲制が珠江デルタにおいて特殊に存続してきたものとして把握できること（この点で、珠江デルタの社会やその統治構造は江南デルタのそれとは異なる個性をもつこと）、等を内容とする修士論文を書くに至った。

私がまがりなりにも研究者の道を歩むことができたのは、多くの先生方や先輩・友人のおかげである。以下、お世話になった方々のことを記させていただく。高校までの〈学習〉とは異なる、大学における〈勉強〉（私の場合、〈研究〉は大学院から始まる）の面白さを知ることができたのは、学部生として過ごした東京外国語大学（以下、外大と略す）である。中国語学科所属の学生であるにもかかわらず、近代西欧経済史・現代社会論を専門とする山之内靖先生のゼミに参加していた時に、「中国のことをやるなら、家族、同族のことをやったらどうか」とのアドバイスを頂戴した。外大時代には、家族・同族の世界に切り込んでいけるような、新たな史料も観点もみつけることはできず、実現できないままであったが、このアドバイスは、前述したように、東京大学で過ごした修士課程の時に私に大きな転換をもたらしてくれた。また外大の学部生として書いた卒論のテーマは、彭湃を中心に進められた一九二〇年代の広東省農民運動であった。その後今日まで、私は一貫して広東を対象とする研究を行ってきたが、広東との縁は外大時代に始まる。

当時、外大には東洋史を専門とする専任教員はいらっしゃらなかったが、非常勤講師として来講された久保田文次先生（日本女子大学）から、東洋史研究の手ほどきを受け、〈研究〉において求められる厳密さを教えていただき、自分が〈井の中の蛙〉であることを知った。それ以来、公私両面にわたってアドバイスを頂戴している。また外大における卒論のテーマとして、一九二〇年代の広東省農民運動を選んだ年度に、最も関係する史料集の講読を、山根幸夫先生（東京女子大学）が早稲田大学の非常勤講師として開講することを聞き、お願いして授業に出席させていただいた。〈東洋史〉の授業に出るのは初めてであったので緊張したが、史料読解を鍛えていただいた。

東京大学の大学院に進んでからの指導教員は田中正俊先生。田中先生の大学院演習は、毎週木曜、午前一〇時から夕方五時まで続くものであった。ゼミ生のうち、修士課程は私一人で、あとは留学生を含め、すべて博士課程の方々であった。そして漢籍史料の一字一句を精密に読み込む議論が、また歴史学の方法論に関する議論が、博士課程の精鋭たちと田中先生とのあいだで闘わされていた。それは、外大からきた私にとって〈異次元の世界〉であった。この世界に参入し、真の意味で〝田中ゼミの一員〟になることができたのは、修士二年次になってからであった。外大出身で、東洋史の研究法が身についていない私を、田中先生は長い目でみ、そしてうまく〝焚きつけ〟て、私の特性を伸ばしてくださった。

当時、東大には、田中先生以外にも中国史の先生が多数おられた。私が出席したゼミだけでも、文学部の西嶋定生先生、東洋文化研究所の佐伯有一先生、池田温先生、社会科学研究所の古島和雄先生、そして教養学部の小島晋治先生のものがあった。謹厳な先生、大らかな先生と、先生方の個性は異なっていたが、各ゼミには学問に厳しい先輩院生が必ず一人はおり、いずれも緊張感をもって出席させていただいた。学外では、小島麗逸先生がアジア経済研究所で主宰していた、通称「天野本研究会」（天野元之助先生の主著『支那農業経済論』の講読会）に参加した。また小島先生からは、（財団法人）日中経済協会の研究班にも誘っていただいた。

初めて教壇に立つことになった高知大学人文学部では、日本史・東洋史・西洋史・人文地理から成る史学研究室に所属し、研究室の気骨あふれる諸先生からはもちろんであるが、東京には少ない、無垢な感性をもつ学生たちからも新鮮な刺激を受け、大学教員としての第一歩を踏み出せていただいた。なお高知大学在職中に、田仲一成先生（東京大学東洋文化研究所）にお願いして、香港新界の農村を案内していただいた。当時、田仲先生は香港の新界などをフィールドに、精力的な実地調査を進めておられ、ご一緒に歩くだけでその手法の魅力を知ることができた。先生は、文献研究でも、里甲制や保甲制という明清王朝の地方統治制度と同族結合との連関に気がついておられ、同様の関心をもつ後進の私を応援してくださった。また、研究対象地である広東では、一九八五年に初めて訪問して以来、葉顕恩先生をはじめとする、広東省社会科学院の譚棣華、鄧開頌、陳忠烈等の諸先生に、研究面にかぎらず大変お世話になったことを記しておきたい。

一九八九年、大阪大学に移る。上司である濱島敦俊先生は、農村集落、治水・水利、民間信仰など、当時の私には不足していた多様な研究視角を、また文献史料であれ、実地調査であれ、〃獲物〃を決して逃さない、猟犬のような嗅覚をお持ちである。圧倒されながらも、模倣して吸収できるものは吸収させていただいた。しかし、〈学問の鬼〉には遂になれなかった。

大阪に移ってからは、京都大学人文科学研究所の近代中国研究班に出席させていただいた。およそ三〇年のあいだに、研究班の顔ぶれや雰囲気はだいぶ変わり、そして私自身の出席率が年々低下しているものの、歴代班長の狭間直樹先生、森時彦先生をはじめとする班員の方々から、人文研の伝統を窺わせる報告、マクロな視点からの挑戦的報告など、刺激的な発表を聞かせていただくとともに、共同研究の論文集に執筆する機会を頂戴した。

以上、学恩を賜った方々に対して、改めて謝意を表したい。そして修士論文以来、多くの学恩を受けながら、研究を積み重ねてきた。それらを総括する文章を添えて一冊にまとめることができると思ったのは、一〇年ほど前であった。ただ、たまたまその時からしばらく、学内の末端管理職の一角に携わることになり、その機を逸してしまった。そして昨年、定年退職が間近となり、「この機会に」と考えてプランを練ったものの、一度に仕上げる、あるいは一冊にまとめるのは困難と判断し、まずは修士論文の中心的テーマである図甲制研究とそこから展開していったものを整理することにした。これが本書である。そして、私の珠江デルタ史研究のうち、一九八〇年代以降に開始したテーマ、血縁と地縁、農村集落とその領域、治水・水利、土地利用形態の変遷、〈漢族社会〉の誕生とそれをめぐる言説・史実、近世日本の農村社会とのより掘り下げた比較、等については、本書とは別に上梓することを予定している。

本書各章の大部分は、すでに学術誌に発表したものを下敷きにしている。その原載誌および本書転載にあたって施した処置は、以下のとおりである。なお漢籍史料については、東京大学附属図書館、東京大学東洋文化研究所、（財団法人）東洋文庫、および広州の中山図書館等で有益な史料を収集させていただいた。また本書の表紙カバーに用いた「大岡墟圖」（民国『（順徳縣）龍山鄉志』所載）は、東洋文化研究所から掲載の許可を頂戴したものである。

序　章　書き下ろし。
第一章　「清末広東省珠江デルタの図甲表とそれをめぐる諸問題—税糧・戸籍・同族」（『史学雑誌』第九一編第四号、頁四二～八一、一九八二年四月）を改稿したもの。
第二章　「清代広東省珠江デルタの図甲制について—税糧・戸籍・同族」（『東洋学報』第六三巻第三・四合併号、頁一～三四、一九八二年三月）を改稿したもの。

第三章　「清末広東省珠江デルタにおける図甲制の諸矛盾とその改革（南海県）―税糧・戸籍・同族」（『海南史学』（高知海南史学会）第二一号、頁一～二五、一九八三年八月）を補訂したもの。

第四章　「清末広東省珠江デルタにおける図甲制の諸矛盾とその改革（順徳県・香山県）―税糧・戸籍・同族」（中国近代史研究会　編『中国近代史研究』第四集、頁一～四七、一九八四年一二月）の香山県部分を補訂したもの。なお第四章末尾の史料篇において、史料原文を加え、また原載誌所収の書き下し文に補訂を行った。原載誌の『中国近代史研究』は、東京大学の田中正俊先生とそのゼミ生により、一九八一年に第一集が創刊され、一九九二年の第七集で終刊した雑誌である。

第五章　第一～六節は、「珠江デルタの市場と市鎮社会―十九世紀初頭順徳県龍山堡の大岡墟」（森時彦　編『中国近代の都市と農村』京都大学人文科学研究所、頁一九五～二二二、二〇〇一年三月）を補訂したもので、第七節は、「清末広東省珠江デルタにおける図甲制の諸矛盾とその改革（順徳県・香山県）―税糧・戸籍・同族」（中国近代史研究会　編『中国近代史研究』第四集、頁一～四七、一九八四年一二月）の順徳県部分を補訂したもの。

第六章　第一・二節は、「清代珠江デルタの里甲経営と地域社会―順徳県龍江堡」（『待兼山論叢』（史学篇）（大阪大学大学院文学研究科）第三六号、頁一～二六、二〇〇二年一二月）を補訂したもので、第三・四節は、今回新たに書き下ろしたもの。なお、主要史料の『九如堂國課記畧』（広州　中山図書館蔵）は、図甲制の長期存続を考えるうえで重要となる図甲経営の実際を知ることができる史料である。管見では、中国を含め、本史料を利用した研究者は筆者のみであり、稀見史料に属することに鑑みて、第六章末尾の史料篇において全文ではないが重要部分を紹介し、また完全な和訳ではないが概要を記した。

第七章　「『許舒博士所輯・廣東宗族契據彙録』（上・下）を読んで―清末民国期の立戸・税契・過割」（『「東京大学東洋文化研究所附属東洋学文献センター報」センター通信』（東京大学東洋文化研究所附属東洋学文献センター）第三一号、頁四～一五、一九九一年三月）を加筆・補訂したもの。なお、第七章末尾の史料篇は今回新たに書き加えたもの。本論文は、本史料集の編者のお一人で、また本史料集の〈附録〉を編纂し、「解題一」を執筆された田仲一成先生からの依頼を受けて執筆したものである。

終　章　書き下ろし。

修論を書いた当時はまだ手書きの時代。私の修士論文には、自身のものを除き、七種類の筆跡が登場する。これらは、提出前の一週間、日帰り、泊まり込みを含めて、私の家に浄書にきていただいた諸先輩・友人のものである。敬称略でお名前をあげさせていただくと、並木頼寿、小林幸夫、栗原純、臼井佐知子、岸本美緒、佐藤豊（中国哲学）、小牧昌平（イラン史）の諸兄諸姉である。おかげで、清書に費やす時間を草稿作成に向けることができ、そしてなによりも頼りになる諸先輩がいることが大きな支えとなった。とりわけ並木さんは、泊まり込みを含めて約一週間、清書要員の手配、浄書作業の差配、田中正俊先生への進捗状況の報告等々、〝修論提出プロジェクト〟の全体を指揮してくださった。そして、並木さんが指揮をとることになったのは、おそらく、田中先生からご示唆があったからではなかろうか。修論を完成できたのは、田中先生や並木さんをはじめとする方々の助力のおかげである。そして、その並木さんが二〇〇九年に享年六一歳で逝去されたのは、ショックであった。

父と母も、家に浄書にきてくれる先輩たちを車で送り迎えしたり、食事を用意したりと、環境を整えることへの助力を惜しまなかった。論文の提出後、家のなかが一段落し、息子が研究者への道をなんとか歩み始めたのをみたからなのか、心筋梗塞を患い、バイパス手術を受けるかどうかの決意表明を控えていた父が、バイパス手術を受けることを打ち明けた。一九八〇年二月、手術を受けたものの、逆に心臓機能が低下し、私の修士課程修了と博士課程進学を母とともに喜んでくれたあと、五月に永眠した。そしてその後、父の分も息子のことを心配し、また息子が自分の選んだ道を歩むのを応援してくれてきた母も、二〇一六年の夏、父のもとに旅立った。物になるかは未知数で、また物になるとしても、それがいつのことかわからない、そんな大学院への進学を許し、さらに研究者への道を歩むことを喜んでくれ、また支援してくれた父と母に改めて感謝を述べて、そろそろ筆を擱くことにしたい。

本書は「平成二九年度大阪大学教員出版支援制度（一般部門）」のご支援により出版の運びとなった。大阪大学の関係各位に対して篤く御礼を申し上げます。応募の際には、やはり原稿提出の締切日に、文学研究科研究推進室の西田有利子さんにお世話をかけることとなりました。そして編集過程では、ここでも最終稿の提出が遅れ、大阪大学出版会編集部の板東詩おりさんに大変ご迷惑をおかけしました。要領のわるい私がなんとか出版にこぎつけることができたのは板東さんのおかげです。衷心より感謝申し上げます。

二〇一八年八月

著者識す

索引

あ

一族　92, 94, 407
市場　231, 312
殷丁　132, 155, 179, 183, 188, 189, 193, 268, 272, 291, 308, 324, 326, 327
江戸時代　5
押割　81, 192
温獻廷　266, 269

か

開印銀　186, 194
該甲值年の殷丁　132, 141, 195
衙役　178, 182, 194
過割　8, 14, 370
過戸　14, 174, 370
過戸推収　14, 35, 81, 97, 100, 115, 157, 328, 370
“過戸推収せず”　14, 15, 78, 89, 99, 167, 336, 406
科差費用　308
柯少茂　244, 259
課税面積からの定率供出　13
河澎囲　319
巻資　244, 248, 250
官箴　388
広東人　410
広東清佃沙捐兼官田総局　373
官方文書　369, 378
生糸　242, 257
義会　151
詭寄　85, 109, 133, 150, 161, 185, 396
義倉　244
規定外の“運用”　12
客籍　140, 142, 154, 162, 232, 233, 261, 263, 277, 288, 289
九甲役銀　306–309
『九如堂国課記畧』　300, 301, 340
九如堂聯会　307
墟　231, 312
郷　92, 93, 114, 407
郷者　184
業戸知照　375, 376, 378
郷祠　95
郷紳　105, 113, 232
郷紳支配　105
郷紳連合　232
行政村　6
僑籍　261, 263, 289
郷兵　245, 250, 282
郷約　273, 291
郷老　137, 161, 274
墟期　236, 240, 241, 257
墟闇　239
墟租　244, 248, 250, 283
墟地　240
墟亭　247, 248, 281
虚糧　147
魚鱗帰号冊　110
墟廊　240, 241, 248, 255, 256, 258
耆老　184, 188, 270, 273, 274
均役　188–190
均益会　151
金花票　194
金順侯廟　312
金順侯廟前市　235, 241, 312

軍戸　106
軍戸籍　106
経営体　312, 319, 338
契紙番号　375
契税　30, 328, 370, 378
契税章程　382
契単　380
契尾　370
原冊　85, 110
限単　194
検地　7
現年　161, 174, 266, 303, 305, 308, 315, 318, 324
現年催輸酌金　308, 309
紅契　370, 378, 381, 383, 384
紅契申請以外の目的　383
郷戸　405
公所　249, 275
公箱　319, 322, 323
甲絶図補の説　149
甲長　58, 137, 161, 176, 183, 193
江南デルタ　9, 13, 16
行年の工食　189
行年の使用　185, 186, 189
公費　303, 338, 339
更夫　239
広府人　288, 410
公約　273, 291
国課早完　324
石高　7
戸司　377
戸籍　380, 390
戸長　39, 58
固定店舗　238, 256
戸部　6
庫房　373
“戸名不変”　58, 78, 82, 85, 88, 406

さ

催輸　268, 272, 290, 325
催糧の票　186
冊房　128, 133
沙田　30
差費　134, 160
三益会　151
“散砂のごとき”　9, 14, 409
蚕紙　240–242
蚕紙行　240–242, 257
賛翼堂　124
市　231, 312
子戸　29, 41, 45, 52, 93, 174
絲行　240–242
四十排　236, 240, 244, 247, 248, 250, 254, 258
四十排公館　248, 252
四図公館　240, 242, 252, 275
市鎮　231
執照　371
実徴冊　16, 55, 128, 133, 153, 327, 370
自封投櫃　8, 10, 29, 86
周維祺　246, 258, 260, 264
収税戸口結状　34, 35
周兆璋　266, 269
朱元璋　10, 299
十甲役銀　303, 305, 306, 308, 324, 328, 335
十甲同一の柱　141
使用　185
餉銀　30
相公廟　312
抄実征銀　268, 271
蒸嘗　96
丈量　8
徐賡陛　40, 78

所持　7, 408
紳耆　80, 87, 88, 97, 113, 183, 184, 195, 268, 270
紳衿　314, 318
紳士　175, 184, 196, 233, 258, 260, 263, 268, 270, 273, 274, 291, 373, 375, 376, 378, 384, 385, 387, 391, 394
推収　14, 370, 373, 375-378, 384, 385, 387, 391, 394
推収糧冊　33
図請け　6
図甲・戸名表示のある契拠　383, 384
図甲制　5, 43, 45, 52, 193
図甲表　25, 27, 167
図差　80, 87, 133, 160, 175, 178-180, 191
図息　303
図本　302
税契　8, 30, 100, 328, 370, 377, 378, 384, 385, 387, 394
征冊　370, 380
清冊供単　411
清丈　81
正図正甲　138, 150, 164
井田制　125
税畝　244, 326, 371, 376, 387
税糧　6, 308, 315, 324, 335, 370
税糧徴収権の世襲　105
積餘堂　269, 272
串票　129, 134, 160, 271
冼宝楨　149
銭糧　370
爪　45, 50, 52, 174
宗規　95
総戸　29, 41, 45, 52, 53, 93, 153, 174
総催　177, 186, 190
総催工食　180, 186, 189
桑市　235, 240, 312
総書知照　377
宗族連合　232
皂班　182
倉房　128, 130
曾望顔　175, 186
族紳　184
族田　111, 338
祖法　10
村落共同体　6

た

大役　187, 189
大宴会　308, 309, 326
大岡墟　233, 236, 254
太公田　111
大当銀　180, 181, 185, 186
大当の戸　174
多様な中国社会　409
攤位　240, 257, 258
蛋戸　139
攤派　319
断売契紙　371, 382, 391
蛋民　139, 162
地租　240, 257
値年　174, 187
値年の戸　174
値年の甲　174, 175, 180, 186
チャイナ・プロパー　10, 21
忠臣祠　312
帖　373, 378, 388
張居正　81
徴冊　370
長輩　184, 190
長老　184
飭挙総催の票　177, 180, 185, 186
値理　111, 321
陳維表　148

陳巌野　282
陳邦彦　282
通図毎畝均等負担　305, 307, 320, 338
通里毎畝均等負担　13, 300
丁　49, 50, 52, 53, 328
丁銀　176, 181, 188, 189, 194
逓年当役の戸　266, 270, 271
逓年当役の甲　266, 272
的丁　80, 110, 191
的名　80, 86
店租　244
田賦　370
典房　377
同族　21, 86, 87, 94, 97, 103, 142, 183, 254, 258, 270
同族結合　19
当年　42-45
土籍　232, 233, 261, 263, 288, 289
土着士紳　232, 233
土着宗族　232, 233
渡頭　314, 318, 322, 344

な

南漢国　409
二繭　240
年貢　5, 7
納戸執照　396
納糧戸　36, 52, 53, 83, 142, 153, 254, 328, 390

は

排宴　308
排戸　314, 318
排酌　308, 309, 326
買主執照　377
売主執照　377
買主収照　376, 378
売主推照　395
買田無戸可帰　136
排年　59, 60, 318
賠納責任　181, 187, 191
白契　370, 381
白丁　183
八図祖祠　124
飯食銀　135
藩政村　5
比較　129, 134, 160
飛灑　81, 109, 134, 153, 396
封祠　81, 89
馮成修　95
賦役黄冊　14, 21, 408
附居　380, 390
附戸　163, 164
附甲　136, 137, 335
付庫房推収　375, 378
付子　388
付随的経費　13, 15, 300, 338
附図另戸　163, 164
埠頭　314, 318, 344
ベトナム北部地域　409
編籍股　373
舗位　239
卯　266, 276, 324, 346
幇役　180, 195
卯館　276
房規銀　268, 271
卯簿　128, 134
包攬　10
僕戸　139
舗租　239
保長　244
逋糧　126
本貫地　92, 93, 232, 390
本年奉帖准立新収　377

ま

毎甲均等負担　305
民壮　178, 182, 194
村請け　5, 7
村切り　6

や

約紳　268, 273
有戸可帰亦不帰本戸　136
由単　128, 133, 160, 195, 271
由票　56
傭　235, 240
楊文乾　79, 84

ら

雷侯廟　312
里役　324
理事　111
理数　111
立戸　371, 385
里民　38, 132, 155, 161, 291
龍江大墟　239, 241
糧差　31, 315
梁序鏞　147
糧単　178, 179, 185, 189, 194
糧房　128, 133
糧務の値理　96, 97, 115
林謙　173, 175, 182, 184, 185, 188, 190
輪年　174
輪年の戸　175, 183
霊応祠戸　33, 35
另戸　33, 56, 138, 142, 150, 153, 335
另戸の詭寄　135, 137, 153
連図納糧　147, 150, 153
老戸　58, 81, 85, 87, 192, 193
廊肆　238, 256
廊地　247, 248, 253, 256–258
労潼　32

〈著者紹介〉

片山剛（かたやま　つよし）

1952年甲府市生まれ。1981年東京大学人文科学研究科第一種博士課程中退（文学修士）。1981年高知大学人文学部講師、その後、同助教授、大阪大学文学部助教授・教授を経て、現在大阪大学名誉教授。
専攻は近世・近代中国史。

〈主な業績〉
『近代東アジア土地調査事業研究』（編著、大阪大学出版会、2017年）、「近世・近代広東珠江デルタの由緒言説について」（歴史学研究会（編）『由緒の比較史』青木書店、2010年）、「自然の領有における階層構造：字（あざ）の世界と一筆耕地の世界」（森時彦（編）『20世紀中国の社会システム』京都大学人文科学研究所、2009年）、「明代珠江デルタの宗族・族譜・戸籍：一宗族をめぐる言説と史実」（井上徹・遠藤隆俊（編）『宋－明宗族の研究』汲古書院、2005年）、「死者祭祀空間の地域的構造：華南珠江デルタの過去と現在」（江川温・中村生雄（編）『死の文化誌：心性・習俗・社会』昭和堂、2002年）、「華中・南デルタ農村実地調査報告書」（共著、『大阪大学文学部紀要』34、1994年）

清代珠江デルタ図甲制の研究

2018年11月12日　初版第1刷発行　［検印廃止］

著　者　片山剛

発行所　大阪大学出版会
代表者　三成賢次

〒565-0871　吹田市山田丘2-7
大阪大学ウエストフロント
TEL 06-6877-1614（直通）
FAX 06-6877-1617
URL : http://www.osaka-up.or.jp

印刷・製本　亜細亜印刷株式会社

ISBN 978-4-87259-613-7 C3022